160

新 知
文 库

XINZHI

Slums:
The History of a Global Injustice

Slums: The History of a Global Injustice by Alan Mayne was first published by

Reaktion Books, London, UK, 2017.

贫民窟

全球不公的历史

［英］艾伦·梅恩 著　尹宏毅 译

生活·讀書·新知 三联书店

图书在版编目（CIP）数据

贫民窟：全球不公的历史 /（英）艾伦·梅恩（Alan Mayne）著；
尹宏毅译 . 一北京：生活·读书·新知三联书店，2023.5
（新知文库）
ISBN 978-7-108-05382-4

Ⅰ.①贫…　Ⅱ.①艾…②尹…　Ⅲ.①贫民窟－研究
Ⅳ.① F113.9

中国版本图书馆 CIP 数据核字 (2022) 第 182147 号

策划编辑　徐国强
责任编辑　张　璞
装帧设计　陆智昌　刘　洋
责任校对　张　睿
责任印制　卢　岳
出版发行　**生活·讀書·新知** 三联书店
　　　　　（北京市东城区美术馆东街 22 号　100010）
网　　址　www.sdxjpc.com
图　　字　01-2018-4012
经　　销　新华书店
印　　刷　河北松源印刷有限公司
版　　次　2023 年 5 月北京第 1 版
　　　　　2023 年 5 月北京第 1 次印刷
开　　本　635 毫米 × 965 毫米　1/16　印张 21.25
字　　数　279 千字
印　　数　0,001 – 6,000 册
定　　价　69.00 元
（印装查询：01064002715；邮购查询：01084010542）

新知文库

出版说明

在今天三联书店的前身——生活书店、读书出版社和新知书店的出版史上，介绍新知识和新观念的图书曾占有很大比重。熟悉三联的读者也都会记得，20 世纪 80 年代后期，我们曾以"新知文库"的名义，出版过一批译介西方现代人文社会科学知识的图书。今年是生活·读书·新知三联书店恢复独立建制 20 周年，我们再次推出"新知文库"，正是为了接续这一传统。

近半个世纪以来，无论在自然科学方面，还是在人文社会科学方面，知识都在以前所未有的速度更新。涉及自然环境、社会文化等领域的新发现、新探索和新成果层出不穷，并以同样前所未有的深度和广度影响人类的社会和生活。了解这种知识成果的内容，思考其与我们生活的关系，固然是明了社会变迁趋势的必需，但更为重要的，乃是通过知识演进的背景和过程，领悟和体会隐藏其中的理性精神和科学规律。

"新知文库"拟选编一些介绍人文社会科学和自然科学新知识及其如何被发现和传播的图书，陆续出版。希望读者能在愉悦的阅读中获取新知，开阔视野，启迪思维，激发好奇心和想象力。

生活·讀書·新知三联书店
2006 年 3 月

目　录

序

2006年，德里南部，我们止步于一处营地。这里尘土飞扬，却维护得一丝不苟。营地由几十个临时搭建的帐篷组成，被夹在一堵墙和一条公路的边缘之间。公路上挤满了不断鸣笛的汽车、摩托车和三轮摩托车。洗好的衣服被搭在拴在帐篷支杆、墙壁和头顶上的大树间的绳子上。几撮工人与他们的家人坐在帐篷旁，在光秃秃的土地上生火做饭。他们可以放宽心地生活。只要他们继续纳税，警察和当地的政客就很可能放他们一马。

男人们对待我们礼貌而冷漠。从一大早，他们就在德里兴隆的建筑行业拼命干活，累得精疲力竭。不，他们不愿让人照相。过去就有其他外来者照过相，和他们谈论过生活条件的改善、用样板住宅取代这座城市里的"贫民窟"等问题，但情况依然如故。不过，一位年轻母亲还是对我们微笑了。她说："把我拿给世界看看吧，我还年轻貌美呀。"

如今，全人类的一半以上都居住在与我在德里南部的那条公路旁见到的相似的城市环境中。我住在印度首都时，他们也住在附近的一些地方。在这里，一小撮人在炫耀巨额财富，这与普遍而根深蒂固的不平等和一贫如洗的状况形成了鲜明对比。2000年发表的《千年首脑会议宣言》(*The United Nations' Millennium Declaration*)引起了人们对遍布全球的这种情况严重性的关注。《宣言》估计，10亿多人陷入"极度贫困的、使人丧失人性的惨状"。《宣言》采纳了"没有贫民窟的城市"这一口号，承诺到2020年实现"至少1亿贫民窟居住者生活的大幅度改善"。[1]2012年，对于已经有"2亿多贫民窟居住者的生活困境得到缓解——为2020年目标的两倍"，联合国秘书长潘基文表示满意。[2]2015年，在他的监督下，联合国消除全球贫困的最新计划《2030年可持续发展议程》(*2030 Agenda for Sustainable Development*)启动。该计划继续兑现此前的"升级贫民窟"承诺。[3]

然而，值得质疑的是，"缓解"是否为用来描述自2000年以来各国政府、其商界盟友，以及其在联合国和国际金融机构中的支持者以根除贫困的名义所进行的种种干涉、驱逐与强拆的最恰当的词语。无论如何，"使人丧失人性的"(dehumanizing)和"贫民窟"(slum)用来描述城市社会中的弱势群体都是不合适的措词。这些用词及围绕着它们的一系列成见，都歪曲了城市贫民的生活、生计及其未来前景。在日益城市化的世界上，无论是在普及社区知识，还是在消除社会弱势所急需的公共政策方面，这种措词都妨碍了根本性的变革。

"贫民窟"是一个毫无益处的用词。它歪曲了城市社会不平等的复杂现实，无论是在当今的德里、在最初杜撰出这个词的19世纪伦敦，还是在跨越时空的数不清的其他地方。它造成了穷人和低收入地区的边缘化，把这些人和地区视为城市发展的捉襟见肘的、丧失作用的副产品。它对弱势社区的知识与实践视而不见，把外来者的观念和议程强加于当地人的生活之上。它永远都会这样做，因为这种思维在其采用的两百年历史上，已经严重限定了该词的含义，使之嵌入其自身的实质之中。

"贫民窟"是一个带有根本欺骗性的概念。欺骗按照定义就是：

欺诈的行为或做法：掩盖真相，以造成误导；欺骗，造假，行骗，虚假交易。

欺诈的事例：企图行骗的行为或伎俩，圈套，策略，诡计。

欺骗的性质：诡计多端。[4]

与"贫民窟"一词相关的最明显的欺骗，就是大权在握的利益集团，用它来掩盖私人资本如何在牺牲大众利益的情况下给一小撮人带来好处，以及在把城市中受侵蚀而形成的崎岖地带再开发成宜居的房地产的过程中，如何给少数人带来更多利润，却给多数人带来更大的苦难。19世纪初，自由放任经济学说与相关社会政策的倡导者采用这种对策；21世纪初的今天，新自由主义的辩护者也这样做。而"悟性城市政府"（savvy city government）的提倡者则同样与从事城市房地产业的私营经济部门利益结盟，用"贫民窟"一词证明改建计划的合理性。在其他人看来，这些计划可以说采用了社会高压手段和经济操纵手段。在19世纪的英格兰，以清除贫民窟的名义，伯明翰的第一项大规模市中心再开发项目于1875—1876年度启动；21世纪的孟买（现代印度的经济龙头）的开发商和政府官员也提出对该市中心的达拉维区（Dharavi，经常被称为亚洲最大的贫民窟）进行类似的改造。放眼历史与全球，在改善贫民窟状况的名义下，有利可图的城市再开发与基础设施扩建的其他实例比比皆是。

社会理论学家和经济学家，从戴维·哈维（David Harvey）到约瑟夫·斯蒂格利茨（Joseph Stiglitz），都谈到这种资本主义经济学的社会恶果。迈克·戴维斯（Mike Davis）的《贫民窟星球》（*Planet of Slums*，2006）一书凸显了今天迅速城市化的世界的这些影响。[5]我的这本书并非企图重复他们的研究，而是探讨掩盖了城市贫困问题的因果关系的知识形成，以及政策制订过程，并超越这些过程的范围，以简述外界所编造的由成见掩盖的贫困居民区中实际存在的非贫民窟生活。本书提出："贫民窟"一词历来过多地充斥着欺骗性含义，因而必须从未来的城市减贫计划的制订与实施工作中彻底清除。

"贫民窟"一词在六个关键方面误导和损害了有关城市中的不平等现象及其可能的解决办法的思维。

首先，积极接受这一用词的人用它来描述他们认为的无可争议的现实——充满戾气的地方和掠夺成性的人。但是，"贫民窟"只不过是一种成见而已，是其使用者想象中的一种幻觉。它把问题一概而论，使得各种类型的解决方案和人类的窘境变成一种抽象概括。虽然城市中的贫困是真实存在的，弱势群体居住的居民区也是如此，但贫民窟却并非如此。[6]

其次，对贫民窟的议论把贫困居民区及居住在其中的居民歪曲成捉襟见肘的、混乱无序的和固执己见的，而处于弱势的家庭和社区在苦难与受限的生计选择面前，实际上显示出了足智多谋、精力充沛与坚忍不拔。家庭和居民区的实际布局反映出一种试图最大限度地利用有限机会的、微妙而不断积累的民间逻辑。社会行为同样显示出习惯性的常识，即当地实践适应并试图最大化个人、家庭和社区福祉的有限机会。

第三，据说，贫民窟是单独存在的，却寄生在其宿主社会之上，扭曲城市的经济增长与发展，通过大搞暴力等犯罪活动获取非法利益，并占用执法、公共卫生和创造就业机会等方面的公共资源。而实际上，贫困社区的劳动力对城市、地区和国民经济做出了重大贡献。尽管处于结构弱势，但这些社区是其所处的城市和城市群所不可或缺的一部分。

第四，贫民窟里的人总是被人——有时抱着居高临下的傲慢态度，有时充满轻蔑——描绘成主流文化眼中的捉襟见肘的"另类"，或者社会的"另一半"。有时这种描述强调年龄阶段，侧重于年轻的犯罪团伙或饱经沧桑的老人，有时指向无法痊愈的病症和伤残，有时则强调性别、宗教，以及民族与种族差异。

第五，虽然"贫民窟"经常被用于怀着厌恶感来描述这些"另类的"人或地方，并用于证明采取高压式干预手段的正当性，但人们在使用这个词的时候普遍抱有对贫困者一定程度的同情，以及改善其生活条件的意图。因此，正派的人陷入圈套，不断地采取错误的假设和倒行逆施的政策。嵌入"贫民窟"概念中的毫无益处的含义，总是使人们的善意遭受损害，并亏待城市贫民。1962 年，迈克尔·哈林顿（Michael Harrington）出版了《另一个美国》（*The Other America*）一书，试图揭露美国普遍存在的贫困，并刺激社会改革。他坚持认为：

> 贫民窟并非仅仅是一个破烂建筑云集的区域，而是一种社会现实。它成为贫困文化的环境，对其居民而言，不仅是一个破败不堪的地区，也是一种精神与个人生活的现实。贫民窟沦为犯罪与社会恶习的孳生地，造就了失败的个人和社会。[7]

本书探讨了这些错误概念和错误表述的起源和传播。政府和房地产开发商利用"贫民窟"一词来使大规模的城市改建计划合法化。这些计划已将数以百万计的穷人的家园一扫而光。学者们用它来描述整片城区的明显凋敝（由于环境恶化，住房和基本服务不足，教育和就业机会有限），以及这些地方的以无助、无能、暴力和犯罪为特征的根深蒂固的溃烂亚文化。辩论家则利用贫民窟断言，这些亚文化是独立于占据城市主流的充满活力的经济、社会和文化生活而单独存在的。它被艺术、新闻和旅游领域中的艺术家用来描绘一个明显的下层社会，其形式和行为与正常社会截然相反。它也被宣传"重大事件"——如2016 年巴西里约热内卢奥运会、2014 年巴西足球世界杯、2010 年南非足球世界杯和 2010 年新德里英联邦国家运动会——的公关人员用作消除或掩盖令人尴尬的城市贫困迹象的理由。它被改革者用来唤起人们对新的城市风貌的期待："没有贫民窟的城市！"然而，穷人自己却很少使用"贫民窟"一词，因为对他们自己的习语来说，它是格格不入的。他们认识到，它使他们在别人眼中被妖魔化，使他们在试图改善家园和生计，实现良好的健康和教育，以及保住饭碗并使子女过上好日子的时候显得无能为力。

"贫民窟"被曲解为混乱、功能失调和削弱的社区，它们本可以为居民的福祉和更广泛的城市文化、经济和环境利益持续地发挥作用。人们对贫民窟的成见使贫困社区被排除在规划如何实现这一设想的工作之外，并使其对社区和城市健康的贡献被贬低。由于对贫民窟的成见普遍和持久地流行于世，所以一个个完整的社区在社会进步的名义下被胁迫和摧毁，在过去几个世纪和 21 世纪都是如此。尽管有大量证据证明，这些干预措施进一步破坏了本应从中受益的人们的生活。因此，有理由得出结论，即就未来的改革方案而言，"任何从贫民窟视角提出的建议都会在无意之中成为意识形态上的强行干预"。[8]

诚然，"贫民窟"一词可以在历史意义上合理合法地使用。它可以用来描述误解如何产生并传播到世界各地，可以用来说明少数人如何从对它的接受中受益，而许多穷人却因此进一步陷于不利地位，可以用来解释为什么社会改革陷入困境和遭遇失败。

但"贫民窟"这个词不能用来描述现代城市中的社会弱势群体。它无法支持现在和未来的行之有效的城市重建和减贫计划。我们必须把它从学术研究、进步的城市公共政策和有效的邻里集体行动的语言中剔除。联合国本身就承认，无所不包的"贫民窟"一词是不严谨的和含有贬义的。它有多重含义，因而被禁止纳入许多比较敏感的、要求政治正确和学术严谨的词汇表之中。[9] 是要求政治正确，还是严格诚实？现在是时候了，要禁止这个具有欺骗性的词，使之不仅不得纳入严谨的研究工作，而且不得纳入今天的改革议程之中。

有许多其他合理的词和短语可以更好地描述城市社会中占有弱势的各种条件，也可以更有效地支持旨在赋予贫困社区权力的改革。虽然这些词语可能缺乏"贫民窟"的情感力量及其简短性所带来的便利，却有利于其采用，因为它们不会造成误导。仅就英语而言，就有其他语言并不带有的无益内涵。贫困地区——可能位于旧城区中心地带、毗邻的近郊区和城市周边地区——通常被描述为简易住宅区和棚户区，以及不受法律保护的、擅自占地或自发建立的社区。联合国自身就把"贫民窟"与"低收入定居点"和"非正式定居点"之类的短语交替使用。联合国开发计划署是当前实施的《2030年可持续发展议程》的主要参与者，在其英文出版物中使用"城市贫困社区"（urban poor communities）和"贫困的城市住宅区"（poor urban settlements）等短语，而不是"贫民窟"。[10] 其他语言则采用符合当地条件的特定词语。我们并不需要一个能够凌驾于各种生活条件、生计和发展途径之上的主要词语。

还有一个原因，可以说明为什么必须抛弃旧的贫民窟思维定式。虽然我已经确定了关于"贫民窟"的欺骗性的五个要素，但我还可以提出第六个要素：关于贫民窟的所有议论都源于外人。这个词在有限的范围内被弱势社区的基层活动家所借用。因此，学者、记者和联合国的官员们都强调棚户区/贫民窟居民国际组织等基于社区的组织，以及印度运作时间较长的全国贫民窟居民联合会的活动。然而，大多数"贫民窟"居民自己并不使用这个词，或者即使他们用，也会恶搞其含义，或试图动员人们支持各种策略，以拒绝或修改外人对贫民窟的假设。

在19世纪末的伦敦，一名叫史蒂文斯（Stevens）的太太是六个孩子的母亲，同时照顾着身体羸弱的丈夫。她向一位当地医院的护士解释说，她总是保持房子脏乱的状态，以确保慈善机构的救济源源不断。她从来都没有挂过窗帘，她还把纸条挂在墙上。在慈善机构的访客来到之前，她会在墙角倾倒煤渣和碎布，并把白菜帮子扔在地上，以营造恶臭的氛围。[11]

对低收入社区的一些居民而言，"贫民窟"这个词和他们的自我意识及街坊邻里意识严重脱节，因而他们认为，这个词与他们的生活毫不相干。因此，在20世纪末的孟买，当一位研究人员问居民们有关其住贫民窟的经历时，提问的意图涉及对贫民窟整体问题的看法，而回答却是在个人生活层面。其中一些问题无论措词多么谨慎小心，也会被贫民窟居民所误解，尤其是有关整个贫民窟的问题，以及涉及人们的愿望和适应性的问题。例如"你喜欢什么""你认为……"，这样的问题往往是在个人层面提出，而我却想让他们谈谈整个"贫民窟"。但他们对此的概念很模糊。[12]

另一些人则对外人不大可能识别的各个居民区分出三六九等。在班加罗尔，许多属于弱势群体的居民"以为自己所在的地区是班加罗尔最好的。许多居民显然不把自己所在的地区视为贫民窟"。[13]

然而，对于大多数低收入地区的居民来说，贫民窟的概念是一种彻头彻尾的尴尬。在孟买，一位著名的研究人员评论说："据我所知，贫民窟居民不赞成非贫民窟的人对他们持有的许多观念。他们不想被认为是这个城市里不可救药的人。"[14]20世纪70年代初，利物浦市中心的居民提到了"每个人都普遍感受到的耻辱，因为他们拥有一个位于该地区的地址名字"。[15]最近在菲律宾马尼拉大都会地区进行的一项研究发现，很多居民"强烈反对贫民窟"这个标签，而在里约热内卢进行研究后发表的另一份报告则指出，寮屋居民没有使用"贫民窟"这个词来描述他们的社区，如果被称为贫民窟居民，他们会感到被羞辱。[16]对于当地人来说，"贫民窟"是强大的外部力量强加给他们的一种负面概念；他们中的一些人对此全然不知，有些人加以操纵，大多数人拒绝接受。我们所面临的挑战是拒绝它，并渗透到关于"贫民窟"的欺骗网络中，以更好地了解城市不平等，以及减少城市不平等的策略。

当然，在试图纠正外界人士的偏见并将贫民窟重新开辟为"正常"社区，以及人为地抚平创伤和消除生活在贫困中的危险方面，是存在风险的。幸福的家庭和友善的邻居并没完全弥补不平等现象所带来的尖锐现实，他们在任何情况下都不是贫困社区的标配。罗伯特·罗伯茨（Robert Roberts）描述了20世纪初在英格兰索尔福德（Salford）长大的过程。他回忆说："贫民窟的生活远不是一些浪漫主义者所声称的社区活动的快乐蜂巢。"[17] 历史学家杰里·怀特（Jerry White）在伦敦的穷人社区问题上同样强有力地阐述了自己的观点。[18] 本书确定了今天撒哈拉以南非洲地区、南亚和拉丁美洲的类似情况。

另一种危险就是，在使贫民窟居民摆脱"另类"地位的过程中，这些居民会被人根据主流文化的期望加以改头换面：成为守法的公民类型和渴望攀爬社会阶梯、进入资产阶级乌托邦的崭露头角的企业家。考古学家詹姆斯·西蒙兹（James Symonds）诙谐地评价了发掘伦敦、纽约、墨尔本和悉尼等地的"贫民窟"所获得的重新诠释：

> 令我感到震惊的是，当苦难、偏见和人际暴力被低估或消除时，我们剩下的就是现代的比喻，这些比喻就是恶搞穷人，同时宣扬一种道德说教，即勤劳和纯粹的韧性使人得以克服逆境……我希望能在他们的故事中遇到更多的痛苦、更多的堕落和一些真正的失败。当我们进入全球经济衰退时代，可能值得指出的是，对某些人来说，情况永远不会好转。[19]

正如历史写作和考古学一样，在当代社会科学研究和新闻学中也是如此：一位著名印度研究人员警告说，良好的意图"有时带有感伤的和使人感到似乎受了多大恩惠的意味……关于印度穷人的很多著述都遗漏了穷人自己的观点"。[20]

然而，确定无疑的是，如果我们不挑战"贫民窟"这个词所引发的误导性思维定式，我们就会让世界上的穷人注定陷入持续和不平等的"与当局的共舞"，例如雅加达的一名擅自占地者最近的描述：

> 萨娜说，从星期五到星期日，散落在地平线上的一排排小屋就是家。但是，从星期一到星期四，当局却闯进来，拆除房屋，让当地人露天睡觉。
>
> 她说："如果我们不赶紧离开，他们就会拿走我们的东西。"[21]

"贫民窟"是一个带有欺骗性和悲惨格调的词语，用来使这种残酷而毫无意义的破坏性循环显得名正言顺。这种循环使得人们的辛劳白白浪费，使城市贫民的愿望化为泡影！

　　　　　　　　　　　　贫民窟：全球不公的历史

第一章

"贫民窟"与"走访贫民窟"

"贫民窟"这个词于 19 世纪初首次进入英语，是从伦敦日常俚语的习语中衍生而来。它巧妙地封装了人们似乎无法容忍的生活方式和生活条件。正如美国住房专家查尔斯·艾布拉姆斯（Charles Abrams）所解释的那样：

> "贫民窟"这个词起源于不确定的惯用词语，只有一个多世纪的历史。slum 的衍生可能来自"slump"，意思是沼泽，也可能是"slop"（泥浆，泔水，剩饭菜）和"scum"（糟粕）的偶然混合；它还带有"slob"（烂泥地）、"slush"（烂泥，稀泥浆）、"slovenly"（邋遢的，懒散的，疏忽的，不整洁的）、"slut"（荡妇，懒妇，母狗）以及包含"sl"组合的其他衍生词语的韵律。"贫民窟"在人们一开口说出的那一刻，含义就昭然若揭。[1]

这个词的使用传播到全英国的各个城市，也被海外领土——北美和澳大拉西亚（Australasia）、南亚次大陆、东南亚和撒哈拉以南非洲地区——的英国殖民者所抄袭。因此，一个伦敦俚语被到那时为止都不讲英语的社会所采用，以便从新的居于统治地位的文化的角度描述可理解的各种社会条件。英国行政人员及其殖民地下属将"贫民窟"

与殖民地加尔各答的"巴斯蒂"（bustee，意为小村子，棚户区）和马来海峡殖民地的"甘榜村"（kampung，意为乡村，家园）等同起来，并将其强加于肯尼亚内罗毕，以描述在铁路枢纽建成时涌现的非正式定居点。

这种语言和概念的交流并非完全是单向的。在帝国扩张年代的英语社会中，来自边疆地区的图像使英国国内对"贫民窟"的描述得到加强：例如，在英属殖民地加拿大，1897 年有人提出，蒙特利尔城市贫民的生活条件"像中非土著人的一样鲜为人知"。[2] 在后来的时代，发达国家的"贫民窟"被与发展中国家的"贫民窟"加以类比，以突显同样令人震惊的社会状况曾经在"发达国家"中、在其经济发展和社会转型的较早"起飞"阶段普遍存在。[3] 因此，今天的历史学家可以争辩说，19 世纪 80 年代的伦敦"是帝国的心脏，而对维多利亚时代英国不平等的严厉控诉，就是这座欧洲人口最多的城市的大片区域酷似加尔各答的贫民窟"。[4]

常识性的观点认为，"寮屋和棚户区就是后来的第三世界贫民窟"，换言之，19 世纪英国和美国城市的贫富并存"今天在第三世界仍然存在。在那里，战后的城市高速扩展使欧洲工业化和城市化的种种问题和压力重演"。[5]

"贫民窟"一词在使用过程中，从描述欧洲社会中的城市贫困到今天几乎单纯用来描述亚洲、撒哈拉以南非洲地区和拉丁美洲的变化，受到第二次世界大战后的非殖民化运动的显著影响。殖民时代的这一词语的等同词和替代词由英国人离开后接续治理工作的土著精英所保留。例如，贾瓦哈拉尔·尼赫鲁（Jawaharal Nehru）——独立后印度的第一任总理（1947—1964 年）——对"贫民窟的衰败"感到遗憾。[6] 李光耀于 1959 年当选为新加坡第一任总理。他使用类似的语言对殖民主义统治下的状况与国家独立所承诺的新秩序进行对比。同样在南非，非洲人国民大会的自由宪章于 1955 年通过，迄今仍然有效。宪章承诺要"拆除贫民窟"。2010 年，种族隔离废除后的南非人居部的一个高级官员重申："我们梦想着没有贫民窟的南非。"[7]

随着新的民族国家、货币和援助组织以及联合国在第二次世界大战后广泛使用这个词，"贫民窟"及嵌入其中的含义也在讲英语的人从未统治或殖民过的国家中得到了体现。像杜鹃一样喜欢"鸠占鹊巢"的英语"贫民窟"一词改变了法国和非洲法国殖民地所使用的"banlieue"（原意为郊区）和"bidonville"（贫民窟，棚户区）、西班牙和秘鲁的"barriada"（棚户区）、意大利的"quartieri periferici"（原意为郊区）、巴西的"favela"（贫民窟）、阿根廷的"villa miseria"（苦难别墅）和印度尼西亚的"甘榜"等词的意义。因此，联合国人居规划署 2007 年年度报告提到巴西里约热内卢市的"贫民窟"的不断扩散。[8]在世界其他地方（如德国和俄罗斯），这个词经常作为英语舶来品出现，用引号括起来。有影响的、讲英语的分析家在讨论非英语国家的事件时使用了这个词。

例如，戴维·哈维在 19 世纪 50 年代和 60 年代描述路易·拿破仑（Louis Napoleon）领导下的巴黎重建时说：

> 奥斯曼（男爵）对古老的巴黎贫民窟进行大规模改建，以公民改善和改造的名义动用征用权。他故意设法从市中心清除了大部分工人阶级和其他不守规矩的分子，因为在那里，他们对公共秩序和政治权力构成威胁。[9]

> 联合国研究人员坚持认为，在 1975 年摆脱葡萄牙统治独立的莫桑比克，城市中心的许多住宅区……具有典型的贫民窟特征：低收入、没有基本的城市化、土地使用权模糊或不可靠、人口密度高、环境条件差、建筑质量差或很差、没有城市文化、犯罪率和青少年犯罪率高。[10]

令人遗憾的是，到 20 世纪末，这个情绪化的英语俚语术语在其应用方面得到了极大的扩展，定义并限制了联合国千年发展目标

（Millennium Development Goals）中如何解决所有国家和文化中的城市贫困问题。通过用新自由主义的口号"没有贫民窟的城市"将其概括起来，联合国全球贫困减半的可贵目标打了折扣。对贫民窟的成见已经将一种虚假的、一概而论的"现实"强加给世界城市最贫困地区的形式和社会行动的多样性，并丰富了一项不符合城市贫民需求和愿望的改革议程。

在评论与减贫有关的千年发展目标的措词时，地理学家艾伦·吉尔伯特（Alan Gilbert）哀叹道，在新千年里，"贫民窟"一词，连同其所有不光彩的联想一起死灰复燃。在大多数谨慎的学者和实践家都避免使用它的几十年以后，联合国却将"贫民窟"一词大张旗鼓地用作其主要住房运动的目标，并作为千年发展目标运动的一个要素。[11]

然而，吉尔伯特对他的同事们可能过于友善：在制订千年发展目标时，联合国大会采纳了广泛的专业和学术建议。大会对消除贫民窟是全球范围工作的重中之重予以政策上的认可。上述发展目标是由专业规划人员、建筑师、政府行政人员和社会科学领域中的学术研究人员制订的，而不是政治家和外交官的乏善可陈的工作成果。社会科学家——人类学家、经济学家、地理学家、规划人员、心理学家、社会学家，以及社区发展、公共行政管理和社会工作领域的专家，为后殖民世界中有关贫民窟的成见的确立提供了国际合法性。例如，中国学者强调了1949年新中国成立之前中国存在的"臭名昭著的贫民窟"。[12]同样，在印度，举办关于贫民窟清除的关键性国家研讨会在印度社会工作会议上被提出，于1957年在孟买召开。会议结束时，与会代表向尼赫鲁总理派出一个代表团，以敦促他满足全面的国家贫民窟清理和住房政策的需要，以及对强大的中央官僚机构予以监督。[13]半个世纪后，一群杰出的印度学者合写了《印度：2009年城市贫困报告》，为印度政府和联合国开发计划署提供指导。报告在十分显要的位置提到"贫民窟"，以至于住房和扶贫部长宣称，印度城市中约有24%的人"生活在贫民窟中滋生紧张关系、犯罪和疾病的非人道条件下"。[14] 同样,在今天的非洲,研究人员强调"贫民窟和非正规住区的扩散",认为撒哈拉沙漠以南非洲地区的贫民窟居民所占比例是世界上最高的。[15] 在拉丁美洲,学者们认为,自第二次世界大战以来,城市快速发展的一个关键方面一直是"拉丁美洲城市的贫民窟和棚户区"的扩散。[16]

社会科学家在当代世界中使"贫民窟"合法化,而历史学家则在我们对过去的了解过程中推广了这个词。人们倾向于从历史中寻找过去的经验教训,以利于当前的明智决策。潘基文在试图解释当前的全球城市趋势时使用了"历史展示"(History Demonstrates)[17] 这一短语。但他所汲取的历史教训是错误的。19世纪英国的历史学家率先将俚语"贫民窟"翻译成一种虚假的"环境现实"。[18] 早期的社会改革者对贫民窟的成见更具权威性。在当时看来,这些改革者已开始搜集有关城市贫困的事实,把"绘制贫民窟无序世界的图谱并对其加以组织"视为己任。[19] 直到最近,历史学家们一直蔑视"贫民窟"艺人和寻求刺激的人所谓的浅薄的煽情主义,[20] 尽管正是在这些活动中,"贫民窟"这个词最初流行起来,并在国际舆论中产生了极大的影响。然而,历史学家所研究的改革者搜集的事实和得出的结论——包括绘制城市贫困图谱的两位先驱,即19世纪末伦敦的查尔斯·布斯(Charles Booth)和20世纪初约克的本杰明·西博姆·朗特里(Benjamin Seebohm Rowntree)——显然受到自己的阶级观点影响。因此,尽管布斯对低收入者表示同情,但他的社会地理学是一种道德化的地理学,将穷人与肮脏和不正常的行为联系在一起。[21] 所以早期摄影师的作品也是如此,如19世纪60年代格拉斯哥的托马斯·安南(Thomas Annan)和19世纪80年代纽约的雅各布·里斯(Jacob Riis),历史学家为了说明他们的叙述而复制了他们的作品。改革者和宣传专家所看到的无序,是其作为外人窥视的产物,而没有反映弱势群体的普遍状况。

北美、澳大拉西亚和南非的历史学家一般都遵循英国城市历史学家的重点。在美国的历史上，贫民窟是贫穷和野蛮的地方，贫困的移民在那里聚集起来，抓住机会开辟更美好的生活，而错过机会的人当中的残余也在那里汇聚。美国历史学家比英国的同行还更多地考虑通过流行文学、戏剧、绘画、歌曲和旅游来进行贫民窟的文化创作，尽管这带有一种危险性，就是使流传的关于纽约鲍里街（Bowery）和五点街区（Five Points）等地的幻想得到体现。因此，一段流传的历史，混淆公众对一个地方的看法与那里的实际社会动态，声称五点街区是"世界上最臭名昭著的贫民窟"。[22]

这些历史学家，就像他们研究的社会改革先驱一样，并没有故意误导——有些人，如英国的 H. J. 迪奥斯（H.J.Dyos），是社会历史研究新领域的大师级先驱——但他们研究的一个效果是让欺骗行为长期存在。他们对早期自由放任资本主义下的城市化带来的社会和环境后果感到震惊，并用文字来形容这种城市化所造成的不平等和不公正的社会。加雷思·斯特德曼·琼斯（Gareth Stedman Jones）的《伦敦的社会弃儿》（*Outcast London*）和理查德·丹尼斯（Richard Dennis）的《19 世纪英国工业城市》等开拓性书籍并没有夸大成为 19 世纪城市发展特征的社会差异。[23]琼斯比丹尼斯更倾向于避免使用"贫民窟"，除了用于描述中产阶级的看法之外。然而，对于其他著名历史学家来说，"贫民窟"似乎符合这个标准：一个与 19 世纪情况相符的 19 世纪词语。安东尼·沃尔（Anthony Wohl）将其打造成了他的名著《永恒的贫民窟》（*The Eternal Slum*）的标题，[24]而戴维·英格兰德（David Englander）则毫不掩饰地用"贫民窟"描述了新的都市风景如何"反映"桀骜不驯的市场力量的发挥，尤其是在社会保障支出严重不足所带来的此类好处的分布不均方面。百姓的需要被牺牲，以换取新资本的形成；对工人阶级消费的压力是残酷无情、强烈、肆无忌惮的。其造成的缺乏有效需求加速了环境的恶化，因为工人及其家人被像沙丁鱼一样包装、分层和压缩，以便进入富人已经改小的房屋中。这些房屋是被原先的居住者放弃的，以寻求郊区的安全。或者，他们拥挤地

贫民窟：全球不公的历史

居住在投机性的建筑商所愿意提供的此类住所之中。[25]

英格兰德的语言具有很强的唤起能力，他的论证方式也是令人信服的，但是，由于他不加批判地使用一直被用于隐藏和轻视他所研究原因的这个词，他的影响被削弱了。

吉姆·耶林（Jim Yelling）也试图描述19世纪和20世纪英格兰的"贫民窟的性质及其在城市结构中的地位"。[26] 但是，耶林告诫说，他将贫民窟"用作政治术语而不是技术术语"，这个词包含了"关于贫民窟性质的主导观点，以及应该适用的范围"。[27] 耶林解释说，他采用这个词"就是为了表示被认为是'不可接受的'的生活条件"。[28] 这是他的错误所在。这个词确实简化了，因而扭曲了复杂多变的城市形式和活动；它断言，"可接受"和"不可接受"是简单而无可争议的普遍绝对概念。另一位历史学家小萨姆·巴斯·沃纳（Sam Bass Warner, Jr）嘲笑这个问题，并试图解释为什么由于其固有的矛盾，这个词在20世纪70年代在发达国家中不再为人们所普遍使用了。[29] 然而，到那时，社会科学家们不再愿意听取意见。他们一门心思要撰写关于发展中国家当代贫民窟的文章和书籍。

虽然学术研究人员使用"贫民窟"一词成为政府、国际银行家、援助机构和联合国的改革议程的特征，但大众流行媒体和娱乐业在塑造人们对这个词的普遍理解方面，仍然具有更大的影响力。新闻业首先在大众想象中巩固了贫民窟。亨利·梅休（Henry Mayhew）有影响力的作品《伦敦工党和伦敦穷人（其中第一卷于1851年出版）最初是作为报纸连载文章出现在《晨报》上的，而牧师安德鲁·梅尔恩斯（Andrew Mearns）的改革小册子《伦敦社会弃儿的痛哭》（1883）则得到了威廉·T. 斯特德（William T. Stead）的《蓓尔美街报》（Pall Mall Gazette）的推广。

沃尔特·贝桑特（Walter Besant）的《各色人等及其状况》（All Sorts and Conditions of Men，1882）最初出现在文学杂志《贝尔格拉维亚》上，而乔治·R. 西姆斯（George R. Sims）的《穷人如何生活》（*How the Poor Live*，1883）最初则是作为《画报世界》上的连载出现的。记者雅各布·里斯在《另一半人如何生活：纽约物业研究》（1890）中使用了引人注目的图形文字和摄影，在《斯克里布纳杂志》上作为一篇文章首次发表。就像在大都市中心一样，在区域中心也是如此：例如，约翰·斯坦利·詹姆斯（John Stanley James）的《游民文集》（*Vagabond Papers*，1876）最初出现在《墨尔本百眼巨人报》和《悉尼先驱晨报》上。赫伯特·布朗·艾姆斯（Herbert Brown Ames）爵士的《山下的城市》（*The City below the Hill*，1897）原本是作为连载刊登在《蒙特利尔之星》上。

现代世界最著名的两个"贫民窟"——内罗毕的"基贝拉"和孟买的"达拉维"，分别出现在电影《不朽的园丁》（*Constant Gardener*，2005）和《贫民窟的百万富翁》（*Slumdog Millionaire*，2008）中。同样，里约热内卢的贫民窟也被通过《上帝之城》（*City of God*，2002）和《精英部队》（*Elite Squad*，2007）介绍给国际观众。巴黎的贫民窟"banlieue"也通过黑暗戏剧电影《怒火青春》（*La Haine*，1995）向世界传播，此片很快成为一部受到热捧的影片。此外，文字作品、讽刺作品和歌曲中也有贫民窟娱乐的悠久传统。例如1915年，澳大利亚诗人丹尼斯（C. J. Dennis）把墨尔本的"愁眉不展的贫民窟"用作当今的罗密欧与朱丽叶幽默浪漫剧的背景：

> 一个名字里有什么？一个字串里有什么？
> 他们在古老的维罗纳挥舞着剑打斗，
> 绝不给人哪怕是一只流浪狗的机会，
> 这就是浪漫。
> 但是，当他们在墨尔本的"小朗街"表达浪漫，
> 用砖头和靴子，
> 他们却是低级而堕落的狗崽子。[30]

丹尼斯的诗集畅销整个英语世界，销售数量达数十万本，使墨尔本的"小朗街"（Little Lon，小朗斯代尔街）愈加臭名远扬，成为澳大利亚最著名的贫民窟。

通过大众媒体和流行娱乐产生的贫民窟情节剧，反过来又导致了大城市最贫困地区经久不衰的"现实版"旅游形式。"贫民窟走访者"，即城市"低级生活"的绅士观察者，19世纪初首次出现在伦敦（尽管其前因可以追溯到"贫民窟"一词出现之前），后来成为学者们所关注的主题。他们借用了夏尔·波德莱尔（Charles Baudelaire）用来描述巴黎类似的探险家的术语"flâneur"（闲逛的人。——译者注）。19世纪和20世纪初，"贫民窟走访者"日益成为时尚，也日益有组织，不仅使绅士们，也使中产阶级女士参加了英国、北美和澳大利亚城市的"贫民窟走访"之旅。历史学家也引起了社会精英和中产阶级——其中许多人是女性——对贫民窟走访者的关注。他们代表宗教团体、慈善机构和社会改革网络（如"慈善组织协会"）在贫困社区担任志愿者，或作为英国和北美定居点运动的成员长期生活在这些地区，或作为政府监管人员访问这些地区。[31] 这些志愿者的行动后来得到了社会学家和人类学家的响应。他们通过在低收入城市地区进行实地考察，"想弄清贫民窟是什么样的，以及生活在贫民窟中的感觉"。[32] 但是，是走访贫民窟的旅游业，而不是慈善事业在最大程度上塑造了公众对城市贫困的认识。继查尔斯·狄更斯在《美国纪行》（1842）中突出描写纽约五点街区之后，该街区成为纽约市"最迷人的旅游景点"。[33] 到20世纪20年代，哈莱姆区已经成为寻求刺激的游客的热门目的地。贫民窟之旅也刺激了"人们对贫民窟的写作，这些作品可以让人们在家里一饱眼福。写作……在将怪诞保持在不可触及的距离上的同时，使其获得可见性"。[34]

20世纪末，走访贫民窟实现了换挡，因为发展中国家的城市中出现了各种各样被称为"贫民窟旅游""现实旅游""贫困旅游""贫困游"和"黑暗旅游"的事物。[35] 从20世纪90年代初里约热内卢的贫民窟和南非的棚户区开始，这种现象已经扩展到各种城市，如圣保罗、墨西哥城、马尼拉、雅加达、新加坡市、曼谷、孟买和新德里。当今的贫民窟走访部分地得到了格里高利·大卫·罗伯兹以孟买最贫困的地区为背景的国际畅销小说《项塔兰》（*Shantaram*）的促进。[36] 但最重要的刺激因素还是互联网的兴起。与以前几个世纪的贫民窟旅游指南相比，在线博客、文章和旅游广告与更多的坐在家中的读者分享经验。视频网站的剪辑可以让人们"漫游"世界上的另外几十个知名的"贫民窟"。[37]

有时候，走访贫民窟的快感，无论是第一手的，还是互联网上想象中的，都是浅薄的愉悦："顽皮的我停留在街角，想拍一些漂亮诱人的女孩的照片，却被其中一个皮条客骂。"[38] 但是，纵观漫长的贫民窟旅游和娱乐业的历史，主要的吸引人之处却是将贫民窟描绘成一个黑暗世界。贫民窟走访者总是强调在不连续的世界之间移动所带来的冲击，因为城市中人们所熟悉的景观随着游客踯躅的脚步而突然消失。他们可能会发现自己身处 19 世纪悉尼的一个人们合住的住所："进入这些房间，看到挤在一起的、饱受煎熬的人们，情景是可怕的。这种气氛所带有的可怕味道令人窒息;[39] 或者他们可能不得不在 21 世纪孟买的达拉维，沿着敞开的下水道，在棚屋和房屋的挤压下弯着腰跌跌撞撞。"[40] 这种描述的诱惑力在于一种带有威胁性的怪诞差异，因为在一次里约热内卢贫民窟之旅中，导游要求所有人停止拍照。

"一名年轻男子微笑着走近这群人，端着一把枪，枪口朝天。"[41] "雅加达隐藏之旅"的业务员这样解释，"可以使人们的兴趣得到极大满足的"，是探索这座城市的矛盾之处，"几乎有一半的人口生活在贫民窟中"。这些贫民窟"夹在商场和豪华住宅之间"。[42] 人们还可以感受到时间和地点的并存：来到新加坡的贫民窟走访者被邀请探索该市"实现卫生与整洁环境之前"的旧唐人街的景象。[43] 贫民窟的走访者坚持认为，这样的并存是真实而不是炮制的，贫民窟旅游的动机完全是"体验这座城市的'现实生活'的愿望"。[44] 正如一位瑞士游客所说，

贫民窟：全球不公的历史

她希望看看"真实的雅加达,隐藏在漂亮的大厦与购物中心等外观背后的雅加达"。[45]一些旅游运营商则提供进一步的特色,让游客从舒适且豪华的空调车里一览外面的风景,在里约热内卢则是从俯瞰贫民窟的高档别墅和酒吧内眺望,"让游客们能够同时品味奢侈和贫民窟含辛茹苦的生活"。[46]

这种贫民窟走访旨在提供娱乐。这种娱乐活动通常也是为了激发人们对为陷入"贫民窟含辛茹苦的生活"的人们提供帮助的兴趣。一些旅游运营商,以及与之合作的援助机构和社区组织,将一定比例的旅游业利润返还给贫困社区。在孟买,罗伯茨协助社区发展组织,并开办了一个"关爱共享"(CaringSharing)网站,提供有关慈善捐赠和志愿服务的建议。[47]关于贫民窟之旅是否"能够提高人们的意识,而非仅为富裕的西方人提供偷窥娱乐"的争论仍在激烈进行。[48]但是,许多此类旅行组织者的潜台词是:

> 跟我们一起去窥视世界上最脏臭和最丑陋地方的绝望的穷人吧!观察他们是如何聊以度日的,这样你就会满足现状,发现自己的命运更好。[49]

贫民窟娱乐和贫民窟故事一直都是如此运作,也会一直如此运作下去。正如历史学家格雷姆·戴维森所说:

> 人们对贫民窟的成见……渗透到当前的辩论之中,影响着事实的选择、统计信息的分类和解释的构建,以至于历史学家很难摆脱其影响。它本质上是从消极的角度描绘了下层阶级的生活——疾病、痛苦、紊乱、不满——而且始终是从中产阶级居高临下的视角出发。它充当了一扇百叶窗,将穷人的内心生活及其未来前景从同时代人的思想中屏蔽。[50]

定　义

2006 年，迈克·戴维斯描述一个"贫民窟星球"时，语惊四座。但是，今天的主流话语——在流行文化、公共事务和学术界——如何实际定义"贫民窟"？英国政府在 20 世纪 20 年代和 30 年代为消灭贫民窟进行立法的开创性努力，使得《泰晤士报》承认这是"一个模糊的术语，用来形容各种令人不满意的街道"。[51]20 世纪 60 年代，查尔斯·艾布拉姆斯同样评论说：

> "贫民窟"一词包罗万象，既用作一个环境标签，也用来描述各种破旧住房。这个词还表示芝加哥的一座豪宅变成了一个个带家具的房间，以及一个纸箱，里面住着一个来自秘鲁首都利马的人。[52]

大约四十年后，联合国对艾布拉姆斯的评估做出响应，指出："一般而言，在官方语言中，对各种类型的达不到标准的住房几乎不加区别。在实践中，所有此类住房都被称为'贫民窟'。"[53]联合国现在承认，"衡量贫民窟的问题始于缺乏统一的定义"。艾氏曾在发展中国家为联合国进行了多项有关住房问题的研究。联合国承认，今天仍然没有"国际公认的贫民窟定义"。[54]戴维斯认为，19 世纪英国"对贫民窟的经典定义"——实际上从来没有达到一个正确的定义，因为用法是情绪化的、不精确和不稳定的，而不是客观、具体和固定的——让人联想到"破旧的住房、过度拥挤、疾病、贫穷和恶习"。[55]他将这些含义与联合国在 21 世纪对"贫民窟"的用法进行了对比。后者旨在推进千年发展目标计划，以创造一个更加公平的世界。戴维斯认为，这种改革驱动下的用法已经剔除了这个词所包含的"维多利亚时代的诽谤"。[56]但是，他在这里过于乐观了。最近由一位建筑师兼城市规划专家撰写的一本出版物问道：

贫民窟：全球不公的历史

"贫民窟"这个词激起什么样的反应？对许多人来说，有反感、恐惧和偶尔的愤怒。对此我们可以添加污秽、犯罪、疾病、邋遢、无助和贫困的形象。[57]

　　虽然千年发展目标计划未能产生明确拒绝这些负面成见的"贫民窟"定义，但它确实改变了 21 世纪人们对贫民窟的一般思考。联合国倡议的一个结果就是，"贫民窟"的定义虽然没有被推翻，但人们习惯上把贫民窟与感到厌恶和恐惧相联系的做法削弱了。取代 19 世纪把贫民窟等同于作恶与恶习的是，联合国对城市贫民明显受害者处境的同情。对联合国而言，当代贫民窟最大的恐怖之处在于，那里的生活条件"威胁着居民的健康、安全和福祉"，[58] 而不是居民表现得像怪物（尽管在最近的城市恐怖主义影响下，联合国指出了以贫民窟为基础的"社会政治骚乱"的危险性）。[59] 至少在联合国官员与其顾问之间的讨论中，对贫民窟居民的同情战胜了恐惧和反感。因此，需要采取干预措施，不是为了强迫贫民窟居民，而是为了拯救他们。这种思想中固有的脱节的长者仁爱，产生了许多善意的贫民窟改造项目，但这些项目却使当地居民陷入困境，与项目的设计和实施保持一定距离。现在，联合国强调了社区伙伴关系的必要性，但尽管人们大谈参与和赋权，这些方面的实际表达却很少见。

　　联合国计划的第二个结果，就是加强了贫民窟走访者中的一种由来已久的趋势，即把统一社区的人为的同化思维强加于城市的社会和文化多样性之上，要恢复贫民窟居民的地位，使之融入社会主流之中。这一战略部分受到最近新自由主义者对发展中国家弱势城市地区的非正规经济体内充满活力的小规模企业家创业兴趣的影响。在采用这种思路方面，联合国还从学术界借用了充满"希望"的贫民窟和陷入"绝望"的贫民窟之间的明显区别。这项分析起源于拉丁美洲，却被发展中国家的其他研究人员采用。分析认为，贫民窟的这两个特征之间的关键区别，在于是否存在"沿着社会阶级结构向上爬的自动扶梯和'非自动扶梯'（机会）"。[60] 由此看来，自动扶梯有助于改善福祉，干预措施可以给怀有渴望的贫民窟居民带来希望。因为如果没有外来援助，即使是具有创业精神的穷人，也可能困在死胡同般的贫民窟中。这种同化思维的风险很明显。正如一位精明的印度观察家所说：

> 穷人和低等种姓的人想象中却是出于好意的描述，使得一种神话长期存在。这种神话要么多愁善感，要么令人产生怜悯或彻底蔑视。持蔑视态度的人将穷人描绘成彻头彻尾的不值得信任、懒惰、酗酒成性和放纵的人。多愁善感的人则说，"贫民窟里的人必须从充满恶习、犯罪和酗酒的环境中得到拯救"；或者"贫民窟里的人都是酒鬼——你看，他们必须借酒浇愁"。[61]

联合国计划的第三个结果，就是简单地强调贫民窟环境的退化，以及其中住宿条件的不足，忽视了造成贫困社区的复杂的社会和经济限制。

同样被忽略的是当地居民充分利用贫民窟所提供的任何机会的努力。这些结果是由联合国人居署推动的直接后果。联合国人居署倾向于关注由贫困造成的住房问题，而不是城市不平等的根本原因。[62] 这种关注的结果就是进一步巩固了人们对贫民窟的混乱物质现状及其居民无法改善现有条件的看法。

联合国干预计划的第四个结果就是使人们对"贫民窟"一词的联想发生了决定性的改变，从描写过去的欧洲国家社会，转变为描述今天的发展中国家。联合国人居署的总部设在肯尼亚首都内罗毕。联合国的报告和计划主要将贫民窟与发展中国家，尤其是撒哈拉以南非洲地区、南亚和拉丁美洲的城市联系起来。最近学术界对"全球南方"和"南方全球城市"的兴趣，使这一趋势得到加强。[63] 联合国认为，随着这种用法的改变，"贫民窟"已失去其早期的耸人听闻的内涵："在发展中国家，'贫民窟'一词即使得到使用，大多也缺乏原先带有贬义和分裂性的内涵，仅指低质量或非正式的住房。"[64] 这是一种渺茫的希望。正如一位著名印度经济学家所警告的那样："贫民窟被人瞧不起。"[65]

联合国的活动符合 20 世纪中叶以来一直在发展的界定"贫民窟"的努力方面的一般趋势。这些趋势在印度的公共行政管理人员和社会科学研究人员中尤为明显。它通过尼赫鲁于 20 世纪 60 年代初发起的不结盟运动，深刻影响了所有发展中国家的思想。对印度的分析带有根本重要性的是一种持续不断的假设，即正如印度公共行政学院院长曾经解释的那样，贫民窟是"我们时代的一个严峻现实，也许是一种生活方式"。[66]

艾伦·吉尔伯特认为，信誉良好的研究人员和管理人员已经放弃了贫民窟的概念。但他的看法并不适用于印度。那里的专家追随了德赛（A. R. Desai）和皮莱（S. D. Pillai）的引导。他俩是孟买大学两位先驱型的马克思主义学者。他们在 20 世纪 70 年代认为，"贫困和文盲在贫民窟、棚户区、棚屋和寮屋中（原文如此）以最具体的形式得到体现"。他们说，贫民窟"已经被接受，成为一种活生生的现实"。[67]后来的研究人员对德赛和皮莱予以响应，把贫民窟的"具体社会现实"或"生活现实"当作给定条件，这对他们来说是"社会制度的事实"。[68]

独立后，印度研究人员最初利用发达国家的学术知识，试图将迄今为止主要从英国和美国城市发展趋势的角度加以讨论的一个术语，纳入印度的公共政策范畴。1957 年在孟买举行的贫民窟清除研讨会上，德里市政公司的新任董事长、会议主席纳亚克（P. R. Nayak）采用了独立前的英国专业框架——他就是在该框架内接受训练的——以表明"贫民窟可以定义为因生活住宿或环境性质方面严重不足而不适合人类居住的建筑物或区域"。但是，他的探讨超越了这个古老的英国立法词语的范畴，借鉴了他的个人观察。他还说：

总体情况很清楚。充满污垢的肮脏街道和一排排破旧的房屋，弹丸小屋里过度拥挤，以及服务不足，这样的场景映入我们的眼帘。

纳亚克就贫民窟状况所产生的后果发出警告，他表示：

低于标准的建筑物中的污秽和过度拥挤，以及缺乏公民设施和社区服务，使犯罪率上升，遏制或剥夺了人们受教育和在社会中发展的机会。

他警告说，贫民窟可能会导致"人们难以适应社会"，并扰乱"社会的政治稳定"。[69]

研讨会结束后，纳亚克利用会议程序制订了一个具体适用于印度的"贫民窟"定义：

贫民窟可以被描述为一个被混乱占据的、被杂乱无章地开发和普遍忽视的区域，那里人口过多、过度拥挤，建筑失修或修复不良并遭到忽视。区域内没有充足的通信设施，卫生工作没人负责，维持身体和社会健康、满足居民和社区最低需求的生活条件不足，普遍缺乏社会服务和福利机构，因而无法应对个人和家庭的重大社会问题，诸如健康状况不达标、收入不足和生活水平低下，人们沦为物质与社会环境的生理、心理和社会后果的受害者。

纳亚克补充说，贫民窟生活条件随后产生的后果包括身体健康受损、"对家庭生活和环境的心理调节不良"、"社会解体"，以及"女性地位和尊严"下降。[70]

这种古怪的、价值观色彩浓厚的定义，把过去旧世界贫民窟的用途与人们的愿望相结合，以更准确地描述当代印度城市中的社会弱势。这种定义在 20 世纪末仍然占据主导地位。它在德赛和皮莱的《贫民窟与城市化》（*Slums and Urbanization*）一书中得到了重申。该书于 1970 年首次出版，于 1990 年修订再版。德赛和皮莱宣称，世界上一些最糟糕的贫民窟无疑可以在印度的城市中找到，因为该国政府在后尼赫鲁时代鼓励资本主义的发展。他们认为，这些条件凸显了由于发展中国家的自由市场经济变革和加速城市化而加剧的结构性失衡。[71]

其他许多著名的印度规划者和学者同意德赛和皮莱的观点，即贫民窟条件是由于社会的结构性不平等，这种不平等是"社会统治者造成的"，而不是贫民窟中所谓的"犯罪、流浪和狡猾的反社会分子的行为"使然。[72] 例如，城市规划者施维塔·马瑟尔（Shveta Mathur）和萨克西·查德哈（Sakshi Chadha）说："贫民窟和城市贫民……反映了一个城市固有的矛盾和不平等现象。[73] 学者们也越来越多地把城市不平等与 20 世纪末自由市场的高涨所产生的影响联系起来。这种影响被普遍称为'全球化'，特别是其对'全球南方'的区域影响。"著名经济学家阿米特巴·孔杜（Amitabh Kundu）断言，印度的贫民窟体现了"全球化时代大城市分割区域的穷人的悲惨境地"。[74]

这些趋势受到次等研究运动的影响。自 20 世纪 80 年代以来，该运动使边缘化人群和地方的学术分析获得了浓厚的南亚特色。这个范围广泛的运动的一个趋势，即"次等城市主义"，拒绝了关于贫民窟的"世界末日和反乌托邦的说教"，而是提出了"作为理论的贫民窟"。这种研究方法利用"全球南方"的城市来挑战帝国主义、后殖民主义的国家建设和全球化对人们的城市贫困认识的影响。然而，这种分析仍然基于一种错误主张，即"贫民窟作为一个地点"：一种地理、社会和政治现实。[75]

传统印度学术研究的主流与世界其他地方一样，以更浅薄的方式继续一味地关注有关贫民窟的物质、社会和文化上的紊乱的陈词滥调。这些研究人员通过判断确定，贫民窟需要进行改革，但他们对这些改革的倡导虽然表面上是抱有同情心的，却以严重的屈尊降贵的方式表达出来。在印度，此类分析的起点就是断言：

> 贫民窟是城市生活的癌症，应该不遗余力地予以根除……城市贫民窟是对现代文明的当面诋毁，必须帮助贫民窟居民过上体面的生活。[76]

这种研究中反复出现的主题是建筑环境的明显混乱：印度的贫民窟是"随意建造的，没有任何规划"。[77] 由此得出的一般结论是，这种生活条件必然会使生活在那里的人的人格降低：非人的环境不可避免地造成了"非人的和混乱的生活"。[78] 1994 年，海德拉巴的一项邻里研究，几乎逐字逐句地重复了纳亚克 1957 年对"贫民窟"的定义，并得出结论：

> 贫民窟可以被描述为混乱占据、杂乱无章地开发和普遍被忽视的区域。那里人口过多、过度拥挤，具有无人看管和被忽视的建筑结构……贫民窟地区滋生犯罪、青少年社会问题和动乱，这些都有损于社会的健康发展。[79]

另一份研究报告同样认为：

> 贫民窟是土地上房屋和居住者过度拥挤的区域，缺乏各种各样便利的生活条件，充满了不卫生的状况，杂乱无章，无规划，充满社会弊端。[80]

许多研究人员把自己的分析建立在一个前提之上，即贫民窟代表了"我们文明的另一面"，包含了一种"滋生犯罪并导致邪恶的不符合标准的文化"。[81] 借鉴前几个世代美国社会学和人类学的研究成果，他们认为：

> 贫民窟是一种生活方式，一种具有一系列规范和价值观的亚文化，反映在恶劣的卫生条件和健康实践、不正常的行为，以及冷漠和社会隔离的特征属性上。[82]

在印度和其他所有发达国家，贫民窟的学术描述中所包含的重点都已经为援助机构所接受。虽然这种描述重点并没有直接寻求界定"贫民窟"，却通过其范围广泛的支持者网络，延续并强化了对贫民窟的无益表述。例如，2005 年，慈善组织 WaterAid 在德里进行了有关社会弱势群体的一项社会调查，其报告由孔杜提出。他提到"居住在贫民窟的城市人口基本上（生活）在非人条件下"。[83] 同样，乐施会（Oxfam）的网络新闻、杂志和购物目录定期刊登有关"贫民窟"的专题报道，其中既有德里"贫民窟"妇女制作的圣诞节购物目录中的物品（2008），也有关于内罗毕穆库鲁（Mukuru）"贫民窟"儿童的花絮（2015）。乐施会、WaterAid 和孔杜的意图都充满浓厚的人道主义，但在追求社会正义的过程中，他们的意图却因使用一种人为做作的观念而受到损害。整个发展中世界的情况也是如此。例如，在一则关于雅加达的专题报道中，总部设在内罗毕并得到联合国支持的 IRIN 人道主义新闻和分析新闻社报道说，这个印度尼西亚的大都市"遍布着贫民窟……许多人生活在没有自来水的棚户区。这些破烂住房修建在金碧辉煌的摩天大楼的阴影下，排水沟被垃圾堵塞，造成难闻的气味"。[84] 在非洲，一个位于基贝拉（Kibera）的教会组织强调，该地的居民每天都生活在有辱人格的、使人丧失尊严的环境下。那里的腐败和暴力司空见惯，他们被社会忽视和遗忘。[85] 这是 19 世纪老一套的耸人听闻的"贫民窟走访者"的措辞。这种措辞在 21 世纪仍使慈善行动误入歧途。

可以合理地得出结论，尽管舆论和专家在现代世界中产生了许多对"贫民窟"的描述，但它们并没有产生明确和可信的定义，以取代戴维斯恰当地描述为过去的"维多利亚时代的诽谤"。正是因为——正如艾布拉姆斯所说,联合国也承认的那样——"贫民窟"这个术语容易理解、包罗万象。[86] 这个词的力量在于它被用作一个速记术语,从而使严谨的思维服从于一个人的先入之见的简单论断。这个词的流行,使广泛和无益的成见永久化,而不是在城市贫民中产生精确的、有关住房条件的定义。这些定义能够支持实现更公平的世界所需的严谨的研究和有效的社区开发项目。

因此,像吉尔伯特这样的一些专家厌恶这个词,并对其持续的流行感到遗憾。社会学家阿卜杜马利奇·西莫内(Abdou Maliq Simone),一位在对全球南方城市进行学术思考的关键人物表示担心:

> "贫民窟"这一名称虽然对政治宣传和政治发展的工作很重要,却倾向于将世界各地特定类型的城市空间一概而论,最终模糊了关于穷人实际上如何生活和利用城市的重要特征。[87]

这种保留意见并不是全新的。例如,20 世纪初,权威性的《钱伯斯百科全书》(*Chambers's Encylopaedia*)决定不收入有关"贫民窟"的条目,而是指导读者阅读其关于"住房和城镇规划"的文章。[88] 同样,在 20 世纪中叶的印度,马德拉斯(Madras)城市规划主任戈文丹·奈尔(Govindan Nair)提到了《钱伯斯百科全书》,并且有所反思:

> "贫民窟"一词意味着某种非常丑陋、令人厌恶、令人反感的东西——实际上相当于某种令人讨厌的、肮脏的东西。它带有尊严的严重丧失。虽然我们所知道的贫民窟地区的情况正是如此,但在我看来,除在非技术性的和非立法意义上之外,我们不应在其他方面使用这一术语。我提出……在其技术和立法意义上的应用方面,应该避免对这一术语的任何提及。我觉得,如果将这个

贫民窟：全球不公的历史

词不加限制地使用，就不能消除其所附带的耻辱，并且在社会学意义上，如果把这种耻辱的帽子戴到任何一个地区或该地区的居民头上，都等同于其声望的丧失。这些人住在那里是由于生活所迫，但作为平等的公民，他们的尊严需要得到保障。继续使用该术语可能导致的心理反应，恐怕可能不是一种可取的特征。[89]

在21世纪的拉丁美洲，自20世纪60年代末开始一直研究里约热内卢的贫困社区的资深人类学家贾尼斯·珀尔曼（Janice Perlman）宣称："我发现，将贫民窟或其他任何寮屋称为'贫民窟'令人反感。"他批评联合国的千年发展目标计划给这个"理所当然地遭到可耻的、身败名裂的下场"的词语恢复名誉。[90]

在由此产生的可信学术定义的真空中，《牛津英语词典》成为讨论贫民窟的标准参考点，尽管其条目自1912年以来一直未经大幅修订：

> 位于一座小镇或城市的拥挤区域的、其居民为社会下层或赤贫者的街道、小巷、庭院等；这些街道或庭院当中的一些形成人口稠密的街区或地区，那里的房屋和生活环境肮脏而破旧。[91]

德赛和皮莱在20世纪70年代使用的一项与此相似的定义，也表达着类似的概念：

> 贫民窟是过度拥挤、卫生条件恶化、缺乏各种设施或基本设施的一栋建筑、一群建筑或区域。因为这些条件或其中任何一项，危害到其居民或社群的健康、安全或道德。[92]

由于难以找到一个包罗万象的定义，印度政府最近的一份报告转而求助于《不列颠百科全书》（Encyclopaedia Britannica）："一种物质和社会状况都已恶化的住宅区，家庭生活也不可能令人满意。"[93] 不幸的是，所有这些定义都是过去的价值判断的回声。戴维斯认为，这种定义已经被扔进历史的垃圾箱。为了消除对行为异常的这种蔑视的提及，印度的注册总监兼人口普查专员解释说：

> 出于人口普查的目的，贫民窟被定义为这样的住宅区，即由于建筑物的破败，过度拥挤，安排和设计不当，街道狭窄或布局不当，缺乏通风、光线或卫生设施，或这些因素的任何一个，因而有损于安全与健康，所以那里的住所不适合人类居住。[94]

然而，由于注册总监继续依赖 19 世纪的"不适合人类居住"这一短语，所以他的最新定义仍然停留在戴维斯的过去。

这并非仅仅是一个语义问题。这一定义涉及知识形成和进步派改革的核心。"贫民窟"概念损害这类工作的一个很好的例子就是"城市联盟"。这是一个 1999 年与联合国人居署和世界银行合作建立的国际网络。该网络发起了"无贫民窟城市行动计划"，随后该计划列入千年发展目标，以清除世界上"肮脏、不健康、没有公共服务和脆弱的城市贫民窟"。"城市联盟"一直在努力为目标社区找到一个实用的定义。这种社区包括了高密度的、肮脏的市中心住宅区，甚至自发的棚户区。后者没有得到法律承认或合法的权利，在城市边缘蔓延。一些棚户区已有 50 多年历史，一些则正在形成。

该联盟在融合方面做出的最大努力，就是宣布所有这些住宅区都有着相同的悲惨生活条件。[95] 这与一个世纪前的改革者的意见相比，没有取得任何进展。

使用一个具有固有欺骗性的词语来倡导基于公平的改革议程，这一悖论导致联合国在 2002 年明确了自己的"贫民窟"的"操作性定义"。[96] 这包括五个"贫民窟定义指标"，或者说"用以衡量贫民窟的住房权利剥夺的标准——缺乏用水的改善、无法获得卫生设施、无法获得可长久居住的住房、生活区域不足，以及居住权毫无保障"。[97] 在应用这一新定义时，人居署解释说，"无论是整个城市还是居民区，如果所有家庭中有一半以上符合这些标准中的一条，它都会将其确认为贫民窟区域"。[98] 然而，联合国很快就承认了这个仅关注物质和法律方面的定义的不足之处，却"并没有完全认识到特定家庭或贫民窟社区所遭受的剥夺程度，或者该社区的具体需求，以及多种剥夺的严重程度"。[99] 它无可奈何地承认，其"贫民窟"的定义"仅限于住区的物质和法律特征，排除了比较棘手的社会层面"。[100]

联合国只剩下"没有贫民窟的城市"的口号，用以描述渴望实现根本性的社会改革的计划。但这些计划却无法充分表达和满足城市贫民的需求和愿望，因而无法在其实质性成就的基础上再接再厉。

影响和后果

认识到"贫民窟"这个词的不足之处比较容易，难就难在解释为什么这个词仍然得到如此广泛的，尽管是不均衡的持续采用。其持久性部分地是因为被政界、公共行政界、学术界、大众媒体界和商界的强大精英集团所利用，并得到了主流社会中富裕人士的认可。

它之所以持续存在，还因为它应用的地方，从 19 世纪纽约的五点街区到 21 世纪孟买的达拉维，环境确实衰败，其中许多居民的生活机会明显受到限制。但是，如果从我们对社会与环境发展问题的看法和安排解决这些问题的轻重缓急方面去除造成这种歪曲的有色眼镜，我们就会更好地了解此类地方的当地环境，并帮助当地居民进行改善。

"贫民窟"一词之所以持续存在，也是因为它掩盖了经济、政治和法律的不正当性，这种不正当性使一些人得以从城市的不平等现象中渔利。例如，就在《贫民窟的百万富翁》赢得八项奥斯卡奖，并成为世界各地的热门院线影片时，由于城市和铁路管理当局大肆清除贫民窟，影片中两名主要儿童演员的家在 2009 年被拆除，其家人露宿街头。[101] 自 19 世纪以来，以清除贫民窟为幌子，世界各地开展的无数城市重建项目为政府、企业家和私人投资者带来了利润和新的城市基础设施，但通常会加剧曾在目标社区生活和工作的人的生活条件的恶化。拆除是对"贫民窟"社区每日都出现的不公正行为中最明显和造成最严重创伤的行径。这种不公正现象包括医疗保健、教育、就业和法律援助方面的障碍，以及地方官员和警察的小规模的暴政和骚扰。

这种不公正是市场经济运作中的基本不平等问题的症状，没有任何监管机构有对其加以解决的意愿。英国 19 世纪城市经济学的本质，使穷人"像沙丁鱼一样被挤压、分层和压缩"，塞入陷入根深蒂固的劣势的地区，不仅符合他所描述的过去，而且得到了（正如德赛和皮莱所指出的那样）当今部分发展中国家的城市现状的回应。西莫内指出：

> 全球经济趋势和政策确实对人们生活的地方及其能做的事情产生了影响。积累的问题，即带来足够的利润问题，已经转移到穷人身上。这可以通过降低劳动成本和公共服务的投资来实现。[102]

孔杜表示，在印度城市中，这些趋势已经形成了一个"分割过程"，这一过程一方面创造了高科技工业区、时尚购物中心和高收入住宅区，另一方面则创造了贫困社区和污染行业。[103]

这种对比的加剧——就在印度和巴西等发展中国家的 GDP 上升的同时——促使一些专家警告说："全球化可能会导致出现存在贫穷人口的富裕国家。"[104] 但最重要的是，"贫民窟"一词之所以持续存在，是因为我们主流社会使用和积极接受它。有时我们会以人道主义行动的名义接受它：捐款给援助机构，关注最新的揭露性新闻报道，或者参加走访贫民窟的旅行。然而，在大多数情况下，我们使对贫民窟的成见永久化，因为这种观念帮助我们定义（并祝贺）自己与我们想象中的对立面的反差。因此，在我们的想象中，贫民窟必然是一个令人憎恶和功能失调的领域，因为它被塑造为现代城市中对体面生活和实用功效的常识性理解的对立面。因此，它之所以被塑造，是由于贫民窟流派试图通过围绕个人和集体行为的核心原则动员公众舆论来遏制社会矛盾。这些原则旨在识别和解释城市贫困的原因和结果，并为这些社会弊病提供解决方案。[105]

彼得·斯塔利布拉斯（Peter Stallybrass）和阿龙·怀特（Allon White）出色地描述了"社会边缘的事物是如何如此经常地处于象征性的核心地位的"，表现在高与低、我们和他们、善与恶的并存，以及"他者"的构建之中。这些做法构成了"欧洲各国文化中的排序和认识"的过程。[106] 皮莱认为，同样的动态过程也发生在其他文化之中。他指出，在印度：

> 从中产阶级、上层阶级或上层种姓环境的视角来看待贫民窟，作家可能会看到他所"珍爱"和视为"正确"的许多事物的反面。通过对穷人的怜悯，他自己的价值观和文化阶层的水平被提升到一个推己及人的高度尊严的水平。（因为）"他们"不是具有"像我们一样的体面文化的""正常"人。[107]

今天，发达国家生活惬意的群体不再将"贫民窟"一词应用于他们自己的国家，而是用于论及发展中国家的社区发展或现实旅游之时。在一定程度上，支持这种用途的是人们的同情与关注。然而，还有一种强烈的自我庆贺的成分：据称，发达国家已经超越了贫民窟，进入了更高的发展阶段。此外也有一种否认的成分：否认本国国内存在持续不断和日益加剧的社会两极分化和动乱。与此同时，在当今的发展中国家，精英和迅速扩大的中产阶级利用对贫民窟的成见来为社会不平等寻找理由，并在贫民窟与"正常的"现代化社会之间划清界限。因此，"贫民窟"和"走访贫民窟"在今天继续盛行，就像其在19世纪现代城市化初期出现的时候一样。

第二章

排斥的吸引力

"贫民窟"一词已知的刻印文字最初出现在《英语行话黑话词汇集》(*A Vocabulary of the Flash Language*)中。该书的编辑詹姆斯·哈迪·沃克斯(James Hardy Vaux)是一个被社会抛弃的人:一个被驱逐到英国在澳大利亚的流放地的罪犯。沃克斯编纂上述《词汇集》是为了帮助监狱看守了解其他囚犯使用的伦敦俚语。

19 世纪和 20 世纪,"贫民窟"这个词的使用范围不断扩大,从用于伦敦东区的当地土话到全世界英语使用者使用的语言,是由于英国及其在北美洲和澳大拉西亚定居并繁衍的后代从农村社会转变到城市社会。这种转变引领世界。这是因为在现代资本主义的起飞阶段,以及随后在 20 世纪巩固资本主义经济的过程中,商业和工业大规模发展。城市化——城市人口的增长速度超过整个社会——在许多当代人看来等同于社会进步和现代性。1899 年,作为学科先驱的美国统计学家阿德纳·韦伯(Adna Weber)说,人口聚集到城市中是"本世纪最引人注目的社会现象"。[1] 然而,对许多人来说,经历这种现象却是不确定和令人不安的。城镇的快速增长是由于不断扩大的商品和服务市场,但政府监管机构对其的监管却不够充分。这种增长造就了丑陋、不方便,有时甚至很危险的栖息地。由此带来的城市生活使许多工人阶级成员感到震惊。"贫民窟"这个词得到采纳,被用来表现这些生活

　　　　　　　　　贫民窟:全球不公的历史

条件，用来为由此产生的一些人舒适和富裕的生活与另一些人艰难和贫困的生活之间的鸿沟寻找理由。刘易斯·芒福德（Lewis Mumford）认为，"新城市综合体的两个要素就是工厂和贫民窟"。[2]

因此，"贫民窟"一词从一开始就带有浓厚的价值观色彩。对于伴随着城市快速发展的社会劣势的聚合而言，这并不是一个直截了当且简单的描述性标签。贫民窟不是劳动力和住房市场不公平运作的有形结果，尽管这些结果显而易见。相反，"贫民窟"这个词是为了试图理解和解释这些结果而采用的一系列不断累积的概念的体现。因此，它是大众想象的产物，或者正如查尔斯·狄更斯（Charles Dickens）所说的那样，它是"排斥的吸引力"。"贫民窟"这个词体现了恐惧：担心城市快速增长正在使自然环境恶化，使长期存在的社会规范和关系解体，造成健康不良、犯罪和社会混乱。它还表达了一种困惑和尴尬，即这种情况可能存在于现代性的旋涡中。1934年，在伯明翰新公共住宅区的破土动工仪式上，英国卫生大臣谈到了"让这个国家摆脱贫民窟的耻辱"的巨大努力。[3]但是，正如这位大臣的话所暗示的那样，"贫民窟"同时也表达了希望：贫民窟的生活窘境是可以消除的。这个词被研究人员和改革者用来描述现代社会中的不公平和矛盾，并动员人们支持他们解决这些问题的努力。同样，善意的公民也采用它。他们与改革者一致认为，城市中的社会条件虽然令人遗憾，却是可以改善的。然而，在更大程度上，正如狄更斯所承认的那样，贫民窟为人们提供了娱乐消遣的机会。

对贫民窟的耸人听闻的描绘令城市化所创造的广大观众着迷，并且在这样做的过程中，这种描绘也让这些观众对适合于现代的理想形式——空间上、功能上和行为上的——达成了不大严谨的共识。这样，贫民窟的"排斥的吸引力"得以展现，在很大程度上成为由社会精英塑造的共同表现，但也得到了城市社会主流的参与和积极的延续。贫民窟被描述为残余的地方，在那里，自由经营的市场和作为市场补充的国家监管的积极影响尚未全面产生；贫民窟居民是与社会格格不入的人。他们因不幸、无能力或不正常的顽固性而在这些未经改造的地方聚集起来。因此，贫民窟在英语社会的想象中扎根，成为对现代城市来说不合时宜的事物的标志：若论将贫民窟的社会成见如此紧密地包装成与城市理想相对立的地方，则非英语国家莫属。[4] 通过使贫民窟与这些国家的人想象中截然相反的面并存，凸显了其形式与行为的适当性问题。贫民窟行为被描述为现代城市负责任的和卓有成效的公民身份的对立面；贫民窟环境是对构成正常的公民生活的体面住宅、高生产率的工作场所、漂亮的公共空间和高效率的市政服务的嘲弄。而对贫民窟的描述也同时承认，现代城市中存在不平等，并形成道德共识，即负责任的公民可以在很大程度上消除它。这种强有力的共识超越了性别、阶级和社会地位的差异，因为通过将对贫民窟的社会成见强加于自己所认为的下等人，就连陷入经济困境的工薪阶层家庭，也可以把自己与贫民窟居民相比较，从而增强自己的自尊心。因此，例如，威妮弗雷德·福利（Winifred Foley）对自己 20 世纪 20 年代在一个贫穷的英国煤矿开采社区中成长的记忆，把像她的父母那样苦苦挣扎的矿工的"中等收入家庭"与市内贫民区的"贫民窟"加以对比。[5]

本章追溯了贫民窟概念的发展。这些概念决定了人们对城市社会劣势的一般认识。这种社会劣势成为现代世界城市化的滥觞。这一过程在英国和英国人定居的社会中，从 19 世纪初开始——当时杜撰了"贫民窟"一词——直到 20 世纪 70 年代。此时其造成社会震荡的价值已然消退，让位于其他使社会规范得到强化的词语。而此时，西方世界则自称为"发达世界"。本章还开始探讨这些骗人把戏所导致的公共政策。

城市万花筒

法国建筑师勒·柯布西耶（Le Corbusier）于 1936 年首次访问纽约时，将这座城市描述为"无可置疑的现代威力最突出的表现"。[6] 纽约当时被视为"美国社会道德进步的指标和工具"。[7]这座现代城市一直被描述为"我们最伟大的创造"。[8]19世纪和20世纪初的城市变迁速度在英语国家（英国、北美和澳大拉西亚）最为明显。世界上人口最多的30个城市中1890年有11个、1920有13个在这些国家。[9]1851年的人口普查记录显示，有史以来第一次，大多数英国人居住在城市里。伦敦在19世纪成为大都市和世界中心城市，纽约在20世纪初继承了这个地位，因为美国像英国一样，越来越成为一个城市国家（1920年，大多数美国人被记录为生活在小镇和城市里）。芝加哥、费城、波士顿、底特律、曼彻斯特、伯明翰、格拉斯哥和利物浦发展成为庞大的工商业中心。旧金山、温哥华、墨尔本和悉尼成为新兴的全球航运网络的区域中心。这些新大陆的城市发展速度之快，使其被称为"即刻出现的城市"。[10]与旧大陆的城市不同，它们天生就是现代城市。例如，墨尔本是1835年才创建的，它巧妙地驾驭了现代世界的新技术和新机遇，因而到1890年，它已成为世界上最大的城市之一，比伯明翰和波士顿大，比马德里大，也大于马德拉斯（印度港口城市）。这些生机勃勃的现代化城市当中，有些人口众多，有些幅员辽阔。所有这些城市都具有快速发展的特点。它们全都对自己的经济活力、丰富的文化生活多样性、公共建筑的宏伟和技术基础设施的现代化感到自豪。私人家庭生活构成城市公共生活的基础，在新的城市中产阶级和熟练工人阶级整洁的郊区住宅和花园中得到体现。这种生活洋溢着一种舒适感和成就感。

然而，这些现代城市中也生出了矛盾，引发了忧虑。城市空前而迅猛的发展极其令人惊叹。正如历史学家莫里·克莱因（Maury Klein）和哈维·坎特（Harvey Kantor）在谈到美国的城市化转型时所说，当今时代的人们"目睹了世界在自己周围消失并重组"。[11]城市居民竭力了解新的栖息地。那里的人口之多、人口之多样和人口密度之大侵蚀了人们几个世纪以来习以为常的出行模式、工作和休闲的循环、人与地方的环境关系及其小社区的社会关系。面对现代城市万花筒般的开放性，人们的生活模式感、目的感、地位感和局限性荡然无存，而他们对新的行动方式也全然不清楚。

直接的感官体验——对空中、陆地和水道——引起人们对这种新的不平衡的关注：城市居民慢慢领教到，在忽视环保的后果，需要在更大规模上管理水、食物和燃料的供应，以及垃圾清除等方面，城市环境恶化了。埃德温·查德威克开创性的《英国劳动阶级卫生条件》（ *Sanitary Conditions of the Labouring Classes of Great Britain*，1842）一书全面记录了这些后果，及其可能的监管补救措施。1848年，《城镇卫生法》（the Health of Towns Act）为地方当局提供了这样做的第一个工具，但任何监管尝试都长期具有被忽视和逃避的特征。城市仍然嘈杂、拥挤、臭气熏天和肮脏。它们非常不健康。城市拥堵明确表明，"……以大多数人所支付得起的价格为人民提供足够的住房，超出了统治阶级的实际想象"。[12] 城市住房的不足凸显了城市发展的不均衡。在现代城市，繁荣与赤贫呈极度不和谐的状态。

这些环境和社会问题的根本原因现在已经很清楚了。正如历史学家迪奥斯在谈到19世纪的伦敦时所说，这些问题是由于这个当时世界上最大的城市累积的私人资本"被重新投入商业机器，而不是以高工资形式分配给所有人"[13] 所导致的；也有雇主和投资者所关注的是利润率，而不是产生利润的社会成本的原因。这表明，不受监管的私营企业"无法创造或维持构成城市至关重要基石的社会投资和服务"。[14] 这种道德弊病不仅是维多利亚时代早期资本主义的特征。澳大利亚小说家万斯·帕尔默（Vance Palmer）在20世纪初访问爱德华时代的英国制造业城市时，感受到了"一种工业机器的压力，这种机器不断压榨使之保持运转的工人，却没有在休闲、温暖和体面的食物等方面为其提供足够的回报"[15]。20世纪60年代，正如迪奥斯描写19世纪一样，迈克尔·哈林顿把注意力转向当代世界，指出，情况依然如故，每个"美国的大城市都有经济底层社会"，其中的工人陷入困境，生活朝不保夕，工作报酬很低，也缺乏住房。[16] 管理层和股东一味地关注日益通过全球业务产生的利润，导致了城市和区域经济的一些组成部分重组和搬迁，并在某些情况下导致这些经济组成部分几乎消失。美英两国的评论员谈到了城市的衰退、生锈地带的衰败和去工业化。利物浦和底特律等曾经占主导地位的工业城市，在 20 世纪 60 年代和 70 年代几乎崩溃，因为它们的经济解体了。纽约市在 20 世纪 70 年代中期濒临破产。在英国，利物浦默西塞德郡（Merseyside）工业区内的核心城市人口在 1921 年达到了 72.6 万的高峰，但半个世纪之后却下降到 33 万。虽然"二战"后重建的利物浦市中心继续繁荣，但该市的码头、铁路和制造业却遭到严重破坏，因而成为英国贫困人口最集中的城市之一。

虽然社会动荡的原因现已很清楚，但过去的诊断却并非如此。加拿大商人和慈善家赫伯特·布朗·艾姆斯爵士于 1896 年对蒙特利尔的贫困问题进行了挨家挨户的调查，警告说，改革努力"无法干预供应和需求的难以察觉的规律，以提高工人工资"。[17] 虽然少数观察敏锐的医学实践家、慈善家和住房改革家从 19 世纪初开始就提醒人们关注不加限制的市场推动下的城市化所造成的环境和社会问题，却没有引起公众持续不断的关注。新兴的城市社会秩序的受益者没有解决城市社会问题，而是试图与城市化所造成的种种问题"保持距离"。[18] 从 19 世纪 30 年代起，城市中产阶级就开始在城市周边地区修建郊区住宅。这些地方远离城市化所造成的社会与环境问题。熟练工人阶层加入了这种迁徙的行列，最初居住在距离自己工作场所可以步行到达的内城郊区，但 19 世纪末和 20 世纪初却随着公共交通系统的发展追随中产阶级搬迁到更加遥远的上班族居住的郊区。与此同时，拥有汽车从 20 世纪中叶开始也成为一种大众现象。例如，1901 年，人们在谈到最初成为伯明翰许多商业精英家园的绿树成荫的郊区埃德巴斯顿（Edgbaston）时说，这个地区布满了台阶，其中许多都以自己的方式呈现出十分漂亮和吸引人的景象。居民属于富裕阶层。他们耕种自己的小花园、树木，使藤蔓植物缠绕在自家门上。他们悉心维护自己的住宅，并对其景观引以为自豪。[19]

在美国，全国内乱问题咨询委员会在 1968 年注意到，第二次世界大战以来，比较富裕的家庭就大批从市中心"外流"到郊区，这一过程不断加速，并且一直都是显而易见的。[20]似乎各地的郊区化正在城市中心造成社会真空，破坏主流社会与穷人之间的每一个共同点。正如墨尔本 1967 年的一项学术研究所警告的那样，"无论我们如何理想化郊区的生活，都仍有这样一个事实，即在这个花园郊区群星簇拥的集合的中心，是数英亩的贫民窟"[21]。

在整个 19 和 20 世纪，社会评论家都关切地注意到，由于城市发展和人们在郊区的散居，所以社会关系和社会责任明显在日益减弱。他们敦促"具有公益精神的人"在社会事务中表现出更大的领导力。[22]偶尔，他们的声音得到倾听。19 世纪 70 年代，伯明翰的商业和专业领导人对乔治·道森（George Dawson）的"市政福音"的采纳，就是一个很好的例子。[23]北美的争论，如 W. T. 斯特德所著的《如果基督来到芝加哥》（*If Christ Came to Chicago*，1894）和 J. K. 加尔布雷思（J. K. Galbraith）的《富足的社会》（*the Affluent Society*，1958）引发了关于在私人盈利与公共服务之间保持适当平衡的广泛争论。然而，从长远来看，即使在城市和经济变化的不良后果最明显的地区，私人盈利动机和社会自满情绪也占了上风。在马萨诸塞州的棉花加工城市劳伦斯——新英格兰地区为数众多的由于纺织品生产转移到美国南部生产成本更低的基地而在生存方面陷入困境的城市之——一项范围广泛的社会调查的作者在 1912 年感叹道："城市是人与人之间的一种多么薄弱和严重断裂的集合。"[24]同样，在陷入困境的英格兰制造业城市利物浦，社会分析家们于 1972 年断言："社区的解体一直都不仅是戏剧性的，还是令人震惊的。"[25]1977 年的《利物浦内城区研究报告》（*Liverpool Inner Area Study*）提到破旧的贫民窟、几乎一贫如洗的社区，夹在重建的城市中心和郊区之间，人们只是在上班途中从铁路上越过台阶或主路旁的空地眺望时才会见到。[26]

在《另一个美国》一书中，哈林顿不仅指出，"数以千万计的美国人生活在低于人类体面生存所必需的水平之下"，而且提请人们关注这样的悖论：这种贫困"越来越成为生活在郊区的美国人所看不见的事情"。[27] 约翰·斯图布斯（John Stubbs）在谈到澳大利亚贫困的广泛蔓延时提出了类似的观点。因此，《隐藏的人》（the Hidden People，1966）一书这样开始："至少有 50 万澳大利亚人生活在贫困中。虽然我们与他们接触甚少，但他们无所不在。"[28]

在最大的城市中，至少从 19 世纪中叶开始，就存在一些外界鲜为人知的贫困地区，他人只有在上下班的列车上，以及（从 20 世纪中叶开始）从高速公路上路过时才会看到一闪而过的它们。即使在较小的城市，对贫困社区的直接了解也很肤浅。例如，英国约克市在 1899 年只有 7.6 万居民。当时朗特里开始进行其开创性社会调查，旨在"揭示外地城镇工薪阶层的生活条件，尤其是贫困问题"。[29]

"贫民窟"这个令人震惊的词语起到表达大多数城市居民对他们中间贫困问题的无知、漠不关心和自满情绪的作用。朗特里曾经利用这一词语来概括他在约克市亨盖特社区所发现的情况：

> 亨盖特是约克市的主要贫民区之一……虽然范围不大，却足以展现贫民窟生活的主要特征——一旦获得金钱就大肆挥霍，因而在其他时候更加贫困。星期六晚上喧闹，星期一早晨前往典当行，特别是人们对这个地区的热爱，以及不愿搬迁到更好的环境去，这些习惯及固有生活方式与对更高的生活目标的漠不关心加在一起，令许多社会工作者绝望。[30]

到了 20 世纪 30 年代，美国城市中的"贫民窟"被称为"城市解体的最明显症状"。[31] 对贫民窟的描绘跨越了使城市居民相分离的社会隔阂和地理距离。贫民窟的轰动效应引起了人们的注意。其"排斥的吸引力"利用了城市居民对城市贫民所居住的陌生地方感受到的焦虑和好奇心。

1883 年，牧师安德鲁·梅尔恩斯在其公理联盟小册子《伦敦社会弃儿的痛哭》（*the Bitter Cry of Outcast London*）中的提及首先引起了公众对伦敦贫民窟的极大关注。这个小册子描绘了一个"贫穷、苦难、肮脏和不道德的巨大黑暗地区"，不仅在伦敦，而且在整个英语世界引起轰动。因为虽然梅尔恩斯的证据来自伦敦，但他的结论却具有普遍意义：

> 在我们伟大城市的中心，就沸腾着被最薄弱的文明和体面生活的外壳所掩盖的普遍的道德败坏、令人心碎的苦难和绝对的邪恶。[32]

罗伯特·A. 伍兹（Robert A. Woods）是美国住宅运动的领军人物。他在谈到《痛哭》一书时说："所有阶层都为之所动。对于英国文明来说，伦敦穷人的状况就像一种失败的责任归咎，触动了英国人的自尊心。"[33] 在遥远的澳大利亚，《悉尼先驱晨报》评论说，《痛哭》一书的效应"一方面凸显了正在积累起来的巨额财富，另一方面则在我们面前赫然显现出普遍贫困"，并且担心，人们会得出结论，即"我们的文明是失败的，我们的情况会越来越糟糕"。[34]

《痛哭》一书以及随后出版的有关英语世界其他城市的令人震惊的出版物，确实令一些人对不受约束的资本主义发展提出质疑。一位公理会信徒在评论梅尔恩斯的小册子时说："贫民窟是对自由放任经济学'这种枯燥无味的科学的严格束缚'所造成的结果的见证。"[35] 它引导另外一些人研究当时社会的结构，因为在这种社会中，生活舒适的社会主流竟然没有意识到这种不平等的存在，或者对此漠不关心。在英国，小册子使慈善的住房改革者动员起来，促使一个皇家委员会建立起来，以调查工人阶级的住房条件，并为重要的住房立法的通过铺平了道路。然而，最重要的是，《痛哭》等书为人们提供了消遣的机会。

它在整个英语世界激发了耸人听闻的报纸和杂志评论，以及有关贫民窟的进一步的揭露性著述，并反过来得到了这些著作的诠释。迪奥斯并不赞同这种娱乐活动。他认为，"当时得到默认的"带来这种浅薄兴趣的原因，"就是贫民窟有助于维持维多利亚时代的繁荣"。[36] 更确切地说，19世纪和20世纪的很长时期，若论引起关注的概念，则非贫民窟莫属，因为它使构成现代资本主义城市基础的不平等现象和环境恶化合理化。这是贫民窟带有根本性的误导之处。

发明贫民窟

"贫民窟"一词的早期含义之所以是模糊的，是因为它起源于英语口语而非书面语，当时的流行程度也是有限的。该词的书面形式最初出现在19世纪初伦敦的"行话与黑话"、俚语和"俗语"的词典之中。这些词典试图解释"盗贼、妓女和流浪汉的下层社会黑话"，翻译被边缘化的社会群体"用来把他人排除在外或者给其造成误导的"隐晦俗语。[37] 俚语的威力在于其赋予说话的人以"把玩和享受语言、杜撰词语、不加区别地采用新的表达法，以及把语言用于幽默、讽刺、嘲笑和不敬"的自由。[38] 词典中的定义是落后的，难以体现这种文字游戏。

名词"贫民窟"最初的含义出处既有隐蔽地方和"欺人之谈"，也有非法或欺骗行为。[39] 1812年编纂、1819年出版的沃克斯《词汇集》，把贫民窟模糊地描述成为"一个房间"，却用了（犯罪的）"非法勾当"和"乌烟瘴气的住所"这样的短语来形容，或者用"租用配备着现成家具的住所然后将其洗劫一空的做法"加以修饰。[40] 沃克斯本人就是无赖，因而完全能够做出这些诠释。该词可能源于"沉睡"（中古英语的"slumer"），后来在俚语中转而用于城市偏僻的地方，其明显的昏昏欲睡的景象掩盖了其下层社会阴暗的方面。[41] 对这些地方的描述提到，"哪怕是在环境最恶劣的居民区，也弥漫着昏昏欲睡的气氛"，并且经常提醒人们注意"懒洋洋地躺在门口、在窗前待着的和街头乱逛的"小偷和妓女。[42] 正是从这个意义上来说，"贫民窟"最初以俗语形式用来指"声名狼藉"的、隐匿的房间。[43]

随着其使用增加，这一含义范围扩大了，把看似偏僻和令人讨厌的城市部分地区的整个房屋、小巷和社区包括在内。就这样，随着该词的流行范围扩大，超出最初使用者的习语范畴，它被贬义地用于外界人士所认为的不熟悉、不卫生和令人厌恶的地方。W. G. 霍斯金斯辩称，正是在这种背景下，贫民窟诞生了。贫民窟一词最初是在 19 世纪 20 年代使用，起源于旧的地方话"slump"，意为"湿泥潭"。低地德语、丹麦语和瑞典语中的"slam"一词意为"泥潭"。这大致就描述了这些污水肆流的地方的街道和庭院的可怕状态。[44]

就这样，通过使用贫民窟一词，诞生了昏昏欲睡、一潭死水、不轨行为、贫困、苦难和肮脏之间的联想。皮尔斯·伊根（Pierce Egan）写作的《伦敦生活》（*Life in London*，1821—1828）把一些故事的背景设置在伦敦圣吉尔斯区的"后街贫民窟"（back slum）之中，将此类地方描述为"城里人迹罕见的下层社会地区"[45]。1825 年，查尔斯·韦斯特马科特（Charles Westmacott）和伯纳德·布莱克曼特尔（Bernard Blackmantle）也提到"居住在位于商业大街后面的后街贫民窟中的众多绝望的人物"[46]。但是，随着此类流行刊物使"贫民窟"一词广泛流传，含义不断演变，其在伦敦贫困阶层的街头俚语中的原始用法很可能受到影响并被放弃。

到 19 世纪中叶，"后街贫民窟"一词——常常被加上引号，表示承认其日渐消失的俚语起源——不仅出现在伦敦，还出现在英国其他城市、北美和澳大利亚的刊物中。例如 1857 年，当时还没有 20 年历史的墨尔本的部分地区被称为"后街贫民窟"，与"伦敦的斯皮塔尔菲尔兹（Spitalfields）和圣吉尔斯区的一些地方"相提并论。[47] 到此时，在一般用法中，这一词语开始被缩短成单独一个词"贫民窟"。这一趋势很大程度上是由于 1850 年新任命的威斯敏斯特罗马天主教大主教尼

贫民窟：全球不公的历史

古拉斯·怀斯曼对其教区周围的"迷宫般的胡同和庭院、小巷和贫民窟，无知、恶习、堕落和犯罪的巢穴"提出了得到广泛宣传的谴责。[48]然而，"后街贫民窟"却在19世纪其余时期内在整个英语世界广泛地流传——尽管使用量日趋下降。20世纪有关"贫民窟"的词典定义继续强调该词"臭气熏天的后街"的起源。[49]从19世纪40年代开始，出版商采用引号来注释该词的俚语起源的做法也减少了，尽管这种方法一直到20世纪初都被继续采用。

伦敦人把该词用于描述与富人区相分离的偏僻地方的早期用法继续沿用，并随着时间的推移传播到全世界的其他城市。例如1933年，墨尔本的"贫民窟"被描述为分散在核心郊区的"局部区域"：

> 一位访客……可能会路过一些貌似净土的公共用地，而如果他进去的话，那里往往就会通向其他公共用地，也许是狭窄的街道，里面的房屋破旧不堪，居住着生活在贫困线上的人，其中许多人都很邋遢和堕落。[50]

然而，贫民窟形成与繁华地段相分离的、一潭死水的区域的意义越来越多地被利用，与广泛意义上的贫民窟并行不悖，并且包含在后者范畴内。这些贫民窟蔓延到越来越广阔的地区。正如英国广播公司广播员霍华德·马歇尔1933年在谈到英国时所说的那样："这些贫民窟并非很小的局部区域——大工业城市中这里和那里的少数几条街道，而是……呈现为遍布全国的黑色补丁。"[51]

"贫民窟"横扫了却并没有完全取代自18世纪以来用以描述城市中最贫困社区的其他词语。例如，"rookery"（秃鼻乌鸦结巢处，破旧而拥挤的住房群或公寓，贫民窟。——译者注）意味着拥挤和喧闹，而"den"（兽穴，匪巢。——译者注）则增添了掠夺和犯罪的含义。这两个词根据其自然界的原始含义翻译过来，使对城市贫困的描绘获得了非人类的色彩。这种贬义被"贫民窟"所吸收。因此，W. T.

斯特德抨击"贫民窟的恐怖",于1883年宣称,伦敦的穷人"因自身的环境条件而被虐待,沦落到连野兽都不如的地步"。[52] "Slum"和"rookery"在19世纪80年代和90年代仍然在英国被交替使用,后者在20世纪初仍在整个英语世界使用。

19世纪80年代和90年代,"贫民窟访客,居民"(slummer)和"走访贫民窟"(slumming)成为正规的英语单词。这些词语一部分指的是生活在贫困地区的人们(例如,《纽约之声》于1889年提到的"某个赤裸上身的贫民窟居民"),[53] 也越来越多地被用于描述出于好奇心或慈善意图走访弱势群体社区的人。因此,"slum"不仅成为名词,还变成动词。一些"访客"寻求提供帮助。查尔斯·马斯特曼在撰写《出自深渊》(*From the Abyss*,1902)之前住在伦敦的一座公寓楼和大学的"贫民窟"住区里。西里尔·福斯特·加伯特(Cyril Forster Garbett,后来成为约克大主教)在1900年至第一次世界大战期间在波特西的一个造船厂教区担任牧师,每天进行4小时的挨家挨户访问。伦敦主教亚瑟·温宁顿-英格拉姆(Arthur Winnington-Ingram)1933年在回忆他于1888年被任命为伦敦东区牛津大学宿舍的负责人时对《泰晤士报》记者说,自从他自己进入贫民窟以来,到这个月已经过去了45年。他永远也不会忘记第一次旅行,从尤斯顿打车前往贝斯纳尔格林(Bethnal Green)。[54] 1919年,随着消灭贫民窟的运动势头增强,乔治五世的夫人玛丽王后也参观了贝斯纳尔格林。但是,大多数贫民窟访客却都是被闲散的好奇心所吸引。《波士顿日报》1884年指出,"纽约的一群年轻时尚人士想要到贫民窟一游"。在伦敦,约瑟夫·哈顿(Joseph Hatton)1889年提到:"'走访贫民窟'成为一种现代时尚。"[55] 20世纪30年代有评论说"伦敦东区的观光旅游是伦敦旅游的一个特色"。[56]

正是在伦敦东区的观光,最先激发了狄更斯的"排斥的吸引力"的意识。他的传记作者约翰·福斯特(John Forster)指出,狄更斯从小就被伦敦圣吉尔斯区等拥挤的地方所吸引:

他被圣吉尔斯极大的排斥吸引力所吸引。他只求无论是谁带他外出都会游览伦敦的七面钟地区，那样他就会欣喜若狂。他会惊叹："天哪！此处让我产生关于邪恶、贫困和乞讨的多少狂想啊！"[57]

在福斯特完成传记之前，狄更斯就曾在自己的写作中使用这一词语，以解释圣加斯特里·格里姆墓地的吸引力。[58]这与19世纪下半叶"贫民窟"一词日益广泛的使用完全吻合，也与公众对人类社会城市转型的矛盾情绪产生共鸣。

狄更斯的概念的戏剧性与大众想象中构成贫民窟文化架构基础的表演性质完美地匹配。正如查尔斯·布斯在谈到其开创性的伦敦社会调查中的一个研究地区时所说："这一地区高度集中的罪恶生活和低下的生活条件令人触目惊心，使人几乎无法抗拒地得出能够引起轰动的结论。"[59]无论是在小说、戏剧、演讲、辩论、社会调查、新闻、视觉媒体，还是贫民窟旅游中得到表达，贫民窟的表演都通过"使社会现实……固定并对其加以描述"，从而描写并试图认识现代城市的不确定性和矛盾。[60]这种表演试图确定"一个无休止地变化着的世界上的连续性和可预测性"的明确界限。[61]这些表演没有总导演和单一的授权剧本。"排斥的吸引力"这种文艺体裁只是由新兴的城市流行文化的集体常识所松散地控制着。对城市和贫民窟的"认识"意味着建立与自己的经验、假设和关注重点相对应的知识板块，并将这些知识固定在精英阶层、中产阶级和工人阶级社会可以松散地共有的广泛期望之中。因此，形塑英语世界中的公共知识的贫民窟文艺体裁的许多部分，都存在着矛盾、不一致和重点的差异。然而，对贫民窟的描写，无论是在朗特里的分析方法，还是在里斯或斯特德的浮夸的新闻报道中，都具有共同的关键特征。他们利用震惊来引起人们的注意：亨利·梅休开创性的《伦敦工党和伦敦穷人》，最初是1849年作为连载文章在报刊上发表，因提供"令人惊叹的、可怕的、令人心碎的揭露"而受到称赞。[62] 就像里斯在《另一半人如何生活》中所做的那样，他们也都寻求解释"其他"人和地方。他们都是通过将"他者"塑造成自己所熟悉的世界、活动和价值体系的虚构对立面而做到这一点的。因此，"排斥的吸引力"的作用不是挑战和重新塑造现代城市的社会动态，而是通过使之与"贫民窟的邪恶"并置来对其加以澄清、证明和确认。[63] 其模糊却为人们所松散共享的愿景，是通过城市之间持续的交叉参照来维持的。例如，艾姆斯试图引起公众对蒙特利尔的穷人状况的关注，他在 1897 年表示，蒙特利尔公民应该暂时停止讨论伦敦的贫民窟、巴黎的乞丐和纽约的公寓住房的邪恶，努力了解自己的东西，并更好地了解自己中间现存的生活条件。[64]

对贫民窟的描写在 19 世纪末期在英语世界中作为一个明确的文艺流派出现，并持续到 20 世纪 70 年代。其特点包括戏剧信号，以提醒观众，使之注意到，进入外星世界的一扇门正在他们面前打开。越过这个门槛——"秘密""隐藏""不受猜疑"，就是贫民窟的所在。向前进就是冒着面对多重恐怖事件的风险，胆怯的人会被极其夸张地警告不要再继续下去："在这种程度上，我们可以恭敬却恳切地要求我们的女性读者不要再进一步阅读，除非她们已为忍受痛苦和震惊做好充分准备。"[65] 美国作家斯蒂芬·克兰在谈到自己的小说《玛吉：街头女孩》（*Maggie：A Girl of the Streets*，1893）时警告读者说，他们如果跟随他的叙述进入纽约臭名昭著的鲍里街，就可能会感到"非常震惊"。[66] 插画家和摄影师试图使这些跨越门槛的时刻和并置戏剧化：一座令人生畏的公寓大楼、一条空荡荡的小巷或者是报纸或期刊上的一幅笔墨素描，展现的是一群救世军福音传教士，在街灯的光芒照耀下，而其周围的黑暗中则聚集着驼背的人物和周围昏暗的贫民窟建筑。在叙事形式中，随着城市的公开世界被贫民窟的暗藏世界所取代，一个虚构的环境通过仪式展现出来：突然从主要大街转向；沿着臭气熏天的狭窄小巷迷失方向地喘着粗气跌跌撞撞；沿着腐烂的楼梯或者穿过黑暗的入口迈着不确定的脚步，进入城市贫民最亲密的地方。梅尔恩斯展现

　　　　　　　　贫民窟：全球不公的历史

了这种新的贫民窟风格：

> 你必须沿着爬满虫子的黑暗而肮脏的通道摸索前进。如果你
> 没有因为难以忍受的恶臭而后退，你就可以进入……被驱赶到一
> 起的芸芸众生的窝点。[67]

《时代》杂志在20世纪70年代仍然响应这种贫民窟访客的风格，
描写隐藏在美国城市中心不法之地的一个不同的世界、坑坑洼洼的街
道上的一个去处、内部被焚毁的公寓和破灭的希望。富人对这个世界
知之甚少，除了当绝望使这些内容突然出现在报纸头版或者七点钟的
新闻中的时候。在其破败的墙壁背后，生活着一大群超出几乎所有人
想象的、难以管教的、与社会格格不入的、抱有敌意的人。[68]

如此揭示的贫民窟通常表现为形成一片与社会格格不入的、不平
整的领土，公众所熟悉的城市景观和生活方式的对立面。它们是"奇
怪的地方"。[69] 它们划定了"贫民窟"的边界。[70] 对贫民窟的描述常常
被归类为"探索"，由导游讲述（通常由警察、卫生检查员和掌握当地
详细信息与生存技能的社会工作者陪同）。他们引导访客进行"贫民窟
之旅"。[71] 新闻记者经常在对贫困社区的实地考察中陪伴政府官员。他
们的报道有时在其他城市的报纸上转载，因而在整个城市网络中传播
了耸人听闻的贫民窟新闻报道这一体裁。关于贫民窟发现的故事经常
与欧洲人的探索和帝国扩张的流行叙事相呼应。在这方面，乔治·西
姆斯的《穷人如何生活》（*How the Poor Live*，1883）一书的开场白具
有典型意义：

> 我从这一系列论文的第一篇、一本旅行书开始。一位作家和
> 一位艺术家携手合作，前往地球上许多偏远的地区，结果产生了
> 待在家里、急于了解他们生活的世界的公众所热切研究的一本书。
> 而在本书中，我要用钢笔和铅笔将走访位于我们自己家门口的区

域的旅行结果记录下来——就是进入一个黑暗的大陆，而这里离邮政总局只有很短的步行距离。我希望，人们会发现这个大陆上与引起皇家地理学会关注的任何新探索的土地一样有趣——我相信，居住在其中的野蛮种族将像那些蛮夷部落一样容易获得公众的同情。而传教会从不停止为后者申请资金。[72]

如此描述的"黑暗大陆"明显地令人反感。詹姆斯·卡明·沃尔特斯（James Cuming Walters）于1901年为《伯明翰日报》（*Birmingham Daily Gazette*）撰写了一系列题为《贫民窟的场景》的文章，称这座城市的贫民窟是一个"枯萎的地区"，在这个地区，在腐烂的垃圾中，在肮脏的小巷里，在因年久而变黑的老式住宅内，在靠近臭气熏天的运河的地方，或者在从巨大的烟筒的喉咙中涌出烟雾的工厂周围，穷人挣扎着过着悲惨的生活。[73]

这样的环境是肮脏和无序的，它们是"迷宫"般的。建筑物周围有垃圾、泥浆和黏液。一些建筑物破败不堪，门窗被用木板钉上。它们阻挡了光线，混浊的空气令人难以呼吸。洗涤和卫生间设施很原始，并且由于被大量共用而磨损；废物清除工作很不力。"住房"这个词通常用引号括起来，就像"居所"一样，以强调这些地方是对真实住宅的讽刺——狭小而令人憋闷、拥挤不堪，也没有什么家具，墙壁变色、发霉，地上脏乱，爬满各种害虫。这些破烂地方的居民被比作"野蛮"和"原始"部落，因为"丛林法则在贫民窟中大行其道"。[74]那里的街道是危险的地方，时常发生斗殴，路人被攻击。到20世纪50年代，英国公众被警告要提防青年暴力团伙。到20世纪70年代，随着可卡因的流行，美国的评论员们提醒人们关注"许多贫民窟街道上近乎无政府主义的暴力"。[75]有关贫民窟的叙述强调，恶化的环境使居住在那里的人感到沮丧，结果是，"贫民窟居民，除了某些例外情况……养成邋遢的习惯，行为还不如动物体面"。[76]有关那里的人和地方的描述充满了不齿于人类的比喻：这些街区是"老鼠洞""兔穴"和"贼窝"。

其居住者是"兽性的"，他们"像猪一样"聚集在一起。

"排斥的吸引力"这一文艺与新闻报道体裁还强调了贫民窟的广袤范围。沃尔特斯对伯明翰的"贫民窟地区"的描述具有典型意义：

> 它们向外延伸，产生无限的影响，从伯明翰最拥挤的市中心广泛延伸。

你可以走一天，也走不到主街的尽头，这条街道如同一条被污染的河流，由一千条被感染的支流汇入。你可能走一个星期，也没有追溯到街道、小巷和庭院的进出与来龙去脉。这些去处构成了大量的黑色和溃烂的癌症，不断缓慢扩展着，扼杀着城市的生机。[77]

30年后的1933年，当霍华德·马歇尔（Howard Marshall）访问英国城市时，他得出的结论是，有200万个家庭生活在贫民窟的"极度肮脏和悲惨的状态下"。[78]再过约40年，1972年一份住房报告显示，改善的程度其实很小。报告警告说，在英国，"有100多万人生活在贫民窟社区中，还遭受着其他社会问题的影响"。[79]因此，这样揭示出来的问题的严重程度带来了普遍结论。正如西姆斯所说："一个贫民窟的故事就是另一个贫民窟的故事。"[80]

这个共同故事的情节不仅强调了范围不断扩大的贫民窟的规模，还强调了它们的严重性。普遍存在的贫民窟就像一个破坏性旋涡。西姆斯写道，那里的人们"陷入了贫民窟生活的苦难和堕落之中"。[81]梅尔恩斯写道，反过来，物以类聚，人以群分，"伦敦的下层社会聚居区陷入了肮脏和堕落之中，这种状况似乎影响到全国各地"。[82]伯纳德·S.汤罗（Bernard S. Townroe）1936年警告说："具有贫民窟意识的阶级不是社会的正常成员。他们通常是每况愈下的具有精神缺陷的人，一直到沦落到住在最廉价和爬满虫子的住所的地步。"[83]1956年，英国政府的一份报告警告说，在贫民窟住房"所造成的条件下，弱势群体家庭意志消沉并沉沦"。[84]"沉沦"一词（部分地可以比作渗水、污水池或污水坑，因而很容易与贫民窟的肮脏环境联系起来）被反复地用于贫民窟的叙事中。在英国，到 20 世纪下半叶，这个词也常出现于地方当局试图用公共住房取代破败社区而印发的文件中。因此，新的贫民窟取代旧的贫民窟。《新社会》（New Society）1976 年评论说，每个拥有市议会大厦的城市都有一个"沉沦"社区——在政府注册的最艰苦和最破败的社区，居住着过多的有问题的家庭，被生活在那里的人，甚至整个城市的居民所鄙视。[85]

沉沦社区是暴力、无法无天和苦难的代名词。沃尔特·贝桑特的《各色人等及其状况》一书描绘了 19 世纪的类似情况。他于 1896 年警告说，穷人"在野蛮的地狱中不断下沉"。[86] 沃尔特认为，这种生活状况构成"泛滥的恐怖集合"，在其中，"无辜者很快就被污染……犯罪和暴力达到失控地步"。[87]1933 年，澳大利亚社会改革家弗雷德里克·奥斯瓦尔德·巴内特（Frederick Oswald Barnett）同样描述了一种螺旋式的下降，从低技能工作和临时工下沉到"酗酒、犯罪或卖淫的最底层"。[88]1977 年，在一场停电期间席卷纽约最贫困社区的"大肆抢劫和纵火"之后，《时代》周刊发表了对其中一位参与者的"描写"：

> 在纽约布鲁克林肮脏的贝德福德－斯图维森特（Bedford-Stuy-vesant）贫民区，一位领取福利救济的母亲审视着自己月租金 195 美元的公寓——一片没有供热系统、爬满虫子的城市沼泽地。浴室天花板和水池往布满裂缝的油毡地板上滴水。室内没有电灯，门上没有锁。这位穿着凌乱的 35 岁女士自从现在已经五岁的儿子出生以来一直领取社会福利。在 7 月份的大停电期间，她参加了抢劫，并称这起事件"便于顺手牵羊。我们看到了机会，就抓住了它"。[89]

对贫民窟的比喻各式各样，如"地狱""地狱般的地方""深渊""底层社会"和"最下层"等。贫民窟是"……我们的城市发展中带有根本性的错误方法与理想所造成的"。[90] 这些贫民窟中的地狱世界，有各种各样"可憎的事物"。这里居住着"被淹没的人们""下层社会""社会渣滓"，他们所有人的特征都是"身心肮脏、极度堕落、男人气概和女人气质沦丧、道德失范，陷入绝望、凄凉和腐败的境地"。[91] 20 世纪 70 年代，牧师杰西·杰克逊（Jesse Jackson）在谈到芝加哥时宣称："住在贫民窟就已经很糟糕，但更糟糕的是贫民窟留在你的心间。精神上的贫民窟是最终的悲剧。"[92]

贫民窟居民的表演

贫民窟各式各样的生活方式在某种程度上明确无误地对应着贫民窟的"类型"，其在演绎这个"精神上的贫民窟"方面的角色就是具体展示"具有贫民窟意识的"人所采取的有害的"贫民窟习惯"。[93] 他们的行为——对外人保持警觉，有时还发出威胁——标志着对被视为不仅适宜于城市公共生活，而且适宜于私人家庭生活的行为的根本颠覆。他们的生活方式表明，正是"坏男女构成贫民窟"。[94] 因此，属于贫民窟类型的人被习惯性地演绎为酒鬼："酗酒是构成贫民窟的一个要素。"[95] 贫民窟女性不整洁、倦怠、憔悴而沮丧，她们的孩子肮脏、瘦弱而形容枯槁，男人"知识水平低下、意识邪恶"。[96] 这些社区以好斗的态度对待哪怕是抱有最大善意的贫民窟访客："令人望而生畏的、交叉着双臂的男女常常强忍怒火来保持温和态度，或者站在门口大肆发泄。"[97]

母亲们传播八卦、酗酒并打架，而不是为家里的生活精打细算、打扫房屋、做饭和照顾子女。在 20 世纪 70 年代的贫民窟叙事中，她们也可能出售海洛因。她们通常是单身母亲，或者经常被其丈夫或伴侣殴打，而且违法犯罪，而不是从事生产性工作。青少年辍学，加入街头帮派，沉迷于"吵闹的行为"。[98] 一位来自曼彻斯特莫斯区的已婚妇女于 1972 年宣称："这个地区非常糟糕，身强体壮的家伙们来到这里并四处捣乱。"[99] 贫民窟表演总是将儿童描绘成"贫民窟生活中最可怜的一分子",因为他们最初天真无邪,极其容易受到贫民窟"污染"的影响。[100] 一篇典型的新闻报道小品文提到,一个"孩子闯入肮脏的小巷,因为那里是他唯一的游乐场"。文章所要传递的道德说教是:"他有什么机会使自己成为一个男子汉?"[101] 贫民窟住宅的房主经常由于收高昂的租金却忽视房屋的维修而受到贬损,因为人们可以很容易地把促成城市中根深蒂固的贫困,归咎于他们无视体面社会的道德规则,而不是自由市场资本主义的基本原则。因此,20 世纪 60 年代和 70 年代美国"下层阶级"的困境,可以部分归因于"许多贫民窟房东的敲诈勒索"。[102] 而贫民窟的文艺表演也常常引起人们对少数贫民窟居民的注意,他们虽然贫穷却可敬,是讲卫生和良民的典范。虽然他们缺少这个世界的商品,但一些老妇人不仅对自己的家园感到非常自豪,而且其品格可以说得上是十足的"圣徒"。

然而,具有典型特征的是,这种人逐渐地近墨者黑,或者他们诚实和勤奋的标准与整个贫民窟的生活标准形成鲜明的对比并且共存,这证明了一种规律,即"一般的贫民窟居民要么很邋遢,要么道德败坏"。[103]

对很容易识别的人物"类型"反复加以利用,以使贫民窟拟人化,这种做法促使粗俗的种族成见流行,以描述和解释使城市贫困拟人化的"他人"。对不同的和所谓的劣等民族类型的嘲讽很好地融入贫民窟的文艺表演之中。在 19 世纪的英国,民族成见的形成部分地是由于爱尔兰人的大规模移民。因此,西姆斯对奥弗兰尼根夫人,即"居民区里最臭名昭著的'女酒鬼'"进行了文字描写。她惊叹道:"俺一醉方休已有五年,哈!哈!哈!"[104] 同样,在《痛哭》一书中,"伦敦社会弃儿阶层"的象征性的守门人的表现形式是"一名令人厌恶的半醉的爱尔兰妇女"。[105] 反爱尔兰的成见也在海外的英国定居者社会中广泛传播。19 世纪末,英国民族贫民窟漫画也取材于伦敦东区的欧洲犹太人的大规模定居点。伦敦郡议会住房委员会主席 1932 年抱怨说:"过去,其生活标准不属于英国的成千上万的外国人获准定居在大都市里。"[106]
在加拿大，讲英语的多数人利用对加拿大讲法语民族的嘲讽漫画来使
城市贫困可视化。然而，正是19世纪末和20世纪初的欧洲穷人向北
美洲的大规模移民，使得民族成见作为贫民窟描述的核心要素根深蒂
固。美国人自豪地认为，城市不平等不可能是本土的，而肯定是由于
外国的贫困被输送到新大陆。虽然其中部分贫困被归咎于爱尔兰移
民，但越来越多的注意力却集中在非英语欧洲移民的"乌合之众"身
上。[107]罗伯特·亨特（Robert Hunter）1904年评论说："我们有俄罗斯
的贫困、波兰的贫困、意大利的贫困、匈牙利的贫困、波希米亚的贫
困——还有哪个国家的贫困我们没有？"[108]

　　对于文化差异和社会劣势的同时出现，美国人的反应是沮丧与
不安。这里有丰富的新材料，可供"排斥的吸引力"这一文艺与新闻
报道风格借鉴。纽约东区的城市传教士威廉·T. 艾尔辛（William T.
Elsing）1892年表示担心："在纽约的部分下层社会中，很少听到英
语。"[109]另一些人指出，这种趋势不仅限于美国的这个最大的城市。
1906年，霍华德·格罗斯（Howard Grose）提醒人们，纽约虽是位于
美国的城市，却不是具有美国特色的城市。也许除了费城之外，我们
的其他大城市也不是。波士顿是一个爱尔兰城市，芝加哥是德国-斯
堪的纳维亚-波兰城市，圣路易斯是德国城市，纽约是希伯来-德
国-爱尔兰-意大利-波西米亚-匈牙利城市——一个国际化的种族
大杂烩。在纽约的一个街区里，人们就讲18种语言。[110]

　　对于格罗斯而言，外语的泛滥是更深层的社会弊病的征兆。他认
为，移民通过在城市贫民窟定居，"形成外国殖民地，这些地区维持外
国风俗，不受美国人的影响"。[111]亨特也认为，由于移民的贫困，他们
的殖民地通常建立在我们城市中最贫穷的、犯罪率最高的、政治上最
堕落的和最为道德沦丧的区域。这些殖民地经常构成我们所谓的"贫
民窟"的主要部分。[112]

　　芝加哥社会学家罗伯特·帕克（Robert Park）和赫伯特·米勒

（Herbert Miller）1921年报道说，移民的家乡文化一旦接触"美国大熔炉"就即刻崩溃，因而很容易受到"士气低落、适应不良、贫困化、青少年犯罪和成人犯罪"的影响。[113] 在美国流行文化中，对移民民族类型的讽刺漫画给贫民窟居民描绘了丑陋的面孔，解释了美国进步城市中贫困持续存在的原因。

人们尤其把美国的贫民窟与南欧和东欧的穷人联系起来。由于迪林厄姆移民委员会1911年的多部头研究报告的促使，美国人确认了有关移民类型的一个等级体系，其中最优越和可同化的是英国和北欧、西欧移民（如"节俭、聪明、诚实"的德国人），他们拥有使自己通过勤奋劳动走出贫民窟的技能，但排在下面的则是东欧和南欧移民（"肤色较深、个头较小，更加善变，更加喜爱音乐和艺术，更惯于犯盗窃、绑架、人身攻击、谋杀、强奸与性生活不道德等罪行"）。[114] 贫民窟的文艺表演侧重于来自中欧和东欧的犹太移民，以及意大利南部移民。后者被鄙视为"比黑人更无知并且道德败坏得多"。[115] 人们对前者的猜疑之所以加剧，是由于他们来自霍乱经常肆虐的地区。正如美国卫生服务局局长1921年所评论的那样：

> 多年来，抵达美国的大批中欧移民……的卫生状况都是难以言说的，其中很大一部分人都感染了虫害引发的疾病。[116]

美国人的反应是实施移民限制法，其高潮是1921年实行基于国籍的配额制度和1924年实行更严格的限制措施。亨利·卡博特·洛奇（Henry Cabot Lodge）是限制移民的主要倡导者，他敦促"我们必须去其糟粕，取其精华"：

> 任何人如果渴望实际地详细了解最低等劳工的这种不断输入所带来的使人口品质下降的效应，都可以在里斯先生刚刚出版的十分有趣的名为《另一半人如何生活》一书中找到有关这种做法

后果的生动描述。他所讲述的纽约市大量劳动人口现状的故事足以使每个有思想的人感到震惊。（移民）往往使美国的公民品格下降，……在许多情况下，他们都在我们的大城市的贫民窟中危险地大量聚集。[117]

随着第一次世界大战后欧洲移民的增加，类似的担忧也在澳大利亚的城市呈现出来。墨尔本的卡尔顿区等内城郊区首先被从欧洲移民来的犹太人占据，然后从20世纪50年代起被意大利人重新拓为定居点。报纸抨击这些"贫民窟殖民地"，因为那里的移民"不得不依靠自己的力量聊以度日，几乎被剥夺了任何得到社会同化的机会"。[118]

对欧洲移民的种族偏见与更为粗暴的种族主义潮流相互重叠。伍兹在解释美国舆论对城市不平等的自满情绪时评论说，美国人"之所以无法充分同情其最贫困的兄弟们，不仅因为不同的社会地位所造成的障碍，而且也与种族间某种无法逾越的障碍有关"。[119]在某种程度上，贫民窟的种族化现象发生在抽象状态下，与城市居民的直接经历相距甚远。因此，自19世纪初以来，对城市贫民的描述就暗示着，穷人构成了一种不同的劣等种族。对贫民窟的叙述经常将贫民窟居民与原始社会中的野蛮部落等同起来。对于这种文化流派，历史学家比尔·勒金（Bill Luckin）称之为"种族歧视的城市部落主义"。[120]亨利·梅休对伦敦19世纪中叶的贫困人口的描述是一个典型的例子。这种贫民窟种族化的趋势之所以加强，是由于从19世纪末开始的美国本土主义关切，即大规模移民不仅产生了不受欢迎的种族大杂烩，而且为"种族斗争"创造了条件。亨特预测，美国人将会陷入"种族自杀"，因为"争夺并建立了这个共和国的人的直系后裔……被斯拉夫人、巴尔干人和地中海各民族所取代"。[121]

比种族之间斗争的前景还要令人震惊的是："……民族通婚和混合（所造成的）种族人口素质的衰败。这将……无限期地造成美国……人口质量标准的下降。"[122]从19世纪末开始，这种思想就在整个英语世界获得了可信度。它与把城市贫民视为单独一个种族的类似的旧观念相互重叠，并与城市化导致的对种族衰弱的新的衰败论担忧相结合。因此，1912年，澳大利亚有人争论说：

> 这种种族自杀的邪恶……是过度城市化的直接结果，它在澳大利亚比在大英帝国的其他地方更为明显，因为与其他任何地方相比，过度的城市化在澳大利亚是其社会状况更为明显的特征。生活在这片土地上的人之所以继续拥有规模达到健康程度的家庭，仅仅因为他们过着健康的自然生活，而大城市人的生活并非如此。[123]

1942年，展望战后世界的美好前景，澳大利亚某政府官员坚持认为：

> 一个国家的伟大取决于其人民的品格，而……肮脏的街道、丑陋的住宅和糟糕的排水系统所构成的环境则不仅破坏了居住者的健康，而且使之丧失了自豪感、荣誉和希望，因而是通往民族衰败的确信无疑的道路。[124]

种族衰败论最初的思想起源于19世纪初的英国，却随着社会达尔文主义的日渐流行和人们广泛研究城市生活对健康的影响问题而从19世纪末开始在英语世界得到加强。人们越来越多地断言，贫民窟居民不仅是一个不同的种族，而且是一个堕落的种族。里斯于1902年警告说："他们总是使彼此进一步堕落。这种恶劣的环境遗留给了新一代人。"[125]这种衰败看来有污染全国的种族生机与活力的危险。使这种错误假设合法化的是优生学这门新的学科。这门学科是弗朗西斯·高尔顿（Francis Galton）爵士在英国创立的，从世纪之交开始在查尔斯·达文波特（Charles Davenport）领导下在美国发展成最终的遗传学这门学科。对城市的种族人口衰败的担忧最初成为英国举国上下关注的重点，是由于布尔战争（1899—1902）所造成的令人尴尬的挫折使英国成立了一个有关国民身体素质下降问题的委员会。该委员会针对在城市中长大的新兵的身体素质下降及精神方面的缺陷等问题发表了惊人的报告。英国人的担忧也引起了英语世界其他地方的关注。1904年，美国的移民官员提醒人们关注"来自英国和爱尔兰的身体和精神有缺陷的（移民），其数量正明确无误地增加"。[126] 在澳大利亚，救世军出版的刊物《战争呐喊》（*War Cry*）于 1907 年指出："一般的贫民窟居民素质最明显的特征之一就是不稳定和意志薄弱。"[127] 第一次世界大战期间，人们对人口素质下降的担忧愈加强烈，因为据普遍报道，从农村招募的新兵组成的营队战斗力要比城市新兵强。英国卫生大臣坚持认为，战争期间服兵役的情况凸显了来自贫民窟的新兵"在组织和体力方面的某些弱点"，因为这些新兵的"身体矮小，体质不健康"，"使国家面临真正的危险"。[128] 在两次世界大战的间隔期，种族素质下降的情况继续被强化。正如一位澳大利亚社会改革家在 1936 年评论的那样：

> 我们拥挤不堪的人口稠密区的居民在培养自己的良好本能方面毫无机会，因为这种机会常常被周围环境中的肮脏和犯罪所彻底毁灭，其优秀而善良的本能随着世代的交替而越来越衰弱。[129]

尽管纳粹犯下了种种暴行，但"二战"结束后人们仍然相信种族衰败的伪科学论断。另外一位澳大利亚改革家在规划战后更好的秩序时告诫说："绝大多数贫民窟人口都由出于身心原因而无法在生存的经济竞争中取得令人满意的成绩的人所组成。"[130] 在这场生存竞争中，有关种族衰败的议论一直在继续，在 20 世纪六七十年代产生了反响。

尽管如此，有关在城市长大的居民种族衰落的议论却是一个抽象的概念。在流行文化中，贫民窟的种族化更多是由于非欧洲人种被纳入可以识别的贫民窟人口类型的粗略的绩效考核之中。这种趋势在一定程度上是由于英国的殖民地行政管理人员所发表的带有种族偏见的评论对舆论的影响（对这一论点，本书第四章会进一步阐述）。因此在澳大利亚，人们理所当然地认为，"澳大利亚的土著和下层社会的相当多的人"在"二战"结束后居住在墨尔本的菲茨罗伊区（Fitzroy）等贫民区，这种情景在有关贫民区的揭露性文章中得到描述。[131] 这种趋势也受到流行病疫情反复造成的恐慌的影响（这种担忧将在下文中进一步探讨）。然而，这主要是由于非欧洲人口向新大陆的欧洲定居者社会的迁徙。因此，对城市贫民的描述"越来越多地透过种族主义和本土主义的视角过滤"。[132] 墨尔本的《先驱报》于 1908 年评论说，该国的贫民窟构成"亚洲人和素质低劣的欧洲人所组成的最不受欢迎的阶层"。《墨尔本百眼巨人报》于 1910 年评论说，贫民窟是"华人聚居区，也分布着相当多的叙利亚人和南欧人，英国种族人口只占一小部分"。英国《笨拙》（Punch）杂志为这种异国种族混合添加了一些"印度教徒"色彩。[133] 这种种族混合的前景使有关城市种族衰败的抽象议论获得了明确的定义，因为正如美国移民官员 1899 年所评论的那样：

> 盎格鲁－撒克逊族、拉丁族和闪米特族等种族混合在一起，随着时间的推移缔造了可敬的男女，甚至包括出身最低下的人，但东方种族却没有与欧洲人很好地混合。对欧洲人来说，除了在最富裕的人当中，这种混合都造成人口素质的下降。[134]

19 世纪和 20 世纪初的种族偏见尤其将矛头指向人数最多也分布最广的非欧洲种族群体华人。澳大利亚和北美洲的太平洋沿岸地区的人一门心思地对付中国移民，试图通过立法对其加以限制或者清除。

太平洋沿岸的港口城市还进行游说活动，要求实施越来越严格的检疫措施，以保护这些城市免受来自中国航线上传播的传染病侵害。在忐忑不安的讨论中，人们探讨了种族竞争可能的后果，以及预测中的种族杂交的退化效应。对贫民窟耸人听闻的报道吸引民众关注到被"诱骗"进入华人鸦片馆的人的堕落样子和形容枯槁的欧洲妇女的讽刺漫画。[135]1900 年旧金山和悉尼暴发的鼠疫疫情的原因都被归咎于华人，这场流行病的暴发引起了世界各地的讨论，促使地方当局在最贫困的临水地区，尤其是这两座城市的唐人街采取了严格的清洁行动。在旧金山，该市的商业活动由于长期实施的鼠疫紧急状态期间严格的检疫限制措施而中断，公共卫生官员和新闻记者一致认为，"在唐人街形成的贫民窟流出的疾病面前，没有人能够幸免于难"。沮丧的旧金山人把当地的疫情与中国明显的最糟糕的一面画等号，一口咬定，纽约最臭名昭著的"痛点——五点地区是类似于唐人街那样的疾病与陋习滋生的场所"。[136]加州的州卫生委员会敦促拆除旧金山的唐人街，宣称：

> 在一个大城市的心脏地带存在大量异国和不可同化的人口，不仅是对这个城市本身，也是对加州乃至全国的卫生和工商业的持续不断的威胁。[137]

无论是在旧金山、温哥华、悉尼，还是墨尔本，唐人街看来都是"城市中心"一个明确的外国社区，[138]具有不同的食物、气味、衣着和语言。这里有丰富的贫民区材料可供插图画家和摄影师用于书籍、报纸和杂志：险恶的街头场景、进入鸦片馆的"陷阱门"和追逐留辫子的犯罪分子的一队队警察，他们用斧头和大锤砸开犯罪团伙的藏身之处，使被查获的一箱箱武器暴露出来。也可以进行叙事上的范围广泛的修饰，来展示"排斥的吸引力"这种文艺与新闻报道的体裁。对唐人街抱有敌意的成见广泛传播，一直到针对中国的限制移民法律的效应从 19 世纪末开始在澳大利亚和北美洲变得显而易见后，很长时间都是如此。

旧金山的报纸成为这种风格的典范。该市的唐人街上有"可以想象的所有恶臭",以及"迷宫般的通道"。[139]对报纸读者来说,这种冲击和意外成为进入贫民区的仪式戏剧性的装饰:随着访客进入"另一个世界",以发现一座貌似具有欧洲风格的城市之中的"被移植的一点点东方风貌",得到加固的大门"在我们面前关闭"。[140]当贫民窟访客身临黑暗而令人窒息的地方时,他们周围则是"叽叽喳喳""喋喋不休"和"嚎叫"的华人。他们发现了"地下唐人街很少有白人去过的神秘的角落。这是奇怪的洞穴迷宫,更像古罗马的地下墓穴"。[141]这些表演有力地强化了对贫民窟描述的颠覆性特征:

> 华人区的黑社会犯罪团伙几乎将整个唐人街变成一个巨大的中国谜团,其中设有陷阱门、神秘的电网、陷阱楼梯(其中某些台阶一旦踩踏就会碎成一片片)及纸质地板——被画得很像木板,底下什么都没有,一旦踩上去就会跌落 20 英尺。[142]

因此,在唐人街,随着"其迷宫蜿蜒曲折,越来越复杂",贫民窟的旋涡也被强化。[143]住在这样一个地方显然是非人性的:华人住在"鸟巢""兽穴""鼠洞""匪窟"和"地洞"里。白天,贫民窟表面上的昏昏欲睡状态被赋予了进一步的种族特征:在唐人街,卫生检查员和警察面对的是"这个种族的狡猾方式"和"无动于衷的顽固态度",[144]所发现的是犯罪团伙佯装"熟睡"和"假装睡着了"的打手。[145]然而夜晚来临,唐人街的鸦片和赌博窝点却活跃起来,妓院里有卖淫的"白人奴隶",犯罪团伙在街道上展开争夺地盘的混战。

到 20 世纪中叶,把华人等同于贫民窟的看法在北美洲和澳大利亚逐渐消失。然而在英国,对贫民窟的人的种族化成见从 20 世纪 50 年代开始却得到了推动,一直进入 70 年代,因为来自加勒比地区和南亚的移民大量涌入,侨民聚居区的人数从大约 10 万人增加到 100 万以上。这一移民趋势在 1948 年《国籍法》通过以后势头增强。该法向来自英属殖民地的移民提供英国公民身份。此后《伦敦宣言》还于 1949年通过，该宣言为前殖民地成为新的英联邦成员国铺平了道路。在英国，由此产生的不良反应最初在 1958 年的诺丁山骚乱中得到体现，其著名表述者则是伊诺克·鲍威尔（Enoch Powell）。他在 1968 年发表了所谓的"血流成河"演讲。此次演讲的尖锐性质导致他辞去在保守党的影子内阁中的职务。虽然鲍威尔的语言粗俗，但从 1962 年开始，保守党和工党两党政府都对新的英联邦移民施加了越来越多的限制。1971 年的《移民法》几乎使移民的流动停滞。尽管如此，种族歧视继续强化，其对象是已经在英国城市定居的新的英联邦移民。1977 年，《利物浦内城区研究报告》警告说，在利物浦出生的年轻黑人的反应是"形成一种自己的咄咄逼人的文化和生活方式。这种文化和生活方式实际上正在造成以前不存在的一个新社区"。[146] 与此同时在美国，1965年废除两次世界大战间隔期间根据国家来源实行的移民限制，带来了进入北美洲的新的浪潮，其中大多数是非欧洲移民，因而重新激起了对北美洲城市贫困的种族描述。

美国为贫民区的种族化增添了另一个因素：黑人贫民窟。在《另一半人如何生活》一书中，里斯描述了自南北战争以来在纽约市形成的"肤色界线"，因为少数南方黑人迁徙到北方城市。[147] 然而，直到第一次世界大战为止，美国黑人向北方城市的迁徙都是可以忽略不计的。"一战"时，移民的不断增加引发了针对种族的不良反应，其最严重的表现就是整个 20 世纪 20 年代和 30 年代芝加哥的种族骚乱，以及针对黑人的歧视。因此产生了严重隔离的黑人社区。1927 年，社会学家路易斯·沃斯就芝加哥贫民窟问题撰文时，把"ghetto"和"slum"两个意为"贫民窟"的英文词交替使用，认为历史上用来描述犹太人贫民窟的"ghetto"一词由欧洲移民带入美国城市，现在发挥着范围更为广泛的作用，作为贫困移民适应美国社会的代表性词语。在每次受移民潮冲击的地区，其使用更加频繁。犹太移民已经被波兰人、立陶宛人、意大利人、希腊人和土耳其人，最后还有黑人所取代……黑人对贫民窟的最新入侵令人产生并非仅仅是一带而过的兴趣。像移民一样，黑人在城市中被隔离成一个种族殖民地。经济因素、种族偏见和文化差异加在一起，使之与其他种族产生差异。[148]

第二次世界大战期间和战后，非洲裔美国人大规模迁徙到城市，加剧了种族隔离趋势。然而，美国黑人的经历并不符合沃斯基于贫民窟的有关移民经历的"上升阶梯"模式。"这种模式暗示着，每个族群都在社会流动性和郊区化进程中轮流展现。"[149] 美国黑人仍然陷入社会底层，生活在最贫困的城市居民区。相应地，在美国的词汇中，越来越具有种族特征的"ghetto"逐渐取代了"slum"。全面的种族歧视在黑人社区引起的怨恨与不满，在 20 世纪 60 年代的内城骚乱中爆发，每年夏季都引起全世界的关注。然而，后来通过调查对这种普遍而激烈的骚乱作出的解释并没有将原因归咎为贫民窟。在美国，种族主义严重束缚了人们对城市弱势群体的看法，因而"slum"被纳入黑人"ghetto"一词的范畴内。

"一个个丑陋且沦为罪恶渊薮的贫民窟"

贫民窟的"排斥的吸引力"由于人们对城市变迁的速度、规模和不可预测性所感到的不安而产生特殊的色彩。[150] 这反过来又助长了进一步的不安，即担心贫民窟的无序环境所产生的弊病可能随时会蔓延到整个城市、国家和全球，起源于贫民窟的种族人口质量的下降可能会滋生年轻人当中的虚无主义风气，从长远来看则使国民的品格和力量衰败，这种带有贫民窟意识的走上邪路的行为很容易演变成工作场所中更为普遍的离心离德和政治极端主义。人们根据常识对"贫民窟"的看法十分强烈，因而一位激进的社会改革家于 1966 年评论道："即使我们所接触到的穷人为数很少，我们也体会到一种几乎本能的厌恶。"[151] 厌恶与恐惧影响了有关社会调查和改革的计划。这些计划试图记录、遏制并缓解贫民区所带来的威胁。

对流行病的恐惧构成 19 世纪人们对贫民窟看法的基础。这种恐惧的遗风一直持续到进入 20 世纪以后很长时间。《痛哭》一书把贫民窟称为"恶习与疾病的温床"。[152] 这一词语持久地广为流传。尽管一直到 20 世纪初，在疾病的起源和传播问题上仍存在不确定性和分歧，但 19 世纪在中产阶级卫生改革运动中却迅速形成了一种普遍共识，即贫民窟与"脏病"，如经常在城市中肆虐的霍乱、斑疹伤寒和伤寒，以及尤其威胁婴儿生命的腹泻和传染性发热的产生之间存在相关性。贫民窟环境经常被描述为遍布蛆虫、癌症和满目疮痍。新闻记者兼慈善家阿达·切斯特顿（Ada Chesterton）1936 年评论说："贫民窟的满目疮痍深深侵蚀了城市的骨髓，这些贫民窟滋生着可怕的结痂，毁灭了陷入其中而不能自拔的人的灵魂。"[153]

从 19 世纪中叶开始，特别是在 19 世纪最后四分之一时期和进入 20 世纪后，复杂的国家卫生官僚机构形成，其任务是清理城市环境并建立秩序，清除"滋扰"和垃圾，监督排水、污水处理和供水系统，解决过度拥挤，以及"不适合于人类居住"的住宅。在此过程中，这些机构越来越变成"监视穷人的强大力量"。[154] 它们把科学调研、技术创新和监管干预相结合。这种做法越来越多地受到一种信心的推动，就是认为社区健康和城市环境可以被操纵和控制，如果识别和调查社会问题，就会自动揭示这些问题的解决方案。[155]

尽管当时相信，来源于贫民窟的流行病在国内的传播被制止了，但 20 世纪初仍然存在着一种令人困扰的担忧，即贫民窟可能会传播源自其他不洁之地的疾病。在贫民窟被具体地与贫困移民相联系的地方，这种焦虑加剧了民族和种族的成见。19 世纪下半叶出现了一个高效的全球航运网络，因而带来了霍乱和瘟疫等高度传染性疾病的风险，这些疾病来自中国、日本和印度。正如一位美国参议员于 1882 年所评论的那样：

有了我们的快速交通方式……可以以很低的费用从地球上的每一个地方来到这个国家，所以我们每年都有可能被这些可怕的瘟疫所感染，这些瘟疫令地球上所有国家感到恐惧。[156]

1896 年，旧金山报纸《呐喊》（Call）在庆祝开设据说是世界上最现代化和最有效的海上检疫站时这样说：

天使岛检疫（站）必须处理的疾病是东方（主要包括中国和日本）的疾病，这些疾病是已知最致命的。霍乱、黑瘟病、天花、麻风病和其他六种几乎同样严重的疾病正在不断地进入旧金山。[157]

霍乱在 1831—1832 年首次影响了英语世界，当时它从印度穿越亚洲和欧洲大陆传播到英国。美国举行了"在全能的上帝面前的普世谦卑和祈祷日"，祈求美国人可以幸免于这种瘟疫。[158] 他们的祈祷是徒劳的。悉尼匆忙制订了检疫限制措施，以规范进港货运，这一由英国衍生的法规为后续所有的澳大利亚检疫壁垒奠定了基础。在 19 世纪 40 年代末、50 年代中期和 1866 年，全球性的霍乱流行病随之而来，它们全部始于印度，并由贫穷的欧洲移民带到英国和北美。在纽约，1865 年实施的其他紧急检疫措施，阻止了霍乱侵袭美国。1866 年是伦敦最后一次暴发霍乱疫情。然而，19 世纪 70 年代初、80 年代中期和 90 年代初，新一轮的霍乱流行病席卷了整个欧洲。

这些流行欧洲的疫病被严格的检疫限制措施所阻止，因而没有进入英国。美国针对这些流行病所采取的对策是在 19 世纪 80 年代中期任命医务官员进驻其在欧洲各国的领事馆，以检查所有前往美国的旅客的健康状况。19 世纪 90 年代初，当霍乱再次在欧洲肆虐，并于 1892 年由俄罗斯移民带到纽约时，在欧洲和亚洲港口，工作人员对所有前往美国的旅客实施了强制性的检查和消毒，随后所有移民工作实际上都被叫停。1900 年，整个亚洲和欧洲出现了鼠疫，导致美国派遣卫生官员前往中国、日本、欧洲大陆和英国的港口，检查所有乘客并对行李进行消毒。1904 年，医疗检查员也被派到加尔各答和孟买。1905 年，得到美国医疗检查员检查的"外国"移民第一次超过 100 万。1910 年，俄罗斯和意大利再次出现霍乱，导致欧洲港口及抵达美国时的移民检查、消毒和拘留加强。这些预防措施一直实施到第一次世界大战之前，并在战争结束后恢复。这些措施由于公共卫生和移民限制在 20 世纪 20 年代得到巩固而得以延续。

对贫民窟滋生的瘟疫的关注与对贫民窟居民可能引发的骚乱和反抗的担忧叠加在一起。西姆斯在 1883 年预测，贫民窟流行的传染病可能会殃及富人住宅，贫民窟中的穷人可能会闹事并让我们尝到暴徒们在巴黎一再使人尝到的教训。[159]

半个世纪后，人们仍在进行类似的预测。1930 年，英国住房改革者 B. S. 汤罗警告说：

> 我们不能指望生活在恶劣环境中的人对我们的宪法和我们的帝国感到骄傲。我们的贫民窟不仅是身体疾病的源头，也是精神叛乱的滋生地。[160]

这种叛乱可能会以青少年和成年人的个人犯罪形式出现。1941 年，朗特里根据他对约克的第二次社会调查告诫说，有"危险的信号"显示，有秩序的工人阶级文化正在瓦解，他举出了这种趋势的例子，就是教会的影响力下降，以及青少年越来越摆脱父母的控制而独立。[161]20 世纪 70 年代，利物浦、曼彻斯特和伯明翰的地方政府官员对犯罪率不断上升感到震惊，"他们认为，内城区的真正问题是人们的'无耻'"。[162]

然而，具有贫民窟意识的行为也可能在严重的骚乱和反抗中找到集体表达。富裕的纽约人长期受到 1863 年的征兵所引发的骚乱的严重创伤。他们将这场骚乱的原因归咎于来自贫民窟这一"疾病和恶习巢穴"的群氓。[163] 对贫民窟居民构成"危险阶级"的担忧,由社会改革家查尔斯·洛林·布雷斯(Charles Loring Brace)在《纽约的危险阶级》(the Dangerous Classes of New York,1872)一书中强调,尽管至少从 19 世纪中叶起,这一观念就一直流行。[164] 讲英语的人经常不安地提到巴黎,因为在那里,1789 年巴士底狱被捣毁和 1871 年巴黎公社的成立,为穷人可能会如何处置其主人提供了令人震惊的例子。正如约翰·弗里曼(John Freeman)1888 年警告墨尔本市民的那样:

> 我们自己也有一个危险阶级,潜藏在远离公众视线的洞穴中和角落里。他们在不受干扰的情况下,反社会计划日趋成熟;在那里,各种形式的恶习都会在不受或许会对其产生制约的思想限制的情况下泛滥成灾。[165]

美国道德改革家、《穷人的问题》(The Problem of the Poor,1882)和《黑暗与日光》(Darkness and Daylight,1891)的作者海伦·坎贝尔(Helen Campbell)同样提醒人们注意"贫民窟中可能会酿成骚乱和叛乱的怒火中烧的穷人"。[166]

因此,贫民窟不仅可能传播传染病,还会传播社会不满,污染受人尊敬的劳动阶级,使其工会和劳工政治运动激进化。历史学家加雷思·斯特德曼·琼斯描述了 19 世纪 80 年代经济衰退期间,这种可能性在英国多么真实。1886 年,阶级紧张关系和混乱笼罩伦敦,1887 年因"血腥星期天"骚乱而酿成灾难。[167] 1928 年,在参与伦敦的一次贫民窟之旅后,自由党前首相劳埃德·乔治(Lloyd George)说,他所访问的地方是"一座布尔什维克党的弹药厂"。[168] 正如伦敦的一位房屋改革者在这一年晚些时候所宣称的那样:"若论社会动乱的源头,则非恶劣的住房条件莫属。这不仅仅是这座城市的,更是这个国家的问题。[169] 社会紊乱更加呈现为美国城市的特征,因为美国城市自殖民时期以来一直处于持续动荡的状态。"[170] 这种情况在芝加哥最为明显。1886 年，举国上下感到震惊，因为罢工工人的一次集会被一名无政府主义者投向警察的炸弹所打断，然后又被警察的报复性开枪所破坏。在 1894 年激烈的普尔曼罢工期间，芝加哥再次震惊了全美。当时，联邦军队和国民警卫队被动员起来维持秩序。一时谣言四起。据报道，数万人组织了从芝加哥的贫民窟出发的游行。[171] 在 1919 年的严重种族骚乱期间，该市再次震惊美国。这场骚乱中，白人种族主义和黑人的不满情绪所造成的"爆炸性混合"，在 1964—1968 年的贫民窟骚乱期间，在全国各个城市反复上演。当时，电视新闻向全世界展示了大火、混乱和乘坐装甲车在美国主要城市中心巡逻的士兵等情景。[172]

这种种明显的危险在整个英语世界激起了形成雪球效应的调查反应。人们的共同愿望是更好地了解和控制贫民窟所构成的威胁。许多社会调查是由感到关切的公民和慈善组织进行的。但越来越地，人们所察觉的贫民窟威胁促使各级政府进行调查和采取行动。其必然结果就是，公共卫生、社会工作、建筑、城市规划、教育和社会科学等领域中的专业群体在界定贫民窟问题和设计补救措施方面发挥了重要作用。公众也越来越多地受到"其对专家权威和社会科学变革威力的信任"的影响。[173] 公众的担忧、专家意见和国家权威的共同作用，是对贫民窟改革的有力推动力量。例如，美国 1964—1968 年的贫民区骚乱，促使林登·约翰逊总统成立了全国内乱咨询委员会，其 1968 年的大篇幅报告则对约翰逊的消除贫困战争予以了更多的重视。英国政府对美国内城骚乱的反应是在 1968 年启动了本国的消除贫困计划。梅尔恩斯的《痛哭》一书促使 1884—1885 年的工人阶级住房问题皇家委员会成立。其详尽的调查为 1885 年的《工人阶级住房法案》及 1890 年对该法案的详细解释铺平了道路。这项工作为英国及其海外领土日后的住房监管奠定了基础。19 世纪和 20 世纪，涉及城市贫民生活条件的、不断积累的有关具体城市的、全国范围的和比较性的国际数据、分析和拟议的补救措施变得便于人们获取。每项新的研究报告、法规和政府计划，都借鉴并加强了知识库和传统智慧。这些知识库和传统智慧确定了贫民窟问题，并设计出了改革措施来加以解决。

对贫民窟所采取的这些调查和改革对策之所以产生——正如在《痛哭》一书的情况中所凸显的那样——部分是由于人们对城市化的两极分化效应的深切担忧，以及对现代资本主义黯然失色的道德和不均衡利益所感到的不安。在澳大利亚，巴内特及其同事 A. G. 皮尔森在1944 年指出：

> 目前的经济体系需要大量的闲置劳动力。经济不景气时，工人就被扔进这个蓄水池，经济景气时再被抽出来。处于蓄水池中央的是失业者，他们可能会在那里持续待一段时间——一周、一个月或一年，甚至更长。靠近池边的是临时工或兼职工人。虽然他们并非长时间待在蓄水池中，却不断地爬进爬出。也许他们每周工作几天，然后在一周余下的时间里失业。[174]

历史学家强调，恐惧和悲观是贫民窟改革的驱动因素。然而，贫民窟调查和建议的改革，与其说是由幻灭和恐惧来维持，不如说是基于人们的一种信心，即贫民窟是可控和可改造的，现有的社会秩序基本上是公正的，改革者拥有消除贫民窟威胁的知识、技能和决心。改革运动证实了普及者的论点，即贫民窟在城市社会中是一个真实而可怕的存在，需要进行全面改革，以对其加以遏制和规范，并确保贫民窟居民获得"真正生活的机会"。[175]然而，与此同时，大多数改革者认为，社会的根本重组是不必要的，长期的社会进步是不可避免的。例如，朗特里 1900 年的调查震惊了英国，得出的结论是"26% 的工人阶级家庭住在贫民窟，或者住在条件并不比贫民窟好的房子里"。他在1936 年再次调查时，对约克贫民窟人口数量已经下降到 12% 以下表示满意。[176]他在 1950 年进行的第三次社会调查确认，"贫困率进一步显著下降"。[177]自 20 世纪 20 年代起，城市社会学领域中有影响的"芝加哥学派"就认为，美国贫民窟是城市整体生态系统中的功能元素，充当着移民进入社会主流的垫脚石。查尔斯·斯托克斯（Charles Stokes）调查了让人们能够摆脱贫困的社会条件和机会，确定了"自动扶梯和非自动扶梯"的决定因素，这些决定因素创造了"具有'希望'的贫民窟"或"陷入'绝望'的贫民窟"。[178] 日后芝加哥社会学家之一杰拉尔德·萨特尔斯（Gerald Suttles）1968 年在谈到贫民窟时说："公众的成见传达了一种确定感。"[179]

　　历史学家不仅认为担忧而不是信心，是贫民窟调查的触发因素，而且将改革者的专业精神和严肃的目的与贫民窟艺人浅薄的戏剧性进行了对比，并区分了贫民窟旅游和贫民窟慈善事业（后者越来越多地由为国家机构工作的专业人士承担）。例如，布斯对伦敦的开拓性社会调查之所以一直受到称赞，是由于他"否定了梅休、斯特德和《蓓尔美街报》的耸人听闻的报道"，为对城市社会弱势群体进行实事求是的分析铺平了道路。[180] 但是，这些改革者通过如此胸有成竹地对他们认为是贫民窟的社会和环境混乱与现代社会的内在良好秩序加以对比，强化而不是挑战了"排斥的吸引力"环境，正是这种环境形成了贫民窟的明显令人厌恶的现实。许多改革者利用戏剧性来传达他们的信息。在英国，雷蒙德·昂温（Raymond Unwin）于 1909 年抨击了"陈旧而不健康的贫民窟"，而在大西洋彼岸的纽约，住房改革者劳伦斯·维勒（Lawrence Veiller）也在 1931 年猛烈批评说："美国可能拥有世界上最糟糕的贫民窟。"[181] 巴内特在谈到 1936—1937 年贫民窟废除委员会——他曾为成立该委员会进行游说——为维多利亚州议会准备的报告时说："我写了一些小册子，它们都被收集起来并在必要情况下塞进去了。"[182] 巴内特还利用贫民窟旅游来争取人们对改革的支持，带着人们"实地去看贫民窟，他们都惊呆了。他们以前从不知道情况是如此"。[183] 因此，贫民窟改革者和贫民窟艺人之间的区别与其说是真实存在的，不如说是表面看来的。两者都对宣扬对贫民窟的成见负有责任。

最广泛和最有影响力的慈善改革干预措施包括慈善组织协会（成立于 1869 年）和大学定居点运动（起源于 1884 年）所采取的措施。两者都始于伦敦，并传遍英语世界。两者都认为，在贫民窟内部树立榜样，可以引导贫民窟的穷人过上更好的生活。因此，在芝加哥始建于 1889 年的著名的赫尔之家定居点，穷人可以"通过学习……过体面、干净、适度的生活……显示出这种生活与另一种生活中骇人听闻和稍纵即逝的快乐形成鲜明对比的持久的美好与欢乐"。[184] 历史学家质疑这种动机。例如，大学定居点运动"很好地捕捉到了对维多利亚时代晚期的统治阶级傲慢的自信和不安的自我怀疑的相互矛盾的混合"[185]。嘲笑过时的思维模式是很容易的。慈善工作者和定居点居民基本上是抱有善意和了解情况的人，却被误导，陷入其所处时代的有关贫民窟的错误宣称之中。慈善组织协会的著名联合创始人奥克塔维娅·希尔（Octavia Hill）和建立赫尔之家的简·亚当斯（Jane Addams），以及艾伦·斯塔（Ellen Starr）的情况就是如此。此外还有居住在世界上第一个大学定居点、1884 年在伦敦东部建立的汤因比宿舍楼中的牛津大学和剑桥大学学生，以及居住在英国和北美洲各地的其他定居点中的大学生。布里斯托尔的定居点就是一个有代表性的例子。它是 1911 年建立的，其第一任管理员是希尔达·卡什莫尔——一位富裕的实业家的女儿。1937 年新的管理员希尔达·詹宁斯被任命。后者在此后二十年里领导了这个组织。像卡什莫尔一样，詹宁斯也是在牛津大学受的教育。在伦敦经济学院继续深造期间，她曾住在贝斯纳尔格林的一个定居点。她抱有傲慢的自信和不安的自我怀疑吗？可能在一定程度是这样。但这些慈善家作为中介、顾问和维权人士，为低收入社区做了有益的工作。

同样怀有善意却更深地陷入有关贫民窟的误导性宣传的是教会的倡议。这些倡议旨在建立城市传教团和进行扩大影响的活动，以帮助城市贫民。澳大利亚最著名的非政府社会福利机构——澳大利亚弱势群体的维权组织圣劳伦斯兄弟会，由英国圣公会牧师杰拉尔德·肯尼迪·塔克于 1930 年在墨尔本内城郊区菲茨罗伊建立，因为该地区有"澳大利亚最贫困的贫民窟"。[186] 塔克宣称的目的是"拯救贫民窟居民，使之摆脱肮脏的环境"。[187] 这又是一个善良的人陷入了对贫民窟误导性宣传的例子。同样地，不归依社会正统的人也是如此：人们自豪地说，长老会的女执事"作为指路明灯，燃烧自己，发出光芒，指引着生活在我们大都市中被称作贫民窟的昏暗、死气沉沉和凄凉的地方的人走向更美好的生活的港湾"。[188] 1865 年在伦敦东区成立并传遍世界的救世军，对贫民窟进行了类似的拯救工作，走访家庭，引导人们阅读《圣经》和祈祷。救世军中的"贫民窟姊妹们一直像甜蜜的天使一样，在失落的人聚居的地方自由进出"，以至于据说，贫民窟家庭对引导他们的这些贫民窟修女"几乎达到崇拜"的程度。[189]

贫民窟改革者洋溢着自信能量的最明显例子就是相互重叠的住房和城市规划运动，以及由此产生的法规和国家机构。住房维权人士认为，贫民窟问题通过使贫民窟居民搬迁到更好的住宅之中基本上会得到解决。在英国，霍华德·马歇尔在 20 世纪 30 年代说："95% 的贫民窟居民都会养成新的习惯，并由于住在新住宅产生强烈的自豪感。"[190] 在一定程度上，谋求实现这一目标的是在私营住房市场上经营的、修建慈善性样板住房的公司。在伦敦，公寓改善协会收购、改建并管理了数百座破旧房屋。他报告说，通过他们的工作，"贫民窟的恶劣生活条件被消灭……许多生活在恶劣环境中的租户通过增强自尊心和对自家住房的自豪感成为良好的租户"。[191] 但是，尽管在抱有善意的情况下做出了种种努力，这种慈善协会"对城市住房的总存量所做出的贡献却是微不足道的"。[192]

从 19 世纪中叶开始并自 19 世纪末起势头日益强劲的住房改革者还采取立法选择来规范私营住房市场，促使其提供更好和更为实惠的住房。尤其在英国，立法工作最初是尝试性地，授权地方政府提供公共（国有）住房。尽管如此，伦敦郡议会 20 世纪初进行的谨慎的工作取得了"相当引人注目"的成就。[193] 1919 年，英国首任卫生大臣克里斯托弗·艾迪生（Christopher Addison）使《住房和城镇规划法案》获得通过。该法案启动了由地方当局实施的一项大规模的公共住房计划。20世纪20年代修建了将近50万套郡议会住房，30年代末又修建了100多万套。远远超过其他提供者的最大的公共住房提供者就是伦敦郡议会——其计划被称为"欧洲市政府提供住房的最引人注目的例子"[194]——仅次于伦敦的是利物浦。该市公共住房计划的历史可以追溯到1869年。在美国，成立于1934年的纽约住房管理局成为美国第一个市政住房机构。其他机构很快接踵而来。例如，芝加哥住房管理局成立于1937年。同年，1937年的《联邦住房法案》为公共住房提供了拨款。到19世纪末，贫民窟改革者对自己的能力抱有充分的信心，认为自己能够设计全新的现代空间秩序，因而为一个个社区和整个城市制订计划，并为立法进行游说，以创建更强大的城市和大都会管理机构来让这种规划充分发挥作用。"城镇规划"一词由澳大利亚建筑师约翰·苏尔曼（John Sulman）于1890年最先使用，第一次体现在立法之中是1909年的《英国住房和城镇规划法案》。激进的自由党政治家约翰·艾略特·伯恩斯在向议会介绍这项法案时解释说："该法案的目的是为人民提供家庭生活条件，使其身体健康、道德、品格能够得到改善，最终改善整体社会状况。"[195]

这场改革运动强烈影响了人们对贫民窟的认识和解决贫民窟问题的政策方向。在一些方面，改革者只不过是使已经存在的理念范围扩大并获得权威性。然而，他们也带来了工作重点的重要变化。其中最重要的变化就是改革者给有关贫民窟的讨论所带来的"对穷人的深切同情"，即他们对被迫生活在如此骇人听闻的环境中的人的"同情与理解"。[196]正是这些改革者开始改变了公众对贫民窟居民的看法，使之不再将其视为恶棍，而是受害者。例如，具有左倾思想的医生兼政治家克里斯托弗·艾迪生（艾迪生子爵）——1919年的《住房和城镇规划法案》设计者，曾担任地方政府委员会主席和卫生大臣，效力于自由党，然后改换门庭加入工党——在20世纪20年代激动地谈到贫民窟，认为这是一种"背叛"，因为贫民窟使城市贫民的生活被侵蚀。[197]改革者越来越多地嘲笑人们对贫民区居民恶劣行为的成见，认为大多数城市贫民"生活堕落"，陷入贫民窟而不能自拔，并非其自己所造成。那里是他们的起点，他们的生活窘境不是自己罪恶生活的结果，而是由于"出生的偶然性"。（他们是）体面的普通公民，其唯一的罪恶就是赤贫。[198]

然而，普遍流行的对贫民窟的成见造成严重的反感情绪使得改革者的同情心显得抽象而居高临下。他们使得自己所积累的事实及变革策略与他们企图帮助的社区相疏远。在他们看来，贫民窟给其受害者造成严重伤害，以至于他们沦落到无能为力与功能失调的地步。巴内特将贫民窟描述为"是被一种扎根于遗传之中的、囊括了其居民从摇篮到坟墓的环境所构成的监狱"。[199]他在谈到自己组织的贫民窟旅行时说："我们在贫民窟中感受到绝望和完全无能为力的氛围。"[200]看来在改良主义的话语中不言自明的是，"具有贫民窟意识的阶级"需要别人替他们进行干预，因为他们具有惰性，冷漠无情，生活能力捉襟见肘。[201]正如沃尔特斯所评论的那样，"贫民窟中的大多数人已经丧失了锚地。他们既没有希望，也没有雄心壮志。"他说，无怪乎，贫民窟住宅"从来都是布满尘土、不整洁、不温馨，有股鸽子窝和狗窝的气味"。难怪，这种肮脏的过度拥挤"一般而言促使人们过着畜生般的生活，父亲和女儿、叔伯和侄女、母亲和自己儿子之间的关系是我们不敢启齿的"。[202]查尔斯·斯托克斯抱有同情心的名著《贫民窟论》（*Theory of Slums*，1962）告诫人们，在美国等发达国家社会中，贫民窟过去的自动扶梯功能正在消逝，因为滞留在社会底层的人由"包括越来越多的'毫无能力'的人所组成的阶级构成"。[203]直到1979年，一位英国地理学家仍能断言，在英国，"贫民窟居民能力不足，无力应对生活"，缺乏"应对日常生活压力的个人资源"。[204]

尽管有改革派的同情，针对贫民窟的误导性宣传仍然存在于英语世界。尽管采取了改革干预措施，但20世纪末不平等现象仍在增加。改革者和艺人共同造成了针对贫民窟的误导。虽然这是改革者试图消灭贫民窟的副作用，但许多艺人却简单地放大了贫民窟的存在。他们点缀了贫民窟的排斥的吸引力。正如在一位图书出版商拒绝接受《玛吉：街头女孩》一书的手稿时作者克兰所说的那样："我以为，你想要营造一种恐惧效果。"[205] 然而，普通大众却沉溺于这种恐惧之中。到 20 世纪初，"贫民窟和百货公司、剧院一样，成为城市新奇的景点"。[206]

演艺人员追求各种风格和目标。他们对舆论的影响要远远大于改革运动和由此产生的国家认可的改革方案。一些艺人是认真的改革者。沃尔特·贝桑特的小说《各色人等及其状况》（1882）和《基贝翁的儿童》（1886）试图引起人们对伦敦东区贫困的关注，杰克·伦敦的《深渊里的人们》（1902）也是如此。乔治·吉辛（George Gissing）的社会现实主义小说《失去阶级地位的人》（1884）、《瑟尔萨》（Thyrza，1887）、《地下世界》（The Nether World，1889）和《新寒士街》（New Grub Street，1891）也强调了城市贫困。詹姆斯·卡明·沃尔特斯同样进行了深入的剖析。像梅尔恩斯和里斯一样，这位新闻记者撰写了有关贫民窟耸人听闻的报道，但在这样做的过程中，这三人都试图对贫民窟的状况加以改善。沃尔特斯是一个"热情的狄更斯主义者"，他本能地利用排斥情绪来引起观众的关注，"在 12 个月里，他在各种掩护下居住在条件最差的贫民窟住房里"，以撰写有关贫民窟景象的权威性文章。[207] 沃尔特斯关于改革的呼吁基本上没有引起重视，但他的报道却受到了欢迎。

沃尔特斯在《伯明翰日报》上发表的文章与大众传播报纸对城市贫民窟的频繁"探索"的风格相似。这为读者提供了在郊区家里的舒适环境中与贫民窟进行虚假的亲密接触的机会。例如，在旧金山，报纸读者可以富有想象力地加入政府执法人员的行列，与其一道进入"城市可怕的区域"，"突袭"唐人街上的"奴隶窝"妓院和鸦片馆。[208] 20 世纪 30 年代，《时代》杂志摄影记者玛格丽特·伯克－怀特（Margaret Bourke-White）成为美国收入最高的女性之一，她以"充当偷窥者为生，成为最贫困人群中的中产阶级游客，将报道文章发回《生活》（*Life*）杂志读者舒适的起居室"。[209]

杂耍剧场和音乐喜剧的"异国情调"为从一定的安全距离审视贫民窟的恐怖提供了其他途径。[210] 通常采取穿越贫民窟的虚假指南形式和社会素描类型的情节剧也在 19 世纪激增。这一风格包括《纽约的神秘与悲惨》（1848）、《黑暗与日光》（又名《纽约生活的灯光与阴影》，1891）。小说为人们提供了想象自己在生活中与贫民窟进行亲密接触的另一种途径。乔治·G. 福斯特（George G. Foster）的《塞利奥》（*Celio*，又名《纽约的地上与地下》，1850）等小说向读者保证，他们的贫民窟戏剧"取材于现实生活"。[211] 露丝·帕克（Ruth Park）的著名小说《南方的竖琴》（*The Harp in the South*，1948）和《穷人的橘子》（*Poor Man's Orange*，1949）的背景是悉尼的贫民窟。贫民窟旅游是提供了最极端的贫民窟娱乐形式。伦敦和纽约吸引了人们最大的兴趣。那里的最贫困地区在国际旅游路线上占有重要地位。在 19 世纪大部分时间里，纽约的五点街区都被视为"全国最重要的贫民窟"。欧洲游客蜂拥到那里，将其与在本国进行的贫民窟旅游相比较。[212] 1933 年，一位墨尔本贫民窟改革者不以为然地摇头，批评那些"'趁着夜色到伦敦的贫民窟和底层社会旅游的'澳大利亚游客"。[213] 然而，这些游客却有很好的同行者："在游览伦敦贫民窟时……威尔士亲王惊呼，'天哪……我们怎样才能结束这种情况？'"[214] 大多数城市都有当地的贫民窟旅游景点。1900 年，旧金山的时尚人士组成的一个旅游团在导游带领他们进入一家唐人街妓院时被捕。《审查者报》不以为然地评论说，贫民窟旅游使该市"在全国声名狼藉，成千上万的被引导游览这些犯罪巢穴的游客离开后认为旧金山是地球上最糟糕的城市之一"。[215]

各种贫民窟娱乐活动在一定程度上都是由于对揭示了不同的生活方式的猎奇而得以维持。[216] 这些景点、声音、气味和肢体语言都具有令人兴奋的异国情调。由此产生了 20 世纪 20 年代的新时尚，供富裕的纽约人游览哈莱姆区的夜总会,以欣赏爵士乐和当地的气氛。墨尔本的小朗街由于有妓院和大型华人社区而同样吸引游客,因为它似乎凝聚着浪漫气息。有时,我们鼓起勇气沿着山丘漫步,游览同样臭名昭著的斯蒂芬街,或者穿过把最臭名昭著的大朗街(Big Lon.)和小朗街连接起来的小巷。[217]

旧金山的唐人街"给游客带来最大的愉悦,也是有一千种气味的不洁居所,产生种种奇异的效应,对白种人的法律和文明不屑一顾"。[218]中国新年的庆祝活动经常吸引许多好奇的观光者,他们被迫……挤在用汉语叫卖商品的当地华人小贩的人群中,鞭炮爆炸发出奇怪的声音,产生的气味充满空气。[219]

然而,至关重要的是,这些一次性的贫民窟游客当中很少有人希望永久地跨越这些边界,进入另类的世界。通过展示贫民窟的神秘和苦难,贫民窟娱乐活动使人们对其对立面,包括游客自己有序的城市和城市生活方式的信念固定下来,由此体现了这些娱乐活动的威力。里斯关于贫民窟的有插图的讲座被描述为"兼具娱乐性和思想性"。[220]贫民窟的"排斥的吸引力"就像一个布满镜子的大厅,它对一个人的正常感的怪诞扭曲有助于强化人们对现代城市中什么应该令人欢欣和加以落实的习惯看法。

人们在这些娱乐活动中对城市贫民抱有严重的成见,以至于城市贫民基本上被排除在有效的社区参与和改革之外。相反,主流社会却感到惬意,因为他们认为,虽然通过慈善活动的引导,可以改变人们表现出错误社会行为的"具有贫民窟意识的"性格特征,并通过国家的坚决行动对其加以遏制,但这些特征却超越了解决这些问题的社区行动或国家干预的范畴。正如《圣经》所证实的那样,即使是在最发达的社会中也始终存在穷人。这解释了一种明显的悖论,即一方面存在社会上对贫民窟娱乐活动的热情,另一方面人们也对减少城市社会不公正现象的努力漠不关心。这种冷漠态度经常转变成在选举中抵制政府制订的费用高昂的改革计划。另外一项关键的后果,即镇压性的干预，在下一章中探讨。

把"贫民窟"一词用于描述英语世界城市中的贫困地区的做法在20世纪60年代有所减少，并在随后的几十年中几乎停止。然而，这个词并没有完全被遗忘。萨特尔斯1968年对芝加哥西区进行的权威性的社会学研究报告题为《贫民窟的社会秩序》，报告指出，研究区域"通常被称为贫困的黑人贫民窟"。[221] 1971年，人们在谈到利兹市——该市在整个20世纪都仍有最高比例的维多利亚时代英格兰的建在斜坡上的"背靠背的"紧邻住房——时仍说，该市的"主要问题……集中在维多利亚时代贫民窟的遗留问题上"。[222] 这个词似乎越来越多地仅指过去。相比之下，罗纳德·亨德森（Ronald Henderson）开拓性的《贫困人群：墨尔本调查》（1970）探讨了当今的社会指标。该书对"贫民窟"只字未提，无论是在其社会分析（依据1966年的调查工作），还是在其指导原则方面。[223]

由于更专业和更精深的社会科学研究的出现，人们对贫民窟的成见有所减弱。例如，墨尔本大学应用经济与社会研究所教授兼所长亨德森1972年被澳大利亚政府任命为工作范围广泛的贫困调查委员会主席。"贫民窟"概念在该委员会的主要报告和研究论文中不见踪影。对贫民窟的成见之所以有所减弱还因为工人阶级社区长期以来一直反对清除贫民窟，因为旧的犹太人贫民窟、小意大利、唐人街，以及最近的移民"贫民窟"在大众想象中被重新定义为具有旅游魅力和美食的地方。对贫民窟的关注之所以减少，还由于随着城市问题被证明要比人们所预期的更加根深蒂固并且实际上激增，改革者的早期信心消失了。20世纪60年代、70年代和80年代，新一代社会工作者、教育家、社会学家、规划者和建筑师同时挑战了他们的职业迄今为止所依据的正统观念。到20世纪70年代末，人们对"清除和开发贫民窟之专业性不应抱持偏见"扎下根基。[224] 在更大程度上，这些成见的消失是由于曾经被视为贫民窟的地方被富裕的专业人士所"绅士化"。这些人希望生活在市中心国际化的激动人心的氛围中。这些趋势在第三章中会进一步讨论。新一代社会改革者之一亨德森在其有关生活在贫困线以下的人的墨尔本研究报告中确认了所有这些趋势：

> 许多移民，特别是意大利人的辛勤工作和技能，促使墨尔本的一些内城区得到改造。20年前，卡尔顿区显得缺乏生机和不景气。现在，主要是由于意大利人的勤劳，许多旧房子已经在一定程度上恢复了从前的魅力，现在它是具有独特风格和吸引力的郊区。具有讽刺意味的是，这也使它很受澳大利亚人欢迎，许多商界和专业人士现在竞相购买那里的老式露台房屋。这使得房屋价格上涨，因而往往使移民不敢问津。[225]

然而，情况与其说是贫民窟概念遭到明确的否定和抹黑，不如说是这些概念在地方事务中丧失了普遍的相关性。由于1945年以后普遍富裕的发展趋势，"贫民窟"在与国内社会相关的情况中不再产生其作为震惊社会的重要因素的价值所具有的共鸣。此外，"贫民窟"一词也越来越少地固定在其曾经描述的地方。到20世纪60年代和70年代，长期贫困现象大幅度减少，随着住房所有权的增加，曾经居住着这些贫困人口的很大一部分破旧的19世纪住房也已经被更新或者改造。在英国，很多内城住房已经被战时的轰炸所毁灭。英国、北美洲和澳大拉西亚的城市中心被全面改建为商业、行政管理、零售和娱乐中心，以及高收入和高密度的生活区。

因为公众的注意力转向普遍存在的社会问题，以及这些问题集中的其他城市地区，所以在国内事务中，新的引起社会震惊的词语使"贫民窟"一词黯然失色。在美国，在经历了20世纪60年代的内城骚乱之后，人们的注意力集中在犹太人贫民窟。很能说明问题的是，在全国内乱问题咨询委员会的报告中，在"贫民窟"的索引条目下标明的是"请参见犹太人贫民窟"。[226]在英国，因为这些区域现已得到重建、改造，甚至被遗忘，人们不再把社会问题与旧的市中心区域臭名昭著的贫民窟名称联系在一起，而是与新的市政住宅区、城市边缘地带的低收入社区联系起来。同样，在澳大利亚，斯塔布斯预测，新的郊区、公共住宅区正在变成"明天的贫民窟"，因为那里的居民从其从前居住的旧贫民窟"引进了贫困文化"。[227] 圣劳伦斯兄弟会的社会研究主任彼得·霍林沃斯（Peter Hollingworth，后来成为该兄弟会执行董事、主教和澳大利亚总督）于 1972 年指出，虽然"一代人以前的内城郊区旧的贫民窟"已经消失，但弱势群体居住的新区域正在外城郊区，在远离就业机会和公共服务不足的地方出现。[228] 与旧的贫民窟文艺和新闻报道体裁所能表现和解释的相比，当代城市生活的压力点在地理上变得越来越分散，在社会方面越来越差异化，在文化上越来越复杂。

关于城市摩擦点的公开辩论超越了过去对中心城区的一味关注，而是将重点放在整个城市地区。在美国，20 世纪 60 年代以后对"种族贫民窟"的关注，不仅包括人们对"市中心持续的经济和社会衰退"的长期忧虑，更令人担忧的是美国社会沦为"分裂国家"的明显解体。[229] 在大西洋两岸，评论家开始谈论广泛的城市危机。迈克尔·哈林顿在《另一个美国》一书的再版序言中指出，贫民窟问题已经被"城市困境"这个更大的问题所取代。[230] 另一些美国观察家则提请人们注意经济结构调整和去工业化对整个城市及城市的运营网络所产生的倍增效应。1972 年，相关专家在英国环境部委托下，对利物浦、伯明翰和伦敦进行了内城问题研究，以确定随着这些城市的码头关闭和工业倒闭而发生的转变。在苏格兰，去工业化摧毁了格拉斯哥的制造业基地。1973 年的全球石油危机和随之而来的经济衰退使纽约市于 1975 年濒临破产。然而，在国家政府和金融机构的拯救下，纽约市免于破产。这些机构做出决定，以空前幅度削减卫生、教育、公共交通和住房等集体服务的支出。这与 20 世纪 60 年代的减少贫困、增加公共卫生和教育支出形成鲜明对比。事实上，这使纽约一个多世纪的进步社会政策发生了逆转。[231]

然而，大多数评论家并没有批评这种新兴的新自由主义正统观念，而是谈到了一种恶性循环，表现为美国城市住房条件的恶化和荒废，以及城市下层人口不断扩大。

在英国，石油危机使国内社会紧张局势和工业动荡加剧，最终导致了1978—1979年的"不满之冬"。当保守党领袖撒切尔夫人于1979年成为英国首相时，该国的工业基地正呈自由落体式衰落。随着码头关闭和工厂倒闭，这些开创了现代资本主义的城市中心地带的生命力受到质疑。20世纪80年代和90年代，撒切尔夫人的政府及其继承者，以及英语世界里各国的新自由主义政府通过降低公共开支和刺激私营经济的方式来应对。社会两极分化加剧。然而，吊诡的是，在针对贫民窟的旧的误导性宣传的变奏曲中，"贫民窟"不再用于描述伦敦东部居民区中的社会劣势和疏离，而正是在那里，这个词在19世纪初的一个同样令人不安的时代中得到最初的应用。

但还有一个变化：20世纪末对贫民窟的特征描述仍然存在，且十分流行。从20世纪中叶开始，艺人和许多改革者的关注焦点已从发达国家的旧贫民窟变为后殖民时代的发展中国家的新贫民窟。

第三章

对贫民窟的战争

19 世纪末和 20 世纪初，对贫民窟的成见成为整个英语世界中塑造公众对城市贫困认识的主要问题。在"贫民窟"一词的发源地英国，温彻斯特主教于 1933 年评论说："对于贫民窟问题的可怕性质，国人今天的认识是前所未有的。"[1]贫民窟的罪恶与现代大都市的形象形成了鲜明对比，因而看来只有一种进步的对策是可能的：贫民窟必须被消灭。直到 20 世纪 60 年代，人们一直坚定而普遍地抱有这一信念。

能够左右舆论的人用类似于战争状态下的民族国家所使用的语言，动员舆论支持如此艰巨的一项任务。纽约记者、社会改革家雅各布·里斯以向本国报道战争新闻的战地记者风格加以报道，出版了《一场十年战争》（1900）和《与贫民窟的战斗》（1902）。[2]一些改革者主张开展侧面行动，例如规划立法以控制城市扩张，以及在多层住宅区或郊区住宅区建造无可指称的现代住房。其他改革者则强调教育、培训和福利支持。然而，政治和劳工运动的所有方面都同意，在与贫民窟的全面斗争中，必须清除贫民窟的肮脏环境，并将其居民分散到整个主流社会。到 20 世纪 70 年代，经过一个世纪的贫民窟清理活动，不平等仍然顽固地存在，尽管不断扩大的繁荣使贫穷变得不那么明显。然而，尽管贫民窟战争的本质摇摇欲坠，但它对市中心的社区产生了巨大的社会影响。在英国，对贫民窟的战争进行得最激烈，在 20 世纪 30 年代，大约有 200 万套住房被拆除。[3] 到 20 世纪 60 年代中期，在美国，根据 1949 年关键性的《住房法案》批准的"更新"项目的目标，共有超过 40 万套"受损"住房，造成 30 多万户家庭搬迁。[4] 城市社会学家赫伯特·甘斯（Herbert Gans）估计，1950—1980 年，约有 735000 个美国家庭因贫民窟清理项目而直接流离失所。[5]

本章追溯了英语世界中贫民窟清除计划从 19 世纪开始发展到 20 世纪六七十年代逐渐被放弃的过程，概述了驾驭国家权力全面消除贫穷社区并使居民重新定居的立法努力，以及更为高效地驾驭私营企业来完成城市再开发任务的、与此并行不悖的努力。由于这种事业给公共资金带来的巨大成本变得明显，做出这种努力也日益紧迫。本章探讨了贫民窟"条件改善工作"，作为贫民窟清除的补充或替代选择的起源，以及当地社区对贫民窟战争的日益升级的抵制。当地居民的抵制行动使贫民窟战争的脚本变得复杂，但并没有使之功亏一篑。体面的公民应该为贫民窟清理团队喝彩，而不是阻碍他们的前进道路，采取法律手段挑战他们。

20 世纪六七十年代，贫民窟战争之所以最终踟蹰不前，与其说是由于社区抵制对舆论的影响，不如说是由于战争言论未能使范围更广泛的社会保持兴趣。为贫民窟战争进行动员，就像其所谓的对手"贫民窟"一样，是一种十分做作的行为。两者都旨在取悦于社会，使社会的主流价值观得到加强，转移人们对维持这些价值观的社会成本的注意力。对贫民窟的战争帮助政客赢得了选举，使报纸畅销，使公开会议人满为患，让人们纷纷参加贫民窟旅行，为土地开发商和建筑商带来利润，并使人们得以在政界、公务员队伍、职业界和改革组织中大展宏图。然而，这是一场代理人战争，因为它不需要所谓的主要成员——广大公众——积极参与。这种欺骗不可能无限期地占上风。煞有介事地就针对贫民窟的战争进行总动员，促使社会得以掩盖在容忍自由市场经济中的社会不平等的根本原因方面的罪责，也掩盖了贫民窟清理工程造成的人们无家可归和拆迁问题。正如伦敦萨瑟克圣公会主教（后来的约克大主教）西里尔·福斯特·加伯特1925年所承认的，就连这场虚伪的战争在过于逼近真正的社会问题时也难以使人们保持兴趣。在主持一次关于住房改革的会议时，加伯特哀叹道，在这个问题上，人们十分冷漠和无知。许多人全然不知伦敦最糟糕地区的住房状况。贫民窟是我们文明的污点，是我们基督教的丑闻。[6]

最终在20世纪50年代和60年代，由于一场更严重的对抗——冷战，贫民窟战争变得不那么重要了。公众的注意力也转向新的、更引人注目的国内问题。

不适于人类居住

在英语国家，从来没有哪项法规把"贫民窟"这个词用作衡量边缘化的正式标准或进行干预的诱因（尽管比如说，1937年的美国《住房法案》的确包括了这个词的定义）。[7]相反，有关公共卫生、住房和城市规划的法规着重于非宜居的概念。在19世纪和20世纪的很长时期，由于人们广泛接受"贫民窟"概念，所以似乎不言而喻的是，这个词被用来指称的地方对正常的人类生活来说是不可容忍的，因而必须予以清除。贫民窟被理解为令人憎恶的、达不到人类居住场所标准的、使其居民沦为野兽的去处。这些残酷的环境需要被扫除干净，其场地被重新设计，然后体面的人才能重新居住，有价值的活动才能在那里开始。因此，贫民窟改革的前提是贫民窟不适于维持正常的人类生活，这种荒诞的环境在现代社会中竟然得以持续存在实属丑闻。从19世纪中叶开始，这种思维之所以得到强化，是由于公共卫生运动更加关注没得到监管的城市环境的"不可容忍性"。[8]因此，贫民窟改革的起点就变成了"不适于人类居住"这一短语。1848年的《公共卫生法案》将其纳入了英国的总体立法框架，它在19世纪六七十年代被纳入住房立法，而且奠定了一个世纪以后整个英语世界的住房和城市规划政策的基础。

贫民窟改革者用"不适于人类居住"来衡量住房质量（言外之意还有生活质量），从而推论，"有些地方仅仅适合于被拆掉"。[9]因此，凭借"不适合人类居住"这一监管术语，英国地方当局有权对不卫生和结构上不健全的住房采取行动。然而在大多数情况下，他们最初都是按兵不动。一些城建公司迅速在其章程和地方改进法案中使用这一术语来清除"贫民窟"住房。1864年，利物浦一马当先，苏格兰的城市改良法案则在更大范围内实施了贫民窟清理。在此后十年里，格拉斯哥实施了1866年的《改良法案》，使大约2.5万人流离失所。1867年至19世纪90年代，爱丁堡的修缮计划使大约3500所房屋被拆除。然而，大多数地方当局不愿对不健康地区采取行动，也不愿谴责这些地区不卫生建筑物的负责人。虽然笼统的扶持性住房立法为地方倡议奠定了更统一的基础，但由于缺乏明确的指导方针与合乎现实的财政激励措施，而且由于中央政府不大可能就合规性的执法进行干预，英国地方政府在20世纪30年代以前很少尝试贫民窟清理工作。

1868年通过的《威廉·麦卡利亚·托伦斯工匠和劳工住房法案》（后文简称《托伦斯法案》）是第一项一般性住房法律，明确授权地方当局拆除或修缮"不适合人类居住的房屋"。托伦斯是一位独立的自由主义者。他的法案被议会中的主要派别所淡化，随后被大多数地方政府所忽视，结果是该法案最初收效甚微。然而，由于《伦敦社会弃儿的痛哭》一文所引起的愤怒，该法案的条款受到严格限制，于1890年被纳入合并而成的《工人阶级住房法案》。1924年和1930年关键性的《住房法案》延续了托伦斯策略，该策略继续影响了战后的住房立法。

本杰明·迪斯雷里（Benjamin Disraeli）保守党政府内政大臣理查德·克罗斯（后来的克罗斯子爵）提出了比《托伦斯法案》涉及范围

更广泛的战略，适用于一个个完整的"非宜居"地区，而不是单独的楼房或毗邻的建筑物。由于 1875 年通过《克罗斯工匠和劳工住房修缮法案》（后文简称《克罗斯法案》），地方政府得以收回和清理"非宜居场所"，协助私营住宅协会提供经过改善的替代性住房。因此，该法案试图在格拉斯哥和爱丁堡的地方性改进法案努力（并以不那么明确的方式，在市政街道拓宽计划和伦敦修筑铁路等私营企业再开发）的基础上更进一步，以强制性收购和改造非宜居地区，即使这些区域内并非所有的房屋都可以被称为"非宜居"。改革派自由党市长约瑟夫·张伯伦领导的伯明翰市议会立即着手实施《克罗斯法案》，对旧城中心的大部分区域实施改造。

1913 年，随着这些重要工程的完成，约瑟夫的次子内维尔·张伯伦（Neville Chamberlain）对"这项推动企业界穿越大量贫民窟的伟大改善计划"大加赞扬。[10] 在伦敦，在《克罗斯法案》的支持下，大都会工程委员会所实施的改善计划拆毁了大约 7400 处住宅，导致 2.9 万人流离失所，直到该委员会 1889 年被伦敦郡议会所取代。伦敦郡议会开始了新的一轮贫民窟清理工作，使之在第一次世界大战之前超过 23 公顷。然而，在全国范围内，《克罗斯法案》的宽容性条款所取得的成果甚少。

1890 年的《工人阶级住房法案》合并了《克罗斯法案》及其后来的修正案。这项被称为"解决贫民窟问题的第一次真正尝试"的法律，[11] 为地方政府强制收购土地、实施重建计划，以及建造和运营模范工人阶级住房提供了更明确的途径。与伦敦郡议会并行不悖，利物浦开始了"大胆的尝试"，以实施该法案来清理贫民窟和重新安置居民。[12] 然而，大多数地方政府仍然无视他们的新权力，就像他们后来无视工党政治家约翰·惠特利 1924 年的《住房法案》中有关清除贫民窟的条款一样。地方政府回避了清除贫民窟任务的复杂性。由于战后全国住房短缺，"地方政府几乎没有受到任何要求清理贫民窟的压力，不管是来自公众还是来自卫生部的"。[13]

这种不作为在大萧条时期才开始改变。在 1929—1931 年的拉姆齐·麦克唐纳（Ramsay MacDonald）领导的第二届少数党工党政府的卫生部长阿瑟·格林伍德的领导下，1930 年议会通过了新的《住房法案》。人们普遍认为，格林伍德的立法为"现代贫民窟清理工作奠定了基础"。[14] 它把贫民窟战争从口头上的变成了行动上的。格林伍德的法案强化了《托伦斯法案》和《克罗斯法案》有关地方政府清理房屋和住宅区的规定，并且第一次为地方政府提供用于贫民窟清理活动的政府补贴。它还对卫生部的市政活动采取了某种问责措施。1933 年的《住房（财政条款）法案》加强了这种做法。1935 年，一项新的《住房法案》明确规定，地方政府"有责任"勘察人满为患的地区，并制订重新开发"非宜居"地区的计划。[15] 历史学家吉姆·耶林称这是"在更大规模上重申"《克罗斯法案》最初的原则。他指出，这样一来，地方政府就可以强制收购、清理和重新开发城市中工人阶级聚居的大片地区，因为这些地区只有三分之一的房屋属于非宜居或拥挤不堪。[16]

第二次世界大战后，从 1955 年开始，一俟严重的战后住房短缺问题得到解决（战争期间约有 400 万栋房屋被毁或受损），英国继续实施拆除个别非宜居建筑和清理一个个完整的非宜居地区的策略。1957 年的《住房法案》纳入了有关"不适于人类居住"这一重要概念的一项经过更新的定义，1969 年的《住房法案》对其予以重申，从而确保了这一说法在整个英国贫民窟战争期间都持续流行。英国议员在 2015 年仍在使用这一术语。[17]

英国针对"非宜居"住房和居民区的监管干预在海外定居者社会中也得到响应。在悉尼，1879 年的《改善法》使市议会能够针对"不适于人类居住"的住房展开有条不紊的行动。这是澳大利亚实施的"第一次贫民窟清理计划"。1896 年通过的《公共卫生法案》也有类似的规定。墨尔本的市政官员曾在 1912 年指出，维多利亚州首府针对"不适于人类居住"的房屋实施的地方法规也大大改善了这方面的陈旧状况，间接导致了该市一些地区大量住宅被废除，并在这些地方建立了工厂和商店。[18]

州议会通过的公共卫生法构成了有关市政的地方法规的基础。墨尔本的一个议会住房问题特别委员会于1913年得到任命，随后于1914年成立了一个皇家委员会，其工作因第一次世界大战而中断。维多利亚州政府于1936年任命了一个住房调查和贫民窟废除工作委员会，以重新评估这个问题，该委员会1937年的报告强调了"非宜居"住房的扩散问题，导致维多利亚州住房委员会的成立。1938年通过的《贫民窟改造和住房法案》详细阐明了新的委员会的权力，该法案在很大程度上借鉴了英国立法中的《托伦斯法案》和《克罗斯法案》的条款。[19]随后在1958年通过的《住房法案》同样响应了英国立法的先例，构成了维多利亚州住房委员会在战后对贫民窟进行讨伐的基础。因此，该委员会得以宣布对一些地区进行"改建"，如果这些地区包含"委员会认为不适合人类居住、不卫生或不健康的房屋"的话。[20]

美国也受到"非宜居"概念的影响。19世纪和20世纪，在立法者、议会游说者和城市规划专业人员当中，形成了一场强大的贫民窟废除运动，旨在根除贫民窟区域，因为"那里的住房严重地不适于居住，以致对社区的健康和道德构成威胁"。[21]与英国一样，"不适于人类居住"一词被写入法律，至今仍然流行。就连20世纪60年代初激烈批评美国城市规划的简·雅各布斯，也接受"贫民窟"和"非宜居居民区"的现实。[22]然而，大多数美国人认为，英式的对贫民窟的干预是"极端激进的，严重剥夺了人们的权利"。[23]

由于英国及其前殖民地的城市当局被剥夺了强制收购权，城市当局不得不为计划中的改善区域的房产支付市场价。因此，很少有市政府着手清理贫民窟（纽约市和芝加哥市实施了有限的清理计划），多数城市是依赖私营企业来推动城市景观的持续更新。

然而，在20世纪三四十年代，美国人使用了一个新的词语来描述私营企业取消投资和贫民窟侵占市中心带来的日益严重的后果："城市凋敝"。由于对凋敝的担忧，所以形成了对干预"非宜居"居民区的比较容忍的气氛。大萧条之后，美国人当中的"一种比较带有反省性的态度标的明显了"，有人指出，"我们作为一国人民，第一次具有了凋敝意识"。[24] 1934 年成立了纽约市住房管理局，负责该市贫民窟的"清理、重新规划和重建"。[25]

1937 年的《联邦住房法》为清除贫民窟滋生的凋敝现象提供了一项全国范围的工具。城市规划委员会纷纷为凋敝地区的清理和再开发制订了大规模计划，以对抗刘易斯·芒福德 1938 年所说的"不断积累的物理的和社会性的后果，因为景观被破坏，城市区域混乱不堪，局部陷于凋敝，出现一英里接着一英里的标准化贫民窟"。[26] 政策分析人士、企业主和政府官员都同意这种悲观的判断。正如《商业周刊》1940 年所宣称的，每个大城市都"表现出同样的干朽症状"。[27] 1944年，芝加哥学派社会学家路易斯·沃斯描述了市中心区域的"灾难性下降螺旋"，并主张对其进行大规模重建。[28]

商业利益集团开始认识到，贫民窟清理项目可以为与市政府合作的再开发商带来可观的利润。于是，另一个新词应运而生："城市更新"。美国人关于"凋敝"和"复兴"的理念重塑了英国和整个英语世界对贫民窟清理的思维。例如，在澳大利亚，墨尔本的住房调查和贫民窟废除工作委员会于 1937 年提到了"整个地区的凋敝"，评论员们迅速开始谈论"墨尔本陷于凋敝的贫民窟地区"。[29] 维多利亚贫民窟废除联盟的创始人拉姆齐·迈勒博士 1943 年曾就涵盖我们大城市许多地区的"凋敝现象"提出警告。[30] 在谈到澳大利亚城市中的弱势居民区时，另一位澳大利亚专家 1945 年评论说："当局把这称为'凋敝地区'。我们称之为'贫民窟'。"[31] 凋敝现象使贫民窟的非宜居效应放大，并外溢到周围地区。在英国，规划者和建筑师于 1958 年成立了城市更新促进会，通过在英国内陆城市"黄昏地区"的城市重振来推动贫民窟的清理和现代化。[32]

1935—1942 年，纽约市开展了十多个旨在应对凋敝问题的重建项目，比其他任何美国城市都要多。到 20 世纪 40 年代末，大多数大城市都建立了重建机构。1949 年的《联邦住房法》为实施范围广泛的城市振兴计划规定了必要的权力，利用公共和私营部门的资源"消除贫民窟和凋敝地区，尽快实现为每个美国家庭提供体面住房和适当生活环境的目标"。[33] 该法规为城市再开发项目提供联邦补贴。这些项目，加上强制收购权，使地方政府机构得以清理并出售"凋敝"地区，加以再开发和重建。该法案扩大了美国传统上只用于政府建设项目的地位显赫区域的权力。这一做法十分彻底，这样政府现在就能判定一些区域为不可救药，将其转让给个人，以便他们在那里建设令政府满意的项目。按照法案第一条，城市一片片的整片区域都可能被判定为不可救药，居民被驱逐，住房被拆毁，土地被划归私人所有。[34]

1948 年，纽约市市长威廉·奥德怀尔预料到了这项新法，于是任命罗伯特·摩西担任新的协调机构——贫民窟清理委员会的主席。摩西对纽约的所作所为与豪斯曼对巴黎的所为如出一辙。[35] 到摩西 1960 年放弃对城市复兴计划的"独裁指挥权"时，纽约针对"凋敝"区域实施的复兴计划比美国其他所有城市计划的总和还要多。[36]

在一个多世纪里，人们一直坚持使用"非宜居"作为一个可靠和可衡量的术语，但其作为城市再开发的立法依据的效用从根本上受到了损害。首先，它基于这样的假设，即贫民窟包含非宜居住房的有限积压，而随着这些日益老化的住宅得到确认和处理，这个问题会"自然地寿终正寝"。[37] 到 20 世纪，人们普遍认为，处理这些积压的工作意味着根除"维多利亚时代的贫民窟遗留问题"。[38] 然而，政策制订者渐渐意识到，这项任务并不那么简单，因为"每年都会产生新的贫民窟"。[39] 例如，在英国，由于"二战"后对"不适于人类居住"定义的更新，以及白厅 1967 年从地方政府手中接管会计事务，所以对非宜居住房的估计呈螺旋式上升，因而就连最大规模的、耗资最多的贫民窟清理项目都越来越鞭长莫及。英国政府 1968 年承认："现在有比以前所知的更多的非宜居房屋和未达标房屋，它们也不像人们以前认为的那样集中，而是更为分散。"[40]据20世纪70年代中期的估计，由于每年大约有10万套住房变得"非宜居"，所以现有的清除贫民窟住房的计划"不可能给人留下深刻印象"。[41]

其次，英国和海外地方当局在试图应对"非宜居"场所方面的经验逐渐证明，衡量"不适合人类居住"的标准实际上是对住宅和居民区的一种"十分主观的"描述。[42]例如，1937年，维多利亚州住房调查和贫民窟废除工作委员会界定"贫民窟"住房为"按照目前的生活水平和舒适程度来判断，不适于人类居住的住房"。[43]然而，该委员会并没有试图解释，它如何客观地确定那些"现行标准"。1969年，在保护墨尔本卡尔顿区免遭维多利亚州住房委员会侵害的斗争中，很能说明问题的是，居民们争辩说，该委员会进行干预的监管依据只不过是"文化偏见"。[44]

许多贫民窟讨伐者却驳斥这种说法，声称，"不适于人类居住"这个短语让人感觉捉襟见肘。例如，1934年，据报道，伦敦西北部的一位居民说，他和他的同事所说的贫民窟并不是从相关法案角度看的贫民窟。他们急切地想继续推进贫民窟的清理工作，却受到议会法案和卫生部的束缚。[45]

然而，官员和评论家们却越来越担心，这个短语的应用范围实在是太广泛了。在美国，甘斯1959年警告说："适用于贫民窟地区的联邦和地方政府住房标准反映了中产阶级专业人士的价值观模式。"[46]最初，人们对他的警告持怀疑态度，在英国同样是如此，直到1966年政府发布关于"住房宜居性"的报告，政策才开始"摆脱有关'非宜居'住房和'贫民窟'的概念"。[47]即便如此，1968年政府的一份重要政策文件仍然坚持认为，有关"贫民窟"和"非宜居"住房与住宅区的概念"大体上仍然是正确的"。[48]那是最后一次努力。1969年，在墨尔本，当维多利亚州住房委员会再次在卡尔顿区发动贫民窟清除行动时，居民们表示反对，认为《住房法案》并没有界定什么标准使一栋房屋不适于人类居住。州住房委员会尚未视察任何房屋，因此不能确定其中是否有任何房屋不适于人类居住。卡尔顿协会对房屋进行了勘察，并没有发现有房屋不适合人类居住。[49]到 20 世纪 70 年代初，"利物浦的社区研究人员同样嘲讽了一种可能性，即利物浦有房屋可以被判定为不适于人类居住，而该房屋如果移到切尔西，就会在市场上卖出天价"。[50]

在执行有关"非宜居"住房的法规方面，还存在其他矛盾之处。尽管口头上说要对贫民窟发动全面战争，但大多数国家认可的贫民窟清理工作的实施，都是通过谴责个别建筑"不适合人类居住"，并依靠房屋所有者拆除或修缮，而不是由政府出面直接干预，以清理并重新开发整个"非宜居"地区。这些被判定不可救药的房屋中更多的是由私营部门修复的，而不是被拆除。在英国，卫生大臣 1933 年估计，在此前三年中，根据英格兰和威尔士地方政府的命令，对 150 万间"非宜居"房屋实施了改造。[51]这一数字与这一定义一样，都是胡言乱语，大概也是夸张的，以服务于政府利益：1945 年，独立机构计算得出，1930 年至 1939 年，[52]只有 75.1 万套被判定为不可救药的房屋得到修缮，成为"适合"居住的。

然而，总体状况是明确的。首先，无论确切数字如何，对工人阶级社区的大规模干预已经发生；其次，得到修复的"非宜居"住房比拆除的多得多；第三，大部分修复工作是由私营企业，而不是由国家实施的。虽然人们现在通常把这样的结果等同于美国在发现"凋敝"现象后制订的城市复兴政策，但在 19 世纪末和 20 世纪初，英国率先做出修复"非宜居"居民区的努力。尽管美国人对英国城市中国家干预如此广泛持保留态度，但英国的贫民窟复兴工作却是源于政府部门和私营部门之间的伙伴关系，政府干预的范围受到严格限制。

英国的实践在一定程度上受到伦敦慈善性住房协会活动，以及曼彻斯特和伯明翰等地方性城市的市政举措的影响。20 世纪初担任伯明翰市政住房委员会主席的自由统一党住房改革家、城市规划师约翰·萨顿·内特尔福德（John Sutton Nettlefold）的影响尤其大。他在

《实用住宅》（1908）一书中建议将伯明翰的方法纳入有关修复"非宜居"地区的国家体系之中。张伯伦的政治王朝则重申了这一论点。内维尔·张伯伦（他和父亲约瑟夫一样，曾任伯明翰市长，于1937年至1940年间担任首相）1920年说，伯明翰市议会正在实施1890年的《工人阶级住宅法案》中的"托伦斯"条款，以便在比其他任何城市更广泛的范围内对"非宜居"住宅下达封闭令，迫使房主们修复他们的房产，并"以相对较少的公共开支带来城市总体状况的改善"。[53] 他的哥哥奥斯汀·张伯伦爵士在20世纪30年代也提出了类似的观点。他说，通过在全国范围内采用伯明翰的由房东推动的贫民窟修复方法，"他们将使拥有大量房屋的一个广袤地区在付出很小代价情况下变得体面"。[54] 曼彻斯特也采取了对"非宜居"住房进行"修缮"的政策，因此，该市的企业和房地产业主"发动了一场大规模的逐个摧毁和重建贫民窟的运动"。[55]

到20世纪20年代至30年代，许多英国人（以及整个英语世界的其他国家的人们）都主张进行"改善"（或"修缮"），作为赢得对贫民窟战争的务实而全面的战略：

> 修缮作为住房建筑业术语，在英语词汇中是一个新词。它意味着比正常修复要多，但比新的重建要少的工作，尽管其中一个在何处终结，另一个在何处开始可能难以确定。[56]

人们认为，由于有大约300万英国人生活在贫民窟中，所以这个问题太大，解决起来代价也太高，因而无法采用普遍清理和利用新的公共住房重新安置居民的做法。萨利斯伯里侯爵20世纪30年代初也主张对贫民窟进行修缮，而非清理。在他父亲的领导下，1885年和1890年曾通过了具有开创性的住房法案：

> 目前有大量的不适于体面居住的住房经过修缮，可以变得适

　　　　　　贫民窟：全球不公的历史

于居住。与拆迁相比，住房修缮善莫大焉。修缮房子的费用不到重建费用的三分之一。[57]

修缮不仅节省了公共资金，而且还表明，在私营企业社会中，国家可以与私有房地产所有者进行建设性合作，而不是对他们进行惩罚性干预，私营企业也可以表现出合乎道德的行为，产生符合公共精神的结果，并产生私营利润。自由派和保守派政界人士都支持修缮，将其作为可以与19世纪末奥克塔维娅·希尔广受尊敬的慈善工作相提并论的现代事业。希尔的善举试图证明，慈善事业和私营企业可以在与贫民窟的斗争中进行合作。例如，1899年在希尔的支持下成立的伦敦改善性住房协会，定期向股东支付4%的回报，通过在"贫民窟社区"进行收购，"将低矮的住房变成体面的住宅"。[58]希尔的一套做法引来人们的钦佩，因为她的目的不仅是对他们的住所进行修缮，而且也是在改善他们的生活。她抱着这个目标，决定她的所有房租征收员都应该是女性，而且是受过良好教育的阶层的女性。这些女性一方面能够确保提供租金的房产得到妥善管理和维护，另一方面在家庭主妇们需要的情况下成为她们的朋友和家庭顾问，因为租金一般由她们支付。[59]

1921年，由卫生大臣内维尔·张伯伦任命和担任主席的不卫生地区委员会认为，全部清除贫民窟和重新安置其所有居民在财政和后勤工作上的障碍十分巨大，因而"在今后许多年内，都无法期望进行全面或彻底的清理和重建"。张伯伦及其同事提出，由于这些区域无法清理，所以至少可以暂时对其进行改善，并将其保持在适当的监督之下，（以便）为工人阶级家庭提供与新房一样好的家园，因为如果是新房，租金必定高得多。[60]

在提出建议时，委员会承认希尔这一套做法的积极效应，但怀疑它能否维持有关贫民窟修缮的一个全国体制。它建议地方政府按照希尔的原则收购、修缮和管理贫民窟住房。1933年，由保守党政治家拜伦·莫因担任主席的部级住房委员会也采用了希尔的制度，提议建立一种公私伙伴关系，使之发挥普遍效应。该委员会建议向住房协会提供国家补贴，以便对贫民窟住房进行大规模修缮，按照希尔的做法将其作为出租房地产进行管理，从而"通过增强租户的自尊和对自己住房的自豪感来改造许多不良租户"。[61]

"二战"后，整个英语世界都继续提倡希尔的做法，但由于英国的修缮理念逐渐从需要房东做出反应的政策转变为帮助有房户改善住房的政策，希尔的一套做法失去了吸引力。英国 1949 年的《住房法案》为有房户提供房屋修缮赠款。到 20 世纪 70 年代初，这些赠款帮助修缮了 100 多万栋"非宜居"房屋。[62] 在战后的澳大利亚，圣劳伦斯兄弟会认为，如果采取类似的"对住房问题的关注，……往往会使贫民窟地区变成蛮不错的、工人阶级生活的郊区"。[63] 美国的甘斯也从 20 世纪 50 年代末开始提出类似主张："应该更多地关注廉租房的修缮，而不是将其拆除。"[64]

第二次世界大战后住房拥有量的不断增加，为一项并行不悖的住房战略提供了支持。整个 19 世纪和 20 世纪，该战略都曾为消除贫民窟的战争做出贡献。据估计，通过鼓励私营企业建造有吸引力的新房，主要是在郊区，"会有大量穷人涌入购买者腾出的房子"，从而必然会使贫民窟区域受到侵蚀。[65] 正如 20 世纪 60 年代维多利亚州住房委员会所解释的，"委员会集中精力进行贫民窟改造，把大都会地区的别墅建设主要留给私营企业"。[66] 穷人的逐渐渗入不仅对中产阶级进步人士，而且对劳工运动来说，都有吸引力。例如，艾迪森具有左翼主张的《1919 年英国住房和城镇规划法案》被描述为一项"有意忽略贫民窟本身、一味关注基于花园城市理想的新的郊区住宅区的决策"。[67]

这一战略也受到保守党人士的欢迎。1923 年的法案（得到时任卫生大臣的内维尔·张伯伦的支持）利用国家补贴促使私营企业弥补两次世界大战之间间歇期的住房短缺。从"一战"起到 1933 年，私营企业建造了大约 200 万套新房，其中一半以上得到补贴。然而，就连卫生部也承认，这些新住房大多不是最低收入人群所能负担得起的。[68]

正如进步政治家、曼彻斯特前市长欧内斯特·西蒙爵士 1933 年所指出的，"私营企业……从未建造过，也永远不会建造体面的房子，让低收入者居住"。[69]

"大规模讨伐"

从 20 世纪 30 年代到 60 年代，英语世界里清理贫民窟活动最为激烈的年份被普遍描述为"大规模讨伐"或"正义战争"。[70]对西方人来说，这是最为正义的战争，因此，要求"讨伐贫民窟"的呼声在很长时间里都很流行。[71]20 世纪 30 年代加紧讨伐之初，英国保守党政治家、大萧条期间麦克唐纳跨党派政府卫生大臣爱德华·希尔顿·扬爵士，敦促建立国民阵线，以支持"对贫民窟的深重罪恶予以严厉打击"，[72]标志着扬"对贫民窟宣战"。[73]经过 30 年的征战，由于 20 世纪 60 年代初美国的贫民窟战争步履蹒跚，左翼社会评论家迈克尔·哈林顿同样呼吁展开"讨伐"，以发动"对贫民窟的全面攻击"。[74]林登·约翰逊总统 1964 年宣布"向贫困开战"。要求发动贫民窟战争的呼声使人想起带有最基本属性的斗争：文明战胜野蛮。这种类比在一定程度上借鉴了殖民时期所引发的文明人和野蛮人对立的长期传统。这一传统自 19 世纪开始，促成了"贫民窟"一词的含义。

贫民窟讨伐的特征更多地受到两场 20 世纪的世界大战和随后冷战时期的紧张局势的影响。例如，摩西的贫民窟清理委员会"将现代重建项目视为在大都会转型和冷战时代使曼哈顿成为美国力量象征的一种方式"。[75]最重要的是，关于战争的言论概括了贫民窟世界"排斥的吸引力"所要求的本能反应：普通人必须动员起来，对抗贫民窟的邪恶。即使到了 20 世纪 60 年代末，在草根阶层对社会精英和政府的观点进行了十年的挑战之后，在许多人看来，根除贫民窟也仍然是"为数不多的进步事业之一，它们的可取性是简单而毫无疑问的"。一旦官方宣布一个地区为贫民窟，"在外界看来"，反对派就显得"丧失理智，令人几乎无法理解"。[76] 在英国，赫伯特·曼佐尼曾在 20 世纪六七十年代负责指导伯明翰的大规模贫民窟清理计划。他认为："贫民窟不仅是贫民窟的建筑，也是包括贫民窟心态在内的各种贫民窟状况。（我们必须）摆脱这种状况，创造一个新环境。"[77] 正如美国明尼阿波利斯市市长休伯特·汉弗莱 1948 年言简意赅地说过的那样："要么我们打败贫民窟，要么贫民窟摧毁这个城市。"[78] 主张"果断进军贫民窟"的人士谈到了旨在消灭非宜居住房的"侧面行动"，以及旨在夺回整个地区的更激烈的"战役"和"直接攻击"。[79] 在英国，所有政治派别都试图将自己定位为这场大规模讨伐的领导者。格林伍德敦促"在全国范围内攻击贫民窟"，而扬则通过广播电台就与贫民窟的这场"战斗"进展情况展开评论，宣称"来自前线的消息是好消息"。[80] 1936 年，伦敦郡议会住房委员会委员伯纳德·汤罗明确地将针对贫民窟的斗争比作第一次世界大战期间的冲突：

> 白厅的官员们如同总参谋部，因为他们有 15 年以上关于住房的普遍经验。针对贫民窟的实际上的并肩作战落在前线部队、这些官员和地方政府肩上，而自愿发起的住房协会就像领土一样。这些部队的实际兵力约为 5 万人，他们必须进攻由贫民窟和人满为患的地区构成的如同兴登堡防线的障碍。[81]

第二次世界大战和冷战使这些类比持续流行。澳大利亚就是一个恰当的例子。20 世纪 40 年代日本入侵的威胁、彼得罗夫叛逃时苏联对间谍活动的揭露，以及随后 20 世纪 50 年代，皇家委员会对间谍活动的调查，都使国人受到震撼。因此，当 1966 年维多利亚州住房部长发表该州住房委员会题为《我们大门内的敌人》的情绪激动的报告时，该委员会确信，它正在反击澳大利亚的敌人，"正在抨击清除贫民窟的行动"。[82]

汤罗呼吁英国进行动员，"在贫民窟问题上打一场胜仗"，他说，英国人在战争期间"从经验中了解到，为了避免失败，必须动员全国人民"。[83]这样的类比与战时动员产生了共鸣，部分原因是人们普遍认识到城市贫困的严重性。英国上议院的一位议员曾在1928年惊叹"这个国家至少有300万人生活在贫民窟中"。直到1965年，工党政府还可以把"严重的社会问题——贫民窟和社会弃儿"当作其整个城市规划的依据。[84]关于动员战争的言论也重新唤起了一种正在形成的共识，即以前的做法已经被证明是不明智的。正如《泰晤士报》1931年所指出的，"这项工作的成本和强度都非常大，除了在很小的规模上，否则一代又一代的人都默默把它搁置起来，直到更方便的时候"。[85]1979年的情况看来也大同小异："尽管贫民窟清理工作进行了四十年，但英格兰和威尔士的贫民窟问题似乎比1933年第一次对其加以全面调查时还要严重得多。"[86]

　　然而，最重要的是，战争动员之所以产生共鸣，是因为展示贫民窟具有戏剧性。这个类比正中娱乐界人士、政治家、官僚、改革者和城市开发商的下怀。报纸宣传、广播电台、公共讲座和宣传性电影构成了他们所传递信息的基础。1900年和1908年，纽约改革者举办了两次大型展览，第一次展览以大型纸板模型———一个拥挤的住宅区为核心，第二次则"不仅展示了纽约贫民窟的照片，而且还有模型和内景……使人深切地感到，《住房法案》几乎没有触及很大一部分人的生活状况"。[87]在伦敦，1931年举办的大型展览"老人新居"展示了"一座座机械建造的老式贫民窟被拆除、新房子在原址上拔地而起的场景"。[88]在墨尔本，当1936年任命住房调查和贫民窟废除工作委员会时，《先驱报》的头版标题是"发动对贫民窟罪恶的进攻"。[89]然而，这种耸人听闻的报道极具误导性。1933年，墨尔本的城市办事员援引英国《医疗官》杂志的报道警告说：

　　　　如果纸上谈兵，全国都在开展针对贫民窟的攻势……但贫民窟的清除量实际上是微不足道的，在新千年到来之前也不大可能清除掉很多。[90]

这种仅仅为了好看的活动的主要结果根本不是动员民众，而是对贫民窟予以默许，正如哈林顿 1962 年在美国所认识到的那样，此乃"善意的无知"：

> 许多予以关心和同情的美国人都知道，关于城市复兴，人们众说纷纭。突然间，在驱车穿过城市时，他们注意到，一个人们熟悉的贫民窟被推倒，曾经有住宅或棚屋的地方现在高耸着现代化的高楼大厦。这种事态发展，令人产生一种温暖的满足感和自豪感：穷人显然得到了照顾。[91]

然而，这场虚假的贫民窟战争给市中心社区所带来的后果是惊人的：仅在 1939 年，在英国第一次对贫民窟发动攻势最激烈的时候，英格兰和威尔士就有大约 9 万座房屋被拆毁或封闭。英国的贫民窟战争于 1955 年恢复，一直持续到 20 世纪 70 年代中期。在此期间，约有 130 万人被逐出家园。在大西洋彼岸，有人提出，仅在纽约，在摩西当政时期，就有近 50 万人被逐出家门。尽管摩西没有公布任何详细的官方数字，但一项独立的研究估计，在 1946—1956 年的 10 年间，有 32 万人被逐出家门：

> 他撕碎了许多居民区的心，这些社区的规模本身就相当于小城市，曾经有着活跃而友好的居住场所，是让纽约成为纽约人家园的十分重要的部分。[92]

在总结摩西的成就时，戴维·哈维说："他带着'一把肉斧'前往生机勃勃的社区。"[93]

1929 年英国大选之后，关于向贫民窟开战的言论第一次转变为范围广泛的行动。在麦克唐纳领导的即将上任的少数党工党政府推动下，1930 年的《住房法案》在议会获得通过。格林伍德指示地方当局立即实施该法案，以便在 5 年内清理英国的贫民窟。1933 年，麦克唐纳领导的跨党派的新国家紧急状态政府，响应威尔士亲王及坎特伯雷和约克大主教提出的加强贫民窟战争的呼吁，宣布发动新的袭击，将政府资金从用于修建公共住房转向用于贫民窟清理工程。在联合政府中取代格林伍德出任卫生大臣的扬着手"鼓励负责任的地方当局，要更积极地落实 1930 年法案"，要求他们详细"规划，以便在 5 年内通过清理和修缮解决贫民窟问题"。[94] 在扬任职的最后期限到来时，据估计，"在截至 1939 年春的 5 年里，得到重新安置的曾住在贫民窟中的人比自 1890 年以来所有贫民窟清理计划中的还要多"。[95]

20 世纪 30 年代，约有 27.3 万座房屋被拆除。有人说，到 1939 年，"这些贫民窟被拆除的速度之快是从来没有的"。[96] 这些结果在全国范围内分布不均。苏格兰很快以雷厉风行而闻名。在英格兰，利兹市展开了一场大规模的贫民窟清理运动，以清除其所积压的日益老化的相互背对着的排屋（back-to-back housing）。相比之下，伯明翰在 20 世纪 30 年代的贫民窟清理运动，则是英国大城市中规模最小的。尽管贫民窟战争总体而言如火如荼，但当 1939 年一场真正的战争使贫民窟战争陷入停顿时，扬要求发动为期 5 年的攻势消灭贫民窟时地方当局所规定的目标仍未实现。随后的德军空袭所摧毁的住宅比 20 世纪 30 年代发动的旨在消除贫民窟的所有攻势所拆除的还要多。

英国的贫民窟战争得到了其海外领土的响应。在澳大利亚，言论继续取代行动。第一次世界大战前，"最低拨款、反贫民窟和住房讨伐委员会"在墨尔本很活跃，20 世纪 30 年代初，有关祖国（这里指英国）对贫民窟战争的定期新闻报道，促使悉尼成立了一个贫民窟清理委员会。阿德莱德也成立了一个类似的委员会。在墨尔本，来自祖国的消息恰好在 20 世纪 20 年代末巴内特开始在当地开展废除贫民窟运动的时候传来。1935 年，圣劳伦斯兄弟会负责人 G. K. 塔克（G.

K.Tucker）设计了一个引人注目的新的信纸抬头，上书"圣劳伦斯兄弟会已经向贫民窟宣战"。[97] 1936 年，墨尔本成立了一个贫民窟废除联盟，以协调当地的各项运动，其高潮就是建立维多利亚州住房委员会。然而，正如该委员会后来所承认的，"在'二战'的介入下，在对这一问题发动大规模攻击方面一事无成"。[98]

当"二战"后贫民窟战争重新爆发时，其主要战场最初在美国，那里的大规模的"城市复兴"计划试图阻止"凋敝状况"的蔓延。到 20 世纪 60 年代中期，由于实施这些计划，当时有 100 万美国人被逐出家门。[99] 在 1949 年和 1954 年的《联邦住房法案》支持下，大城市的政府与私营企业建立伙伴关系，开始实施大规模的贫民窟清理和城市再开发计划。

巴尔的摩和费城在 20 世纪 50 年代启动了大规模的复兴项目。1957 年，波士顿新的再开发局开始摧毁西区。但同年，《纽约时报》仍然可以吹嘘说："波士顿在贫民窟清理中引领全国。"[100] 纽约市长罗伯特·瓦格纳 1961 年发起"鲍里行动"，以扫除下曼哈顿的鲍里地区的贫民窟。自 19 世纪以来，该地区一直被说成是臭名昭著的贫民窟。[101] 在芝加哥，类似的大规模"复兴"计划发生在 20 世纪 50 年代末和 60 年代。

在边境彼侧的加拿大，多伦多在贫民窟战争的另一条前线一马当先，包括 1947 年实施摄政公园清理工程和 1965 年在旧贫民窟区"病房"的原址建设新的市政厅。[102] 在加拿大的英国自治领伙伴澳大利亚，一个短命的英联邦住房委员会在 1944 年敦促联邦政府"承认清除贫民窟在一定程度上是国家的责任"，但这一建议被忽视，清理工作仍由州政府和地方当局掌控。[103]

在悉尼，新南威尔士州住房委员会在 20 世纪 50 年代和 60 年代在市中心启动了贫民窟清理项目，但这些项目与维多利亚州的项目相比相形见绌。第二次世界大战结束之前，塔克在墨尔本重新发起了要求重修贫民窟的运动。该兄弟会资助撰写研究报告、拍摄三部电影（《美丽的墨尔本》《高尔治不了病》《这些都是我们的孩子》），并赞助公开会议、布道和每周的电台广播，还说服发行量很大的《先驱报》在一系列文章中转载其研究结果，使人们深入了解其关键主题："我们在1937年成立了一个政府机构（维多利亚州住房委员会），以消灭贫民窟。现在17年过去了，贫民窟依然与我们在一起，却不像以前那样普遍存在。"[104] 尽管工党政府拖拖拉拉，但反对党自由党（保守派）却支持这项运动。1956年，亨利·博尔特领导的即将上台的自由党政府在英国保守党榜样的鼓励下，谋求重启贫民窟运动。到1955年底，委员会所清理的面积还不到2.1万平方米，但1960年，两名委员会官员J. H. 戴维和G. 肖驱车穿过墨尔本整个核心郊区的环形地带，发表了《关于墨尔本核心郊区贫民窟收复与城市再开发的报告》（被普遍贬斥为"挡风玻璃调查报告"）。报告全面判定整个地区为不可救药的贫民窟，并计划对其进行大规模重建。[105]

在战后的英国，由于受到美国趋势影响，保守党于1951年在温斯顿·丘吉尔领导下重返政府后大谈一场新的贫民窟战争。随着战后住房短缺的问题得到解决，住房政策可以重新聚焦于"再次攻击仍然限制并给许多人的生活投下阴影的恶劣条件"。[106] 住房和地方政府事务大臣哈罗德·麦克米伦（Harold Macmillan）1953年说：

> 我们再也不能推迟解决、搁置贫民窟问题。我们再也不能让人们生活在狭小、阴暗、生着霉菌的房子里，没有水，有时没有厕所，没有适当的通风设备，也没有获得拯救的希望。[107]

麦克米伦的承诺在1955年大选中被保守党所强调。在安东尼·艾登爵士的领导下，保守党赢得了议会选举，获得了多数席位。此后，英格兰和威尔士的"非宜居"房屋的封闭和拆毁数量迅速增加，从1954年的1.8万栋到20世纪60年代初麦克米伦担任首相期间的每年6万至6.2万栋。在这场新的贫民窟战争中，总共有超过100万所住房被拆毁。[108]20 世纪 50 年代和 60 年代，利兹市恢复了拆毁背对背的排屋的运动，但若论新的贫民窟战争最激烈的地方，则非伯明翰莫属。据报道，伯明翰的新首席工程师兼勘测员赫伯特·曼佐尼 1958 年"对包含市中心在内的贫民区海洋表示担忧，他的设想是在一次行动中将所有贫民窟区域一扫而光"。[109]1964 年，哈罗德·威尔逊领导的即将上任的工党政府，开始开展更加激烈的全国性运动，因而使封闭和拆毁房屋的速度提高到每年 9 万栋（1939 年战争爆发时已经陷于停顿）。格拉斯哥的戈巴尔斯区曾经被称为"英国最臭名昭著的贫民窟"，现在被清除。[110] 工党的住房与地方政府事务大臣 1968 年发誓说："每年的贫民窟清理量将超过 10 万栋。我们去年在英国清理了 9 万个贫民窟……我想把清理速度提高 50%。"[111]

然而，英国长期的贫民窟运动即将失去动力。这种情绪的转变在一定程度上是由于美国的贫民窟战争行将结束。20 世纪 50 年代，费城和波士顿等城市的社区对高速公路和复兴项目的抵制开始引起人们的关注。在纽约，摩西于 1960 年被悄悄免职，他的贫民窟清理委员会也被解散。影响这种情绪变化的还有，政治精英们相信主要的贫民窟战争已经取得胜利，充分就业和国家福利支持已经"基本消除"了长期贫困。[112] 现在看来，只需要进行扫尾工作。在英国，工党政府 1968 年发表的一份白皮书强调，对复兴项目的兴趣在于修缮，而非拆除剩余的旧房屋。1969 年的《住房法案》反映了这一做法。虽然爱德华·希思领导下的保守党赢得了 1970 年的大选，并宣布了清理英国剩余贫民窟的新的 10 年最后期限，但是英格兰和威尔士，每年的贫民窟拆除率逐渐降至 7 万套左右，1975 年威尔逊执政时又降至 4.9 万套。在大西洋两岸，贫民窟战争以陷入僵局而告终。

我们不是贫民窟居民！

虽然战争需要有对手，但在有关贫民窟讨伐的报道和评论中，我们基本上看不到贫民窟的辩护者。虽然外国对贫民窟的憎恶一再被强调，人们也是抱有同情心地提到贫民窟胆怯的居民（尽管夹杂着嘲笑），但他们的首领却缺席了。没有需要对付和战胜的大规模敌军。贫民窟的改革者经常提到（有时甚至点名提到）那些出租不适于人类居住的棚屋的不在场房东。他们暗示，房地产利益与政治家之间存在重叠。然而，随着时间的推移，贫民窟的讨伐者们却试图与房地产利益结盟，而不是与他们做斗争，以"改善"贫民窟状况，对城市进行再开发。

虽然贫民窟被描述为缺席房东所拥有的、贫穷的房客所居住的地方，但到 20 世纪后半叶，居民实际收入不断增加，在清空区的居民中，一小部分但举足轻重的人是工薪阶层的业主，他们抗议自己的住房被判定为不可救药。就连在清空区占多数的房客，也对他们所获得的"解放"抱有矛盾心理。英国一位前卫生大臣在谈到他在 20 世纪 20 年代的经历时说："生活在贫民窟中的人或许并不像人们想象的那样急于搬走。"[113] 贫民窟的居民通常被描述为俯首称臣的懦弱阶级，而不是积极好战的阶级。毕竟，讨伐者所解放的正是他们，尽管解放者往往感到恼火的是，对"非宜居"区域的清理没有触及对居民的"个人改造问题"："人们用各种形容词来描述他们——'反社会''不能获得新生''不可雇用''屡教不改'和'问题公民'。"[114]

到 20 世纪 60 年代，贫民窟的讨伐者发现自己遭到贫民窟居民中一个意想不到的对手的伏击。富足而能说会道的中产阶级专业人士——其中许多人为了享受市中心的生活方式而在那里定居——带头抵制清理工作。1969 年，墨尔本的卡尔顿区协会代表当地的一个社区发言，其反对说："那里不应该被宣布为贫民窟改造区。这些房子不是贫民窟住房，人也不是贫民窟居民，这个街区绝不符合贫民窟的任何标准。"[115]

在对贫民窟讨伐的整个过程中，作为清理项目对象的工人阶级社区，那里的人对自己的生活被打乱表示忧虑。业主们对自己的房屋竟然在没有受到充分审查和获得充分补偿的情况下就被没收感到愤慨。

20 世纪 50 年代中期，在布里斯托尔的一次公开会议上，巴顿山庄居民区的一位居民在大家的掌声中抱怨房地产公司未能事先提供信息或未能向巴顿山庄居民提供确切的事实，结果导致许多人于近期高价购买了房产。一名妇女说："我很自豪的是，我们能够买到自己的房子；我们认为，我们能够在这里定居，用本该是房租的钱付购房款。但听到它将被夺走，我们感到震惊。" [116]

布里斯托尔大学定居点的一位研究人员记录到，一位官员引发众怒，因为他试图安抚一个个家庭，要他们搬迁，说"你们肯定不想待在这个'贫民窟'里"。人们的第一反应是："我们这里不是贫民窟；我们很体面，巴顿山庄也是如此。" [117]

20 世纪 50 年代，在波士顿的西区，移民家庭"不明白，他们辛辛苦苦方才拥有的楼房怎么会突然被夺走"。[118] 到 1968 年，英国一份重要的政策文件报告说：

> 在清除地区的房屋所有者中，有越来越多的人（目前约占全国的 20%，在某些地区更高）是拥有自家房屋的业主。他们有特殊的不满情绪。通常，他们之所以买下目前住的房子，是因为他们不可能得到更好的房子，他们已经把自己的积蓄投入其中。无论如何，正在被拆除的是他们的家。[119]

次年，当卡尔顿的大部分土地被宣布为重建区域时，超过一半的受影响住房都是业主自家住房。据卡尔顿协会说：

> 我们的调查显示，自 1960 年以来，房主的开支非常可观。整个内城郊区也出现了同样的翻修有露台住房的情况，而那里刚刚涌入的移民强烈渴望拥有住房，往往也拥有改善新购房屋的技能。最近，年轻的专业人士开始购买和翻新有露台的房屋，尤其是在

　　　　　　　贫民窟：全球不公的历史

卡尔顿。[120]

在 19 世纪和 20 世纪的很长时间里,当政治家们一次又一次地建议国家批准对旧住房进行改造时,就出现一种残酷的悖论,即重建当局竟然不考虑改善基层住房的状况。许多租户对此也做出震惊的反应。波士顿的西区租户说"在战后繁荣年代,曾经实现自己公寓内部装修的现代化"。[121] 同样,在英国,那些把时间和金钱投入住房的维修和保养中、相信"这里对我们来说已经足够好"的人发现,很难接受他们的房屋一夜之间沦为"不适合人类居住"的类别。[122]

租户非常清楚通过私下交易获得的租赁住房的不足之处,许多人对搬到现代化公共住房区表示谨慎欢迎。例如,在巴顿山庄,有少数居民——仅占入住者的四分之一——希望搬走,列入了公司等待重新安置的名单。他们的理由主要与他们住房的结构状况有关,其中将近一半住房被确定为"非宜居",或者他们是分租户,希望有独立的房子。[123]

正如一名利物浦妇女在 20 世纪 70 年代初谈到自己家长久等待公共住房时所抱怨的那样,"这些房子已经完蛋了。即使他们不将其拆除,它们也会倒下。我们只是等啊等,不能做任何装饰。就坚持着等吧"。[124]

20 世纪 60 年代中期,诺曼·丹尼斯在采访英国北部城市桑德兰的清空区居民时发现,65% 的家庭报告说,他们的房屋存在结构性缺陷;80% 的家庭没有自来水,只有 2% 的家庭有室内厕所。他在 20 世纪 60 年代后期进行后续调查时发现,86% 的家庭对其住房的结构状况不满意。[125] 利兹的一名妇女曾住在相互背靠的排屋里,她于 20 世纪 70 年代初说:"房东可以在多年前就把浴缸安装好,但他们不会在维修方面竭尽全力。"[126] 然而,其中许多人都对自己的社区被强行拆散表示遗憾。约翰·韦特 1923 年出生于约克的亨盖特区,他后来回忆了1938 年拆迁人员进入之前亨盖特的状况:"我并不是说那里的生活方式很好，那就是他们的生活状况，他们搬出去以后肯定好多了。但一旦他们将亨盖特拆掉，他们就失去了一种生活方式。"[127]

这种反应使贫民窟的讨伐者感到困惑。正如芝加哥一位著名改革家所打趣的那样："令人奇怪的是，人们如此依恋那些严重缺乏舒适和体面特征的住宅。"[128] 在英国，汤罗承认，一旦"一个贫民窟受到威胁，居民们就会举行激烈的抗议活动"，但他试图对这些抗议活动轻描淡写。他说，贫民窟居民"天生保守，他们死守着自己最了解的、附近有朋友的世界一隅"。[129] 另外一些评论者则认为，住宅情况得到改善者只是贫民窟人口的一小部分，按照任何客观标准衡量，他们作为家宅所珍视的房屋都是悲惨的棚屋。看来唯一合乎常理的是，正常人对搬迁到市中心或郊外的别墅区的现代公寓都会欢欣鼓舞。

人们普遍同意，只有"具有贫民窟脑筋的"社会渣滓才可能会哀悼自己以前的家园。沃尔特斯在谈到 20 世纪初伯明翰的贫民窟时说："一种像动物一样的依恋似乎把他们拴在这些地方，无论那里情况多么糟糕。"[130] 谢菲尔德的社会调查委员会在 1931 年回顾贫民窟清除的效应时，同样嘲笑"贫民窟过去那种亲密无间的、水乳交融的生活……街角啤酒馆的欢乐已经一去不返，一些居民对其逝去表示遗憾，他们有时很痛苦，有时很怀旧"。[131]

这些人似乎无法摆脱"根深蒂固的旧习惯"。[132] 纽卡斯尔的城市规划官员在 1963 年指出，我们面对的是毫无主动性、毫无公民自豪感的人。当然，任务是要打破此类群体，尽管这些人似乎对自己所处的悲惨环境感到满意，似乎在自己所在的地方享受着一种外向型的社会生活。[133]

族裔和种族偏见影响了这些意见。在美国，波士顿西区等移民居住区，以及非洲裔美国人和波多黎各人聚居的地区被列为改造的目标。甘斯说，在美国，"到 1960 年，清除贫民窟主要是'清除黑人'"。[134] 在伦敦的陶尔哈姆莱茨区——一个包括臭名昭著的贝斯纳尔格林地区在内的地方政府区，到 20 世纪 70 年代初聚居着大量印度和巴基斯坦移民——研究人员得出结论："显然，地方当局把该地区视为一个'问题'区域，而亚裔居民的处境是引起他们担忧的主要原因。"[135]

尽管存在着根深蒂固的偏见，但贫民窟战争逐渐被一种认识所削弱，即仅仅消除"贫民窟"环境并不能消除社会不平等现象或克服那里所累积的所谓社会病态。因此，注意力集中在为被逐出家门的居民制订计划，提供他们买得起的新居，因为很少有人愿意解决更深层次的住房改革问题，或主张提高工资，扩大收入再分配，建立全面的社会保障体系。

就连贫民窟的讨伐者也说，在实施清除项目的同时，还需要将被驱逐的居民安置在方便他们工作的、他们买得起的住房内。然而，问题在于，清理项目所提供的新居安置的很少是真正流离失所的人。对讨伐者来说，承认这一点令人尴尬。19世纪，人们开始认识到，如果在不提供人们买得起的搬迁用住房的情况下清理贫民窟，只会增加邻近的市中心地区的低价住房所承受的压力。英国政府1921年发布的一份报告指出，清理贫民窟的效应"仅仅是把老房客推向周边地区，因而造成新的拥挤和新的贫民窟"。[136]然而，尽管人们逐渐形成的共识是，"在没有为重新安置居民做出充分安排的情况下清理一个地区，就是回避真正的问题"，但直到格林伍德1930年的《住房法案》通过，地方当局才有法可依，以确保因贫民窟清理而流离失所的人能够重新获得住房。[137]直到20世纪70年代，人们依然认为，"只要地方当局承认安置流离失所者的普遍责任，那么在履行这种义务方面，中央政府就不会干涉"。[138]同样，在美国，20世纪50年代末，甘斯表示反对：

> 到目前为止，美国的重建规划一直基于安置居民与再开发相比是次要的这一假设。因此，在规划清理和再利用场地方面付出了巨大的努力，但安置目前场地上居民的计划，却被视为再开发建议的副产品。

他说，其后果是，太多的前居民"被鼓励以超出他们支付能力的价格在郊区买房"。[139]

哈林顿 1962 年抱怨说，战后复兴项目没有为那些被赶出家门给改善工作让路的人提供足够的住房。因此，这些项目造成了新的贫民窟，加剧了旧贫民窟的压力。[140]

工人阶级对所提供的搬迁替代选择的不满，也提醒了一些贫民窟讨伐者，使之注意到可供穷人做出的住房选择的有限，以及他们对自己社区的爱恋。一些改革者试图在部分贫民窟清理区提供替代性的低成本租赁住房，尽管房地产市场把这类地区重新界定为昂贵的市中心土地。因此，他们建造了多层楼房，随着建筑技术的改善，还建造了高楼大厦。

财政"底线"决定了这些结果，以便收回再开发的成本，最大限度地增加可进入为廉价住房重新分配的已经缩小的空间的租户数量。作为 1945 年后公共住房建设领域的世界领先者，维多利亚住房委员会不仅估计对居民"必须以公寓形式"进行安置，而且逐步选择了越来越高的公共住房密度：从可以拾阶而上进入的公寓，到 4 层楼的此类公寓和有电梯的高楼大厦街区都有。现在，高层街区即将取代低矮的公寓。[141] 然而，公共住房选择的这一方向遭到许多劳动者、劳工运动和一些中产阶级进步人士的反对。1925 年，当对在伦敦斯捷潘尼区实施的贫民窟清理计划进行评估时，接受询问的居民的行为非常粗鲁。但他们无疑清楚地表明，他们对自己可怜的小家怀有强烈的依附，对街区住所怀有强烈的偏见，因为在那里，他们无法在"一丁点儿的后花园"里饲养鸽子、家禽和兔子。[142]

1956 年向安东尼·伊登爵士领导的保守党政府提交的一份报告说，太多公寓的建筑工程根本不考虑有年幼子女的家庭，以及养宠物或从事园艺、木工或养鸽等有后院爱好的租户的需要。报告说："或许会受到鼓励的其他爱好是饲养虎皮鹦鹉或热带鱼，以及在自家窗户里种花草。"[143]

自 19 世纪以来，进步的政治家和劳工运动一直倡导一种替代战略：在郊区的别墅区建造别墅式出租房屋。伦敦县议会因"在伦敦郊区建造住房的出色工作"而赢得了赞誉。据说在那里，住在市政住房中的人比诺丁汉的总人口还多。[144] 然而，正如萨瑟克（Southwark）主教 1928 年所评论的那样：

> 到目前为止，新房屋的建造对贫民窟问题的影响甚少。这是因为，新房的租金太高，而且在郊区与工作场所之间的往返费用也太高。[145]

搬迁居民还不得不调整自己微薄的预算，以留出租金，但租金却要按季度支付，而不是像他们所习惯的那样按周支付，还要为新居购买家具和电器。位于佩克汉姆的伦敦县议会模范住宅区的房客们 1931 年发动了一场租金罢工，组成了一支"消极抵抗大军"。[146] 还有范围更广泛的调整需要做出，例如在邻里友谊、闲暇时间、逛商店和上学方面。正如布里斯托尔的一名妇女在 20 世纪 50 年代所说的那样：在从巴顿山庄搬到"荒野中"新的郊外住宅区后，她丈夫思念在"本地"度过的夜晚。他和比尔·史密斯热衷于飞镖，他俩晚上经常一起玩这个游戏。他为失去所有这一切而感到悲哀。[147]

贫民窟的讨伐者往往将此类言论斥为感情用事，是对在城市快乐的活动中心所享有的漫不经心的生活方式的无聊怀旧，最好予以避免。[148] 然而，对工人阶级街坊邻里的偏好的更充分赏识，逐渐博得一些外部观察者的同情。据《泰晤士报》报道：

> 奥斯汀·张伯伦爵士 1932 年在议会承认，穷人的家对他们来说往往像富人的家一样珍贵，他们所居住的社区内充满了种种友谊。如果他们的房子被推倒，他们被安置在其他地区，他们就不得不开始对他们来说十分陌生的生活，就好像他们……被转移到

澳大利亚或加拿大。[149]

一位一生都生活在伦敦贝斯纳尔格林的妇女在 20 世纪 50 年代中期对调查人员说，她"震惊地听说，当局可能就要给她心爱的庭院贴上'贫民窟'的标签，现在她害怕他们会把它拆掉"。[150] 正如在谈到 20 世纪 70 年代因贫民窟的清理而生活被打乱的居民时，利兹的一位官员所说："必须记住，这些都是人。他们在那里已经生活了 20 年。他们所有的朋友和记忆都在那里。"[151] 随着一种新的社会科学分析的逐渐发展，这种担忧进一步加深，因为这种分析比较适合于揭示工人阶级居民区偏好的合理原因：住房的可负担性，交通运输、就业、购物、家人往来便利。曼彻斯特大学定居点调查委员会主席 J. H. 弗洛雷教授在他的同事 20 世纪 30 年代末研究了曼彻斯特臭名昭著的安科斯区之后得出结论说，"强制清理必然会打破人们生活的复杂的经济和社会生活模式"：

> 沮丧的人有很多话要说。他们了解新住房的租金。租金的上涨意味着食物开支的减少，细心的家庭主妇知道，家人要想身体健康、上学和工作，她就需要在采买上计较每一分钱。在安科斯，工作往往近在咫尺，她们可以"随时回到家"，照顾孩子们的晚餐并购物。她们一想到每天既疲惫又费钱的上下班通勤就害怕。在安科斯，她们学会了如何应付，她们知道最便宜的商店，她们可以每天买东西，……街角的商店很好，如果缺钱，买的东西可以在"账簿背面"记录赊账。安科斯还有朋友可以给你照看孩子，到家里玩一局纸牌，照看残疾人，分享新闻，等等。[152]

20 世纪 50 年代英国的贫民窟战争重新开始时，布里斯托尔大学定居点的希尔达·詹宁斯是最先观察的人之一，她以充满同情的笔触记录了这场战争好坏参半的效应。她自 1937 年以来一直是该定居点的管理员，在市议会 1953 年宣布对巴顿山庄地区进行再开发时，她指导了那里的社会研究工作。随着战争继续，迈克尔·扬和彼得·维尔莫特研究该地区解体的《伦敦东部的家庭与亲情》所产生的影响则大得多。随后的研究人员注意到了该书的圈内人观点，比如一位居民所做的解释："我猜想，从外面来这里的人以为这里很糟糕，但我们这些习惯了的老人却很喜欢。在这里，你可以打开家门，向所有人问好。"[153]在大西洋彼岸，甘斯 1957 年至 1958 年在波士顿西区被市政当局摧毁前夕进行的实地研究同样有影响力。甘斯努力描述贫民窟的清理工作"如何不必要地摧毁了……一个正常运转的社会制度"。[154]

这样的学术争论开始左右舆论。丹尼斯于 20 世纪 60 年代研究英格兰北部时，引用了当地的一家报纸《桑德兰回声报》的文章。该报 1965 年曾挑衅性地提出过这样的问题：

> 按照名称不对头的"贫民窟清理"计划，一个个家庭被逐出自己珍爱的小屋。为什么我们在摆脱了领取社会救济金的阴影后，现在又不得不在推土机的阴影下生活？[155]

20 世纪 60 年代和 70 年代在整个英语世界，连篇累牍的类似的草根研究报告发表。西德尼·雅各布是一位社会工作者，在 20 世纪 70 年代初研究了格拉斯哥玛丽希尔区的出租房街区的清理工作，记录了居民们的困惑：

> 我们在那里非常开心，人们无法相信他们正在把这个地方拆除，……对我来说，它就像一个小村庄，每个人都知道大家发生了什么事，每个人都对彼此感兴趣。这种遭遇发生在我们身上，就像死刑判决。[156]

社会科学研究人员确认了贫民窟讨伐活动的一个特别令人尴尬和

出人意料的后果：再开发所造成的凋敝瓦解了原本具有生命力的社区。这种现象最先在 19 世纪末的英国变得明显。例如，乔治·西姆斯曾谴责《工匠住所法案》（简称）的作用。根据该法案的规定，一个又一个空间被清理，数以千计的家庭因他们隐身的贫民窟被拆毁而无家可归。在许多情况下，改善工作随着拆除而停止。直到今天，那里除了是猫的墓地、破旧的靴子和茶壶最后的安息之地外，空空如也。¹⁵⁷

20 世纪后半叶，美国从 20 世纪三四十年代开始对"城市凋敝"概念的重视，使此类批评的效力大大提高。纽约的东特雷蒙特区就是一个十分切题的例子。20 世纪 50 年代初，规划者确定东特雷蒙特区是修建一条新高速公路的通道。此后，随着拆除和建筑工作的缓慢进展，被遗弃的街道上到处都是"像狼群一样的瘾君子在游逛"，该地区的房屋在许多年里空空如也。由于对这些复兴计划的结果感到震惊，妇女城市俱乐部宣称："曼哈顿如同第二次世界大战后被炸毁的柏林的缩影。"[158] 甘斯指出，当波士顿西区的重建计划最初于 1950 年公布时：

> 对房东们的建议是，不要对他们的房产进行大修。其结果是，该地区的一些部分的状况迅速恶化，特别是在公寓或整幢楼随后几年可能会空置的地方。[159]

对城市衰败的担忧也日益影响人们对英国战后贫民窟清理情况的评估。詹宁斯记录了 20 世纪 50 年代巴顿山庄居民的"忧郁"，当时计划将这些住房立即拆除，他们住在布满瓦砾的场地和用木板封闭的房屋中。一名妇女站在门口望着对面空无一人的房子说："这就像墓地。"另一名妇女则说："不是炸弹坑吗？"[160]

随着巴顿山庄的再开发计划持续到 20 世纪 60 年代，詹宁斯描述了居住在仅有几户居民居住的街道上的孤独居民的情况，他们竭力维持标准，保持窗帘的清洁，在前窗放置一瓶花。[161]

在格拉斯哥，20 世纪 60 年代的贫民窟清理"使戈巴尔区成为巨大的、空空如也的瓦砾海洋，等待着下一次建立乌托邦的尝试"。[162] 丹尼斯确认了 20 世纪 60 年代桑德兰的类似结果。一位居民对他说："他们总是说'再过 5 年'。但这种状况前后持续了 20 年。"另一个人对他透露了对这一延迟持有的猜疑："公司非常狡猾。他们任凭其衰败，任凭其状况恶化。恶化一点儿！再恶化一点儿！这样他们就能以很低的价格买进。"[163] 一位妇女哀叹道：

> 每个晚上……男孩和女孩侵入（空置）房屋。他们向破碎的玻璃板投掷石块。投掷完石头后，他们就到房子里喝啤酒，唱歌，大喊大叫。[164]

伯明翰市也采取了这种分阶段的做法，早在计划强拆之前就买下了破旧的房屋，然后在 1954 年启动大规模的贫民窟清理行动。到 20 世纪 70 年代初，伯明翰的一些居民已经"忍受了 15 年的按计划的凋敝和可怕的生活条件"。[165] 同样，在纽卡斯尔，市议会在重建前购买并封闭被取缔的房产的政策，由于造成邻近居民区一个"凋敝周期"而受到指责。[166]

20 世纪 60 年代末和 70 年代初，人们对利物浦的居民区也有类似的描述：

> 对留下来的人来说，新的城市沙漠中的生活正在迅速变得难以忍受。已经一半被拆毁的房屋和破损的排水沟容纳了老鼠，它们进入仍然有人居住的住宅。人数不多的居民任凭许多地区处于无人监管状态，这些地区由此遭到破坏，充斥着犯罪。[167]

这些噩梦般的后果在 1977 年对利物浦内城区的研究中得到了展示：

对于那些不得不每天都忍受大片布满瓦砾的场所这一现实的人来说，影响是直接的、令人讨厌和沮丧的。野狗在废弃的家庭垃圾中拾荒。在曾有水窖的地方，仅剩一汪汪的水。孩子们用纸板箱和被拆毁的房屋中遗弃的木材搭建居所，在成堆的砖瓦、瓦砾和破碎的玻璃间玩耍。砖头提供了几乎无穷无尽的弹药供应，以频繁地摧毁周围房屋的窗户。四处有遗弃的床垫、家具、煤气灶、婴儿车，甚至还有汽车。被拆除房屋的半埋式燃气管和被切断的天然气管道散发出一股旧城镇的味道。由于已经有五年到十年无人收拾，附近居民感到自己被无情和冷酷的官僚机构所抛弃。[168]

"我在为我的家而斗争"

20世纪50年代初，在游说市政厅不要修建高速公路失败后，纽约东特雷蒙特区的领袖莉莲·埃德尔斯坦如是说。埃德尔斯坦说："这就像你脚下的地板敞开了一个大洞。"[169]

对贫民窟清除计划的抵制主要来自居住在被判定为不可修葺的房屋和居民区的工人阶级和中产阶级下层居民。纽约的日落公园被摩西称为贫民窟，1941年因修建高速公路被夷为平地，但一位前居民却有不同看法：

> 贫民窟！那不是贫民窟！……而是一个非常好的社区。它很穷，但穷得很干净。[170]

19世纪末和20世纪初，这种反应可能曾经也很普遍，但只是受到直接影响的居民区所特有，很少或根本没有得到更广泛的承认，除非是用于娱乐。例如，在悉尼，1884年的一次市政视察旨在判定一些民宅"不适合人类居住"，随行的一名记者半开玩笑地报道说：

一名妇女在自家门前占据了中央位置，当市政当局一行人经过时，她向聚集在一起的邻居发表了讲话，讲演获得了支持与满意的好评。她提出的主题是"市政委员会"，特别是"令人厌恶的检查官"西摩尔先生，并简单直白地把前者与"盗贼的巢穴"，把后者与"罪恶本身"做了相提并论。[171]

随着 20 世纪贫民窟运动的加剧，这种地方反应激增，在 20 世纪 60 年代和 70 年代越来越多地采取有组织的形式运动。正如丹尼斯对 20 世纪 70 年代初工人阶级社区对英国贫民窟战争的反应所做的总结：

许多以家庭为中心、为自家房屋而自豪的居民发现，自己的小屋竟然被描述为贫民窟。他们的愤怒和深受侮辱的程度，无论如何描述也很难说是夸张的。[172]

在对贫民窟的讨伐期间，当地人的愤怒和反抗常常被官员、新闻记者和政治家所忽视或轻视。正如《纽约时报》1933 年所评论的："当局支持根据《格林伍德法案》'加快并……加强'贫民窟清理，因而不得不认真应对和克服贫民窟居民自身所带来的一些障碍。"这位社论撰写者感到惬意地写道："摊鸡蛋不打破鸡蛋是做不了的。"[173]

1953 年，埃德尔斯坦的东特雷蒙特区社区协会召集了 200 多名当地女性参加了在纽约市政厅外举行的抗议活动，1000 人参加了另一场集会。没有人听他们的发言。到 1955 年，该社区已经放弃努力，基本上被解散。[174]

20 世纪 50 年代，当纽约林肯广场居民委员会反对洛克菲勒赞助的林肯中心重建项目时，也几乎没有人倾听。5000 多个家庭流离失所。20 世纪 50 年代初在哈莱姆区，抵制驱逐的有组织行动同样显而易见。1956 年成立了一个居民团体联盟，但外界人士很少倾听，对贫民窟的讨伐仍在继续。[175]

在芝加哥，近西区"贫民窟"中的城市复兴工作始于1959年，尽管人们在法院提出了上诉，也在那里为伊利诺伊大学建立了一个新校区。[176]

在边境彼侧的加拿大，多伦多卡巴格敦的居民在20世纪40年代和50年代进行了失败的动员。[177]温哥华斯特拉斯科纳社区的工人阶级居民也是如此。该社区最初主要由东欧和意大利移民组成，但后来逐渐转变为该市的唐人街——因为20世纪50年代末，温哥华市政府宣布实施一项大规模的贫民窟清理计划，并一直贯彻到20世纪60年代。居民们抗议说，斯特拉斯科纳"是一个低收入的工人阶级地区，而不是贫民窟"。[178]

在澳大利亚，科林伍德、菲茨罗伊、里士满、普拉赫兰，以及南、北墨尔本和墨尔本港等地的工人阶级社区的居民在20世纪50年代也做出了类似的反应。[179]他们所有的抗议都没有引发关注。

反对力量的另一个来源在20世纪50年代出现，完全出人意料，也更加难以忽视。它包括来自社会精英的人脉广泛的同情者。在英国，20世纪50年代中期在布里斯托尔为反对贫民窟改造计划而成立的巴顿山庄计划保护协会等社区团体也举行了公开会议，并游说当地官员，但没有成功。然而，巴顿山庄的抗议并没有立即被压制，因为它得到了大学定居点的支持。保护协会由当地牧师领导。在纽约，中产阶级自由主义者也开始关注草根民众的抗议。1959年，进步派的市民联盟要求了解与该市重建计划合作的私人赞助商的详细情况。当《纽约邮报》谈到这个问题并披露其中一个项目得到了黑社会领袖的支持时，贫民窟委员会的日子屈指可数。市长任命了一名外聘顾问 J. 安东尼·帕努赫来审查该市的城市复兴计划。帕努赫的报告承认，"毕竟，贫民窟是居民区与社区"。[180]

甘斯回忆自己20世纪50年代末在波士顿西区的实地调研时写道："我感到非常愤怒，因为在实地调研期间，我一度考虑放弃调研，加入试图阻止推土机的少数西区人的行列。"[181]

到20世纪60年代初，在纽约、波士顿、费城、芝加哥和旧金山，

贫民窟：全球不公的历史

居民团体的抗议得到了更广泛的支持和报道，因而还引起官员和政策制定者的关注。这一趋势进一步鼓舞了反对英国贫民窟讨伐的人。20世纪60年代，利物浦的社区抗议活动开始见诸报端，组织工作也做得更好，推动了1971年市政厅对其复兴方案的重新评估，随后又逐步取消了对贫民窟的清理，转而采取修缮旧住房的做法。[182]

20世纪60年代末曼彻斯特的大规模贫民窟清理计划，同样引发了一系列得到广泛报道的社区抗议活动。这些抗议活动为居民团体联合会的组建提供了有利的背景。这在20世纪70年代中期促使曼彻斯特放弃了战后清理运动。[183]

20世纪70年代早期到中期，在伯明翰，居民团体的数量从不到12个增加到了40多个，它们团结在一个社区团体的联合会中。[184]同时，在澳大利亚悉尼，一个居民行动小组联盟于1971年成立，以便与摧毁市中心居民区的活动做斗争。[185]

20世纪60年代和70年代，这些抗议活动得到了更多的宣传和信任，因为居民团体的领导层和成员越来越多是中产阶级。新闻记者、学者、专业人士、艺术家和作家能够从不是来自外部的贫民窟走访者的角度，而是从内部视角看待这些所谓的贫民窟。他们是居民，甘斯称他们为"世界性大都会居民"。[186]他们被市中心的大都市氛围所吸引。第一次浪潮中有大学生，其中之一就是澳大利亚诗人兼学者克里斯·华莱士－克拉比。他在20世纪50年代就读于墨尔本大学，住在与卡尔顿和帕克维尔毗邻的"贫民窟"地区的"学生宿舍"（于19世纪80年代修建的有露台的住房，每间住四五个人）。他喜欢犹太人的肉店、意大利人的熟食店和咖啡馆，经常光顾当地的酒吧和酒馆，在那里"喝了几瓶后，我们几乎可以梦想自己是普鲁斯特笔下的人物"。[187]

由于这种新兴的市中心生活时尚是由富足的中产阶级专业人士推动的，所以到20世纪60年代中期，它被称为"绅士化"（gentrification，鲁思·格拉斯1964年杜撰的一个术语，用来描述伦敦正在发生的社会变迁），被与"时尚"和"雅皮士"生活方式联系在一起。[188]

这一潮流在简·雅各布斯（Jane Jacobs）——纽约格林尼治村居民——周围找到了早期的拥护者。她的《美国大城市的死亡与生活》（1961）一书迅速成为国际畅销书。当市政厅认定西村居民区为凋敝地带，需要重新开发时，雅各布斯成为当地居民抗议活动的领袖。这场旷日持久的反对运动最终占了上风，西村居民区于1969年得到了全面保护。[189]

西村居民区的反击成为世界各地绅士化潮流参与者的灵感来源。在多伦多，卡巴奇敦居民在20世纪60年代重新动员起来，这次得到了雅各布斯的支持，他们的候选人在1969年当选为市议会议员。1972年，改革派赢得市长选举。[190]

在温哥华，1968年成立的斯特拉斯科纳房地产业主和租户协会开始了一场宣传运动，迫使温哥华取消了复兴计划。[191]在澳大利亚，墨尔本居民从国际抗议运动中获得了勇气。该运动起源于20世纪60年代中期，因为维多利亚州住房委员会确认，墨尔本内城的广袤地带再开发的时机已经成熟，其目的是巩固自己作为澳大利亚主要城市重建机构的地位，因为该委员会拥有"一次性收回与再开发整个地区"的权力。[192]

1969年，政府正式向卡尔顿居民通告了维多利亚州住房委员会的意图，因为该地区日益成为附近的墨尔本大学工作人员和学生的家，而不是像20世纪的很长时期那样，属于犹太、意大利和希腊移民最初落脚的定居地。愤怒的居民们成立了卡尔顿协会，以便与该委员会做斗争。该协会成员、墨尔本大学历史学讲师伊恩·罗伯逊（他成为研究文艺复兴时期的佛罗伦萨的杰出历史学家）致信《时代报》，抗议"官僚推动的推土机的肆意入侵"。[193]

卡尔顿协会认为，维多利亚州住房委员会的贫民窟清除建议是基于"过时的、在其他州和海外都已被抛弃的想法"。该协会利用细致的研究和分析证明，该委员会对"非宜居"的评判标准是无法估量的，因此是站不住脚的，并指出，该委员会"对墨尔本具有历史意义的心脏地带的破坏"，是对"墨尔本人民所珍视的、该市的来访者所敬佩的城市景观"的 19 世纪末遗产价值的麻木不仁。[194]

该委员会 1969 年晚些时候宣布了另一项计划，拟重新开发邻近的菲茨罗伊的布鲁克斯新月地带，导致了菲茨罗伊居民协会的成立。该协会也以菲茨罗伊"不是贫民窟"为主题开展活动。[195]

到 1973 年，由于卡尔顿协会的宣传活动尤其令维多利亚州政府感到尴尬，所以维多利亚州政府正式放弃了该地区的再开发计划。《时代报》在宣布政府改变主意时，提醒人们注意，该州州长鲁珀特·哈默"亲自出面告诉居民，住房委员会已经放弃了清理贫民窟的计划，转而支持保留维多利亚州现有的露台房屋"。[196] 这项决定被称赞为标志着澳大利亚"大规模的贫民窟改造和城市复兴事实上的寿终正寝"。[197]

整个英语世界的城市规划机构对这种政策让步不那么溢于言表，承认被"规划者"蹂躏的舒适安逸的社区"这一新'形象'已经取代了只适合于被推土机拆除的悲惨的贫民窟形象"。[198]

"绅士化"运动的参与者的反对运动，标志着英语世界中针对贫民窟战争的结束。他们的抵制所引起的决策者的关注，是工人阶级居住者永远也做不到的。其他事件和趋势也间接支持了"绅士化"运动参与者的论点。

冷战使政治家和公众把注意力集中在国际战略问题，而不是国内娱乐上。20 世纪 60 年代的财政压力和全球油价上涨引起的 1973 年至 1974 年的经济危机，使各国政府愿意搁置代价高昂的再开发和安置计划。不断上涨的实际工资及其更广泛的分配，使有关"狄更斯式"的贫民窟的议论显得不合时宜，大型新闻媒体重点报道现代社会的富裕程度，而不是根深蒂固的社会劣势的持续存在。在进步的改革者眼中，贫民窟问题已经被纳入整个城市及周边地区衰落的更大问题之中。由于最臭名昭著的"贫民窟"居住区要么通过再开发被摧毁，要么被"绅士化"运动所改造，所以贫民窟问题上耸人听闻的娱乐活动重新把重点放在人们想象出来的、发展中国家殖民时代结束后的城市中的同类情形。

虽然"绅士化"运动标志着英语世界贫民窟战争的终结，但并不标志着构成这场战争的歪曲的结束。事实上，这场运动的参与者从未对这种歪曲提出根本性挑战。他们没有对"贫民窟"概念本身进行反驳，而是对自己的居民区和其他地方的贫民窟进行了区分，认为如果当地居民的能量得到官方的尊重和利用，就可以使这些地带"非贫民窟化"。雅各布斯在其《美国大城市的死亡与生活》一书中推广了这种观点，指出了波士顿北区、旧金山北滩和她自己所在的格林尼治村——"我所居住的前贫民窟"等社区的复兴潜力。[199]

言外之意，以前生活在这些地区的几代人酿成了需要"非贫民窟化"的贫民窟状况。20 世纪 60 年代晚些时候，墨尔本的卡尔顿协会和菲茨罗伊协会等居民团体也利用了类似的论点。他们认为，自己重新焕发生机的社区与贫民窟截然不同。那里的住宅被重建界定为不再是"不适于人类居住的"棚屋，而是拥有丰富历史和建筑传统的地方。作为对其论点的回应，《时代报》展开了如下反思：

> 按照某种出于权宜之计的官僚机构标准，……这些住房当中有许多可能"未达标"。但是，它们是否构成不可救药的贫民窟？如果暂缓执行，其中的许多房屋，或许是大多数，可能会被修葺一新。[200]

悉尼的帕丁顿和墨尔本的卡尔顿、菲茨罗伊，以及北墨尔本等迄今为止的"贫民窟"居住区的维多利亚时代住房得到修复和现代化，价格开始大幅上涨。"绅士化"运动释放出的是一场迥然不同的讨伐："遗产讨伐。"[201]

"绅士化"运动的参与者聘请传统建筑师将用作出租屋的破旧别墅改造成时尚的独户住宅，而其他人则主张修缮旧房，以便为弱势群体提供住所。因此，在 19 世纪试行过的，在 20 世纪 20 年代和 30 年代得到英国保守党支持，被认为是称为"修缮"的、在战后时期遭到英国工党反对的规整与修复，成了"推迟清理的借口"，[202] 在 20 世纪末重新跻身英语世界，作为取代 20 世纪 30 年代到 60 年代的贫民窟战争的进步替代方案。正如 J. B. 柯林沃斯（J. B. Cullingworth）1963 年在约瑟夫·洛恩特里纪念信托基金（Joseph Rowntree Memorial Trust）赞助下撰写的有影响力的研究报告中所指出的：

> 19 世纪的"清除贫民窟"概念正变得越来越过时。兰开斯特剩下的大多数老房子基本上都是完好的，如果得到充分的维修和改善，至少可以满足当地下一代人的需求。[203]

进步派对城市社会政策重点的反思最初在美国最为明显，因为在那里，贫民窟战争已经停止，取而代之的是林登·约翰逊总统 1964 年宣布的用心良苦的"反贫困战争"。因此，1965 年，联邦住房和城市发展部成立，1966 年推出了联邦政府资助的旨在解决社会劣势问题的模范城市计划。人们现在承认，以前的城市复兴计划忽视了这一点。

在英国，由于受到美国思想的影响，1964 年的《住房法案》标志着"开始摆脱贫民窟清理，转向对这些住房和区域的修缮或改善"。[204] 1968 年的政策文件《把旧房改造成新居》则重申了这一趋势。随后在 1969 年颁布的《住房法案》被称为是"一个分水岭"，标志着"英国住房政策的一个新时代"，具体体现了反对统一性的再开发，注重住房改善。[205]

1971 年和 1974 年的《住房法案》进一步巩固了这一新的发展方向。正如一位评论员在 1976 年所言："我们在 20 世纪 50 年代和 60 年代犯下的错误，即认为我们通过拆除房屋和新建楼房，就能解决住房问题"，需要加以纠正。[206]

由于针对贫民窟的欺骗性宣传持续存在，所以这些成就与其说是真实的，不如说是表面上的。社区团体纷纷抱怨说，城市规划者对

"社区参与"的新的关注充其量只是象征性的。在美国，1968年共和党总统理查德·尼克松的当选，带来了"自由主义政治秩序在全国范围内的崩溃"，而这种秩序自20世纪30年代以来一直深刻影响着联邦政府对城市社会政策的思考。[207]尼克松着手废除模范城市计划，重申了私营企业在重建内城方面的首要地位。尼克松后来的失宠并未阻止他曾倡导的城市公共政策的新自由主义趋势的消退。1979年，英国保守党在玛格丽特·撒切尔的领导下取得的胜利，导致国家取消了对城市事务的干预，因为这种干预在20世纪早些时候曾让美国人十分恐慌，现在取而代之的是鼓励私营企业在振兴城市方面发挥作用。在这两个国家，有关社区协商和参与的言辞都试图掩盖地方社区在发展进程中继续被边缘化的问题。

第四章

贫民窟的东方化

"贫民窟"这个在英语语言上具有欺骗性的词，在19世纪和20世纪早期输出到说英语的定居社群，并在那儿巩固起来。然而到20世纪六七十年代，作为强化英国国内社会问题的象征，这个词一直保持着与说英语国家的相关性。这个词在19世纪也输出到英属殖民地；在那些英属殖民地，说英语的人仅是一小撮统治精英，而非定居者的大多数。在那些地方，大多数土著居住在农村地区。在当地精英和殖民者之间，贫民窟这种模式化的概念也扎了根。这样，随着"贫民窟"这个词在说英语的国家逐渐普及，它在前殖民地及租界城市化的过程中也与时俱进地逐步被赋予了新的含义，从而使得贫民窟骗局具备了欧洲人从20世纪五六十年代开始所说的第三世界的特征。[1]

在19世纪至20世纪，贫民窟一词的强加和转型发生了双向进程。一方面"贫民窟"一词用来描述大英帝国城市中有别于欧洲人的其他种族的生活条件。这个词是英国人强加在殖民地上的，涵盖了其他语言中各种各样的惯用词和意思，从而被领导社会走向独立的说英语的专业人士、学者、商业和政界精英所采纳。因此，到第二次世界大战时，"贫民窟"这个词通过嫁接延伸到英国的东方殖民地而广为使用，充分而生动地表达了对城市空间理想和不理想的安排以及集体行为和个人生活选择之间的描述。

另一方面，该词的这种新用法逐渐将其意义从欧洲社会转移到非欧洲社会，从而使贫民窟"东方化"。[2] 随着殖民地国家的独立以及贫民窟这个概念纳入后殖民发展规划，它们与国际救援机构建立了伙伴关系，并在国际网络和论坛上阐述其社会政策和现代化战略，"贫民窟"在所有英语国家及非英语国家就变成了一个令人熟悉而可靠的术语，并远远超出了前大英帝国影响的范围。然而无论是其原本的含义还是新的含义，"贫民窟"这个词依然是强加在社会弱势群体身上的某种标签。这一概念形神俱备地描述了贫民窟里居住的人和他们的卫生环境，并被这些人毫不保留地接受。

本章追溯了19世纪到"二战"之前贫民窟自出现以来的各种转变。下一章讨论了随着前殖民地变成独立国家，贫民窟各种刻板印象的巩固，并将其发展追溯到20世纪70年代。这时候贫民窟的各种刻板印象已经在世界范围根深蒂固。这两章均以印度为讨论中心。在殖民地时期及独立后现代化建设的驱动下，印度在将外来词"贫民窟"转变成本土思维方面，以及在政策制定上起到了至关重要的作用。然而在说英语的国家，贫民窟的"排斥吸引力"是源于阶级差别和误解（见第二章），从而产生了国家政策（见第三章），在"东方化"的过程中这一政策得到逆转：贫民窟骗局由外国引入，却逐渐被当地精英作为统治工具而采用。

奇怪的地方

对其他国家环境的巨大陌生感促使英国殖民者、居民和游客要重新认识对他们来说在家乡再熟悉不过的各种贫民窟之间的差别和排斥的模式，因此要试图搞清楚殖民地或租界偶然发生不和谐的城市景观的原因。正如1902年香港（1841年被英军占领）一份卫生条件研究报告所指出的，"在热带地区，喜欢群居在一起的东方人，其卫生条件与在英国所看到的全然不同"。[3]

贫民窟：全球不公的历史

"东方"对殖民者而言，似乎向往与厌恶同时存在，从而改变了"贫民窟"这个词的含义。这个词本来用来描述多样的非欧洲社会人类生存环境的无限拓展，统一了非英语语言的用法，且更明确地建立在种族差异和欧洲人至上的概念之上。东方差异在殖民者看来，是有时间、地点和种族依据的，似乎殖民地或租界的城市以极端的贫富差距为特征。英国进步建筑师、城市规划师亨利·沃恩·兰彻斯特（Henry Vaughan Lanchester）1916 年在马德拉斯的演讲中说：

> 你去印度比较大的城市拥挤的市区看一看，不管从哪个角度看都会觉得很糟糕，与 19 世纪早期英国所建设的一些工业区几乎不相上下。你会发现，很多家庭一家三代都曾经在英国人开的工厂干活，这简直令人不可思议。[4]

1950 年香港的一份政府报告指出："就某些方面而言，香港这个现代而富裕的热带城市的生活条件要比英国 1840 年的生活条件还要差。"[5]

东方贫民窟似乎陷入英国一个世纪以前所流行的生活条件。按照 1938 年香港总督罗富国（Geoffry Northcote）爵士的说法，"造成人类疾病、营养不良和贫民窟的居住条件的两个主要原因，决定了绝大多数人的生活"。[6] 在新加坡（1819 年被英国东印度公司占领，1867 年因其殖民政府与印度的殖民政府分离而成为英国海峡殖民地），一份 1960 年的社会条件报告得出结论：百万人口的"四分之一"居住在市中心条件极为恶劣的贫民窟里，而百万人口中的另外三分之一居住在市区边缘的棚户区。[7]

让英国观察家们如此着迷的殖民地或租界的城市景观，不仅仅是欧洲干预和城市规划的结果，而且是长期本土城市发展与主要在农村腹地内（在很大程度上被殖民者所忽视）的城市活动的产物。例如在西非，拉各斯港早在 16 世纪就已经存在，属于当地的贝宁王国，在

1851 年被英国占领后变成奴隶贸易的一个主要登船港口，并在十年后被正式吞并，变成拉各斯殖民地首都。同样在南亚，德里 1911 年成为英属印度的首都，但其最初是由沙贾汗（Shah Jahan）在 1638 年建立，作为印度莫卧儿帝国（1858 年被英国人正式终结）的首都，以取代早期可以上溯至 12 世纪的伊斯兰城市德里苏丹。在印度东部，按照古老的传说，勒克瑙城是由拉玛的兄弟拉克什曼建立的，1775 年成为阿瓦德王朝纳瓦布斯璀璨明亮的首都，甚至在纳瓦布斯为了表示向英国东印度公司臣服而在名义上对莫卧儿帝国表达忠诚的时候。在南部，海得拉巴在 1591 年由库图布沙希苏丹国（Qutb Shahi sultanate）建立，在 18 世纪初成为脱离莫卧儿的尼扎姆王朝的首都；在 18 世纪末，随着尼扎姆越来越从莫卧儿帝国独立，其宫廷任命一名英国居民作为东印度公司的代表。

前殖民地城市与欧洲人所建立的城市一起存在。其中一些新城市是早期欧洲重商主义的产物。例如孟买城的旧址是 16 世纪葡萄牙人所购买，1661 年转交给英国王室再租给东印度公司的。非洲南端的开普敦是荷兰东印度公司在 1652 年作为港口和加油点建起来的，1795 年被英国人占领。阿克拉，即今天的加纳首都，17 世纪时还是荷兰人在阿散蒂帝国境内所建立的贸易站，1877 年，在英国扩张主义与阿散蒂的冲突中，阿克拉被英国人占领并变成其黄金海岸殖民地的首都。英国东印度公司 1640 年开始将马德拉斯（金奈）建成圣乔治堡，并在 1690 年将加尔各答变成另一个贸易站。其他殖民城市所创建的时间都比较晚。马来西亚的首都吉隆坡创建于 1857 年，是雪兰莪州境内的一个中国锡矿采矿劳工的定居点，随着英国人对半岛监管的收紧，从 1875 年开始变成英国居民的总部，并于 1896 年成为马来联邦政府的首都。同样，约翰内斯堡最初是 1886 年荷兰人在德兰士瓦的一个淘金营地，1900 年被英国人占领。乌干达的首都坎帕拉最初是英国东非公司 1890 年所建立的一个港口，肯尼亚的首都内罗毕是在肯尼亚－乌干达铁路的一个铁路仓库的基础上扩展而成的，1899 年建城。

　　　　　　　　贫民窟：全球不公的历史

对殖民城市拥挤的居住条件，英国人的反应会更加强烈，而且对"贫民窟"一词的延伸使用及其意义的演化影响更大。在南亚，英国东印度公司在18世纪开始占主导地位，并在1858—1947年直接统治。1877年，在本杰明·迪斯雷里任首相期间，维多利亚女王成为印度女皇的时候，迪斯雷里在德里举行的一次宴会上将这个地区称为大英帝国"皇冠上最璀璨的明珠"。然而公众对南亚的认识与这些盛会等所留下的状况一样——脏乱差，脏乱差基本上是农村的一种景象：1901年仅有11%的人口被列为城市人口；这一数字在1941年缓慢增长到14%，1951年为17%。然而正是这种城市的脏乱差引起了英国人的注意，因为城镇人口密度巨大，几乎前所未有：1901年为2600万，1941年增长到4400万，1951年增长到6300万（全英国的人口就是再过60年也达不到这一水平）。印度医务部队外科主任詹姆斯·克莱格霍曼（James Cleghorn）博士在1898年退休时说，在他的整个职业生涯中"从未见到过像孟买棚户区所存在的那种糟糕的东西"。[8]他说，那儿人满为患，人口比伦敦最稠密的地方还多出一倍。[9]

为了描述印度城市拥挤、嘈杂而恶臭的生活条件，有些外籍专家使用了"rookery"一词。然而在英语上替代"rookery"一词的是"slum"，而且这个词越来越受到欢迎。加尔各答发展信托基金第一位首席工程师理查兹（E. P. Richards）在1914年写到，尽管在欧洲城市"英语'slum'一词意味着一群或几英亩城市住宅，但在印度'slum'却意味着完全不同的规模，按照欧洲标准，那是'绝对令人震惊且前所未有的'"。[10]在英语语言表达上，贫民窟的标准比喻与东方另类的极端情况完全匹配，英国人试图用其对印度殖民地的描述来概括：肮脏的窝。其居民"像罐子里的沙丁鱼一样挤在一起"，进入的通道"几乎黑暗得看不见人……到处是污泥和人类的排泄物，污秽不堪"；伴随着"贫民窟生活"的堕落生活方式，如"贫穷、无知、不卫生的习惯和不正常不充分的喂养方式……忧心忡忡和酗酒在恶性循环中接踵而来"。[11]

名词"贫民窟"的东方化与动词"贫民窟化"相符，就像狄更斯的"排斥的吸引力"一样，欧洲游客在目睹了南亚城市最贫穷最拥挤的城市后会感到震惊不已。有些住在贫民窟的人是闲来无事被好奇心吸引过去的，而有的则是被改造后将呈现的样貌所吸引。因此，1936—1943年任印度总督的林利思戈侯爵二世（the second Marquess of Linlithgow）曾表示：

> 他对旧德里改造计划中最大的兴趣，是对德里发展信托基金所进行的施工以及贫民区即将要展开的进一步改造计划进行现场巡视。[12]

在这个次大陆，总督巡视有很多先例。桑德赫斯特男爵二世（The second Baron Sandhurst），一位进步的自由派政治家，"为了亲自了解孟买城的贫民窟以及该城市的卫生条件"，于1895年被任命为总督之后不久就巡视过贫民窟。[13] 然而正是在加尔各答（截至1911年是英国在印度的行政中心，并被称为"帝国的第二大城市"），居住在贫民窟的人可以看到城市肮脏的一面与一直存在于各种贫民窟形态之上的现代化两种极端的并存状态：

> 加尔各答有一个令人引以为豪、繁华而气派的商业中心；然而就在同一个城市……在合同出租的宿舍、棚户区和狭窄的街道之中，有世界上最糟糕的贫民窟。[14]

1912年在加尔各答发展信托基金成立的时候，理查兹着手编制该城市的"贫民窟地图"，并写道：

> 在六七个月的时间内，我在这些没有街道的地方走了大约600英里（约合966千米），印象极为深刻，这里充斥着悲伤、肮

脏、极度丑陋、摇摇欲坠和堕落；建筑一片混乱，毫无秩序，缺陷严重；窝棚犬牙齿互；到处都是羸弱的男人和女人、营养不良的孩子和生病的婴儿，咳嗽声、吐痰声一阵接着一阵，一张张沮丧的脸毫无表情；数不清阴暗狭窄的通道中闷热难耐，空气污浊不堪；每天各种各样的人擦肩接踵，不管是干净还是不干净的都不得不紧紧地挤在一起，吸入其他人直接排出的气体。可以肯定的是，加尔各答拥挤的地方，必然是大量疾病滋生的中心，也许是印度最大的。[15]

这样一来，英语（一种新的权威语言）就是强加在被英国人征服的领土上的语言景观。某些地方英语填补了之前没有惯用表达的空白；而在另一些地方，"贫民窟"一词却取代或重新定义了其他语言对世界各地多种多样的当地建筑风格和社群居住条件习惯表达上的广泛含义。例如在新加坡，"贫民窟"一词变成描述本地建筑住房条件的术语，而甘邦（意为乡村）成为其辅助词。在印度，如加尔各答和达卡的巴斯蒂、德里的提镇、马德拉斯的赛丽（cheri）和坎普尔的阿哈塔（ahata，乡村风格的土坯茅屋），还有孟买的邵尔（被分成很多小房间单独出租给租客的大住宅建筑），以及德里的卡特拉斯（katras，一排排出租的单间房）和扎吉屋（jhuggis，低矮的寮屋）也属于这类词语。此外，由于"贫民窟"和"贫民窟化"在大英帝国的东方腹地流行起来，在19世纪和20世纪，不免让人想起英国在非洲的殖民者所参照的内容。

在语言上的这种转移并非是单向的。英国官员经常采用当地的术语，如用甘邦、巴斯蒂和邵尔来描述他们所认为的殖民地城市"贫民窟"的状况。此外，贫民窟及贫民窟化已经被当地受过英式教育的精英所采纳并永久保留下来。例如在孟买，当地知识分子在20世纪初积极模仿其英国同行所开展的旨在"改造"城市贫民生活的拓展活动。[16]"贫民窟"被本地招募的人员积极宣传给殖民服务机构，而非仅由英国外籍人士强加在当地人身上。1915 年在英国籍医疗主管辞职以后，在剑桥受训的拉加范德拉·拉奥（Raghavendra Rao）医生被任命为马德拉斯的代理卫生主管，并在 20 世纪 20 年代初成为正式的卫生主管。他多次提醒人们，注意"人口拥挤的贫民窟"的各种问题。[17]他抱怨说，"只要有一小块空间，就会出现越来越多这样的贫民窟"。他认为，其结果造成"贫穷问题、环境问题、培训问题、毫无远见的问题和酗酒的问题"。[18]1926 年取代拉奥做卫生主管、在爱丁堡受过训练的戈文达·皮莱（Govinda Pillai）医生也一样对这个城市的"贫民区"感兴趣，并反复提醒拉奥的警告，即"每天都会出现越来越多的贫民窟"。[19]

拉奥和皮莱不仅与自己的英国导师相互呼应；而且希望利用自己在培训中所学到的东西进行进一步的改革，以改善自己国家的生活条件。因此，英国人的贫民窟骗局在国外被那些出于好意倡导自由和社会发展的人放大了。1904 年在孟买卫生协会的一次讲话中，巴尔钱德拉·克里希纳（Bhalchandra Krishna，孟买大学医学院院长，曾多次担任州长理事会理事及任职于市发展信托基金）爵士广泛借鉴了英国的资料和先例，强调"不加选择地将一群男人、女人和孩子"放进孟买最贫困的地区造成了最恶性的影响。他还以自己的经历举例，报告说"我走访了很多很多这样的贫民窟"，并证明了其"令人沮丧的影响"。[20]克里希纳倡议，在印度的城市采用英国的诸如奥克塔维娅·希尔的慈善干预方式，以及以英国法律为基础的住房立法和城市再发展项目，正如伦敦的大都会工程委员会和伯明翰的市政公司所做的那样。在伯明翰他欣喜地看到，市政当局"通过在前'贫民窟地区'修建了宽阔的阳光大道，为很多人的道德和身体健康提供了相当棒的服务"。[21]

当地在西方受过教育的商业人士和专业精英人士则更进一步，对贫民窟的概念提出了质疑，甚至怀疑这一概念受到英殖民主义的某些影响。曾在加尔各答担任过一任治安官的丘尼拉尔·博斯（Chunilal Bose）在 1928 年建议说：

　　　　　贫民窟：全球不公的历史

加尔各答一些巴斯蒂不卫生的恶劣条件，以及阴暗拥挤的瘟疫点并没有反映出这座伟大城市的卫生部所展开的有效管理，而是可以认为，这是对世界上任何开明的自治市政府一种持续不变的谴责。[22]

贾瓦哈拉尔·尼赫鲁同意这一观点。尼赫鲁是印度国大党的活跃分子，曾担任独立后印度的第一任总理，1912 年他在返回印度之前曾在哈罗公学和剑桥大学学习，还曾在伦敦学习法律。他曾评价自己"有点儿自以为比别人更有道德"。[23] 然而，在 20 世纪 20 年代初他担任阿拉哈巴德市政府主席期间，他意识到欧洲人和印度精英在城市中所居住的服务良好的住宅区与"几乎被人遗忘的这个城市比较贫穷的部分"[24] 之间的巨大差异。在被贫民窟吸引和排斥的同时，尼赫鲁决心改善贫民窟居民的生活，甚至全心全意地投入到独立运动的政治中去。记忆中萦绕于心的是"在走访这些贫民窟和产业工人的小屋时，压抑得令人喘不过气来，出来的时候感觉头晕目眩，充满了恐惧和愤怒"。[25] 同样在新加坡，汤米·谷在 1962 年毕业的时候是一位律师，并在英国和美国接受过研究生教育，他还记得到斯韦湖山的贫民窟走访亲戚的情景（在 1961 年毁灭性的火灾之前），并梦想着一旦实现独立，"新加坡就再也没有贫民窟，所有的新加坡人都会有机会住上好房子，使用干净的水，配备现代化的卫生设施"。[26]

正是圣雄甘地，也只有他有远见卓识，否定了关于贫民窟的各种刻板印象及其所依赖的向现代化倾斜的概念。甘地 1891 年从伦敦毕业后成为一名律师，1893—1914 年在南非生活，其间他返回印度加入为自由而战的斗争。他从来不用"贫民窟"一词来形容自己了如指掌的落后的都市近邻，而且在 1931 年，当他参加伦敦的第二次圆桌会议时，他试图与英国政府反复研讨，争取一条通向印度自治的道路，甚至他故意住在伦敦东部所谓"贫民窟"中的金斯利大礼堂。然而主流的当地精英已经被英国人的贫民窟概念所同化，"以一种厌恶、蔑视和焦虑的混合态度看待穷人的公共规范和实践"。[27] 因此，当地政府在城市的规划和治理中采纳了大不列颠外籍专家歧视有色人种的态度。

在殖民城市的空间安排上，欧洲人本能地将自己与东方生活方式之间所划出的心理底线落到了现实。例如在印度，东印度公司曾于19世纪初在城市辖区内设定了明确的分界线，"本地"城市居民住在一边，而正式的城市中心在另一边。后者包括相关的欧洲驻军或兵营，以及附近的"文明线"或欧洲居民区（然而其中也居住着"很多中上层印度人、职业人士、官员等"[28]）。因此英国官员居住在"遥远的文明线以内，远离一切令人恐怖的'土著'生活。[29] 新德里的城市布局强调了这一"严格的社会分割"。[30] 新加坡是史丹福·莱福士（Stamford Raffles）1819年为东印度公司作为前哨基地所占领的，这一定居点经过精心策划，确保欧洲人所居住的区域与当地甘邦按照类似的方式分割开来。

印度的兵营法规后来也被纳入英属非洲的城镇管理规范。独立的欧洲生活区概念得到尼日利亚新统一的殖民地第一任总督（1914—1919）弗雷德里克·卢格德（Frederick Lugard）爵士的特别拥护，从而形成了这样的城市景观：

> 欧洲人的居住区或保护区拥有低密度的住宅、大花园、高尔夫球场、宽阔的直线或曲线大道，而相反，非洲人所居住的地方则以未铺砌的格铁街和拥挤的住宅为特征。[31]

肯尼亚的情况也类似，非洲人是禁止进入内罗毕的正式居住区的，他们被迫挤在那些当地政府基本上不管的非正式的定居点。克比拉可能是现在非洲最臭名昭著的"贫民窟"，这是"一战"以后在英国人的鼓励下由返回家园的努比亚士兵在内罗毕周边建立的非正式定居点。乌干达也一样，城市管理条例中明确体现了"空间种族化"，旨在将非洲人排斥在正式的城市边界之外。[32] 种族隔离现象在南非仍然尤为明显（这是 1910 年由四个殖民辖区合并而成的），1923 年的《(城区)土著居民法》明确了这一点。在整个大英帝国，这种做法的目的是建立正式而有序的殖民城市特定部分，基本上由欧洲人和当地精英居住，同时非正式地安排了"土著"区。这些土著区或者被挤进历史悠久的古城的中央"贫民窟"区，或者被挤进周边衍生出来的棚户区。

这种种族地理情况与各种统治体系平行且与统治系统共存亡。殖民城市以欧洲区（有全面而负责的监管）和本土区（通过当地精英间接统治及偶尔武断干预）在治理上的差别为特征。在印度的原始总统制中涉及一个负责而重叠的直接统治体系，以及通过王侯国家的间接统治体系，后者是当地政府在"土著"地区所采取的普遍不干涉方式的象征性管理。正如尼赫鲁所言："英国对印度的统治概念是国家警察的观念。政府的工作是保护国家而将其余的事情留给别人。"[33] 尽管 19 世纪末城市管理中各种尽心安排的制度有所发展，但英国"依然对工业城市化的社会和政治后果相对没有什么反应"，[34] 当地精英也是持一样的态度：

> 市政公司代表是由一小撮受过西方教育的专业人士和商人在有限的选举权内选出的。重建码头和清理贫民窟的各种委员会和信托公司均由指定的成员和英国官员控制……他们仅在不得已时考虑当地的政治意见。[35]

英国人的种族歧视态度，以及大多数本土精英对城市穷人所感知到的那种蔑视在部分程度上可能是受到东方贫民窟所培养出的那种对殖民统治的不服从，甚至直接对抗的影响。随着易于罢工的大规模城市工薪阶层参与到工业化进程中来，这些协会在 19 世纪末得到强化，特别以 1857 年"印度兵变"所引发的动乱后的印度最为突出。随着针对英国统治大规模群众抵抗运动的发展，他们从 20 世纪初开始得到进一步强化。在帝国的其他地方，在大规模骚乱觉醒之后，特立尼达颁布了《1938 年清拆贫民窟和住房条例》；1945 年阿克拉（黄金海岸）因住房短缺及由此而导致的高租金引发了民众骚乱；20 世纪四五十年代乌干达的城市规划同样也受到反复爆发的罢工影响。在南非，敏感的白人统治者在了解到 1946 年的人口普查首次显示所有的城市人口以黑人为主后制定了城市政策。20 世纪 50 年代新加坡的殖民统治者因秘密社团和右翼协会而忧心忡忡，而 20 世纪五六十年代，有人指责贫民窟和棚户区是有组织的犯罪和骚乱的温床。在 1952—1960 年肯尼亚茂茂暴动（自 1857 年以来在大英帝国发生的最严重的当地人叛乱）期间，有人认为，"'贫民窟'的条件为吉库尤民族主义的'颠覆活动'提供了'滋生土壤'"。[36]

对殖民地贫民窟的种族歧视评论更普遍地受到大量从农村涌入城市的移民的影响。英国城镇规划师詹姆斯·林顿·鲍格尔（James Linton Bogle）在 1929 年提出警告，印度"城镇的快速增长已经难以控制"。[37]新加坡的移民链延伸到印度和中国，尽管 20 世纪 50 年代引入了移民限制，但到 20 世纪 60 年代初，大约有四分之一的新加坡人口居住在移民甘邦定居点。

人口的迅速增长加上监管不足所造成的明显混乱情况因移民的加入而加剧。1937 年日本全面侵华造成百万难民如潮水般涌入香港，1945 年开始的国共战争又一次给英租界的棚户区塞入另外 50 万难民。20 世纪五六十年代，香港持续存在因难民涌入造成的棚户区占地问题。同样，20 世纪 50 年代新加坡的甘邦因马来西亚爆发的游击战争而扩大。水灾、火灾等的自然灾害让殖民地或租界管理者更加头疼。例如，1953 年香港的石硖尾大火（棚户区几次火灾中最严重的一次）造成 5 万多人无家可归，并导致香港住房委员会启动公共住房计划。新加坡的甘邦也经常发生火灾，最严重的一次是 1961 年的河水山棚户区火灾，造成 15000—16000 人无家可归，从而市政府启动了大规模的公共住房计划。

到目前为止，对东方"贫民窟"仇视的刻板印象最大的影响是对流行病的恐惧。正如第一次世界大战结束时马德拉斯的卫生官对流感、霍乱和天花的暴发和对鼠疫的焦虑所说的，"1918年的城市公共安全充满了痛苦、疾病和死亡"。[38] 传染病的暴发加剧了难民再定居点原本就存在的问题。1894年当淋巴腺鼠疫从中国内地传到香港时，有5万人逃到内地。1896年鼠疫传到孟买，正如记录所述：

> 生意瘫痪公司关门，平时川流不息的街道上空无一人。到1897年1月底，大约40万人（约整个城市的一半人口）都已经逃跑了。[39]

流行病让殖民地或租界城市受到重创。"亚洲霍乱"在19世纪大部分时间里令人特别恐惧，正如那个世纪末开始的淋巴腺鼠疫一样。1894年鼠疫在香港暴发后第一年就有2000多人死亡，这次疫情一直持续到1901年。1896年鼠疫在孟买暴发后，三年内超过25万人死亡，此次疫情随后蔓延到整个印度。有专家统计，截至1918年，疫情造成1200万—1300万人死亡。[40] 在20世纪初疫情蔓延到非洲，1904年在约翰内斯堡出现，1907年在阿克拉造成数百人死亡。这一疫情引发了一份关于英帝国西非殖民地卫生状况的重大报告。

有人将这种创伤归咎于贫民窟。苏格兰城市规划先驱帕特里克·格迪斯（Patrick Geddes，在20世纪初对印度城市进行过一系列的报道，1919年担任孟买大学教授）将这一疫情称为"所有贫民窟疾病中最令人恐惧的疾病"。[41] 有人认为，孟买鼠疫的疫情中心是"贫苦阶层"所居住的"一个臭名昭著的地区"，其房屋"破旧不堪、排污极差、通风不畅，被一帮心胸狭窄偏执的阶层所占据，对最基础的健康法则也一无所知。他们挤在一起，对各种习惯毫不在意"。[42]

殖民地及租界的政府官员向英国医学专家求助，如何展开疾病预防和消灭疾病。1898年，印度政府所任命的印度瘟疫委员会由加尔各答出生的爱丁堡大学医学教授托马斯·理查德·弗雷泽（Thomas

Richard Fraser）领导。英国医务人员指导了当地的清洁行动并追踪新增病例。传染病的反复发作使得志愿人员展开了前所未有的系统性监督，组织医疗敢死队进行干预，并形成更严格的公共卫生法规。正如1938年间一位驻港英国专家所言：

> 香港对贫民窟居民的唯一监管办法就是用法律约束，主要是通过卫生部门实施，他们会定期查看房屋是否被清理干净、刷白，并检查杜绝过度拥挤以及是否有令人讨厌的东西。[43]

另外，流行性疾病促使一些冷漠的殖民地或租界官员试图规范东方贫民窟，以确保在东方居住地与欧洲专家居住的相邻地区保持一定的安全距离。例如，曾在1886—1897年间担任加尔各答卫生官员的伦敦国王学院卫生学教授威廉·辛普森（William Simpson）爵士主张在各个城市施行宗族隔离政策，以保护殖民者免受热带疾病的侵害。他在整个英帝国推行过这一政策，1900—1929年间曾在中国香港、新加坡、东非、西非、南非和北罗得西亚（即赞比亚）担任过相关机构的主要委员。合乎逻辑的必然结果是，这类官员援用英国的公共卫生先例来试图摧毁东方贫民窟。正如格迪斯所言，对始于1896年印度灾难性的大瘟疫，"欧洲卫生主义者及其在西方受过教育的印度同事"的反应是，着手进行"长期卫生改革，但不幸的是，这一行动的特征仅限于贫民窟的拆迁而非住宅建设"。[44]

一场新的贫民窟战争

东方城市迅速但缺乏规范的增长，以及已经注意到的前所未有的人口密度与普遍的社会不满和传染病之间的相关性，导致殖民地及租界管理者从英国借用城市政策并试图开始"对贫民窟地区发动另一轮攻击"。[45] 作为马德拉斯州州长、莱思的彭特兰男爵（Baron Pentland of

Lyth）在 1918 年指出，"的确，也很自然，对于这些事情我们应当向西方寻求指导"。[46] 孟买发展信托基金会的主席 J. P. 奥尔（J. P. Orr）也强调：

> 在对孟买的贫民窟问题研究了八年之后，我确信，如果想对孟买的贫民窟做出实实在在的了结或修补，就必须像西方国家对待贫民窟里邪恶的东西那样在各种层面进行新的立法。[47]

为使这场新的贫民窟战争合法化，按照英国的先例，在英国殖民地和租界不可以通过任何法律来对"贫民窟"进行命名和定义。相反，所做出的各种努力最初均把精力放在强化基于英国的法规上，反对"非宜居"的建筑。1883 年的霍乱疫情促使香港卫生署设立，以监督"非宜居"建筑的认定和拆除。这是为拆除"贫民区"而进行的"一系列从英国到殖民地和租界的政策转移"的开始，其状况为地方当局利用街道改造工程对不卫生建筑的业主施加管制压力。[48] 从 1894 年开始，香港鼠疫的紧急情况促使政府修订了建筑法规和《1903 年公共卫生和建筑条例》，该条例内容借鉴了英国 1890 年《工人阶级住房法》，并对强制购买"非宜居"建筑的规定进行了加强。该条例为建筑监管提供了基础，一直到 20 世纪 50 年代中期香港住房委员会成立的时候。1904 年在南非约翰内斯堡最穷的黑人居住区暴发的鼠疫导致该城市即将上任的英国当局摧毁了这一地区，驱逐该区住户并任命了一名卫生委员来采取进一步的行动。

然而正是印度瘟疫的大流行确立了针对贫民窟新战争所需的主要规则。这次瘟疫始于 1896 年的孟买，促使英国卫生官员挨家挨户展开系统性的检查。他们发现，数以千计的建筑不适合人类居住，并用字母"uh（非宜居）/h（宜居）"做了标记，命令业主关门歇业进行维修或者拆除。[49] 20 世纪 20 年代早期，在瘟疫结束之后，加尔各答大学公共卫生专业文凭考试仍然包括根据 1890 年《工人阶级住房法》如何执行"非宜居"房子关闭命令的内容。[50] 在发布"非宜居"住宅关闭命令的过程中,官员们将此法律发挥到了极致甚至范围更大。在孟买长期服役的市政府卫生官、印度医疗服务中心的陆军中校 T. S. 维尔(T. S. Weir)承认,在瘟疫紧急情况下,"不只是他们在法律允许的范围内一直活跃着,我们也做过并一直在做很多,虽然改造居住条件不合法"。[51] 孟买居民和地主认为,抑制瘟疫的措施是"残忍的"并对其进行抵制,但当瘟疫蔓延到加尔各答时却采取了同样的措施,卫生官员承认,社区反映"总是……积极地反对"。[52] 尽管如此,加尔各答"最糟糕的地方"的几百间"小屋"利用城市瘟疫规范被拆除,成千上万居民被驱逐。[53] 尽管遭到强烈抗议,班加罗尔当局还在"大规模进行改造",拆了几千间房屋,"为尽可能打开人口密度过大的地区"。[54] 孟买、勒克瑙和阿默达巴德的城市当局模仿英国人的做法,利用街道拓宽项目拆除了很多"非宜居"房产。对此,格迪斯抱怨道:

> 像印度其他很多城市所做出的监管努力一样,街道调整计划过于简单,只是从英国制造业城镇借鉴而来,而在这里,无论如何都是不切实际的。[55]

瘟疫紧急情况也触发了地区"改造"更全面更深思熟虑的各种措施。始于太平山棚户区的香港瘟疫导致 1894 年《太平山恢复条例》的诞生。根据此条例,当局在租界首批贫民窟清理拓宽项目中拆除了附近的房子。在印度还需要更广泛的权力,已经开始出现瘟疫的孟买率先采取了行动。1898 年《孟买城市改造法案》设立了城市发展信托基金,旨在"清除大量的棚户区"。[56] 自 19 世纪中叶以来,各种再发展信托基金一直活跃在英国人的贫民窟战斗之中,而且孟买条例的基础是 1890 年《工人阶级住房法》的"托伦兹规范"所规定的,从而可以对认定为非宜居的房屋实施"改造计划",对这些地方进行改建。[57] 印度的改造计划正如我们所定义的,明确地设计为"为了清除不良类型的住房——'贫民窟'"。[58]

反过来孟买为加尔各答提供了一个模式：

> 尽管拆除是在瘟疫规范下进行的，但巴斯蒂的改造与公司各部门所有一千零一个项目造就的……仍然是一个老鼠出没、人满为患的城市，到处都是贫民窟和小巷道，真是名副其实的"瘟疫潜伏点"。如果瘟疫暂时还没有暴发，那也很有可能会随时暴发。改造信托基金不久会写入宪法，我们希望它会改造这座城市，一旦摆脱了瘟疫，那就一劳永逸。[59]

1911 年的《加尔各答改造法案》设立了一个孟买式的信托基金，于第二年初开始施行。与孟买一样，授权立法也是根据 1890 年《工人阶级住房法》的"托伦兹规范"所规定，"几乎一字未改"，授权该基金对"用作人类居住的任何地方的任何建筑如果不适合人类居住"[60]，就展开改造计划。其他发展信托基金是 1914 年成立于海德拉巴，1919年成立于勒克瑙，1920 年成立于阿拉哈巴德的，这些信托基金在整个20 世纪二三十年代都在展开贫民窟清理计划。相比之下，也就英属印度马德拉斯总统府继续依赖马德拉斯市政府当局，作为打击瘟疫的主要武器，针对"非宜居"建筑颁布了关闭命令；但又在 1920 年通过了《英式城市规划法》，加速了城市开发公司不断升级的"贫民窟运动"。[61]

在德里，当地市政当局最早在 20 世纪 20 年代初与英属印度政府的公共卫生专员合作，对不卫生的社区发动了一次反瘟疫运动，并在20 世纪 30 年代展开过一系列旨在清除"贫民窟"的小型改造方案。然而市政当局承认，只有在英国对贫民窟发动全面战争的时候，才是英属印度首都建设进展顺利之时。

显而易见，旨在解决贫民窟清理问题和缓解贫困阶层过度拥挤问题的英式印度城镇改造措施存在各种各样的局限性，而且似乎只有按照《英国住宅法》[62]进行重新立法，才能找到满意的补救办法。

1936 年为了扩大权利进行游说，公共卫生专员向印度政府提交了一份有关德里人满为患的报告，其中指出：

> 德里这个城市，真正最底层的贫民窟比比皆是，到处都是肮脏的巷道和住宅，对整个市区的公共健康来说，这简直就是一种威胁。[63]

印度政府第二年就设立了德里发展信托基金作为回应，以解决该城印度市政卫生官员所谓的"非常不卫生的贫民窟状况经常见诸报端，长期以来备受公众批评，并激起民愤"。[64]

格迪斯一直对印度的贫民窟运动采取批判的态度，这些反对"非宜居"住宅计划或街道"改造"计划的运动依赖于市政法规，他指出：

> 所有这一系列善意的市政行动（在欧美上一代特别普遍——在印度最近几年也相当普遍……）——在总体上一直是灾难性的，因为这让本来人口已经特别稠密的城市更加拥挤，并在寻求解决办法的时候造成后续的各种疾病。可以认为，很多印度城镇已经出现了积极的住宅饥荒，基本上是因为仁慈的市政当局造成的——在善意的政府补贴的帮助下。[65]

然而格迪斯对新的发展信托基金展开了更严厉的批判，称它们的设立只不过是一个"令人怀疑的优势"，因为在使用更大权力的时候它们在更大规模上重复了市政当局的错误。[66] 还有其他很多人也批评了这些信托基金，其中包括心怀嫉妒的市政官员、地主和纳税人。然而除被发展信托基金的重建计划驱赶出去的租户外（他们的反对既没有得到外国专家的支持，也没有引起当地精英的注意），没有人质疑信托基金对"贫民窟"的偏见思想及其消除贫民窟残酷的计划。

成立于 1898 年的孟买发展信托基金，在成立后立即启动了佛斯特

　　　　　　　贫民窟：全球不公的历史

纳帕达区的贫民窟清理计划，这是一个超过 11000 名工人阶层居住者居住的地方，曾经遭受瘟疫的侵袭。1906 年该信托基金报告，佛斯特纳帕达计划"可能已经完成"。[67] 随着各个贫民窟清理计划齐头并进，孟买的卫生官注意到"实际上该发展信托基金每天都在征收房屋，每天都有居民被赶出去"。[68] 截至 1909 年初，估计大约有 14500 个家庭"流离失所"。[69] 加尔各答发展信托基金在 1913—1914 年以类似的方式开始了第一个清理计划，目标是附近大约 5000 人的赛蒂巴干区，这是该城人口密度最大的地区，是瘟疫最严重的一个地方。然而该信托基金的行动在第一次世界大战期间陷入停滞，此后又遇到了新的困难。其中最主要的，是城市住宅危机的巨大程度，但相比信托基金的努力就似乎显得微不足道了。沮丧的信托基金官员将住宅危机归咎于穷人的习惯，他们宣称是这种习惯造就了"可以想象到的最令人震惊的住宅条件"，[70] 从而导致贫民窟骗局倍增。其他困难也进一步破坏了信托基金的努力。有人将信托基金在授权立法上的不足归咎于资金短缺和程序滞后，这都是反对信托项目的房东和租客可以利用的东西。因为已经有人注意到说英语的国家的这些计划，所以在市中心购买或改造土地的成本很快就令人望而却步。

因为加尔各答发展信托基金最初决定，"作为试验田"以孟买发展信托资金已经建设的项目为模板，建设三层楼的住房，重新安置因第一个清理计划而被驱赶出来的人，[71] 这样其损益台账就会变得更加复杂。该信托基金小心翼翼地强调，其"到目前为止还未决定启动重新安置政策，因为可能造成经济损失"，并承认，为了让项目收支平衡，信托基金的房租可能必须设定较高，这样对最贫困的租客来说会承担不起。[72] 另一个英国贫民窟骗局（那些被驱赶的人会被重新安置，而且不管怎样，给收入较好的那部分人提供住房有利的影响是逐步让穷人受益）是将穷人输出到其殖民地。加尔各答发展信托基金坚称，"如果期待公平的商业利润，要重新安置那些租住在土坯房里的人是不可能的……"。[73]

这种悲观的预测不仅受到英国之前经验的影响，而且受到孟买经验的影响。在启动佛斯特纳帕达发展计划的过程中，印度第一个发展信托基金也曾经承诺按照出租公寓形式，"尽可能在同一地区比较远的地方"重新安置"比较贫困的人和工薪阶层"。[74] 1899 年 11 月州长桑德赫斯特勋爵（Lord Sandhurst）在总督的陪同下为第一批住宅区奠基，同时总督传达了另一位英国贫民窟运动的支持者威尔士亲王的鼓励。这些"为穷人住宅所做出的实验性住房"在 1901 年开盘，预示着还要建造更多的社区。然而，根据英国慈善住宅专家的集体智慧，该信托基金提醒道：

> 穷人和工人阶级微薄的工资与高地价，使得住房问题对这些人来说变成一个难以解决的问题，而且这一问题因这些阶层人的各种习惯而变得更加困难。[75]

因此，一个国家对贫民窟的偏见在另一个国家生根发芽，而且在转移的过程中获得了合法性。孟买信托基金内部有人建议，随着当地政府寻求按照英国的方式展开行动，为"鼓励并积极推动人们迁移到郊区去"，[76] 在较为便宜的地段建设公租房，可以克服这一困难。其他人建议，由于法律并不要求给被驱逐的租户重新安排住房，应该完全可以避开重新安置这一计划，相反可以依赖普通住房市场的涓滴效应。科瓦斯基·杰汉吉尔（Cowasji Jehangir）、在英国剑桥留学过的孟买帕西社区领导、在信托基金公司的代表认为：

> 鉴于无法为失去住房的人提供房屋，董事会应继续前进，而不是试图为他们提供住房，可以让他们自寻出路去寻找新的房源。[77]

甚至在第一次世界大战之前，孟买的主要官员已经开始倡议一种完全不同的策略，提出将在英国已经产生影响的邻里改造计划转变成

　　　　　　贫民窟：全球不公的历史

印度的"翻修"方案来"对贫民窟发动间接攻击"。[78] 为解释为什么会从全面清理试验性地转变成有选择的拆除"非宜居"住宅以改善剩余房屋的舒适度，1912 年该信托基金报告了奥尔曾经在英国的一份考察研究报告，评估如下：

> 将英国及其他地方已经被替代的方法用于孟买，即整体拆除重建的方法如今备受谴责，而这种方法似乎一直是《信托法》对处理不卫生的地方最初设想的唯一的办法。现在普遍认为，整体拆除的办法成本太高，不适用于四处散落的贫民窟。[79]

奥尔认为，"信托基金早年间作为捣毁贫民窟的代理，可能在其作用上有太多的压力"，而且信托基金试验性的住房"仅能满足部分失去住房的人"。[80] 奥尔的说法最终被信托基金所接受，但事实上却别无选择；因为无法为大规模整体清理贫民窟提供足够的资金，这就要求展开"直接攻击"，而且因为各种清理项目已经展开（在第一次世界大战后恢复清理的前五年里，大约清拆了 5000 个公寓房），从而变得不受欢迎，因此信托基金"被迫采取'对贫民窟修修补补'的做法"。[81] 在孟买的贫民窟战争中信托基金所产生的整体影响恶化了该市的低成本住房危机。

加尔各答发展信托基金以孟买为模板，警告说，拆除该城市所有贫民窟的任务并"通过在清理后的贫民窟地点建设'公寓'或营房的方式进行重新安置"可能"费用过高"。[82] 加尔各答发展信托基金在回顾了伯明翰的例子后提出了一个"贫民窟修缮体系"。这一倡议被约翰·内特尔福德"激情澎湃地写入"其《实用住房》里（1908），而且在任何一个英式城市"现在可能都有最广泛的'经过改造的'贫民窟"。[83] 该信托基金的首席工程师理查兹访问了伯明翰，并对那里把选择性的市政干涉和刺激业主修复或拆除"非宜居"建筑结合在一起的做法印象深刻，从而"确信这是拯救目前孟买和加尔各答已建成建筑的唯一办法"。[84] 理查兹坚持，加尔各答发展信托基金甚至没钱负担"在清理过的贫民窟地点承建一座小型板房的费用"；[85] 其他业务不得不让民营企业来展开。在 20 世纪二三十年代，这个以伯明翰为基础的选择性修复"贫民窟修缮体系"变成英属印度一系列新兴城市规划专家的新主流。[86] 而印度的案例反过来引起了整个大英帝国殖民官的浓厚兴趣，从而备受关注。

尽管如此，20 世纪 30 年代，在英属印度对贫民窟的战斗中大规模的地区改造计划依然是时断时续地进行着。德里的发展信托基金在 1938 年启动了一个为期三年的计划，其中最踌躇满志的部分是，在阿杰梅里门与德里门之间的旧城墙后划拨大约 28 公顷的土地，"为公共健康和贫民窟清理而考虑"，重新安置 3400 多个家庭。[87] 虽然发展信托基金和市政公司总是宣称自己"完全意识到为失去房屋的人提供更多住房的迫切需要"，但进展过程中的实际困难似乎总让这些不太可能实现的愿望化为乌有。[88] 此外，"城市发展"的平行目标总是掩盖了改善后的社会发展中的利益。德里－阿杰梅里门贫民窟清理计划"遇到了相关地区公民的极大反对"，因为此项目"没有一丝一毫的重新安置迹象……这些人可能只是被驱赶出去"。一位市政委员报告说：

> 该发展信托基金犯了一个严重的错误，从德里门到阿杰梅里门那么大一片地方，不仅限于贫民窟，其工程延伸到纯粹的贫民窟以外……仅仅是为了审美上的发展。[89]

> 第二次世界大战前夕，随着独立运动凝聚了力量，英属印度的城市当局继续游说："要更大的权力……处理不卫生的房屋，推动贫民窟地区改造计划，并对临时营房进行监管。"[90]

虽然帝国的其他地方也复制了英属印度的贫民窟战争，但规模要小很多，而且结果也不同。有的时候前英属印度的官员在思想转移中也发挥了直接的作用。1907 年的新加坡，针对 W. J. 辛普森（W. J. Simpson）的《新加坡卫生状况报告》，新立法授权市政当局为"不健康地区的重建"展开各种改造计划，[91] 事实上却没有展开任何计划。1918 年另一份报告提出设立独立的发展信托基金。1920 年理查兹（于 1914 年离开印度）被任命为首席工程师及由此而设立的信托基金（最初作为新加坡市政府的一个部门）的副主席。他为设立永久信托起草了授权立法，为"处理贫民窟问题"提出全面的新权力。[92] 新加坡发展信托基金正式成立于 1927 年，试图启动一系列改造计划作为"处理贫民窟最令人满意的方法"。[93] 但在第二次世界大战中日本占领前毫无进展。战争的破坏和人口的减少进一步令该信托基金的运作复杂化，1945 年后其重心从清除转移到重建。尽管如此，1948 年该信托基金重申，其目的是"消灭该城那些人口稠密到令人感到可怕的极其糟糕的贫民窟，以及随之而来的犯罪恶魔和疾病"。[94] 战后大规模移民的恢复促使该信托基金和市政当局在 20 世纪 50 年代展开清除行动以清理棚户区居住者，从而引发了民众的抵制及 1955 年"新加坡木屋居民协会"的成立，以反对当局的暴力干预。抗议者迅速与发展中的独立运动站在了一起。

在香港，关于贫民窟的争论越来越缓和。1935 年成立的住房委员会调查过贫民窟的状况并提出了对付贫民窟的战略，这成为第二次世界大战中很多伤亡原因之中的一个。1949 年帕特里克·阿伯克龙比（Patrick Abercrombie，伦敦战后战略计划的设计师）爵士受委托制订了一份综合性的战略计划来指导战后香港的有序发展，但因为从国共内战逃出的 50 万难民涌入租界，其计划变得苍白无力。香港人口从 1945 年的大约 60 万增加到 1961 年的 300 多万。港英政府做出反应，干预不断激增的非法棚户区占地。1947 年开始了各种努力来清除九龙寨城最大的棚户区，导致居民组建协会向国民政府求助。第二年当香港警察进入并驱逐擅自占地者时，一名目击证人报告说："警察遇到愤怒的流氓，砖块石头如雨而下，所以不得不使用催泪瓦斯并开枪。"[95] 港英政府暂时放弃了九龙寨城的行动，但继续针对棚户区展开更广泛的计划。在 1955—1956 年间，港英政府大约推倒了 3000 座棚户区建筑，1961—1962 年间推倒约 10500 座。立法委员会独立委员肯尼斯·沃森（Kenneth Watson）1964 年抱怨说："如果他们试图在人行道上搭棚居住就会被警察驱赶，如果在山上就会被棚户控制队拆掉。"[96] 沃森还担心港英政府对租界旧住宅区监管的影响，他争辩说：

> 根据《业主与租客条例》所规定的排除令，每年大约有 10 万人因旧公寓拆除而不得不面临寻找新房的问题。其中大多数人无法承担今天普遍存在的越来越高的房租。[97]

然而总的说来，英治时代的香港并没有考虑到中国内地居民的住房问题，而且在住宅供应和重建上依赖私营企业。随着香港经济增长加速，私营的重建计划和物业施工从 20 世纪 50 年代中期开始蓬勃发展，后来据说"实施得特别糟糕，以至于遗留下一批贫民窟建筑"。[98] 相比之下，港英政府的重建计划规模小而且言不由衷：1959 年的大坑村贫民窟清除项目因业主反对而迅速停工；开工于 1969 年的上环计划是为了实施 1966 年港英政府的贫民窟清理工作组的建议，但整整拖了 20 年。港英政府在现代环境与香港新城镇的生活方式及"破旧的老城区恶劣的条件"之间开辟出一条精神沟壑，并在 20 世纪六七十年代进一步加强。[99] 甚至到 1997 年香港回归中国时这一基本面也没能得到改善。

与当时的新加坡不同，非洲的英属殖民地只有很少一部分当地人口居住在城市地区。在第一次世界大战前夕建立的尼日利亚殖民地，到战争结束的时候只有不到 5% 的人口居住在市区，而在 1960 年独立后的几年里，这一数字已经增长为大约 20%。所以非洲的殖民管制主要是预防而非清除贫民窟，将居住在城市正式区域的非洲人驱赶出去。但这些管制无法强制执行，地方当局只能时不时来拆除非法的茅屋区并将其居民迁移到城市周边地区。1936年，随着贫民窟战争在英国的蓬勃发展，乌干达的金贾市也发起了一项贫民窟清理计划，引发了当地人的愤怒，直到第二次世界大战期间才停下来。1954年乌干达非洲住房部成立，以确保欧洲人和非洲人各自独立的城区持续有序发展。[100]同样在黄金海岸，20世纪50年代的殖民地发展规划为市政当局划拨出大笔款项，用于清除贫民窟和重新安置居民到适当的地方，正如1953年一位英国官员所言，"对城市内及周围涌现的乱七八糟的棚户区进行控制并最终重新安置"。[101]1956年一个联合国住房小组（其成员之一是美国住房专家查尔斯·艾布拉姆斯）对这一政策提出批评，并建议，贫民窟清理的资金可以转用于支持低收入家庭"自建住房"。[102]但联合国这一报告在很大程度上被殖民当局所忽视。

非洲殖民地的贫民窟战争在南非备受吹捧，例如英国的重建蓝图不但在1934年的《贫民窟法案》中得到体现，而且开普敦殖民当局还启动了各种方案，通过摧毁像六区（District Six）这样混合种族的老区来重建该城沿海地区。这些都是因欧洲移民长期持续形成的，被嫁接到极端化的种族景观之上。这种城市贫富的种族化差别，在1948年南非国民党在一种明确的种族隔离平台上当选后变得更加明显，该党开始制定法律，然后从20世纪50年代到80年代巩固种族区域立法，以实施强制性的城市隔离政策。在开普敦，大约15万人（其中包括整个六区的人口）被从市中心驱赶出去，迁移到外围的开普敦平房区。民众对这些法律及其他种族隔离歧视性做法的抗议，在1960年夏普维尔警察枪击事件及随后的禁止反对派运动中达到顶峰。当年白人选民投票支持国家变成共和国；1961年南非脱离英联邦。在整个20世纪70年代及80年代初，持续不断的地区拆迁以及伴随着的镇压（其中包括1976年发生在索韦托的警察枪击事件，该事件遭到全世界的谴责）接连不断。

第五章

后殖民时代的新贫民窟

虽然是英语国家首先推广了贫民窟的概念，以"反贫民窟战争"的名义撕裂了整体城市的邻里概念，但正是后殖民时代的印度首先明确了"贫民窟"一词的合法权威性，并将清拆贫民窟作为国家发展规划的核心板块。印度第一任总理贾瓦哈拉尔·尼赫鲁发誓说："看看这些贫民窟，还有生活在那儿的男男女女低于人类要求的生活条件，我们认为，必须立即采取行动改变这一切。"尼赫鲁补充道，在独立后的印度未来城市的发展规划之中，"问题不仅仅是……老贫民窟的问题，还有……出现新的贫民窟。显而易见，我们永远也解决不了这个问题，除非完全杜绝新贫民窟的形成"。[1]

1947 年承认英属殖民地的独立始于印度和巴基斯坦，20 世纪 60 年代基本完成。然而独立的同时产生了强化殖民地各种贫民窟刻板印象的诡异效果，并把贫民窟明确纳入了新民族国家的立法框架工作和城市建设活动之中。本章追溯了 20 世纪 40 年代到 70 年代这类地区的发展情况。后殖民时代的领导者并没有拒绝贫民窟这一标签，而是采纳了贫民窟的隐喻来概括其声称通过民主现代化所要突破的旧殖民秩序。他们开始实施各种大规模的"贫民窟"重建计划，当这些项目步履维艰时，他们尝试了"贫民窟升级改造"策略，而这也已经在说英语的国家被广泛尝试过。在发起这些新贫民窟战争的过程中，后殖民国家受到战后国际机构网络（如联合国和货币组织及救援组织）的鼓励和支持，这些机构设立的目的就是要建立一个更有秩序、更公平的世界。因此而产生的伙伴关系不仅在英语国家的前殖民地牢固地确立了贫民窟骗局的地位，而且使得这些欺骗在发展中国家合法化。这是迄今为止从来没有过的。

国家建设和殖民遗产

在"二战"之后的许多前殖民地，国家独立在城市政策上几乎没带来什么变化，因为所有的精力都集中在国家整体的发展上。这些新民族国家的政府对仅影响城市居民的社会问题继续采取以前殖民政府的不干涉政策，而这部分人只是总人口中的一小部分而已。1960年尼日利亚从英国获得独立的时候，新政府在女王代表、肯特的亚历山德拉公主（Princess Alexandra of Kent）到达之前将"贫民窟"地区围了起来，以免公主看到这些扫了兴。许多新独立国家对涌入城市寻找工作的农村移民在市区的棚户区定居点"采取仁慈的忽视政策"。这一政策的基础是假设"贫民窟不合法……是一种不可避免的临时建筑……随着经济发展便可得以克服"。[2]

其他新独立国家的情况则有所不同。民主现代化显而易见的新曙光，促使各国政府将贫民窟等同于创立新民主国家之前不得不一扫而光的旧秩序。后殖民当局在开始经济发展和民族统一的时候，从殖民地贫民窟讨论中剥离了种族主义，但强化了对贫民窟的落后、分裂及非人类居住条件的重视。

黄金海岸（英国前殖民地，也是其引以为荣的殖民地之一），在这些趋势上起到了表率作用。黄金海岸是独立运动的先驱，1957年变成新国家——加纳。其领导人克瓦米·恩克鲁玛（Kwame Nkrumah）因对比了独立与殖民主义所特有的剥削，并表达了对其民族政府的现代化愿望而得到了普遍支持。恩克鲁玛用"贫民窟"概括了一切过时而毫无诚信秩序的情况。通过对比，贫民窟清理、重新安置方案及基础设施投资需要持续不断的经济发展，这表达出恩克鲁玛政权未来发展的新方向。[3] 尽管他日益专制的政权在 1966 年被一场军事政变所推翻，但加纳在城市发展中以贫民窟为重点的方针在那之后一直坚持贯彻。

前非洲其他殖民地以加纳为榜样。1962 年米尔顿·奥博特（Milton Obote）领导乌干达走向独立，宣布了经济现代化及让本国的居民住上更好房屋的宏伟计划。1965 年，全国第二大城市金贾的市政府新领导人砰然关上瓦鲁库巴殖民时期模范住宅区的大门，"因为它迅速成为不卫生而且越来越无法无天的贫民窟"。[4] 独立于 1963 年的肯尼亚也发起了一场独立后的发展计划，因为：

> 政府视贫民窟为"眼中钉，肉中刺"，这也是政府失败的一个印迹，因此政府首先采取了控制人口流入城市的措施，然后在"维持法律秩序"的借口下，对贫民窟清理采取了更激进的措施。[5]

同样在新加坡，即英国的"东方直布罗陀"，其于 1955 年实现了有限自治，首席部长林有福（Lim Yew Hock）提出了一个现代化的议程，并"对象征旧新加坡拥挤的木屋地区感到遗憾，这是我们正努力改造的东西"。[6] 1959 年，当英国承认新加坡全面内部自治时，人民行动党开始执政，其领导人李光耀（Lee Kuan Yew）成为新加坡第一任总理。新加坡最初加入马来西亚联邦，但在 1965 年退出，成为完全独立的新加坡共和国。李光耀一直任职至 1990 年，一心一意地着手建立一个忠诚团结的新国家，并宣传新加坡为其他后殖民时代国家"在寻求将老式社区转变为富裕的现代工业化社会"方面做出了典范。[7] 反对贫民窟骗局符合人民行动党的议程。他们谴责了殖民时代的新加坡，认为"过度拥挤的贫民窟和棚户区没有适当的卫生设施，没有水或各种基本设施，却住着 50 多万人"。[8] 同时他们开始了一项大规模的清拆安置计划，旨在将新加坡的人口重新安置到城市周边的现代化公租房。

贫民窟：全球不公的历史

人民行动党将新加坡的住房政策作为"国家建设的工具",追求"从……不同的文化和种族族群……建设国家"。[9]在执行的过程中确保"在英殖民地和人民行动党执政期间甘邦清拆在目标和工作方针上的持续性"。[10]1960年新加坡住房与发展委员会取代了独立前的新加坡改造委员会,开始大规模将殖民地"贫民窟"居民安置到政府承建的高层公寓。1966年成立的市区重建部门负责协调贫民窟清理工作,并于1974年重组成权力更大的城市重建部,目标是"清理市中心的贫民窟,从而为市区改造计划腾出宝贵的土地资源"。[11]

20世纪下半叶的拉丁美洲,各国尽管语言不同,殖民历史不同,却奠定了结果类似的基础。拉美的西班牙和葡萄牙殖民者已经定居下来,与土著居民融合在一起,形成了19世纪初从殖民统治者手里取得独立的统治精英。这些新国家在独立后继续接收了大量的欧洲移民。然而不同的历史背景在与说英语的前殖民地融合的过程中,都会形成明显的融合点。拉美的统治精英诋毁城市贫民,用"边缘化"的特征来描述他们,而且将其生活的定居点列为非法居住区。[12]

因此尽管有前瞻性的后殖民时代现代化的华丽修辞,但实际上在20世纪下半叶发展中国家的城市规划中,依然延续了影响殖民官员思维的很多先入为主的偏见思想。规划在部分程度上受到担忧的制约,担心随着农村人口不断迁移到城市,从而使城市增长在盘旋上升的过程中失去控制。在人口统计学上,发展中国家的"人口激增"发生在第二次世界大战之后,部分原因是国家发展规划优先考虑了工业化。值得注意的是,这一人口增长中的大部分人居住在非正规的定居点。1960年尼日利亚独立,因为石油出口蓬勃发展,20世纪70年代快速发展的城市化进程加剧。这个国家的城市居民从20世纪50年代初占全民人口的大约10%激增到1980年的近30%。尽管殖民之后的印度相对比例似乎不那么明显(城市居民比例从1951年占总人口的17%增长到1981年的22%),但实际城市人口数字增长惊人:1951年人口普查时城市居民为6300万人,到1971年增长到1.09亿人。1981年,印度政府启动印度第六个五年计划：

> 相比这个国家的人口总数，印度城市人口占比较小，预计1980年仅达到大约21.8%，然而（1971年）居住在市区超过1.09亿人的绝对数字无论用什么标准衡量都是很庞大的。[13]

在首都新德里，都市地区人口从1941年的低于100万增长到十年以后的近150万，到1961年又增长了差不多100万，到20世纪70年代末达到500万人口。

政治家和规划者担心，难以在如此快速的增长中维持秩序。新加坡的官员们惊讶地发现，涌入城市的移民一夜之间在"城市周围的山上、沼泽地区、未使用的墓地或靠近焚尸炉或污水厂的地方"建起了未经授权的木房子。[14]截至1961年，新加坡估计有四分之一的人口居住在这样的甘邦里。有人认为这种新型的人口集中居住会危害到公共健康并引发其他灾难。20世纪50年代新加坡棚户区火灾频发，以1961年的河水山火灾最为典型，导致1.5万人无家可归，摧毁了人民行动党所认为的"新加坡最拥挤的一个贫民窟"。[15]

现存组织良好的殖民地官僚结构、程序和参照点，在部分程度上影响着独立后各种贫民窟刻板印象的持续存在。例如马德拉斯英国的殖民官僚机构"不仅相当有效地服务于其目的，而且在没有彻底重组的情况下在印度独立过渡期幸存了下来"。[16]成立于1945年的班加罗尔发展信托基金董事会在印度独立后继续运行，并在1976年成为班加罗尔发展局。在孟买，独立后的城市规划继续以1915年的旧《孟买城市规划法》为基础。孟买发展信托基金的贫民窟清理活动（独立后与孟买城市公司合并）在1954年因一项新的城市法案而得到加强，其对贫民窟清理的规定以1936年的《英国住宅法》为依据。国家政府颁布的《1956年关键贫民窟地区（改造与清理）法案》延续了旧的英国监管术语"人类非宜居"作为贫民窟清理的基准，宣称"赋予当地机构宣布贫民窟为人类'非宜居'的权力，这种权力应得到充分利用"。[17]
在新加坡，1959 年主政的李光耀政府同样"继承了殖民地甘邦清理和
重新安置的形态和方法"。[18] 在今天撒哈拉以南的非洲地区，"殖民地
规划规范仍然是很多前英国殖民地城市发展的基础，从而对贫民窟类
似的态度在不同程度上一直存在。这一点在肯尼亚、尼日利亚、赞比
亚和津巴布韦等地的贫民窟和棚户区拆除过程中一直很明显"。[19]

坎帕拉首都城市局在 21 世纪初首次着手针对低收入家庭的住房开
始新一轮拆迁时，其第一步就是宣布这些房屋"非宜居"。[20]

虽然有后殖民时代现代化的溢美之词，但殖民地模式和概念的
继续使用也受到受过英式教育并按照英式管理方式管理的独立后精英
潜移默化的制约。例如独立后的新加坡，曾担任李光耀第一次主政期
间内阁的财政部长，后来在 1973—1984 年出任副总理的吴庆瑞，在
做殖民地公务员之前，就曾经就读于伦敦经济学院。他曾经主导社会
经济研究，负责大部分支撑殖民地住房政策的分析。李光耀和尼赫
鲁均为剑桥大学毕业生（恩克鲁玛则曾在美国留学）。为尼赫鲁在贫
民窟政策上做咨询的纳亚克在为印度殖民政府服务之前曾在格拉斯
哥学习过。独立后，他于 1952 年成为孟买市政公司专员，1957 年被
任命为德里新市政公司专员。纳亚克为独立后的印度设计了"贫民
窟"的一个新定义，这个定义完全基于英国人的旧术语"非宜居"。[21]
1962 年豪拉市（西孟加拉邦加尔各答的姊妹城市）发展信托基金主
席，后来出任加尔各答发展信托基金主席的班纳吉（V. S. C. Bonarjee）
仍然坚持使用其英国前辈强加给当地的用语，把那里的人称为"贫民
窟"或"巴斯蒂"居民。[22]

这种对独立前贫民窟心态的延续进一步受到国际发展机构所提出
的建议的鼓励。这样的美式进步思想自相矛盾地强化了英殖民主义的
遗产。查尔斯·艾布拉姆斯（纽约备受尊重的住宅专家）重申了贫民
窟的概念，即便他反对在发展中国家的城市"完全拆除贫民窟"。[23] 他
曾经在 1956 年带领联合国住房代表团到访加纳，1963 年去新加坡，

其建议有助于重塑独立后的城市改造和住房计划。艾布拉姆斯也参加了联合国去肯尼亚、巴基斯坦、牙买加和印度的代表团。

阿尔伯特·梅耶[Albert Mayer，纽约建筑师，富兰克林·罗斯福（Franklin D. Roosevelt）总统实施新政期间的住房规划师]也担任过印度顾问，而且影响力巨大。第二次世界大战后，他应尼赫鲁邀请协助印度的农村社区发展和做城市规划。20世纪40年代后期他为《孟买总体规划》做出了贡献，在"导致破坏因素"和贫民窟清理上为美式思维引入了城市总工的概念。1952年，当福特基金选择新德里作为其首个国际办事处驻地时，梅耶牵头设计了进驻方案。他与其美国团队就德里的"贫民窟"问题为尼赫鲁提出过建议，并参与制订了新德里地区的《1961年总体规划》。梅耶提醒尼赫鲁，随着人口的急剧增长，很可能新德里周围会迅速出现新的贫民窟。他于1959年支持加州大学的提议并在伯克利召开会议，"与几名主要印度官员讨论印度城市化的问题，随着城市化的迅速发展，这一问题越来越严重"。[24] 梅耶建议，国家政府可以通过购买、开发、转售土地盈利来对公共住宅融资，内政部高级官员文卡塔斯班（A. V. Venkatasubban）对此回忆道：

> 最近的德里发展信托基金多多少少都是按照这一原则建立的，希望将土地在公开市场以较高的价格售出，然后用其利润来为贫民窟清理计划提供资金。[25]

然而，也正是另外一位纽约人——人类学家奥斯卡·刘易斯（Oscar Lewis），在塑造国际金融机构和联合国的"贫民窟"概念以及后殖民时代研究人员和政策制订者的思维上，无可非议地超过了发展专家艾布拉姆斯和梅耶。刘易斯战后在墨西哥进行了实地考察，并在20世纪五六十年代出版了一系列著作，这些著作强化了人们对贫民窟的各种刻板印象，并普及了"贫穷文化"的概念。

1944年的布雷顿森林协议对国际发展政策的影响更加全面深入。

这在20世纪70年代初的国际石油危机之前为全球战后经济合作设立了框架，并影响了国际经济规划。布雷顿森林协议的一个直接成果是国际货币基金组织（IMF），1945年正式在华盛顿特区成立，并于1947年开始运作。随着前殖民地在20世纪五六十年代逐步成为独立国家并寻求会员资格，IMF不断扩大。布雷顿森林协议的另一个成果就是世界银行。1944年创立的世界银行总部设在华盛顿特区，从1946年开始最初将重心放在饱受战争蹂躏的欧洲的重建上，后来逐步扩大活动范围，将后殖民国家的基础设施和乡村发展纳入其中。1948年世界银行首次将贷款分配到欧洲之外的拉丁美洲，从1949年开始给印度提供贷款，从1950年开始为非洲国家提供贷款（1959年开始给乌干达贷款，1960年开始给肯尼亚贷款）。20世纪70年代世界银行开始关注扩大贷款范围到社区发展项目，从而在20世纪七八十年代开始给"贫民窟"改造项目提供资金。

后殖民主义的趋势和悖论在印度表现得最为明显，印度是迄今为止独立的英联邦成员中最大的国家，并在尼赫鲁的领导下成为独立国家不结盟运动的典范。

20世纪下半叶，印度的舆论制造者重新点燃了自19世纪以来在英语国家流行的贫民窟骗局。评论家们对旧贫民窟平行并列穿插其中的世界进行了美化：

> 在我们的大都市，豪华旅游酒店鳞次栉比，迅速崛起，机场变漂亮了，买了最新式的喷气式飞机。然而驱车几分钟的路程到任何一个城市的郊区，你会发现一片又一片的临时住宅，那儿没有水龙头，没有厕所，人们被迫生活在根本无法居住的条件下。[26]

因为遭到排斥，他们对那些像旧舞台设施一样的东西恋恋不舍。孟买最高法院法官巴斯梅（S. B. Bhasme）表示，20世纪70年代中期这个城市的棚屋几乎与英国城市一个世纪以前的贫民窟类似，典型的特征就是左邻右舍都是穷人。巴斯梅宣称，他所走访的棚屋"到处展现出一幅贫民窟的景象"：

> 年轻夫妇、成年人、老人、妇女和孩子像牛一样挤在一起，厕所浴室是公用的……什么都是臭烘烘的，到处都污秽不堪，明显缺少下水道和卫生设施。不卫生的条件加上稠密的人口，使得这里的工薪阶层生活在凄惨之中。无论是白天还是黑夜，总是因为一点点琐碎的小事吵吵闹闹，街头斗殴随处可见。似乎这还不够，赌博、非法酒类买卖、卖淫嫖娼这些不良社会现象在这里如鱼得水。所有这些条件均为随时播下的仇恨社会的种子提供了肥沃的滋生土壤。[27]

在马德拉斯，1975 年贫民窟清理委员会警告说"贫民窟里犯罪猖獗"，并注意到"对贫民窟的居民来说，赌博、酗酒、闲逛、看电影、抽烟似乎是他们空闲时间的活动"。[28]

正如尼赫鲁所做的那样，部分地利用了这种剧烈的反应，表达了自己家长式的同情怜悯，并倡导展开人道主义改革，基于此在 1953 年印度的第一个五年计划谨慎地提出现代化的问题：

> （现代化）已经导致工业中心人满为患，人口中很大一部分不得不住在贫民窟里，挤在质量低劣的房屋和泥棚里，没有水，也没有电。[29]

然而印度不断增长的中产阶级将这些结果归结为对广大城市贫民轻蔑漠视的理由，甚至高压政治。他们与尼赫鲁的感觉相同——受到排斥，却并不是针对改革的议程。他们反对大规模公共住房计划的租金，但又担心被贫民窟所吞噬。官方统计数据显示，不仅城市化进程加速，而且贫民窟的增长速度更快，甚至超过了其所赖以存在的城市。

1959 年，政府规划人员警告，"城市化正在以巨大的步伐发展"，如果不进行干预，则"现有的城镇将会发展成到处都是贫民窟的大卫星城，从而使得城市生活陷入令人难以容忍的境地"。[30]

最初的关注点集中在国家最大的城市上，但随着时间发展，拓展到很多二线城市。1969 年一份对加尔各答"贫民窟"的研究得出结论，"加尔各答这个大都会几乎一半的地方都存在这样那样的贫民窟"。[31]对印度其他主要城市的研究也得出了类似的结论。1972 年，海德拉巴估计有一半人口生活在贫民窟里。[32]而在孟买，20 世纪 70 年代中叶，预计城市人口的 40%（有的地区甚至超过 50%）生活在贫民窟。[33]在马德拉斯，同期统计该城市超过三分之一的人口居住在贫民窟。[34]同时规划人员确认，在 20 世纪 50 年代、60 年代和 70 年代，二线城市激增的趋势令人担忧，并警告说，这些城市人口增长速度最快，监管控制收效甚微。

独立后的印度城市政策从根本上受到种姓隔离创伤的影响。当穆斯林与印度教教徒在印度和巴基斯坦这两个新民族国家重新调整时，所揭示出来的难民灾难可能占 20 世纪下半叶城市研究和政策的主流。随着难民和乡村贫民涌入城市，似乎城市注定要被贫民窟淹没。1953年，当印度规划委员会发布第一个五年计划时，预计大约 250 万来自西巴基斯坦无家可归的人已经搬迁到印度的各个城市。[35]内政部承认"贫民窟的问题在种姓隔离后占了巨大的比例"。[36]城市住房、基础设施和服务对德里的综合压力尤为巨大，德里吸收了从西巴基斯坦涌来的很大一部分难民，而加尔各答是绝大多数东巴基斯坦难民的目的地。分裂造成加尔各答发展信托基金不堪重负，其现有的重建项目被"入侵的难民"所淹没。[37]然而正是在德里，难民危机随着新民族政府的成立而展开，后殖民时代贫民窟的焦虑对国家城市政策的制订产生了极大的影响。

印度负责经济恢复的部长梅尔·钱德·康纳（Mehr Chand Khanna）表示，当该部于 1949 年在德里成立时，它"面临为成千上万在马路或公共道路上搭窝棚居住的难民提供住宿的紧急任务"。[38] 首都的难民住房危机在接下来的整个十年都很严峻，而同时随着印度国家机构的迅速膨胀，城市建筑业蓬勃发展，越来越多的流动劳动力流入了建筑行业，使得这一情况更加复杂。此外为公务人员设立大型住宅区同时使得附近的棚户区迅速发展，其中居住着家政服务人员、洗衣工、清洁工、小商贩和店员为他们提供服务。一位高级官员曾沮丧地指出，"因为德里就业机会很多，所以印度各地的人都涌入这座城市，从而使得贫民窟居民人数迅速增长"。[39] 德里发展局（DDA，成立于1957年，吸纳了发展信托基金）在1958年承认：

> 作为自由印度的首都，德里因为难民潮和城市规模迅速扩大，贫民窟清理问题与重新安置问题变得非常尖锐，极其紧迫。[40]

种姓隔离对德里的社会影响是双重的。首先老德里城墙内的人口密度和租房的压力变得特别大。1952年尼赫鲁成立的国家发展署，由印度规划委员会负责，在1956年开始对老德里展开了一次社会调查，并于1958年得出结论：

> 整个城市现在就是一个巨大的贫民窟。[41] 估计在城墙内大约1500个贫民窟点就有超过20万名贫民窟居民。发展署的意见得到了DDA的认同，1959年DDA宣布："贫民窟的情况几乎在德里老城的角角落落都存在。人口的迅速增长，特别是在过去的25年里，已经将德里老城变成了一个贫民窟。"[42]

其次，未经授权的棚户区同时在老城外涌现，与印度政府在整个新德里地区正在修建的规划下的难民营和政府雇员的小屋争夺生活空间。这些未经规划的定居点日渐增长的势头似乎势不可当。1977年的内政部报告指出：

　　　　　　　　　　贫民窟：全球不公的历史

棚户区是由用泥巴、砖头、稻草、竹子、木材和其他乱七八糟的材料所搭建的茅屋或像茅屋一样的公寓构成。其居民基本是收入很低的从农村来的移民。他们是擅自占用公共土地的人。[43]

最初，鉴于"种姓隔离的特殊情况，政府在20世纪40年代对这些擅自占用公用土地的情况并没有在意"。[44]然而到20世纪50年代初，随着德里政府部门意识到未经授权的棚户区和定居点的增长失去控制，他们才警告说，"任何未经授权私自占用土地的人，不但会被赶出去，而且政府也不会再提供任何替代住所"。[45]尽管如此，民粹主义的政客［尤其是独立运动活动家纳哈尔·维什努·加吉尔（Narhar Vishnu Gadgil），1947—1952年成为尼赫鲁内阁的一名部长］仍然承诺，如未能提供替代住所，不会驱赶擅自占地者。在这种政策僵局中，20世纪50年代中后期棚户区定居点激增。1957年，国家发展署警告内政部长说：

> 到处都是人们未经授权所修建的茅屋，一直以来增长数字惊人。这些地方的巴斯蒂奇形怪状，对卫生设施等没有任何适当的安排。必须从大众的角度看待这一问题。[46]

清理这些定居点以及重新安置居民的责任就落到了德里当地政府头上。发展信托基金和德里市政府在独立后继续运行着殖民时代的产物，但因难民涌入而摇摇欲坠，并于1955年被合并到德里发展临时管理局（即后来的DDA）。1957年，德里市政公司成立，1960年，贫民窟清理的责任就转移到其身上。然而所有这些机构的活动都是在印度政府日益密切的关注下展开的。1956年，印度政府撤销了短命的德里地区州政府。

中央政府不仅强调"对我们所有人来说，要注意到贫民窟工作是德里的首要任务，特别重要"，而且强调中央政府已经注意到"到目前为止所取得的成就少而又少，还有很多工作要做"。[47]尼赫鲁特别沮丧地说，当地政府没有"对德里（哪怕一个）未经授权的施工……在实践过程中有所控制……"，而且有人说，总理"认为有必要对这件事情重新慎重考虑"。[48]最终，正是尼赫鲁和中央政府的官僚机构设计了一个贫民窟计划来解决德里的住房危机，而这种在国家资本上对种族隔离影响的反应变成了印度在新民族国家发动更广泛的贫民窟战斗的基础。

在独立后的印度，正是尼赫鲁以政策制定者的思维重申了"贫民窟"和"贫民窟化"的概念。因为亲眼看到国家资本在种族隔离上所产生的影响，尼赫鲁深感震惊，他在1958年评论说：

> 在过去几年里，我一直对德里的贫民窟很感兴趣。每一次走访回来，我都有种麻木的感觉，并迫切希望做些什么来清除这些贫民窟。[49]

在尼赫鲁的鼓励下，国家发展署从一开始就探讨"德里贫民窟的问题"。[50]在总理的资助下，他紧跟布斯早在半个世纪之前所展开调查的步伐，对旧德里贫民窟展开了调查：

> 为对贫民窟深入了解，并了解贫民窟所有数也数不清的问题，他多次走访了很多贫民窟地区……因此，会议召集人在德里市政委员会进行了广泛的徒步走访，参观了分布在德里市政委员会下属18个行政区的1462处贫民窟（包括巴斯蒂和卡特拉斯）。本次走访揭示出这一问题惊人的严重程度。[51]

发展署还为政府部长和官员们组织了贫民窟之旅，但最终的贫民窟走访甚至涉及总理本人：

贫民窟：全球不公的历史

1956 年 4 月 1 日，我们的总理在发展署的安排下走访了德里多处各种各样的贫民窟，发展署给总理介绍了整个情况，并提出了所有的问题，一路上总理都在鼓励发展署，发展署也从中得到了灵感，这很有助于促使相关官方机构行动起来。[52]

随后在 1956 年 5 月，总理办公厅主要机构官员的一次会议上决定，应当由新的德里发展临时管理局负责展开贫民窟清理和改造工作，但其活动由中央卫生部指导。第二年尼赫鲁再次干预，成立了内阁委员会并任主席，"处理有关德里的规划、住宅及贫民窟清理等问题"。[53] 当尼赫鲁对政策方向上的关键决定感到满意时，1958 年他指令由贫民窟清理咨询委员来监督展开这些行动。

三个战略出台了。这些战略在很大程度上响应了尼赫鲁支持的国家发展署所提出的建议。[54] 首要的任务是停止进一步擅自占地盖房。尼赫鲁向卫生部和 DDA 施加压力，要求他们采取果断行动，并在 1957 年 4 月的一次秘密内阁会议上将德里地方当局和中央政府各部的代表召集在一起解决这一问题。会议决定内政部设立"机动纵队"拆除未经授权的建筑并驱逐其中的居民，这些任务以前是委托给新的德里市政公司的。[55] 被驱逐的擅自占地者将会被迁移到《胡奇乔姆普里迁移方案》划定的市中心以外的安置点，这一方案是中央政府 1958 年宣布的，1960 年由市政公司启动。

尼赫鲁的第二个战略开始的时候只不过是一个简单的应付局面的行动，旨在在改造前为现有的贫民窟居民提供基本设施。正如尼赫鲁 1958 年所解释的，在一个经过深思熟虑的长期计划到位之前，"为了清理德里的贫民窟并为居住在里面的人提供更好的替代住所……在改善条件的同时，必须再做点什么"。[56] 发展信托基金、德里市政府和国家发展署已经收到试点资金，为生活在旧德里的人提供便利设施（如铺设地面砖的院子、排水沟、厕所，提供水电以及小修小补服务）。

第三个战略是全面清理贫民窟，并将其居民重新安置到德里周边地区。发展信托基金在独立后立即继续展开贫民窟清理工作，其中最大的项目是阿杰梅里门贫民窟清除计划，据称 1957 年已经迁移了 700 多个家庭。[57] 然而对尼赫鲁来说，这些项目似乎远远不够，他转向 DDA，准备了一次全面的《德里总规划》（最终在 1962 年发布），其中包括贫民窟清除、分散安置及有序规划发展。然而同时，中央政府通过《1956 年关键贫民窟地区（改造与清理）法案》，试图解决老德里迫在眉睫的贫民窟问题。它成为 20 世纪 50 年代到 70 年代整个印度立法和各种规划的基础。

贫民窟兑现承诺

《1956 年关键贫民窟地区（改造与清理）法案》是一个全球性博弈，试图"通过改善清理贫民窟来清除贫民窟的邪恶"。[58] 在某些方面，这一法规表达了政策连续性而非彻底改变。尽管印度独立了，但上述法案（分别在 1960 年、1964 年和 1973 年修订过）仍然以英国法案为基础，授权工会辖领下的地方当局对任何视为"在任何方面不适合人类居住的"建筑采取行动，并为达到清理贫民窟和重建的目的而收回整个地区。[59] 此法案得到印度政府五年国家发展计划的补充及资金上的援助，从而成为以后 20 年整个印度类似立法和行动的蓝图。

然而《1956 年法案》及随后将贫民窟翻新巩固的立法，在其中重要的一点上与英国先例不同。虽然在说英语的国家从未在实施监管的行动中使用过"贫民窟"一词，然而印度法律在标题中将"贫民窟"纳入这一创举定义了这一术语，并将其纳入锁定清理区域所需的法律程序。正如 1957 年纳亚克所解释的那样，虽然清除贫民窟的思路起源于英属印度，但迄今为止只是通过规范"非宜居"建筑和地区来间接实施，结果"贫民窟的法律概念只是最近才出现"。[60] 在印度，这是世界上第一次法律将抽象变成现实；"贫民窟"一词现在具有"明确的法律和社会经济内涵"。[61] 因此"'贫民窟'一词（现在）正式成为定义居住类别的一个词"。[62] 印度第二个五年计划（1956—1961）在城市重建规划中将"贫民窟"作为有形可量化的实体，并为了用表格显示以及为全面清拆做计划，要求各州政府对"其最糟糕的贫民窟地区"展开社会调查。[63]

在开创"贫民窟的法律概念"时，联合国在部分程度上指导了印度立法人员，于 1951 年将"贫民窟"定义为：

> 过度拥挤、卫生条件恶化、缺乏各种设施或基本设施的一栋建筑、一群建筑或地区，因为这些条件或其中任何一项，危害到其居民或社群的健康、安全或道德。[64]

在整个 20 世纪，印度政府官员和研究人员均提到过这一定义，内政部承认，《1956 年法案》在用词上"与这一定义类似"。[65] 联合国官员对印度的努力进行鼓励，并鼓励如联合国儿童基金会（UNICEF，成立于 1946 年）和联合国开发计划署（UNDP，成立于 1966 年）等机构与中央政府、州政府和市政府积极合作，努力消除"贫民窟"。

印度的政策导向也受到美国城市社会学和人类学研究趋势的影响。在部分程度上美国的概念是通过福特基金引入的。梅耶与尼赫鲁、高级部长和官僚的紧密关系一直备受关注。同样在 20 世纪 40 年代早期攻读博士学位研究芝加哥"贫民窟"的马歇尔·克利纳德（Marshall B. Clinard）在 20 世纪 50 年代后期和 60 年代早期曾经在福特基金担任顾问。他的出发点是，贫民窟构成了一个城市规划者不应当忽视的"具体问题"，而且"一般认为印度贫民窟是世界上最糟糕的贫民窟，贫民窟的居民是世界所有大国居民之中最穷最冷漠的"。[66] 克利纳德认为，"贫民窟构成城市生活中最重要且最持久的问题；是成人和少年犯罪的主要源头，也是疾病和因病死亡的主要来源"。人类学家奥斯卡·刘易斯在其著作中断言："贫民窟有自己的文化氛围，构成了一种生活方式、一种具有一系列规范和价值观的亚文化，反映在糟糕的卫生和健康习惯、异常的行为，以及因冷漠和社会隔离的特征上。"[67]

然而，印度的社会科学家和公共行政人员越来越维护这些概念的传播和合法化，以及美国和联合国所提出的政策建议。像尼赫鲁一样，学术界和专业精英对城市贫民表达了一种抽象的同情。在1957年清拆贫民窟研讨会的开幕词中，孟买市长警告说，贫民窟清理不应成为单方面的拆迁驱赶过程，因为贫民窟是"由各类身份卑贱的人构成，他们聚集在城市仅仅是为了满足富人的生活需要"。[68]20世纪六七十年代，马克思主义社会学家阿克沙伊·拉曼拉尔·德赛和德瓦达·皮莱影响力巨大，他们强调了印度城市的不平等，并使用欧洲贫民窟分析来协助分析其原因。20世纪60年代末，他们在印度规划委员会和印度社会科学研究理事会的资助下对孟买贫民窟生活进行了研究，其研究全面了解了英美资料的情况。像克利纳德一样，其出发点就是以"贫民窟、棚户区和寮屋里所看到最具体的形态就是贫穷"为前提，他们确认，在贫民窟里"不符合人类居住的条件已经达到新的低点"。德赛和皮莱说："毋庸置疑，几乎印度所有的城市都有贫民窟或像贫民窟一样的居住条件。"[69]他们还编辑了全面的学术研究汇编《贫民窟与城市化》（1970年版），将欧洲、亚洲和拉丁美洲的研究综合在一起。

尽管德赛和皮莱对城市贫民深表同情，但印度绝大多数学者却满足于自己的特权阶级和种姓制度的位置，与狄更斯的"排斥的吸引力"遥相呼应，并随意借用了奥斯卡·刘易斯的"贫穷文化"的论点。例如，20世纪60年代中期在迈索尔（位于卡纳塔克邦南部）的一项研究得出结论，所研究的两个贫民窟地区"均社会失衡且是贫穷的"，从而导致青少年和成人犯罪时有发生。调查人员惊恐地发现"街道上到处都是骨头、人类粪便和污水。一群群苍蝇使得这些地方更加令人感到恶心"。[70]贫民窟这种环境的不良影响似乎显而易见：

> 家庭结构遭到破坏甚至妻离子散，儿童遭到忽视和猥亵，卖淫、赌博和流氓团伙猖獗，青年死气沉沉、对工作不屑一顾、整

天昏昏沉沉且毫无动手能力，甚至出现反社会的世界观等。社会学家将这些后果归因于"贫民窟心态"的出现。[71]

同样，社会学家努尔·穆罕默德（Noor Mohammad）1983 年在其对坎普尔（北方邦）贫民窟的研究中断言，这些贫民窟"反映出我们文明的另一面，以及我们的城市可怜的一面和痛点，"构成了"一种具有自身一套规范和价值观的亚文化"。[72] 他的研究是基于"这样的假设：贫民窟文化产生了邪恶和犯罪，与各种各样破败的房屋、拥挤的人流、贫穷、文盲和糟糕的社会生活关联在一起"。[73]

这种认知的建立在部分程度上是西方教育培训以及印度学术精英和专业精英持续不断的国际合作所扭曲出来的：

> 相反，专家们并没有让利益相关人决定他们需要什么类型且能负担得起的住所，他们只是径自规定出实际的高标准，然后予以强制执行，并决定穷人必须居住在哪儿以及住什么样的房屋，而不管预期的受益者是否有能力负担。实际上，试图给居无定所的人更好的住所这种理想的做法，导致他们根本无法获得任何遮风避雨的地方。拒绝让个人自己建造房屋，就迫使他们一般只能在偏远而没有公共设施的地方生存，比如偷偷建造的棚户。[74]

更重要的是，这些态度反映出印度快速扩张的中产阶级的蔑视和自身利益。曾经在 1957 年举办过重大的贫民窟研讨会的孟买就是这一趋势的典型代表；20 世纪六七十年代，作为印度独立后的"商业大都市"，孟买越来越体现出"邪恶城市"的一面：工作越来越难找，越来越多进入这个城市的农民发现，自己竟然变成了经济上的难民。贫民窟和棚户区开始激增；富人开始变得神经兮兮。[75] 中产阶级的专业人士和学者们重复使用着殖民时代的贫民窟骗局，而将其纳入印度独立后"新贫民窟"的自我辩护特征，认为是这些特征阻碍了民主现代化的进程。

《1956年关键贫民窟地区（改造与清理）法案》以及同一年启动的印度第二个五年计划为后殖民时代的印度展开新的贫民窟战争奠定了基础。这场战争比过去二十年在英国本土所一直试图展开的战争都大。

印度贫民窟战争的第一次冲突始于1953年启动的第一个五年计划，该计划建议，"应当将贫民窟清理视为房地产政策重要的一部分，应该快速进行"。[76] 然而该计划的主要目的，是通过提高农业生产力和发展重工业来刺激国民经济，而对解决此问题先后顺序而产生的"新贫民窟"的问题却少有动作。1956年印度规划委员会在启动第二个五年计划时承认，"总体而言，贫民窟问题依然一如既往地存在着"，[77] 因此新的五年计划提出了一个专门针对国家贫民窟的方案。《1956年法案》为支持该方案提供了一个立法模式，而且为了给它提供动力，该计划为印度六大城市（加尔各答、孟买、马德拉斯、德里、坎普尔和阿默达巴德）的贫民窟清理提供补贴。到1960年第二个五年计划结束的时候，已经有200多个贫民窟重建项目启动。1961年发布的印度第三个五年计划将这种对重建的补贴拓展到所有的城市，覆盖超过10万人。

孟买市政公司

> 在20世纪50年代中期开始出重拳解决贫民窟问题。虽然自19世纪末以来定期采用过贫民窟清理的做法，但在此期间政府干预的主要方式是驱逐贫民窟的居民。[78]

《1971年马哈拉施特拉邦贫民窟地区改造、清理、重建法案》强化了这一做法。在这个国家的首都，1962年启动的《德里总体规划》是印度第一个此类规划的工具，它所带来的雄心勃勃的贫民窟清理和重新安置项目将难以计数的擅自占地者迁移到几乎没有任何服务的安置点。其中很多地方到 20 世纪 70 年代开始被认定为新的贫民窟。泰米尔纳德邦贫民窟清理委员会成立于 1970 年，其具体目标是"七年内大规模清理掉马德拉斯的贫民窟"。[79] 古吉拉特邦贫民窟清理委员会成立于 1972 年，其首要任务是铲除阿默达巴德的"贫民窟"。

强拆清除和专制的重新安置激发了民愤和抗议，这是继 20 世纪 50 年代德里种姓隔离后的难民潮和棚户区危机以来最大的一次。印度政府官员对当地人的怨愤一直了然于心，却忽视或抑制了棚户区居民抗议期间对贫民窟普遍流行的假设的一个特征。当印度政府试图阻止人们到德里棚户区定居时，卫生部曾经警告说"会有相当一部分擅自占地者拒绝迁入新的棚户区，而且可能不得不诉诸一定程度的强制措施"。该部私下承认，擅自占地者已经建设了某种他们自认为属于自己的建筑：

> 绝大多数棚户区处于市中心，必须在市区外某个地方给他们另外找可以住宿的地方，结果他们会发现，这些地方不但费用高，而且到自己做生意的地方很不方便。[80]

1957 年，德里发展信托基金的主席承认：

> 其中有些贫民窟已经存了几十年，成为这个拥挤城市旧生活方式的部分和全部。相比我们现代卫生条件和已经提高的生活标准概念，我们认为这些贫民窟毫无希望，但这在某种程度上与居民的实际感受相悖，因为居住在其中的居民似乎并没有敏锐地感觉到他们所遭受的不足之处。这在他们看来就是他们不愿意迁入新地方的理由，而且对进行贫民窟拆迁和清理的相关部门来说，就造成一开始的那种情况，相当糟糕！[81]

在加尔各答，种姓制度和重新安置的影响也很严重，非法占地点的居民组成了地方协会来协调各种服务并保障土地使用权。1965年，当铁路部门试图清理在铁路沿线自种族隔离以来所发展起来的一个定居点时，居民们组成了"人墙"来抵制驱赶。[82]

印度规划委员会在其第二、三个五年计划中才开始意识到被清理的贫民窟地区一些居民可能有合情合理而且合法的抗议理由。然而该委员会同时提请纳税人注意，拆除贫民窟并重新安置居民成本巨大。印度在1961年的第三个五年计划中指出，虽然贫民窟清理和重新安置计划的影响"到目前为止可以忽略不计"，但"显然不可能仅仅通过公共投资来解决这个问题"。[83]中产阶级对贫民窟战争代价的怨恨在德里体现得尤为突出。在德里，20世纪60年代和70年代早期，非法定居点像滚雪球一样越滚越大，尽管消除这些定居点已经花费了很大的公共开支。有评论者对此提出反对：

> 这一问题的严重性，是根本不可能期望一个发展中国家将公共财政的任何一部分放在一边而专门为了应对这一件事情。事实证明，根本没有足够的公共财政来满足城市贫民的住房需要。[84]

政策制订者对这些紧张局势做出了反应，将贫民窟战争的重点从强调拆迁转移到"改造"上。因此，印度的贫民窟战争从20世纪30年代到70年代从另一方面着手，呼应了英国贫民窟战争的五个战略。印度的"贫民窟改造"最初是在20世纪50年代设计的，作为筹集到足够的资源后实施综合清理和重新安置的"永久方案"之前维持现状的临时做法。[85]这一战略在20世纪50年代的德里首次出现，并在60年代中期开始的加尔各答"贫民窟环境改善"计划中得到最充分的表达。然而，在实施这些短期措施的同时，还形成了针对贫民窟的更激进的社区发展方针，最初在德里，后来拓展到海德拉巴。这种方针强调了社区参与，不仅要改善当地的"贫民窟"环境，而且要改善其生

贫民窟：全球不公的历史

活质量。这种具有良好意愿的试验对国际发展机构和慈善机构来说很有吸引力，却说服不了大多数印度政策制定者和纳税人。所以，加尔各答实用主义者双管齐下，采用有节制的短期改造与长期重建相结合的方法，这越来越成为一种国家模式。随着这一观点在20世纪70年代占据主流，"贫民窟改造"的重点聚焦到低成本环境升级，而不是复杂昂贵的社区发展上。贫民窟骗局超越了社会正义：将社会弱势群体排除在持续的社区和生活质量改善计划之外，而政客、规划者和纳税人明确表示，在针对贫民窟的战争取得决定性胜利之前，除低成本维持现状的做法之外，他们不会支持任何事情。

印度的贫民窟改造是因为20世纪50年代尼赫鲁为应对德里擅自占地的紧急情况而发动的。正如德里发展局所观察到的那样：

> 直到1956年，压力仅局限在贫民窟的清拆上，却完全忽视了贫民窟的改造。然而在1956年5月因为总理亲自过问，人们才意识到贫民窟改造的重要性。[86]

这种重心的改变最初是作为"熬过未来几年的临时措施"，直到住房危机得到永久解决。[87]为了解释"贫民窟改造"这一术语，尼赫鲁当时说"改造意味着提供更好的水、照明、厕所、排水，并在总体上显得更加干净"。[88]

同时总部设在德里的印度规划委员会提议，在全国范围展开贫民窟改造，在印度第二个五年计划中讨论如下：

> 虽然针对未来贫民窟的形成已经采取了行动，但要解决现有贫民窟的各种问题也很重要。在很大程度上除了拆迁清理别无选择，但依然有很多情况可以采取改善措施。[89]

在1957年的孟买贫民窟专题会议上，委员P. P. 阿加瓦尔（P. P.

Agarwal）重申了这一观点，尼赫鲁的贫民窟清理顾问委员会也对此表示支持。规划委员会在 1961 年启动印度第二个五年计划时重申了这一双层次战略，敦促贫民窟清理的长期目标应当用短期措施来补充，通过提供"最低便利设施，如卫生的厕所、通畅的排污系统、卫生的自来水、足敷使用的进出道路、铺砌街道和良好照明"来缓解痛苦。[90]

规划委员会在 1970 年的第四个五年计划中仍然强调了贫民窟的改造，作为长期而非短期战略，该计划开始为了改造而将重心从贫民窟清理转移。该委员会警告，"贫民窟清理计划通常会导致形成新的贫民窟或某些旧贫民窟的条件恶化"，并——与英国的先例相呼应——为了"尽量改善贫民窟里居民的生活条件，作为直接措施"，建议"修缮贫民窟"，而非展开昂贵的拆迁。[91]20 世纪 70 年代及进入 80 年代的第五、六、七个国家发展计划继续贯彻这一重心改变的方针。正如规划委员会在印度第六个五年计划（1981）中所宣布的那样：

> 建议今后放弃在城区尝试进行大规模贫民窟拆迁的战略。此类拆迁不但对受到影响的人群来说会造成实质的困难，使他们失去到就业中心便利就业的机会和使用其他便利设施的机会，而且会对现有的住房资本造成不必要的破坏——虽然可能不符合标准。因此，对贫民窟地区的环境改善加大投资更为重要。低成本卫生设施和排污系统是我们城市的贫民窟所急需投资的关键领域。[92]

从贫民窟改造的短期权宜之计到长期规划战略重心的转移，部分受到城市社区发展更为广泛的目标的影响，首次在 20 世纪 50 年代出现在德里，并在六七十年代的海德拉巴得到具体发挥。1958 年，在德里种族隔离后出现房屋危机期间，尼赫鲁就贫民窟改造警告道：

> （改造）只有在相关人士的合作下才能实现。这意味着无论做

什么都应考虑到是否让这些人受益，是否能教育他们并能否得到他们的帮助。在某种程度上，这种方法在农村地区不得不依据社区发展计划。[93]

因此总理建议，将其对农村社区发展的甘地式承诺的一个副产品，作为独立后社会规划的一个中心板块。独立运动中甘地的另一位前伙伴玻雷吉·克里希纳·昌迪瓦拉（Brij Krishna Chandiwala）成为国家发展署的总裁，1956 年在尼赫鲁的贫民窟危机会议上他倡议采用"人性化方法"的改善措施，"对贫民窟居民的社会经济状况应该没有骚扰、没有强迫且不产生不利影响"。[94]

由尼赫鲁资助，国家发展署随后对这一方针的试点项目寻求如下结果：

> 通过位于德里贫民窟地区一系列的中心，争取公众合作并总体参与（德里的）规划方案和贫民窟清理工作，特别是各种城市发展方案。

这些中心的运营与四分之三个世纪之前在伦敦开始的慈善住房协会和大学定居点的运营基本相同。它们对卫生教育和"文化复兴"提供了帮助，并鼓励"当地领导和组织积极参与到规划过程中去"。[95]

1958 年，福特基金让发展署的试点计划黯然失色，福特基金宣布，为德里贫民窟"框架城市社区发展计划的详细建议"提供种子基金。[96]在福特基金提供后续资金后，从 20 世纪 50 年代末到 60 年代初，将资金转让给了德里城市公司，旨在刺激公民参与和自助活动，以应对贫民窟条件并防止城市进一步恶化，以及培养公民意识。[97]

截至 1965 年，代表大约 15 万人的邻里委员会成立了。他们开展了社区环境自助改善、公共卫生和教育娱乐活动，以及各种创收项目。

曾在印度福特基金工作过的马歇尔·克利纳德宣称，德里项目是世界上第一个城市社区发展项目。他认为：

> 对于贫民窟居民来说，这一"项目"或许是有人第一次问他们，对自己所在地区的问题感觉如何，以及感觉自己应当如何来解决这些问题。[98]

1962 年，类似的福特基金计划在阿默达巴德开始实施。其举措自 20 世纪 60 年代中期开始就影响着印度政府开始实施一个全国性的城市社区发展计划。

其中一个结果是海德拉巴社区发展计划，1967 年由市政公司开始实施，在 20 世纪 70 至 90 年代拓展到将整个城市纳入其中。大家普遍认为，这是全国最成功的城市社区发展项目，因为似乎事实证明"不管多么贫穷，通过逐步的教育、社区行动和自助，通过自身努力，都可以做些事情来改善自己"。[99]海德拉巴计划在 20 世纪 60 年代末和 70 年代从联合国儿童基金会及八九十年代从英国得到资金支持。该公司与当地社区委员会合作，最初致力于改善环境，如供水、公共厕所及街道维护、照明排水等方面。然后将工作范围扩展到包括社会经济改善，如家庭健康和福利、儿童教育及娱乐、社区会堂、就业培训及与工作相关的贷款援助，并帮助取得土地保障、获得房屋贷款、完成规划建设。

对"贫民窟改造"的这些社区发展方针当然是出于好意，但其与当地社区意愿有效对接的潜力被潜在的家长制作风所破坏。规划者鼓励社区参与的言论与决定性行动并不匹配。相反，主流贫民窟的刻板印象使得似乎必须在地方自助开始之前，将信心满满的社区组织和常识性思想引入这些地方。德里与福特基金合作的开拓性项目任命了"有文化的中产阶级"——邻里协调员，其任务是"创造社区"并"形成……一种公民意识感"。[100]然而不可思议的是，此类事情可能在"贫民窟"早已存在。海德拉巴的社区发展计划同样通过制造"改变个人的个性和观点"来"组织当地社区",希望开始"逐步教育、社区行动和自助"。[101] 每当海德拉巴计划扩大,将其他社区纳入其中的时候,就会强调"项目工作人员的第一步是……在社区之间树立意识,找到动力"。[102]

当其他城市模仿海德拉巴的试点计划时,他们强调了"贫民窟改造"项目要取得成功的假设,即"必须形成当地社区感觉,并让公民做好了解自己责任的准备"。[103] 社区发展规划者不仅对基层组织及其能量视而不见,而且也没有意识到性别界限在责任上微妙的差异。德里的福特基金项目最初主要是通过男性社区代表开展工作,后来才认识到"贫民窟的妇女比起男性来说,可能更有可能为社会变革工作"。[104] 然而随着社区发展计划扩展到其他城市,有人指责他们继续追求"不分性别的政策方针",这些做法因"男性项目工作人员经常歧视性的态度"而进一步被扭曲。[105] 保罗·维贝(Paul Wiebe)在其权威性的文章《印度贫民窟的社会生活》(1975)一文中指责了印度"贫民窟清理和改善上家长制的方法"——所有的一切都是"强加",而不是与贫民窟居民一起做出来的,这出于对"穷人的需要自以为是却一无所知的傲慢";在定义形成的过程中,穷人根本没有机会参与,从而困难重重。[106] 此外,城市社区发展倡议是为了赢取贫民窟战争的胜利而被嫁接到一个不断发展的国家战略之中的,其进行一次性的环境改善的目的被进一步压缩,并没有促进长期成功所必需的社区参与。例如,要建立一个标准规划的厕所或安装社区水龙头比走访每个社区探讨其具体需要更便宜而且更容易,但需要国家对住房保障、卫生服务、教育培训和增加收入保持长期投入。

加尔各答大都会发展局展示出印度贫民窟战争中通过"环境改善"对社区发展产生的影响。最初通过其1966年的基本发展计划,随后是整个20世纪70年代及进入80年代的巴斯蒂改造计划,当局在指定的"贫民窟"地区提供了供排水、便道、废物处理及娱乐设施。

这一计划正如清理和重新安置计划一样，其设计与实施均出于环境卫生和清洁的考虑，而非像人们所看到的那样使得被边缘化的社群融合，作为经济社会提升的切入点。

居民们并非受到鼓励，参与到环境改善的规划、实施和维护之中，而是"被视为得到免费福利的对象或目标"。[107]

1971 年，加尔各答的环境改善举措赢得了印度政府的认同和资金支持。第二年，印度政府使用加尔各答模式对全国 11 座大城市地区贫民窟的环境改善计划进行资助。新的计划为其他"环境改善"举措提供了动力。在孟买，市政公司从 1969 年开始涉足贫民窟改造工程。从20 世纪 70 年代开始，新的马哈拉施特拉邦贫民窟改造委员会更加坚定不移地展开了这项工作。德里的贫民窟环境改善计划始于 1973 年，随后印度政府向全国最大的 20 个城市提供贫民窟环境改善资金，并进一步在第五个五年计划（1974—1979）中将其作为全国最低需求计划而扩大，目的是将印度所有的"贫民窟"纳入其中。在后来直到 20 世纪末的所有五年计划中，贫民窟环境改善项目继续以各种各样的名称进行。

从贫民窟清理到贫民窟改造这一重心的转移，以及从尼赫鲁的参与式社区发展方法到技术官僚驱动的环境改善，均受到实用主义因素的影响。这些因素反过来从根本上是因印度统治阶级和中产阶级中所流行的贫民窟骗局而形成。正如国家城市事务研究所所长在 1979 年所解释的：

> 这一问题变得势不可当，而且资源有限，以至于在 1969 年的一次高层会议上决定恢复贫民窟改造，而不是整体的贫民窟清理。规划委员会在制订 1970—1971 年度的规划方案指南中重申了这一观点。[108]

环境改善比彻底清理和重新安置要便宜得多。此外，比起低成本住宅，这种做法留下了更有利可图的重建可能允许：

> 市中心的所有土地，如果用于商业，将会有巨大的经济潜力，同时事实证明，会成为城市收入的永久来源。[109]

正如另一位公共政策专家在 1979 年评论"从'贫民窟清理'到'贫民窟改造'的近期转型"时所言，城市社会方案必须与国家投资的其他优先事项一起考虑。他的理由是，"这一思路并不是对贫民窟问题发动一次全面的进攻，而是要明白这些问题不会变得更加令人吃惊，甚至完全无法解决"。[110]

普遍存在的贫穷和环境恶化依然与印度舆论所宣扬的观点相悖，政府却完全无动于衷。这种贫穷和环境恶化是这个国家城市的特征。然而精明的政策观察员们却已经开始讨论起印度"贫民窟改造活动彻底失败"的事情。[111]

1975—1977 年，印度总理英迪拉·甘地（Indira Gandhi）在国家处于紧急状态期间使用了一些政治手段以维护其施政纲领，使得印度后殖民时代贫民窟骗局的持续流行及其对城市社会政策上的负面影响更为突出。尼赫鲁（甘地的父亲）于 1964 年在任时去世；经过 19 个月的过渡期，英迪拉在 1966 年成为印度第三任总理。在紧急状态期间，印度贫民窟政策再次受到国家资本发展的影响，而且自独立以来这些发展第一次可以在无关选举意见的情况下进行。英迪拉监督了德里地区贫民窟拆迁的"惊人增长"，而"对拆迁行动的批评并没有特别在意"。[112] 她的儿子和顾问桑贾伊·甘地（Sanjay Gandhi）强化了她的强硬观点，后者委托德里发展局副主席贾格莫汉·马尔霍特拉（Jagmohan Malhotra）负责监督德里加速后的贫民窟清理宣传活动。贾格莫汉声称他的目标是：

让德里成为一个理想的城市，成为其他城市的榜样……如果豪斯曼男爵（Baron Haussman）……还没有清除贫民窟……还没有修建高速公路……那么巴黎今天就可能是一个丑陋而令人鄙夷的城市。[113]

德里更新后的贫民窟清理宣传活动在整个印度各个城市流行起来。加尔各答棚户区展开了另一波驱逐行动，引发了一而再，再而三的抗议、社区动员和与反对党的交易。在孟买，市政府和州政府均坚决拥护总理，城市开发公司成立了一个拆迁小组来摧毁非正式的棚户区。据估计，在部分印度政府出资、部分世行贷款所支持的贫民窟清理计划中，在紧急状态期间孟买大概驱逐了72000人。[114]孟买的驱逐行动引发了大规模的示威活动；失败之后，为更有效地代表低收入社群的利益，成立了国家贫民窟居民联合会。活动家乔金·阿普塔姆（Jockin Arputham）回忆说，因为新联合会试图引起人们对其不满情绪的关注，很多人就在孟买市政办公室门前倾倒垃圾。[115]然而国际社会关注印度的新贫民窟战争，并不是因为孟买所发生的事情，而是因为国家资本中那些不为人知的事情。1976年4月，老德里警察使用催泪瓦斯、警棍和枪声驱赶土库曼门附近的清理区内扔石头的居民。具有讽刺意味的是，这一暴行就发生在20世纪30年代殖民改善信托基金的阿杰梅里门贫民窟清理计划首次作为清理目标的社区。

1977年，在甘地夫人号召的国家大选中，反对党人民党以绝对优势赢得选举，甘地夫人败选。1980年她赢得选举，但在1984年被暗杀。20世纪70年代，她重新点燃的贫民窟战争大幅度强化了贫民窟清理规划的趋势，为重建可能有利可图的城内土地而将居民迁移到城市周围更便宜的土地上。20世纪80年代，皮莱在撰写孟买贫民窟清理计划时认为，"在紧急状态之后，土库曼门急功近利的风格和冲突几乎已成定局"。[116]甘地夫人激进的贫民窟战争的另一个影响是，巩固了贫民窟与贫民窟居民流行的负面特征，从而使得当地人在未来的规划中没有任何机会发出有意义的声音。低收入人群不仅仅受到环境改善计划的青睐，而且当他们抗议家园遭到破坏的时候也受到了压制。直至 20 世纪末，这些趋势依然存在：

> 自 20 世纪 70 年代中期以来，人们一直关注着城市贫民窟，政府开始执行大规模的贫民窟清理计划。在诸如环境保护、城市发展及城市美化这些常规的借口之下，总有贫民窟居民被无情地赶出自己一贫如洗的寮屋，在对其居住和生活没有任何适当安排的情况下被从他们赖以生存的地方赶了出去。[117]

20 世纪 50 至 70 年代，印度贫民窟的观念已经深入人心，体现了英联邦和更广泛的发展中国家其他地方的各种趋势。1946 年独立的菲律宾在 1950 年成立了一个总统贫民窟清理委员会，其名称就显示出政府是如何看待擅自占地建立定居点，以及打算如何处理这些定居点的。1963 年 12 月，22000 多名擅自占地者被从马尼拉的内多马地区赶了出去。菲律宾的政策制订一直受到美国殖民者近半个世纪英式构架的影响，以及之前西班牙 300 多年殖民主义的影响。相比之下，泰国依然维持着欧洲殖民统治的独立风格，但很大程度上依然受到冷战期间美国的影响，并且在 1960 年委托美国布朗公司的建筑师利奇菲尔德和怀汀制订了曼谷的第一个城市规划。该顾问公司报告，曼谷几乎一半人口居住在不符合标准的住房中，而政府以《1960 年贫民窟清理法案》做出回应。截至 20 世纪 70 年代，很多发展中国家典型的对城市不利环境的忽视同样让路给"贫民窟"干预行动。在非洲，驱赶的浪潮在 20 世纪 70 年代和 80 年代早期汹涌澎湃。在拉丁美洲，仅在 20 世纪 70 年代早期就有超过 10 万人被赶出了里约热内卢的棚户区［即费福拉（favelas，贫民区）］，这一词语是 20 世纪 30 年代进入官方词汇表的，有"畸变"的意思。[118]

战后的拉丁美洲受到不同的说英语的殖民地的殖民历史影响，并一直受到英语惯例在语言、文化和治理上的塑造。对印度在20世纪五六十年代努力促成的战后不结盟运动，拉美国家表示同情，但绝大多数并非其正式成员国。然而贫民窟的概念在拉美也很明显。在这里，阶级划分特别明确，[119]并受到说英语国家前殖民地代表在国际论坛所发表观点的影响。此外，在词汇合成与替代的平行过程中，说英语的学者（以奥斯卡·刘易斯为代表，其在20世纪50年代末和60年代对贫民窟文化影响巨大的出版物是以对墨西哥的研究为基础的）、发展专家和出入贫民窟的新闻工作者将拉美城市处于社会弱势的地区等同于"贫民窟"。随着英语越来越成为国际交流的语言媒介，拉美关于城市贫民的惯用说法就被纳入说英语国家的贫民窟骗局。

"二战"后拉丁美洲的快速城市化创造出世界范围内一些特大都市区，如墨西哥城、圣保罗（巴西）、布宜诺斯艾利斯（阿根廷）、里约热内卢（巴西）、利马（秘鲁）、波哥大（哥伦比亚）和圣地亚哥（智利），同时也创造出这个世界最大的贫富差距。例如，在利马，该城市在20世纪五六十年代大幅增长的绝大部分经济被非正式的巴利亚达斯（barriadas，指城市贫民区）所吸收。巴西第二大城市、1960年之前的联邦首都里约热内卢，以及阿根廷的首都布宜诺斯艾利斯，都是这些趋势的典型。这两个城市的政府监督机构及社会改革者从19世纪后期以来一直给城市中心的租赁房和城市周围的棚户区贴上疾病滋生地和道德沦丧地的标签。随着人口增长，从20世纪30年代后期开始，非正式住房激增，从而形成布宜诺斯艾利斯大量的苦难别墅及里约热内卢周围山上如雨后春笋般出现的贫民区。截至20世纪50年代末，里约"外围住房"区居住着100万人。[120]从20世纪30年代开始，在平民主义政治家热图利奥·瓦加斯（Getúlio Vargas，1930—1945及1951—1954年任巴西总统）和胡安·多明戈·庇隆（Juan Domingo Perón，1946—1955及1973—1974年任阿根廷总统）执政期间，巴西和阿根廷实施了严厉的国家拆迁计划，造成大批居民流离失所。在军政府统治期间（1964—1985年在巴西，1966—1973年及1976—1983

年在阿根廷），这类活动在这两个国家愈演愈烈。到 20 世纪 70 年代，普遍认为里约的贫民窟已经是"这座城市美丽的身体上的梅毒狼疮，到处都是犯罪窝点，到处都是暴力和淫窝，家庭分裂、社会分裂随处可见"。[121]

正如拉丁美洲和印度所凸显的那样，20 世纪 70 年代国际社会对"贫民窟"日益增长的关注程度，总体上是对发展中国家城市中所发生的战后城市化的迅速发展，以及无规划的棚户区激增的一种反映。现在"贫民窟"一词似乎等同于"发展中国家"而非"发达国家"，而且，如在新德里那样，所感知到的问题大部分与城市外围地区擅自占地者所建造的"新贫民窟"有关，而不是与城内历史上早已存在的"旧贫民窟"有关。在某种程度上，对新旧贫民窟的痴迷也是房地产市场蓬勃发展及私营企业在城市土地上所展开的投机性重建的结果。因此，"从 20 世纪 70 年代中期开始，城市开发商和私人建筑商发现，贫民窟是主要的房地产土地来源，整个亚洲就兴起了（贫民窟）驱逐行动"。[122] 而且在某种程度上，"贫民窟"地区的重建也得到联合国和世界银行这样的国际发展机构的鼓励和融资，以及新的组织——如拉丁美洲和加勒比地区的美国开发银行（成立于 1959 年）、非洲开发银行（成立于 1963 年）和亚洲开发银行（成立于 1966 年）——的鼓励和融资。

然而发展中国家有关城市迅速发展的焦虑，的确并不仅仅是导致严厉的"贫民窟"清理行动，而且导致了被迫重新安置的情况，这在印度很多贫民窟战争中尤为典型。印度通过"贫民窟改造"涉足激进的社区发展也被广泛模仿，并从 20 世纪 70 年代后期开始获得了动力。例如新加坡，在世界银行的鼓励下，从 20 世纪 70 年代后期开始尝试贫民窟"升级改造"，保留了像唐人街这样的独特的"贫民窟"地区的历史风貌，并给当地市民的参与提供了某种空间。拉丁美洲在 20 世纪 60 年代早期开始试验始于英语国家的所谓的"贫民窟升级改造"。里约热内卢和布宜诺斯艾利斯的市政府在州政府和联邦政府的支持下，尝试对公共住房财产展开"贫民窟"改造、清理和重置三个层面的计划。这些举措受到近代美国社会学、人类学的影响，并得到美国民主党肯尼迪和约翰逊政府的资助，作为美国冷战在拉丁美洲针对共产主义先发制人反应的一部分。然而最初与简陋小屋里的居民合作的姿态很快被推土机和警察所取代。正是20世纪70年代在巴西军政府统治开始削弱的时候，清除贫民窟减速，社区组织才成功游说并安全获得土地使用权来改善基础设施和服务。这种温和的手法在省府贝洛奥里藏特最为明显，其参与贫民窟升级改造的项目在德国和意大利的融资下一直持续到20世纪八九十年代。在里约热内卢恢复民主之后，人们也对升级改造项目给予更大的关注，因为几乎三分之一的选民居住在非正式住房的定居点。

20世纪七八十年代，联合国借鉴了拉丁美洲和印度的经验，逐步将"贫民窟"清理和升级改造计划中相互矛盾的因素重新配置到有助于社会进步的方针之中。特别是印度对联合国政策的影响，不仅因为联合国机构积极参与了印度的城市社区发展，还因为印度作为不结盟运动的主要发起国，参与到国际论坛，受到了尊重。1967年与1972年的联合国决议概述了棚户区的基本需要，呼应了印度为正在发展中的"贫民窟"提供"最低需求"服务的做法。印度的案例在1976年的日内瓦国际就业会议上也产生了巨大的影响，在此会议上，联合国国际劳工组织提出了一个满足发展中国家全面基本需求的战略，将食物、衣服、住房、教育、运输等基准纳入其中，还有在实施该战略过程中的决策参与。国际劳工组织的基本需求发展方针得到其他联合国机构和世界银行的认同，到20世纪80年代作为社区发展框架已经被普遍接受。

联合国对迅速发展却失去控制的城市化的关注，以及强加在其上的"可接受生活质量的最低标准"[123]的需要，导致1976年加拿大温哥华联合国人居会议的召开，随后在1977年所编制的《温哥华人居宣言》得到了联合国大会的认同。这是一份大胆而富有远见的文件，支持社会正义，包容民主思想。文件中没有出现"贫民窟"一词；在此会议后，似乎贫民窟骗局最终淡出了进步的城市规划的视线。该宣言宣布，"人类居住区广大人民的生活状况是令人难以接受的，特别在发展中国家"，并确认：

> 适当的住房和服务是一项基本人权，政府有义务确保所有人都能实现这一目标，首先是通过自助和社区行动指导方案向最不利的方向提供直接帮助。[124]

联合国大会同意为帮助实现这一目标成立一个人居中心，从而导致 1979 年成立了联合国人居会议中心（UNCHS-Habitat），总部设在内罗毕。随着全球城市化的日益发展，人居规划中令人耳目一新的规划设想似乎即将迎来黎明的曙光。

第六章

他们眼中的"小宫殿"

2004 年，新德里亚穆纳普什塔（Yamuna Pushta）贫民区遭到拆除，约 15 万人流离失所。一位遭驱逐的居民痛苦地问道："如果你们要在二三十年后把它们夷为平地，为什么还要让我们建造自己的家园，并让我们满怀希望呢？"[1] 大约 30 年前，曾居住在里约热内卢卡塔库姆巴（Catacumba）棚户区的一位居民回忆说："我们接到 24 小时内搬离的通知……雨水浸透了我们的床垫。当初我用了一年多的时间按月分期付款买了那张床垫，结果它却被毁了。"[2] 从 19 世纪到 20 世纪，再到如今的 21 世纪，对世界各地处于不利地位的社区居民来说，当外人把他们的家园和社区贴上贫民窟的标签，试图按照强加的外在逻辑摧毁和改造它们时，他们都表现出同样的困惑和愤怒。

1930 年，在外人看来名声不良的曼彻斯特安科斯区居民告诉调查人员，他们"喜欢这个社区"。[3] 在布里斯托尔，巴顿山的居民到 20 世纪 50 年代已经攒够钱来购买和翻新他们一直租住的房子。正如一名妇女解释的那样，"我和丈夫放弃了度假，准备彻底装修一下房子"。[4] 可是，市议会却宣布他们的社区为贫民窟，并要清理重建，他们的计划由此泡汤。20 世纪 70 年代初，当格拉斯哥的玛丽希尔（Maryhill）街区被认定为贫民窟清理区时，居民们都无法理解。其中一位居民回忆道："我们在那里很开心，大家都无法相信他们要拆掉它……对我来

贫民窟：全球不公的历史

说，它就像一个小小村庄，人人都知道各自的家长里短，彼此相处和睦。现在就像死刑判决，朝我们迎头扑来。"[5]

当南非种族隔离政权拆除开普敦的工人阶级混合社区"第六区"（District Six），并迫使居民迁移到遥远的开普平原（Cape Flats）时，拉蒂法（Latiefa）和其丈夫埃米尔（Ameer）是最后一批离开的人。他们的房子在1982年被推土机铲平。一年后，当拉蒂法和埃米尔回到他们以前的社区时，那里已荡然无存，只剩下道路及一座被木板围起来的孤零零的清真寺。"你看到的满眼只是沙土。"埃米尔痛苦地说。当他们的三个孩子在一处街道斜坡上弄出一条跑道，用旧塑料牛奶箱在上面飞快地滑行时，父亲指着以前家的遗迹说："这里是厨房，那里是你们的房间，我母亲出生在这里。"埃米尔继续沉思道："我以前一直在这里玩橄榄球、板球、足球。可现在都没有了，随风而逝了。这让我很难过。"[6]

这里有一个共同情况，那就是，从安科斯到亚穆纳普什塔的所有贫困社区的居民都经历过警察的骚扰、市政当局对地方服务的忽视、主流政党和商业团体恶意的操控、地方官员的轻微腐败、在重新开发项目的设计和实施中被边缘化，以及被主流媒体诋毁。帕特里克·麦考斯兰（Patrick McAuslan）将主流媒体的诋毁称为虚假宣传贫民窟的"贬损"效应，"它认为城市贫民在一定程度上是失常的，偏离了常规"。[7]

20世纪下半叶，这些对贫民窟的负面描述在发展中国家达到高潮。1983年，当印度总理英迪拉·甘地在新德里主持第七届英联邦政府首脑会议时，将机场与市中心之间的所有可能被看见的令人尴尬的"贫民窟"用栅栏围起来，"避免让来访政要看见"。[8]以反对贫民窟的战争之名义对弱势城市社区的攻击也在一些发展中国家达到高潮。到1990年，世界上45%的城市人口居住在亚洲地区，而且在那儿的城市中，一般估计至少有一半的人口居住在没有规划和服务糟糕的寮屋区。负有保护本国人民责任的政府反而实施了大规模的清除和驱逐行动，其中规模最大的一次可能发生在韩国首尔。为了筹办 1988 年奥运会，那儿驱逐了大约 72 万人。[9]1996 年，据联合国估计，在整个第三世界，由于公共工程或政府批准的重建方案，每年有数百万城市居民被强制驱逐出他们的家园和社区，往往既没有得到补偿，又没有令他们可以接受的重新安置方案出台。[10]

这些贫民窟战争在发展中国家达到顶峰，不仅是因为城市人口的空前聚集，还因为在 20 世纪下半叶，那儿占世界大多数的贫困人口积极建造自己的房子和社区。他们把房子建在环绕着那些最大城市的未经规划的寮屋区，因为无论是公共部门还是私营企业都没有为他们提供经济适用房。这是他们权宜之计的产物，却被外界嘲笑为贫民窟。然而，尽管受到嘲笑，他们的行动却是与 19 世纪底层民众的做法别无二致的。

对贫民窟的成见掩盖了那些被外部人排斥为"贫民窟"之地的基本常态。他们否认有所谓"贫民窟思想"之人的愿望、决定和有序渐进的成绩。有些人一直抵制这些谎言。正如美国住房和城市发展专家查尔斯·艾布拉姆斯根据其于 20 世纪五六十年代在美国和发展中国家的经历所指出的，"贫民窟生活并不总是象征着倒退。事实上，它可能是从无家可归到有栖身之所的首次进步，或是从赤贫到踏上希望之路的中转站"。[11]20 世纪 80 年代，英国作家杰里米·西布鲁克（Jeremy Seabrook）研究过孟买最贫困的社区。他得出的结论是，这个城市的"贫民窟绝不是一个表面看来令人沮丧的地方，它们洋溢着活力和希望"。[12]

斯坦·霍尔（Stan Hall）就是在这样的环境中长大的，不是在 20 世纪晚期的孟买，而是在 20 世纪早期的约克。他住在该城贫困的亨盖特（Hungate）区直至 20 世纪 30 年代初该区被拆除，而且他还记得："我们家有七个孩子，我们不得不到外面上厕所……所有的房子实在太小，有些简直是小宫殿。黄铜挡泥板，黄铜痰盂，所有东西都是黄铜做的。"[13]

当外部人谈到贫民窟时，习惯用"小宫殿"来形容它们，这体现出他们的无知，也体现出他们的蔑视，这种习惯长久不衰。1957 年在墨尔本，国家住房部部长在访问卡尔顿市近郊时不得不承认，其视察的受到指责的"贫民窟"房子实际上被意大利移民居住者维护得就像"小宫殿"。[14] 无论是亚穆纳普什塔的小宫殿，还是安科斯、玛丽希尔、卡塔库姆巴、第六区及无数其他地方的小宫殿，都是多年辛苦建起来的，但都被任意拆除，正因如此，居民们哀叹梦想破灭。

这些希望的破灭，以及支撑它们的社区稳定被打破，未必会复制主流社会所期望的对合乎情理的、可容忍的生活条件的选择。"小宫殿"不仅低于普遍规范和最低标准，而且它们内部的生活方式可能会改变、冲犯甚至违背社会的期望。在这样的社区中，"许多所谓的康乐设施、基础设施，以及生计、市场和管理的缺失，都成为居民聚集起来共同工作的理由。否则，鉴于现有的文化规范、政治实践和城市经验，这些是不可能的"。[15]

他们"可能促成另一种生活方式。它不受规则束缚，人们可以过着半乡村式的生活，但仍住在城市。这包括有机会饲养牲畜、在政府干预最少的情况下做生意，以及用传统材料建造负担得起的住房"。[16]

最近巴西圣保罗进行的一项研究认为，这种生活方式会造就"反叛公民"。[17]

毫无疑问，这些"贫民窟"里的大多数人都很贫穷。联合国在 20 世纪末制订的消除顽固的社会弊病的千年发展目标是正确的。无论在过去还是现在，穷人的生活选择都受制于劳动方式、住房市场，以及市场驱动的房地产开发；他们遭到执法机构的打击，饱受服务提供商的欺骗。不能将这些人当作微不足道的下层阶级抛弃：世界银行估计，2005 年有 14 亿人口，或者说约占发展中国家四分之一的人口生活在世界银行用来衡量极端贫困的基准（每日 1.25 美元）以下。[18] 就如孟买声名狼藉的达拉维区，当人们的小宫殿被"地沟水……甚至下水道污水入侵——房子发出恶臭时，想要靠每天 1 美元多一点儿的收入勉强度日是没有什么浪漫可言的。我们面临无处不在的困难。一日我们有饭吃，其他几日我们会饿着肚子睡觉"。[19]

是的，不可否认的是，即使在天气最好的时候，这些"小宫殿"也会拥挤不堪，其结构也有缺陷，里面的物品很少。迈克尔·扬和彼得·威尔莫特（Peter Willmott）20 世纪 50 年代以知情人的身份对伦敦名声不良的贝斯纳尔格林区表达了自己的看法，那就是房屋的结构状况确实"很糟糕"。[20] 到 1969 年，英国工人阶级的生活条件几乎没什么改变。当时，一项对利物浦贫困家庭的调查发现，近四分之三的家庭至少缺少一项基本设施（浴盆或淋浴喷头、脸盆或水槽、室内卫生间、冷热水）。[21] 在 20 世纪末和 21 世纪初，这些情况在发展中国家仍然广泛存在。在印度繁荣的高科技之都班加罗尔周边的寮屋区，"除一些厨房用具外，屋子完全是空的"。[22] 肯尼亚内罗毕的基贝拉是撒哈拉以南非洲最典型的"贫民窟"。那里的棚屋只有一个房间，平均面积为 3 平方米，墙是抹灰篱笆墙，屋顶是波纹铁皮，照明用煤油灯，厕所则是露天蹲坑。

是的，这些街区通常无正式批准的规划就发展起来，缺乏市政服务，卫生条件也很差。基贝拉不通电，也没有常规的自来水，建在红土地上，一下雨红土就变成烂泥浆。这里没有铺好的路，穿过镇子的铁轨被用作主要的人行道。在印度首都新德里，一项对寮屋区的调查结果显示，那里平均 130 人使用一间厕所，400 人使用一个水龙头。[23] 另一项在南部城市海德拉巴进行的研究发现，最贫困区域的供水是通过零星分布的公用水龙头、钻井和露天井提供的，每天最多可供水几个小时。只有 28% 的居民有安全的水供应，27% 的居民有自己的厕所，只有 51% 的居民有电可用。[24] 这些情况在发展中国家反复出现。孟加拉国达卡的 Sujatnagar Bastee 区既没有下水道，也没有排水系统，每当有水供应时，居民们都要排长队从公共水龙头取水。[25]

是的，有人声称不良的生活和工作环境会造成神经损伤，导致所谓的"贫民窟心理"。对英国工人阶级有着深切同情和敏锐理解的历史学家杰里·怀特认为，20世纪二三十年代伦敦最贫困社区的生活"造成心理上的损失……出现因各种形式的神经衰弱或抑郁而不适合正常工作的男女"。[26] 经济学家约瑟夫·斯蒂格利茨认为，在近代，努力维持收支平衡而付出的心理代价，"实际上可能会损害做出有助于缓解这种状况的决定的能力"。[27]

是的，居民们对他们的社区有着复杂的感情。在发展中国家的许多贫困城市地区，为获得稀缺供水而排起的长队往往引发骂战和斗殴，而且厕所设施的不足迫使居民露天如厕，这种行为可能导致尴尬和骚扰，尤其对女性而言。行为差异可能会在贫困社区内部产生摩擦。这些问题包括性别歧视、虐待儿童和老人，社会地位、宗教和种族方面的冲突，以及因酗酒和吸毒成瘾而加剧的紧张状态。这便是历史。怀特对在20世纪50年代被拆除的伦敦坎贝尔邦克（Campbell Bunk）区进行了研究，得出的结论是，该区居民的整体感受是"严重分裂和矛盾的"。[28] 现今仍然如此。阿卜杜马利奇·西莫内承认，在雅加达的寮屋区，尽管"大多数社区的包容和互惠仍然很强，但邻居之间的密切关系可能是不稳定的"。[29] 当迪伦·马纳（Dhiren Manna）被问到为什么要住在加尔各答戈宾达普尔铁路移民1号寮屋定居点时，她激动地答道："是经济压力！孩子们不得不在不健康的环境中长大。我们生活在永无休止的争吵、谩骂和麻烦中。住在农村老家会更好。"[30]

像迪伦一样，许多居民渴望离开这些房子和社区，尽管他们不一定占社区人口的大多数。1930年，安科斯的居民抱怨说，由于房子破败不堪，便利设施缺乏，住区尘土遍布，他们无法保持屋子干净；正如一名妇女说的，"当你清洁完后面的东西，你都可以在前面的东西上写上你的名字"。[31]

抽样调查显示，愿意搬走的安科斯居民大约占49%，而不愿意的占51%，理由是到工作地点方便。阿贾伊·梅赫拉（Ajay Mehra）1991年对老德里的研究同样发现，如果工作地点附近能提供基本的住宿，并且有良好的购物和公共交通条件，47%的受访者愿意搬走；另外 53% 的受访者反对搬走，原因并非他们留恋旧地，而是他们不相信会有这样的让步。[32] 对海德拉巴进行的一项平行调查显示，"三分之二的贫民窟居民声称，他们住在贫民窟是因为对自己住的房子很满意……而略少于四分之一（20%）的居民住在贫民窟是因为离上班地方近，或是因为方便去其他设施。只有大约 1.5% 的人声称他们别无选择，大约 5% 的人真的不想住在贫民窟"。[33]

的确，社区居民对如此描述"贫民窟"有各种不同的反应。有些人对此感到不快，否认它适用于自己的社区——尽管他们可能说别处才是贫民窟。如果你跟达拉维的制陶工人汤克·兰赫德·萨维斯（Tank Ranchhod Savdas）谈论"一个没有贫民窟的达拉维"，他会"气得发抖。谁敢说它是一个需要改造的'贫民窟'！"。[34] 有些居民欣然接受这个词。印度全国贫民窟居民联合会和由其发展而来的国际联盟组织的发言人乔金·阿普塔姆宣称，"身为贫民窟一员，我感到非常自豪"。[35] 这是对"贫民窟"半开玩笑式的接受，常被用来推翻主流用意，动员社区为争取更好安置而谈判，抵制任意干预。阿尔琼·阿帕杜莱（Arjun Appadurai）认为，诸如"人行道居民"和"贫民窟居民"这样的词语不再是外在标签，而是变成大部分城市贫民自组织和赋能的标签。[36]

的确，一些外人宣传城市不平等的好意可能会使谎言变本加厉，进一步模糊内部人的愿望和成绩。印度许多研究人员提醒，切勿"以一种可能将贫困浪漫化的方式来展现穷人的智能，因为这可能掩盖这些社区真正的生活困苦和艰难"。[37] 然而，欧文·林奇（Owen Lynch）嘲笑这些论调，称之为对贫民窟和寮屋区不切实际的悲情方法。"用这种方法……对于活死人来说，没有什么能比得上现实社会生活。寮屋居住者被认为是委靡、冷漠和没有希望的。"[38] 怀特冷静地指出，"有很多理由对边缘社区的内部动态进行浪漫化、辩解、粉饰和撒谎"。[39]

然而，上述让步均未能扭转贫民窟概念的持续流行和由此产生的扭曲的改革议程。在很大程度上，它们受限于亨利·列斐伏尔（Henri

　　　　　　贫民窟：全球不公的历史

Lefebvre）所称的"专家的抽象空间"，他警告说这样很容易成为"统治者的工具"。[40]在本章中，笔者试图超越该抽象的空间，探究贫困家庭和社区的实际生活环境。20世纪50年代初，当联邦政府因强征土地而终结澳大利亚名声最为恶劣的墨尔本"小朗街"贫民窟时，《先驱报》告诉读者"去意想不到的地方……寻找美"。其中《先驱报》建议的一个地方是玛丽·海耶斯（Mary Hayes）和苔丝（Tess）姐妹俩住过的"小朗街"的小棚屋。玛丽和苔丝70多年前一出生就住在那个棚屋，你很难在墨尔本市东北角的小工厂和小作坊中找到它。它位于坎伯兰广场（Cumberland Place），与麦科马克广场（McCormac Place）隔着一条小路，也与小朗斯代尔街（Little Lonsdale Street）相隔。

《先驱报》这样描述道：

> 这个小棚屋已经原封不动地存在100多年了。约翰·海耶斯（John Hayes）和他的妻子在那里生下他们的八个孩子，那时房子已经有40年了，或者更久……现在联邦政府获得了整个地块……最终拟议拆除所有的工厂和工房、华人区、教会场所和海耶斯姐妹的家，建造联邦办公大楼……"这地方以前名声很差"，文静的苔丝会告诉你，"有些街道并不令人舒服，但每个人总是对我们很好。从来没有人骚扰我们，甚至让我们害怕……""我希望他们不要把我们赶走，但如果他们这样做，我相信他们会顾及我们。"[41]

在出乎意料的地方寻找美吗？是小宫殿里的黄铜挡泥板吗？正如列费弗尔所指出的，"与城市中产阶级社区相比，拉丁美洲广大的棚户区（贫民窟、贫民区、牧场）所展现的社会生活要更强烈……尽管他们很贫困，但这些区域有时会有效地安排房子、墙壁和公共空间，让人兀然钦佩"。[42]

英国建筑师约翰·特纳从20世纪50年代末开始对秘鲁利马的棚户区进行详尽的研究。他在20世纪70至80年代试图说服国际舆论，对这些地方进行的任何干预应"专注于穷人的人力资源，而不是它们那常常令人震惊的条件"，且要着眼于改善那些底层资源，而不是贬斥从中派生的生活条件。[43] 有些人把低收入者建造的城市居住地视作贫民窟、眼中钉和癌症等等，有些人痛惜这些地方的物质状况不合标准，以及维系它们的非理性生活方式。[44] 特纳将注意力转向强调住宅和社区安排，体现贫困社区生计机会的本土思维。他说，有可能从中找到通过建设性干预帮助城市贫困人口的最佳机会。

在 20 世纪后期，特纳对国际发展机构的影响是巨大的。然而，要实施他的建议，还存在巨大的阻碍。穷人的想法与其住房、社区和生计的详情，都难以弄明白。消解 200 年来的贫民窟谎言的"证据"在哪里呢？图书馆和档案馆保存的城市重建方案只是给外人提供一些观点。[45] 对于如今正在推出的方案，一位印度评论家发现，他们的"解释没有显示出对贫民窟居民的关心。他们是在描述和下定义。上层阶级的偏见被植入行动和规则中"。[46] 另一位研究者最近承认，即便是现在，"人们对贫民窟居民如何看待自己，如何看待自己的生活条件和未来前景，仍然知之甚少"。[47] 这位研究者没有痛击贫民窟谎言，但他确实发现了其中的基本问题。

混　乱

从 19 世纪初至 20 世纪初，出于好意的改革者们开始着手整顿混乱的贫民窟世界。[48]20 世纪初，英国城市规划维权人士约翰·内特尔福德在伯明翰地方选举期间告诫工人阶级中的质问者，称住房改革"对你们这些人来说是一件非常严肃的事情。你们是如何在这里生活的，我真觉得不可思议。这样的生活条件现在不宜居住。我们正努力使它们宜居"。[49] 一个世纪之后，奥斯卡·阿里亚斯（Óscar Arias，诺贝尔和平奖获奖者，1986—1990 年及 2006—2010 年任哥斯达黎加总统）敦促说，"拉丁美洲的贫民窟"应被有计划的定居点取代，否则长大后的新一代会"对民主制度没有信心，对未来也没有希望"[50]。阿里亚斯的评论似乎特别适合那个时代，因为到 21 世纪初，代表性的贫民窟全都集中于发展中国家的非正规住区。曾经名声恶劣的地名，如伯明翰的圣玛丽（St Mary）区、伦敦的贝斯纳尔格林区和纽约的五点街区，都被新的声名狼藉的地方遮住了颜色，如里约热内卢最大的罗辛哈（Rocinha）贫民窟。该贫民窟挤满了山丘，脚下是全城最时尚和最受欢迎的海滩。孟买的达拉维号称"亚洲最大的贫民窟"，而反差鲜明的印度顶级富人的高楼大厦却俯视着它；[51] 基贝拉号称"非洲最大的贫民窟"，[52] 却夹杂在内罗毕中央商务区与富裕的中产阶级郊区住宅之间。

　　20 世纪末和 21 世纪初，对这些糟糕的标志性地方的描述，强化了自 19 世纪以来盛行的贫民窟刻板印象的核心问题：混乱的物理环境及其内部功能失调的经济和社会生活。这些谎言使得干预贫民窟清除和私营企业开发合理化，但同样重要的是，它们使社会主流对城市社会的弊端视而不见变得合乎情理。正如德里非政府组织"安库尔替代教育协会"（Ankur Society for Alternative in Education）前任会长在亚穆纳普什塔驱逐余波中反思的，即印度不断壮大的中产阶级"希望他们离开。贫民窟被视为污点，普遍的看法是，那儿滋生犯罪团伙和疾病，这些观念和迷思被媒体和所谓的受过教育的人进一步延续……我们需要他们的一切服务；我们需要司机，需要保姆，需要人力车夫和出租车司机，需要拾荒者清洁我们的城市；我们希望每个人都为我们工作，但我们既不想看到也不想知道他们是如何生存的"。[53]

　　环境极其混乱据说是所有贫民窟的特征。这种陈词滥调盛行于 19 世纪和 20 世纪上半叶，"二战"后得到反复强调。1947 年，芝加哥南区规划委员会的负责人宣称，该区"被摧毁的建筑和房屋的景象比上次战争中德国空袭伦敦摧毁的'小宫殿'的图景还要糟糕"。[54] 三十年后，就全球经济调整对第一次城市革命中核心城市的影响，大西洋两岸也出现了类似的评论。1977 年，《利物浦内城研究报告》得出结论，

"废弃的码头、空荡荡的仓库、破败的工厂，以及大片废弃土地共同构成了一种混乱环境"[55]。到 20 世纪后期，对这种混乱环境的描写主要用来形容发展中国家的"贫民窟"。基贝拉例证了非正规住区的明显混乱，这种混乱似乎遏制了发展中国家城市的有序发展。显然，它是在没有总体规划的情况下建造的："构筑物都是随意建造的，而且只要有空间，它们都挤在一起。"令人困惑的是，这里大量的房子没有任何长期住宅和街区的正规铭牌——很少有邮箱号码，也没有正式地址。[56]

这些特征承继自英国殖民统治。在 19 世纪 80 年代初到 20 世纪 50 年代初由英国人统治的埃及，土语"Ashwa'iyyat"就是指"贫民窟"，意思为混乱、随意。[57]1953 年，新加坡改良信托局抱怨说，国土上的茅屋群形成了"一个由临时建筑与道路交织而成的迷宫，建造得密集而混乱"。[58]新加坡独立后，这种认知得到强化，因为李光耀开始致力于雄心勃勃的现代化和国家建设计划。由此，在 20 世纪 50 年代和 60 年代，随着殖民主义在发展中国家退却，新的民族国家追求的现代化议程强化了人们对贫民窟混乱状况的成见。来自欧洲的顾问受委托起草城市总体规划，"展望下一个千年，将消除所有寮屋，取而代之的是以西方城市面貌整齐设计的房屋"。[59]在他们看来，发展中国家城市的无计划发展"太过混乱，无法实现合理化发展"。他们抨击了"个人住宅和整个社区的糟糕设计和布局，因为这些住宅几乎完全是由不熟练的、无知的工人建造的，这些人如果不是直接移居者，可能从内地农村搬来只有几年时间。在个人住宅的层次上，通常有一种明显的倾向，即只会建造他们会造的房子，但这样的房子基本上不能令人满意，要么像农村穷人那样的房子，要么像市中心附近城市贫民窟那样的房子"。[60]

查尔斯·斯托克斯被广泛引用的《贫民窟论》（A Theory of Slums，1962）是基于这样一个立论："贫民窟似乎是无计划的，甚至是反计划的。"[61]

联合国机构、开发银行和国际援助组织强化了这些观点。2003 年，世界银行在评估了拉丁美洲非正式城市发展的影响后得出结论，"自发或无规划占用寮屋定居点土地的特征是入内通路狭窄曲折，处在危险地区（如山体滑坡或洪水易发区），也许最重要的是，缺乏公共和私人空间的精确界定。在像里约热内卢的拜罗或圣保罗的瓜拉皮兰加等典型的寮屋住区，许多地方缺少进入街道或巷子的直接通道，人们不得不穿过其他地块才能到达自己的地方"。[62]

2004 年，联合国官员不无遗憾地说，在加纳首都阿克拉，"无计划的、随意的、不受控制的和不符合要求的发展……正在使管制规划和开发控制的法律条款……变得毫无意义"。[63]

作为发展中国家不结盟运动的倡导者，印度就是这些趋势的例证。1957 年孟买颇具影响力的贫民窟研讨会的主任曾称，"贫民窟可以被描述为一个乱占地、乱发展且通常被忽视的地方，人口过多，挤满了维修不良和被忽视的建筑。这种地方缺少通信设施，卫生条件恶劣，而且缺乏维持身体和社会健康所需的便利设施，以及保证人类与社区舒适度的最低必需的东西。那里普遍缺乏社会服务和福利机构，无法处理个人和家庭的主要社会问题，如健康水平不合标准、收入不足和生活水平低下"。[64]

20 世纪末，学者和专家仍在使用这个定义。它被纳入城市规划法规。例如，马德拉斯市政公司在 1961 年称，"贫民窟就是环境肮脏的棚户区。在这些地区，棚屋搭建杂乱无章，没有适当的通道，缺乏最基本的生活便利设施"。[65]

20 世纪 80 年代，孟买市政公司仍将"贫民窟"定义为由建筑物组成的区域："这些建筑物由于得不到维修，卫生条件很差，房屋或建筑物的安排糟糕或狭窄，街道布局差，都对当地居民造成危险或损害。"[66]

这些观点得到了在印度工作的国际社会发展专家的认同。1966 年，马歇尔·克利纳德称，"德里庞大而密集的贫民窟人口生活在肮脏混乱的廉租公寓、小屋、棚屋和集市摊位中，分散在狭窄拥挤的街道和小巷中，那里的露天下水道经常被垃圾和排泄物堵塞"。[67]

后来一代的印度专家在20世纪70至90年代延续了这些自以为是的观点。迈索尔（Mysore）的一项"贫民窟"研究得出结论，"棚屋像蘑菇一样出现，到处都是，全然不顾视觉效果。垃圾就被扔在屋前。居民没有任何公民意识，在自家门前就吐痰。苍蝇到处都是"。[68]

印度北部北方邦的阿拉哈巴德的"贫民窟"据称深受"过于拥挤和不卫生的混乱状况之害"。[69]北方邦的另一项研究以坎普尔（Kanpur）为背景，让人们注意到"布置糟糕、设计拙劣的住房"。那些房子似乎日益破败，不曾出现变化和改善。[70]20世纪90年代早期，印度中部中央邦的研究人员称，"栖身之所的质量太差了，以至于无法维护它，也没任何动力或公民自豪感来驱使居住者将其小庇护所保持良好的状态"。[71]

据报道，在马哈拉施特拉邦的奥兰加巴德（Aurangabad），"棚屋的建造大多没有任何有意识制订的计划"。[72]同样的情况也出现在加尔各答，"棚屋看起来是随意建造的，没有任何计划"。[73]万达纳·德赛（Vandana Desai）在1988年写到达拉维时断言，"孟买的贫民窟……形成了一个棚屋马赛克，挤在一起，无任何秩序或基本的公共便利设施，甚至没有像样的街道。[74]海德拉巴的长期而有影响力的社区发展计划基于的前提是，贫民窟社区……不能说是在属于人类的条件下生活"，1996年的一篇评论则称赞"该计划将无计划的有害贫民窟地区转变为有计划的聚居区"。[75]

严重的经济不稳定和社会失调似乎加剧了贫民窟的环境混乱。在对发达国家的旧贫民窟和发展中国家的新贫民窟的描述中，低收入地区呈现的特点不仅是经济上处于劣势，还遭受让人崩溃的无情压力，这些压力将头脑灵活的人打得如同卒子。居民们变得没有头绪，麻木和怠惰。由此导致的社会无政府状态加剧了贫民窟的经济和环境混乱。2005年，基贝拉的一名当地教堂工作人员表示，基贝拉居民"每天都生活在一个没有尊严、不人道的环境中，腐败和暴力司空见惯。他们被社会忽视和遗忘"。[76]在曼谷，一位美国传教士报告说，"暴力简直是一种生活方式。你只管低着头走路，不要看别人的眼睛。如果有人跟你说话，赶紧走，不要应答；如果是粗话或咒骂，你就加快步伐，一眼都不要看"。

他认为，由于当地帮派力图控制毒品交易导致暴力升级，社区凝聚力受到削弱，旧的"社会行为准则陷入混乱"。[77]社会解体似有吞没标志性城市的危险。在20世纪80年代末和90年代初，纽约的评论员们担心，蔓延的枪支暴力和强效可卡因上瘾"正在摧毁整个市中心街区"。[78]1989年，即将就任的纽约市长戴维·丁金斯（David Dinkins）声称，纽约是一座"被围困的城市"："所有社区正在快速成为自由射击区。我们的一些住房项目成了贩毒大军的大本营。我们屡屡听闻流窜团伙在我们的地铁、街道和公园里制造恐怖。"[79]

《纽约时报》将与"毒品、艾滋病和无家可归"交织在一起的社会解体描述为一种新的城市瘟疫。[80]

在印度，对贫民窟经济和社会混乱的关注可以追溯到印巴分治后爆发的难民危机。1956年，巴拉特·塞瓦克·萨马杰在描述德里周围涌现的寮屋定居点时曾提醒尼赫鲁总理，"他们糟糕的生活环境滋生绝望和听天由命的生活态度"。[81]1957年，孟买贫民窟清理研讨会的参会者也担心"这种思想的社会影响……主要是焦虑和不安全感"，并指出"贫民窟心理的出现……弱化社区意识，在一些人中制造恶劣的邻里关系，在另一些人中使他们变得恐惧、盲从和懦弱"。[82]

这次研讨会识别出这种贫民窟心理令人不安的社会特征，如心理失调、家庭破裂、社会解体，以及妇女地位和尊严的丧失。[83]在随后的几十年里，随着印度专家详细阐述了混乱的生活和工作条件与社会解体之间的明显联系，他们强化了一个持久的原始谎言，即随着贫民窟居民养成坏习惯，群体性的贫民窟心理就会出现，表现为"极高的出生率、酗酒、殴打妻子、强奸、攻击他人、家庭破裂甚至解体、忽视子女、性骚扰、卖淫、赌博和打劫、厌世、嗜睡、体力不足，以及反社会态度等"。[84]

20 世纪末，印度专家普遍认为，由于这种颓废的贫民窟心理，"贫民窟居民不参加社区活动。闲暇时光用于在家附近闲逛……他们身体虚弱，精神不正常，效率低下，道德败坏"。[85]

一般认为，这些社区的"贫民窟居民互相高度怀疑，没有人自愿为维护基础设施出力"。[86] 因此，有人认为，"缺乏真正的社区感情是贫民窟社会风气的主要特征之一"。[87] 这会产生两个主要后果。首先，有人断言，大多数贫民窟居民是冷漠、无助和屈从于政治的。一名荷兰研究人员从班加罗尔的实地考察中得出结论，有"贫民窟"居民对一切都表现出绝对的漠不关心，包括对直接影响他们生活的问题也是如此……人们表现出一种听天由命的态度："我们生来就是贫穷的苦力，余生也将如此。"[88]

其次，这种冷漠可能为那些"善于操纵、聪明并能让他人听到自己声音的人提供了一个机会"。[89] 有人宣称，当参与性社区发展和贫民窟改善计划在印度形成发展势头时，这些机会主义者可笑地宣称自己是社区领袖。2008 年，屡屡获奖的电影《贫民窟的百万富翁》将达拉维描绘成"一个荒芜之地，少有秩序、社区和同情的迹象……这是一个邪恶和腐朽之地，一个原始而混乱的部落"。[90]

至少，许多富裕的印度人就是那样想象如达拉维这样的地方，他们对《贫民窟的百万富翁》的反应也是如此。这部影片赢得八项奥斯卡奖，却激怒了许多印度人，因为它玷污了印度作为一个正在崛起的经济大国的形象。主要读者群为印度中产阶级的印度英文报纸刊登了许多对这部影片的怒评，表示民族自豪感受到严重伤害。[91]

然而，对《贫民窟的百万富翁》还有另一种反应。一些人响应特纳在 20 世纪 70 年代和 80 年代的观点，认为这部电影的基调是"逆境中无限的乐观主义"。[92] 人们开始感兴趣的是，传统的贫民窟描述可能还存在另一面。说句公道话，贫民窟的混乱糟糕吗？正如《印度报》所指出的，"'贫民窟'是一个发人深省的词，直指印度内部矛盾的核心，而且无疑是这部电影吸引人的一部分。然而，这并不是好莱坞用高度浪漫化形式表现污水沟与底层人，导演丹尼·博伊尔（Danny Boyle）想让我们以不同方式看待它：贫民窟只是人们居住的地方。他们不是有钱人，但头脑相当灵活。他们不靠国家供养。下水道系统运转不了，但家里干净。他们非常大方。他们非常希望我们别只说他们穷"。[93]

博伊尔"将达拉维描述为一个'令人惊叹的'地方，既自力更生又自给自足，而且他一直热切地表明，他对制作一部'以贫穷来吸引人眼球'的影片不感兴趣"。[94]

与此同时，所有发展中国家也在对"贫民窟"进行类似的反思。例如，乔纳斯·本迪克森（Jonas Bendiksen）在以内罗毕、孟买、雅加达和加拉加斯为背景的摄影散文《我们生活的地方》（"The Places We Live", 2008）中表示，"人们普遍认为贫民窟是贫穷、肮脏、凋敝、不安全和危险的地方，这只是故事的一部分，贫民窟居民也有勤劳进取的故事"。[95]

这种观点在20世纪末和21世纪初相当盛行（正如我们将看到的，部分原因是因为它们符合这一时期占主导地位的新自由主义政策框架），但它们的历史可比《贫民窟的百万富翁》或特纳的观点要久得多。查尔斯·艾布拉姆斯了解贫民窟争论的双方，因为他既是局内人，也是局外人。艾布拉姆斯19世纪30年代和40年代为纽约市长菲奥雷洛·拉瓜迪亚（Fiorello La Guardia）工作，并在20世纪50年代、60年代和70年代担任联合国发展中国家的专家顾问。他于1902年出生在波兰，不久之后全家移民到美国，定居在纽约布鲁克林（Brooklyn）。许多年以后，当艾布拉姆斯为拉瓜迪亚政府制订住房法规时，他惊讶地发现，按照所有的实际标准衡量，他就是在贫民窟长大的。但由于当时没有人意识到这一点，所以没把布鲁克林当作贫民窟——除非从统计学上看。与艾布拉姆斯全家所在社区一样，威廉斯堡（Williamsburgh）是一个勤劳、热闹、关系密切的社区，而且年轻的艾布拉姆斯在这两个地方都过得很快乐。这使他渐渐意识到邻里关系在人们生活中的重要作用。[96]

自 19 世纪以来，外部观察家在一定程度上承认，当地社区的人无论多么贫穷，都对他们的社区怀有感情，并由此导致其中的许多社区对扰乱社区的官员和开发商表现出敌意。在发达国家，这种认识在 20 世纪 60 年代和 70 年代导致国内贫民窟刻板印象的逐渐消退（参见第三章）。正如 1962 年英国政府在奥尔德姆（Oldham）的调查人员所报告的，许多贫民窟居民"对他们居住的地方有着极其强烈的依恋"。[97] 社会学家诺曼·丹尼斯（Norman Dennis）在 20 世纪 60 年代对英格兰东北部小镇桑德兰（Sunderland）进行研究时，一位已在贫民窟清除计划中的居住者告诉他："这是一个幸福的家。这才是美。如果你结婚后一直住在一所房子里，你就不想搬家了。"[98] 到 20 世纪末，这种对原住地的情怀也日益得到发展中国家寮屋定居点观察家的普遍认同。有人指出，基贝拉居民之所以喜欢基贝拉，是因为它离他们的工作地点很近，而且食物也便宜。一位居民解释说："我住在这儿是因为房子好，不用弯腰进屋，你能在屋内站起来。"[99]

这种依恋通常被解释为肤浅的多愁善感。例如，1979 年，班加罗尔城市改善信托委员会（后改组为班加罗尔发展局）的一名前工程师得意地说，"居民不搬出去的理由经常被说成是情感依恋，但事实是，他们已经形成了一种'贫民窟心理'，不喜欢改变"。[100] 偶尔有更敏锐的观察人士承认，依恋社区植根于理智但有限的经济选择。这些选择试图兼顾通勤便利与经济实惠。正如加尔各答改善信托基金早在 20 世纪 20 年代中期就承认的，"一般而言，工人阶级更喜欢的是贫民窟生活的独立性，而不是分租宿舍那种更好的卫生条件"。[101]

然而，所有这些承认都被关于贫民窟的普遍设想所掩盖。甚至富有同情心的观察人士也只能说，低收入者容忍贫民窟的混乱，是因为他们在生计选择上做出了妥协：这是他们在一个不平等的世界中所能达到的最好结果。曼谷的一名美国传教士乔·迈尔（Joe Maier）神父在 2005 年解释道："你必须理解贫民窟的一些事情：它们并不总是人们想要离开的地方。如果将住的地方在塔普盖（Tap Gaew）与某个不错的上城区社区之间做个选择，就不存在问题。但这不是选择的问题。贫民窟的人已经习惯了自己的社区。他们形成了有凝聚力的扎下根的社区。曼谷的一些贫民窟已经连续有三代人居住，这多少还有幸福可言。"[102] 同样地，在非洲，进步的研究人员承认，"居住在非正式居住地的人接受这些住区"。[103] 同时，在加尔各答的戈宾多布尔铁路 1 号棚户区，熟练的机械工巴达尔·达斯（Badal Das）告诉采访者（该采访者用发问来控制采访过程，并决定将哪些回答纳入报告中）："我习惯了这个地方。我觉得它很方便，也很合意。"[104]

然而，尽管为了与实际社区联系而深入了解贫民窟刻板印象存在困难，但我们可以研究得更深入一些。除了局外人谈论的肤浅的怀旧和受限的生活选择之外，还有一种基本上被忽视的本地物质秩序，以及指导弱势社区的家庭和邻里的自然逻辑。研究弱势社区的这些积极方面的价值部分是由发达国家的社会学研究提出的。正如 20 世纪 60 年代中后期在芝加哥西区亚当斯住过的杰拉尔德·萨特尔斯所观察到的，这个社区通常被认为是"芝加哥最老的贫民窟之一"，然而，"从内部看，亚当斯地区是按照自己的标准错综复杂地组织起来的"。萨特尔斯推测，"贫民窟社区可能建立了一种将其大多数居民融入进去的道德秩序"。[105] 这些方式得到了发展中国家的类似研究证实。特纳在 1957 与 1965 年在秘鲁的实地考察最为著名。马歇尔·克利纳德也通过自己于 20 世纪 60 年代在印度的经历认识到，"贫民窟并非'杂乱无章'，而是经常形成自己的组织，这是一种通常被中产阶级视为非常规的组织"。[106] 贾尼斯·珀尔曼的《边缘性之谜》（1976）基于 20 世纪 60 年代末和 70 年代初在里约热内卢的研究，直面贫民窟的谎言。珀尔曼承认，"从外面看，典型的贫民窟似乎是一个肮脏拥挤的聚居地"，但他接着说，"在明显的肮脏背后是一个社区，其特点是用心规划使用有限的住房空间，并在城市开发商认为过于陡峭不适合造房的山坡上采用创新的建造技术。散布在这个区域的是永久性的砖房，代表着用一砖一瓦建造起他们的家庭积累的财富。当地体育俱乐部的标牌被重新粉刷了，标牌前的两个人衣着整洁，穿着世界上任何地方都能接受的中产阶级风格服装。两人脚蹬皮鞋，戴着手表，象征着他们在城市取得的成就"。[107]

珀尔曼用鞋子和手表等中产阶级的标志来象征成就。这样将贫民窟思想重新定义为与普通人基本一致，似乎有将不平等正常化的风险。例如，考古学家有一种倾向，那就是将以前从贫民窟工人阶级家中找到的本国瓷器解释为准资产阶级体面的证据，并得出结论说，穷人只是处在驶往越来越幸福的自动扶梯的最低一级。弱势社区的成就不需要跟从主流期望。玛丽·胡切梅耶（Marie Huchzermeyer）根据最近在非洲进行的研究，认为"将非正规住区居民仅仅描绘成隐藏力量的……被动受害者是不正确的。尽管必须承认确实缺乏选择，但如果没有成千上万的家庭或个人的意愿或决心，非正规住区就不会存在。他们估量自己的处境，欣然决定通过特殊的非正规住区，并且有意地周旋在（有时是抵制或蔑视）那些利用他们的人之间，把自己的生活与城市或其边缘地区联系起来。无论是集体还是个人，非正规住区的居民（甚至作为租户）都创造和塑造了城市空间，这往往是在逆境中进行的。重要的是要认识到这些定居点的个人努力、独创性、亲密性、复杂性、人口规模、政治行动、小规模的市场活动，以及文化和艺术表现"。[108]

家　园

低收入社区的"小宫殿"是"贫民窟"居民有目的的能量和成绩的关键例子。英国维多利亚和爱德华时代的历史学家们探讨了城市工人阶级的低收入出租房的空间和功能的合理调整问题，由租客根据他们的需求和愿望进行。[109]怀特认为，即使在伦敦东区最危险的社区，房屋也都粉刷得"非常干净"，保持"一尘不染"，还经常用窗栏

　　　　　　贫民窟：全球不公的历史

花箱装饰，作为"悉心呵护的明亮之家"的象征。[110] 类似的行为在当今发展中国家最贫穷的城市社区也可以看到。这样做并不纯粹是装饰性的，在功能上是无关紧要的，也不仅仅是试图要接近主流规范，它自然地表达了外人所声称的贫民窟所缺乏的东西：良好的秩序和策略方向。

在某种程度上，低收入家庭的房屋布置是为了让不愉快的环境变得更容易接受。然而，人们也试图驾驭和掌握这些生活条件，那就是使它们变得亲切和个性化。历史学家在波士顿、纽约、旧金山、悉尼、墨尔本和开普敦等城市的"贫民窟"发现的19世纪家庭装饰品就是证据。[111] 自20世纪初以来，英国的社会工作者也开始让世人注意低收入家庭行为的合理模式。20世纪30年代，曼彻斯特大学定居点（从19世纪90年代到现在，曼彻斯特地区主要的社会服务慈善机构。——译者注）在19世纪30年代对安科斯的研究也开始吸引世人注意"人们对自己家园的自豪之情"，体现在"在陈旧的家具上刷上的新油漆，在墙泥松动欲坠几乎无法承受的墙壁上新贴的纸张"。[112] 调查人员惊叹于"住房的清洁程度，为美化斑驳的墙壁和有瑕疵的家具所做出的无尽努力"[113]："用硬石打磨过的石头砌筑窗台、门前修人行道及门阶依然是普遍做法，而且调查人员饶有兴趣地注意到，大多数女性都选择色彩鲜艳的细棉布做窗帘。深蓝色占多数，其次是金棕色。像在伦敦的贫民窟看到的破破烂烂的花边窗帘，在安科斯是看不到的。"[114]

在布里斯托尔，当20世纪50年代和60年代巴顿山贫民窟清理计划实施时，"即使街道大部分被木板封堵，那些住在孤零零房子里的居民也继续清扫人行道，还习惯性地在前窗继续摆放花瓶或瓷器等装饰品"。[115]

20世纪70年代，英国其他城市也报道过类似情况。在利物浦，甚至"在最小的房子中，也有擦亮的门环和经常被漆成各种颜色的明亮大门"，[116] 而且"在直接通向街道的房间里，三件套沙发和彩色电视机与智能婴儿车和哈雷自行车竞相夺目"。[117] 在格拉斯哥，玛丽希尔贫民窟清除区的一名社会工作者说，受到谴责的廉价公寓"装修得明亮，配有家具"，而且能保持"洁净"。[118]

发展中国家的贫民窟走访者也注意到家居物品的朴实和积累。在基贝拉，当地居民查尔斯·阿罗里（Charles Arori）领着本迪克森参观了他的家，解释说："我贴上这些报纸来装饰我的房子，就是为了好看。这让房子看起来很漂亮，让你一览无余，比如蟑螂会无处遁形。"[119] 罗伯特·纽沃思（Robert Neuwirth）是一位 21 世纪的贫民窟走访者，曾在基贝拉住过一段时间。他评论道，那里的居民"通常会给他们的土棚屋创造一点家的味道"。[120] 在开普敦的大型定居点卡雅丽莎（Khayelitsha），只有一间房的棚屋"在垃圾泛滥的环境中得到悉心维护"。[121] 在滨海的安得拉邦首府维杰亚瓦达（Vijayawada）的巴斯卡拉·拉奥·佩塔（Bhaskara Rao Peta）贫民窟，"虽然人们住在棚屋里，但墙壁和地面都抹了牛粪，牛粪是一种免费消毒剂，能让环境保持……洁净"。[122] 在孟买，"植物和鲜花种在屋前随手做成的盆盆罐罐和汽车轮胎里"。[123] 曾在达拉维住过一段时间的纽沃思评论说，孟买贫民窟的房子"保持得令人惊叹的干净"。[124] 在迈索尔的棚屋区，"没有挂相片的房子极少。这些贫民窟居民选择的最常见的画像人物是蒂鲁马莱（Tirumalai）的文卡特斯瓦拉之王（Lord Venkateswara）、斯里·兰加纳塔（Sri Ranganatha）和斯里·赛巴巴（Sri Saibaba）。许多房子里也出现了斯里拉玛之王（Lord Sri Rama）的肖像"。[125]

对德里南部一个低收入社区的研究结果显示，虽然 93% 的居民住在只有一居室的房子里，但 76% 的人都有电视看。[126] 据估计,2012 年,住有 100 多万人的曼谷"贫民窟"有三分之二的居民拥有 CD 播放机、手机和洗衣机。[127] 在基贝拉，居民安德鲁·迪兰戈（Andrew Dirango）对本迪克森说，"我不知道你怎么看我的房子，但对我来说它很美。就算它小，可我感激有它。这儿有我的床——它很舒服。我有座椅，有沙发，有小厨房，我可以把电视和 CD 播放机放那儿，喇叭放那儿，鱼缸放那儿"。[128]

如此井井有条的家政不仅是为了建立低收入家庭的内部秩序，其目的还在于通过搭建与邻里的关系创造一种外部秩序。20世纪70年代初，社会工作者雅各布斯在格拉斯哥的玛丽希尔贫民窟清除区工作，她了解到，该区呈现出一种"粗陋"和"体面"交织的混杂。[129] 人们的家政技能清晰地表明了每个家庭在这个社会混合体中的地位。萨特尔斯认为，在芝加哥的亚当斯地区，井然有序的住宅，其窗帘是花边的，床单是绳绒线的，家具是精心配有图案和垫布的，所有颜色都是清新淡雅的。住户俨然将家打造成一个"展示家庭主妇的勤劳和家务技能的场所"。[130] 对利物浦内城区的研究同样确定了不同低收入社区内部和彼此的"地位等级"，这在家庭装修中得到明确的体现："房屋的外表得到了切实维护。前门台阶、窗台、门前人行道，甚至屋后巷道都经常刷洗。每隔几周就清洗一次的整洁的花边窗帘被小心地拉开，露出傲然示人的黄铜饰品或钉起来的足球花环。房间仍然每年贴墙纸，部分是为了防潮，而那些已经买房的人会经常将他们的房子正面粉刷美容。"[131]

在达拉维，一些敏锐的观察家也注意到当地复杂的社会层级，这体现于简易庇护所是用防水帆布还是用竹子；棚屋是木板墙、麻袋墙还是压扁的罐头墙，是椰叶屋顶、茅草屋顶、锡皮屋顶，还是室内泥土地面抹上牛粪；小小的"真正"住所是砖墙还是泥墙，是水泥地面还是石板地面，是石棉屋顶还是瓦屋顶。[132] 在基贝拉，查尔斯·阿罗里自豪地谈起他的小家（他家拥有一台电视机），"我的邻居们把我看成是贫民窟里的'头等人'"。[133]

在低收入者的家政背后，最明显的策略目标是自助式家庭装修。从19世纪末和20世纪初开始，就存在着小规模但不断积累的家庭改善存在。曼彻斯特大学住区对安科斯的研究发现，"相当多的租户通过公司支持的通电计划自费安装了电灯，有些人在门边安装了带有开关的改进型煤气照明装置"。[134]

随着工人阶级的家庭从市中心的出租房分散到郊区的自有住房，

代际变化也在发生。这一趋势在澳大利亚和北美尤为明显。然而，自20世纪中叶以来，我们在发展中国家低收入住房的初期建造和随后的加强中，可以发现自助式住房改善的最明显证据。学者们将这种渐进过程称为"城市非正规性"。地理学家艾伦·吉尔伯特在解释该词时说，"非正规性经历了一个过程，往往是他们在获得服务前的数年里，就艰苦努力建造居所"。[135] 像特纳一样，吉尔伯特的研究重点也是拉丁美洲。正是在这里和邻近的加勒比地区，本土住宅受到了最大的关注。例如，弗洛里安·厄本（Florian Urban）展示了波多黎各拉佩拉（La Perla）地区的非正规家政的累积效应，而奥斯卡·刘易斯在20世纪60年代曾将该地区描述为一个无可救药地陷入贫穷社会风气的贫民窟。[136] 然而，也有人认为，南亚和非洲的城市贫民通过寮屋建设主动解决自己的栖身需求，表现出非凡的独创性。[137]

特纳将这种自助式房屋称为"有效的建筑"，并得出结论说，"从实质上来说，一些最差的居所显然在社交方面做得最好"。他称赞寮屋定居点中"明显可见的主动性、独创性、毅力和希望"。[138] 委内瑞拉首都加拉加斯（Caracas）洛斯巴里奥斯（Los Barrios）贫民窟的一位居民描述道："当我们到达这里时，这里还是山坡，一片荒野……你看到的一切都是一点点地建起来的。以前可不是这样的。它曾经是一个四面都是纸板墙的棚屋……我们添加了许多装饰。我妻子喜欢在陶器制品上画画，就这样装饰它，维护我们的这个家。我不会考虑从这里搬走……不会，这一点都不容易，但我们做到了。我们一直在做出牺牲，可是慢慢地，我们熬过来了。"[139]

同样，在里约热内卢的贫民窟，"棚屋变成了房子，用更坚固的材料建造，重新粉刷；有时还加盖一层"。[140] 珀尔曼认为："考虑到气候和建筑材料，这些房子的建造着眼于舒适和效率。在家具的布置和所有房间的整洁度上，显然都很用心。房子往往拥有彩绘门和百叶窗，窗台上有花卉或植物。主人所爱惜的东西都用爱和尊严来展示。"[141]

纽沃思曾在里约热内卢名声很差的罗辛哈贫民窟住过一段时间。

他评论道:"从远处看,那里似乎没有道路,没有院子,没有任何休息的空间。虽然只是一个人类居住的蜂巢",但该地区实际上展示了一种"富于活力"与"有机的"融洽气氛,最能体现这一点的是它不断变化的自助式住房:"泥屋或纸板屋让位给木屋,木屋让位给砖房,砖房让位给钢筋混凝土房。"[142] 同样,在巴西城市累西腓(Recife),那里有一半以上的人口住在寮屋定居点,"最初,棚屋往往是用木头、塑料和纸板搭建的,地面是泥土。在往后的日子,可用砖和水泥、混凝土或瓦片等其他各种各样的材料加强和改善。大多数棚屋里都有电视机、收音机、旧冰箱、炉子和床。许多人睡在同一房间或同一张床上。棚屋挨着建造,墙壁很薄"。[143]

在印度,草根活动家乔金·阿普塔姆指出,达拉维的居民"会使用任何麻布袋、海报、塑料布、竹子、棕榈叶和包装箱。他们总是从便宜易碎的材料开始。一旦他们觉得安全,知道他们的房子不会遭到拆除,他们就会一次买一块锡皮来改善它,直到整面墙被替换掉;接着是木门框;再接着也许是砖墙或水泥墙,屋顶用班加罗尔瓦片。再往后,如果他们条件好了,会建造第二层,屋顶用上水泥或瓦片。在人行道上,情况就不同了。那里没有安全保障,所以你不必同样用心建造。即便如此,非常拥挤的住所都是以极大的经济性和远见营造的。无论周围环境多么恶劣,室内总是保持清洁。在孟买,拆除房子已成为孟买街头居民的家常便饭。他们听天由命——今天拆了,明天我还会回来"。[144]

有时候,改善太细微了,以至外人很容易忽略它们:在加尔各答,挤满铁路沿线的棚屋种有南瓜与葫芦,它们顺着攀缘植物可长到屋顶上,一并种植的还有药草。[145] 然而,正如杰里米·西布鲁克所观察到的:"尽管这些居所破烂不堪,可仅从外表做判断是错误的。这些自建棚屋体现出的并不是肮脏和堕落,而是人们的聪明才智。他们一无所有,但为自己和家人提供了适当的住所和有尊严的生活。"[146]

社　区

尽管外人每过一段时间就承认贫民窟中个别家庭的自助行动，但通常的看法是，这些努力是随意的，与他人不同步，因此从长期来看是不可持续的。它们被看作是贫民窟混乱无序的又一个例子。不过，当地房屋的建造和家庭的改善常常协同进行，其累积效应可使整个社区和地区受益。有些事往往极其需要集体配合。正如内罗毕的穆库鲁地区贫民窟的一位居民所说的："我们大约有 15 个家庭住在同一个地主的一块地上，……这块地上的 15 个家庭共用一个坑厕，你在外面能看到它。在它旁边有一个公共浴室，它的入口用塑料袋遮住了……由于我们人多，一天到晚不得不排队上厕所，特别是浴室。"[147]

然而，这样的协同配合可以为共同进步带来机会，逐渐改善社区生活。格迪斯于 1915 年在印度写作，当他称赞"这些……地方与人们之间的密切联系，这个社会团结的网络，这个值得尊敬的公民群体"时，他超越了自己的时代。[148] 21 世纪初，总部设在内罗毕的联合国人居署主任承认，通过这些合作并"克服种种困难，贫民窟居民为自己找到经济上合理并具有创新性的住房解决方案"。[149] 正如 2009 年一位美国研究人员谈到曼谷朗瓦帕通瓦纳拉姆"贫民窟"时所说的，"它是一个充满生机和活力的地方，而不是令人绝望的地方。这里有基本的生活设施，食物充足，过去四十年来繁荣的经济增长惠及了贫民窟，摩托车、电视机、电冰箱和无处不在的手机都在这里出现"。[150]

在这些观察中，在生活方面评论最多的是，尽管这些地方在经济上处于不利地位，但其经济生活依然兴旺。它们的居民没有被不利条件和剥削摧垮；他们想方设法对付和克服它们。正如维贝在他的《印度贫民窟的社会生活》一书中所强调的："陈纳加尔（Chennanagar）区的人非常贫穷，但他们尽可能地利用已有环境和自己找工作的独到办法，确实做到收支平衡，一点一滴地增加收入，互帮互助。"[151]

历史学家的研究让我们一窥 19 世纪末和 20 世纪初工人阶级社区

贫民窟：全球不公的历史

那富有弹性的地方经济。例如，在伦敦，"在困难时期，当地网络在日常生活中发挥了核心作用。你知道或很快就能打听到，哪里有廉价的或免费的食物和燃料，谁会借钱给你，哪里可能需要家政服务，需要孩子跑腿或照看小孩，以及哪家公司在招人，如何获得推荐或慈善帮助"。[152]

自 20 世纪中期以来，社会工作者和社会学家的研究也印证了这种景象。曼彻斯特大学住区在 20 世纪 30 年代进行的社会调查断定："安科斯贫民窟的居民并没有被遗弃。"[153] 然而，在将注意力引向城市弱势社区，尤其是发展中国家城市弱势社区的有目的的经济活动方面，还有两个发展更为重要。第一个是始自 20 世纪 80 年代的新自由主义思想对舆论和政策制订者的影响越来越大。尽管贫民窟存在混乱的一面，但新自由主义者赞同草根阶层可能继续存在的创业和自助精神的建议。第二个是社会科学研究人员在 20 世纪末和 21 世纪初创造出"非正规性"和"南半球"作为主要的新研究领域。正是在这些背景下，西布鲁克在其《孟买贫民窟的生活和劳动》一书中认为，"在贫民窟里，几乎每个人都在从事某种重要的以赚钱为目的的工作，无论它看起来多么混乱和不协调"。[154]

新自由主义者喜欢评论达拉维和基贝拉等"贫民窟"，因为它们表明，尽管环境混乱，政府干预无效，当地创业精神似乎仍能蓬勃发展。新自由主义（第七章将做进一步讨论）为小微企业成功的商业活动喝彩。它宣传印度自雇妇女协会（1974 年成立西瓦银行）和穆罕默德·尤努斯（Muhammad Yunus，1983 年乡村银行的创始人）等小额贷款提倡者的努力，以鼓励集聚和有效利用当地储蓄。它赞同特纳关于自助住房的主张，认为这是比昂贵的政府住房计划更可取的选择。它尤其欣赏小型家族企业和不受监管的竞争市场。达拉维之所以成为世界上最著名的"贫民窟"，是因为它极其明显地表现出这些原则。2007 年，达拉维登上《国家地理》杂志的封面，《观察家报》也对其进行了报道[155]："孟买迷宫般的达拉维贫民窟，是一个占地 175 公顷、由阴暗小巷和皱巴巴的棚屋组成的迷宫，挤满了100多万居民。可是，如果你有耐心仔细观察，你会发现这里有一种亚洲最鼓舞人心的经济模式。达拉维也许是世界上最大的贫民窟，但也是迄今最繁荣的——一个由成千上万的小微企业主推动的商业中心……经济学家对贫民窟产出的最新估计令人印象深刻，但似乎不可能每年有14亿美元的营业额。"[156]

对影片《贫民窟的百万富翁》于2009年上映引起的愤怒，一位评论员反思道："达拉维的服装制造、刺绣、陶器、皮革、塑料和食品加工等行业充满了活力、创造力和创业精神。据估计，达拉维小微企业每年的营业额在5亿至10亿美元之间。达拉维的巷道两旁都是手机零售店和网吧。根据微软印度研究院的调查，贫民窟居民对新技术的着迷程度非常高。"[157]

与此同时，当代社会科学已经开始促使人们关注南半球的"非正规城市"。人们开始意识到，非正规且基本上不受管控的经济活动主宰着世界上大多数城市居民的生计。然而，有关贫民窟的谎言的持续存在意味着大多数分析人士仍将这些活动视作经济的"非正规"或"无组织"部门，或两者兼而有之。[158]据计算，在非洲城市，平均75%的人的基本需求是通过非正规部门提供的；在一些城市中，高达90%的新住房是非正规建造的，一半以上的成年人是隐性就业。基贝拉是非洲进行这些计算的传统衡量标尺。据说在基贝拉，"非正规部门经济充满活力……这在整个住区的数百个售货亭有所体现。几乎所有日常生活所需的东西都可以买到，包括食品、日用品、木炭、衣服、床、汽车零件，甚至棺材。还有兜售服务的木匠、裁缝、鞋匠和金属焊工的摊位，以及照相馆、维修亭和理发店。许多人卖鱼卖肉。这些生意很少有固定的建筑场所或地点，大多数售货亭就在自家房子的走廊或路边"。[159]

对社区微型企业的日益关注堪比对小微贷款倡议的兴趣。正规银行部门不与"贫民窟"打交道，因此储蓄和贷款都是不正规的，都是通过亲戚、朋友、雇主或私人放债者安排的。随着研究人员开始认识到这些情况，他们开始质疑城市贫民在经济上缺乏组织性和毫无头绪的假设。社会科学研究人员与新自由主义者在强调基层组织方面有相同之处，如马希拉米兰联合会（1986 年由贫穷妇女在孟买成立）和南非无家可归者联合会（1995 年成立），这些组织已经启动了储蓄和信贷计划。

发展中国家城市非正规性问题的观察者也证实了历史学家在 19 世纪发现的一个事实，那就是贫民窟的劳工和创业精神不仅为工人阶级社区提供了内部经济秩序，而且有助于支撑其所在城市的正规经济。拉丁美洲的学者已经证明，即便如捡旧衣服和瓶子这样看起来微不足道的活动，也对正规经济起着重要作用。[160] 印度的一些研究人员在 20 世纪晚期也开始承认，"贫民窟"在为制造业、建筑业和零售业提供廉价劳动力，以及为中产阶级住区提供家政服务方面具有重要性。鲁道夫·赫雷迪亚（Rudolf Heredia）谈到孟买的"贫民窟"时说，"没有贫民窟的劳动力，这座城市就会陷入停滞"。[161] 当亚穆纳普什塔地区在 2004 年被摧毁时，一位批评者指出："住在这些地区的劳动者建造了楼房、纪念碑、立交桥、医院、购物中心、商业中心，还有你我居住的房屋。更重要的是，正是因为有了他们，我们的生活质量才得以大大提高。我们的厨师、女佣、司机、佣工、职员、拾荒者、道路清洁工、电工、水管工，还有许许多多的劳动力，都住在贫民窟、重新安置区或那些聚居地。"[162]

人们还不时认识到，在城市的贫困社区存在着良好的社会生活。尽管在一贯对贫民窟的老旧印象中，它只是一个供短期居住的混乱之地，但历史学家发现，19 世纪时的工人阶级社区表现出显著的居住连续性，而当代社会学研究也确认了自 20 世纪早期以来类似的居住模式。在 20 世纪 30 年代末的一次调查中，曼彻斯特安科斯区有 41% 的人在同一所房子里居住了 20 多年。[163] 同样地，20 世纪 50 年代，扬和威尔莫特对贝斯纳尔格林的研究，以及希尔达·詹宁斯对巴顿山的研究结果表明，"长期居住是很常见的事"。[164] 对20世纪后期印度贫困城市社区的调查一再发现，半数或过半数的受访者已经在那里生活了至少五年，一般是二十年或更长时间。

尽管贫民窟给人一种反社会行为和公共暴力的老印象，但也有强有力的证据表明，这些社区内部存在社会共识和稳定。历史学家有时会留意到这些被忽视的本地动态。伦敦东区罗斯柴尔德出租公寓区的前居民告诉怀特，"这个社区紧密团结……有那种人与人之间的温暖和亲切感"。其中一位前居民回忆道："我们庆祝彼此的婚礼，哀痛彼此的不幸。那真是感动人心的事。这种情况再也没有了。有人离世了，大家一起哀悼，就像一个大家庭。"[165]

这些行为的背后都有一套本地的行为准则。正如20世纪初伦敦一位牧师所指出的："这些人有自己的准则。它与我们的准则有很大的不同，但它像法规，违反了会受到他们自己人的强烈憎恨。"[166]

社会工作者和社会学家如今证实了这些发现。萨特尔斯提出的"贫民窟"可能是"按照自己的准则复杂地组织起来"的观点一直在全世界都有影响。[167] 他的发现加强了早期的研究，如赫伯特·甘斯的研究。他从20世纪50年代末在波士顿西区的实地调查中得出结论："波士顿西区高度发达的非正规社会控制系统使不同生活水平和种族背景的人有可能和平共处，容忍那些有问题的人。"[168]

英国贝斯纳尔格林的一位居民告诉扬和威尔莫特："我想外来者会认为它是一个糟糕的地方，可是我们这些建起它的人喜欢它。在这里，你尽可把门打开，向每个人问好。"[169] 詹宁斯在她对布里斯托尔的研究中认为，巴顿山的居民已经制订了"一个公认的最低标准，几乎没人愿意被人看到自己低于这个最低标准"。她转述了当地店主的普遍看法，"巴顿山的人非常友好亲切，"还评论说，"这里没有街道……没有居民单独或共同宣称他们'就像一个大家庭'或'是一个幸福的家庭'"。[170] 这可能与引起外部人注意的暴力共存。在1992年英国城市爆发反警察骚乱时，曼彻斯特索尔福德区的居民曾登上世界新闻报道的

贫民窟：全球不公的历史

头条，这里的居民向一名研究人员保证，"对当地人来说，这里是安全的，对陌生人则不然"，并解释说，"你需要遵守某些规则，还要被人'知晓'"。[171]

自20世纪60年代以来，发展中国家的一股社会学研究的暗流摒弃了奥斯卡·刘易斯对贫民窟存在一种特殊贫困文化的看法，转而支持萨特尔斯关于低收入社区内"道德秩序"的论调。西迪基（Siddiqui）和侯赛因（Hossain）在《加尔各答贫民窟的生活》（1969）一书中认为："尽管这些'贫民窟'的卫生条件差且拥挤，但里面的生活总体上井然有序，相对来说无严重犯罪，而且充满合作。"[172] 20世纪80年代在加尔各答进行的社会学田野调查支持了他们的发现，并强调了"贫民窟居民所依附的紧密的社区生活：巴斯蒂的人彼此非常了解；他们的孩子一起玩耍；那里有一种往往超越宗教界限的互助关系；人们参加许多集体活动，如社交和宗教活动、发展计划、工会和政党活动等。经常能看到人们在打牌或只是聊天……站在街角互相开玩笑。邻居之间的往来也非常频繁。可观察到的还有像家庭、婚姻、亲属关系和宗教等社会组织和结构，均在印度人口的各个层级发挥着重要作用"。[173]

维贝在1975年对马德拉斯陈纳加尔区进行了有影响力的研究。他同样认为，该区居民"不只是一个无组织的群体"。[174] 他肯定了这些社区需要外部援助来提供服务、更好的医疗保健和教育，但也认为干预的成功取决于当地居民"能够清除他们自己的需求和期望"。维贝证实了陈纳加尔区的居民已经养成了一种浓厚的家庭、社会地位和政治组织意识。他们把家放在首位："几乎所有人……都把对他们来说是相当可观的钱投资在家庭上。"他们重视有秩序的社区生活：那里有购物区和庙宇，居民们每年共庆重大节日。[175] 一项关于德里达利特社区生活的研究指出："很多时候，贫民窟都是以负面形式呈现的，并被指责为城市所有弊病的罪魁祸首，包括污染、违法和过度拥挤。人们很少理解这样一个事实，即社区生活的方方面面是由能够做出理性选择的个体构成的，他们是环境的受害者，在面对贫困和敌意的情况下不断地努力争取更好的生活。"[176]

即便是被许多人看作贫民窟混乱的旋涡、名声恶劣的达拉维，研究人员也证实该地区实际的内部动态是"截然不同的"，有着按出生地、语言、宗教、种姓和职业组织的紧密网络。[177]《泰晤士报》报道过在被认为是贫民窟问题最为集中的内罗毕发现的类似情况，该报援引内罗毕"贫民窟"居民、美国前总统巴拉克·奥巴马（Barack Obama）的弟弟所说的话，"在这里，我被家人和朋友围绕着，感觉很安全"。[178]

即便在表面看来最贫困和最恶劣的地方，也盛行惯常的行为准则和不成文的规则。例如，在曼谷孔雀区的屠宰场社区："这家屠宰场每天都在运转，靠着不成文的规则生存。富人区没有人真正了解或想去了解那些规则。"[179] 正如一名居住在加拉加斯洛斯巴里奥斯贫民窟的妇女说的，"要是有人开枪，你就关上门躲起来——没事的。他们不会和你扯上关系。他们不会进入你的房子。那是他们之间的问题，就像我孙子说的，坏蛋打坏蛋"。[180]

在解释当地规则和这些帮派对抗的好处时，尼加拉瓜首都马那瓜的一名贫民窟居民说，"帮派关照社区，与别人斗，保护我们，让我们感到更安全一点，让我们的生活更容易一点……没有他们，我们的处境会更糟"。[181]

将社区联系在一起的非正式规则在通过当地组织运作时表现非常明显。对发展中国家非正式住区社会生活的研究越来越关注居民社团在以下方面发挥的作用，如调解地方争端，游说国家机构和政客，吸引具同情心的媒体进行报道，与非政府组织合作，安排娱乐活动和福利活动，进行小额信贷自助和环境改善。正如一位分析师所言，低收入社区是"活动、发展和群体生活的蜂巢……贫民窟充满'委员会'"。[182] 由于认识到当地人为了共同利益而团结在一起的趋势，联合国于1996年提出要注意低收入社区丰富的"社会经济"。[183] 这种情况明显可见于雅加达的城市贫民联合会和内罗毕的贫民窟居民公社等组织。这些组织是从 20 世纪 90 年代末和 21 世纪初肯尼亚反驱逐抗议活动中发展而来的。在印度，社区组织得到全国伞式协会的支持，如妇女团结组织（Mahila Milan）和全国贫民窟居民联合会（National Slum Dwellers' Federation）。后者起源于 20 世纪 70 年代孟买的反驱逐抗议活动，并在 20 世纪 90 年代发起成立国际联合会——"棚户/贫民窟居民国际"中发挥了主导作用。直到 2004 年新德里的驱逐和拆除行动，"亚穆纳普什塔存在着一个小世界，学校、医疗保健中心、自助团体、商店、餐馆、托儿所、小企业和各种社会组织都与社区密切合作，给居民生活带来巨大的积极变化"。[184]

在试图超越贫民窟谎言进行思考时，最难把握的是，城市弱势地区看似混乱的布局实际上显示了一种奇特的空间逻辑。它们被居住者打造成甘斯所称的"有效环境"。[185]对低收入地区内的经济和社会组织做出让步，使得假定的贫民窟的基本现实没有受到挑战。做出这些让步的观察员仍称这些地区为"贫民窟"，将它们的居民描述为奋力争取正常生活，以此赢得我们的尊重，获得我们的支持，从而变得更像我们。人们从未接受的是，尽管这些不利环境有许多缺陷，但它们可能体现了当地居民设计出的有效的本地安排，最大限度地增加改善经济和社会生活的机会。承认这一点就等于放弃了"贫民窟"这个词及它所延续的谎言。

特纳强调了 20 世纪 70 年代和 80 年代自建房的乡土逻辑，得到了各国政府、联合国和国际发展组织的谨慎认可，这在很大程度上是因为这种逻辑非常符合新自由主义思想，可以将其纳入有关贫民窟的传统智慧和"改善"它们的适当计划中。然而，特纳倡导的本地自助并不局限于单个家庭，甚至也不局限于一群家庭——他考虑的是更广泛的社区。

在提到 1987 年的"国际无家可归者住房年"时，特纳指出，低收入者"在许多第三世界城市实际建造了大量住房和社区"。[186]20 世纪

80 年代末，印度研究人员阿肖克·兰詹·巴苏（Ashok Ranjan Basu）在研究了新德里的寮屋住房后得出了类似的结论："第三世界的绝大多数住房都是长时间小增量地建造的，并因需求的出现和可用钱财的积累，随时间慢慢地形成社区。"[187]

巴苏还说，以乡土风格建造房屋和社区作为解决住房问题的方法并没有赢得广泛的认可，因为它不符合精英的价值观。[188] 人们偶尔会意识到，低收入环境是由其居民有意塑造的，并提醒说，他们的活动受到有限知识和受限机会的制约。因此，"贫民窟"环境勉强算是为其居民的利益而起作用，但它仍旧是"贫民窟"环境。根据 20 世纪 80 年代中期帕特里克·麦考斯兰的观点，"第三世界城市真正的建设者和规划者是城市贫民。他们在能建的地方建了自己的房子和住区，大部分是非法建在未使用的土地上、山丘上和沼泽地里。土地被非法占有或分割；房屋无视建筑和卫生法规；住区无视土地区划和分区法规，也无视城市规划者最爱的'总体规划'"。[189]

麦考斯兰的评论在当时颇为大胆。然而，我们还需要更进一步，把这些地方想象成真正由其居民在社交、文化和经济方面实际发挥作用的生活环境。有效的居住环境并不一定需要主流城市规划者所青睐的直线型街道网络和正式的市中心，也不一定需要高端房地产开发商提供的指定面积。住区可能更重视那些看似更实在的事情，正如阿普塔姆在解释印度全国贫民窟居民联合会为弱势社区提供集体厕所的倡议时所指出的："在印度，公共厕所不只是厕所。公共厕所就是社区中心，人们在那里碰面交流社区或家庭中正在发生的事情、几天前或昨晚发生的事情。当你上公共厕所时，你会得到所有有关住区的消息。"[190]

要说谁能摆脱对贫民窟的刻板印象，理解社区的功能，甚至其美的一面，20 世纪早期在印度工作的格迪斯正是其中一个。这些社区之所以成为贫民窟清理目标，仅仅是因为"我们……屈从于绘图板和三角尺的直线"。[191] 格迪斯支持本土空间布局。他认为，"在欧洲城市，但更明显的是在印度城市，城镇居民仍然在很大程度上是村民",因此,他们在喜好的空间安排上重建了一种"类似村庄的布局",有树木、公共空间、既遮阳又安静的狭窄小巷及家庭花园。[192] 20世纪下半叶,社区活动家简·雅各布斯和历史学家小沃姆·巴斯·萨纳就美国城市的有效居住环境持大致相同的观点。[193]英国地理学家 D. J. 德怀尔(D. J. Dwyer)也响应了格迪斯的观点。他在1979年批评发展中国家"几乎完全致力于所谓的'纸上规划'",并叹息"自发住区没有规划,平平淡淡且明显混乱。在描绘未来的前景时,它们通常要么被完全忽视,要么遭到彻底否定"。[194]

20世纪70年代和80年代,美国建筑师阿摩斯·拉普波特(Amos Rapoport)的一系列出版物强化了这一思想。他认为,非正规和自发的住区,"就像所有人类环境一样,不是偶然出现的;它们的设计意义在于,通过在可选方案中做出一系列选择,对实际环境做出有目的的改变"。[195]

他把这些住区描述为一种"本地环境",尽管塑造它们的人受到严格限制,但在社会、经济和文化上,它们"远远优于"专业规划者设计的环境。[196]他建议,"人往往需要学会忽略建筑材料、空间垃圾等;人需要意识到关系而不仅仅是元素。由于前者更为重要,所以高质量的环境可以用撕开的麻袋布、纸板、生锈的金属、木块和其他类似的材料创造出来"。[197]

非正规住区之所以提供了有效的生活环境,正是因为它们的"混乱":正如拉普波特所认识到的,在外人看来似乎混乱的生活和工作条件是"极其开放的",[198]它们根据用户的直接需求和愿望而演变。如此一来,铁路轨道被周围的非正规住区用作人行通道;煮饭、洗澡和上厕所可能会协同安排;工作活动可能会占用家庭睡眠区域,并延伸到街上。珀尔曼对20世纪60年代末和70年代初里约热内卢贫民窟生活的研究使其得出这样的结论:"贫民窟是基于人类需求而做出的许多决策叠加的产物,所以它是精心设计的。朋友和家人住得很近;人行道分布在需要的地方;公共空间根据是否使用而出现和消失;不开发某些地方的默契得到遵守。"[199]纽沃思在21世纪初认识到,虽然里约热内卢的罗辛哈从正式规划上来讲是非法的,但它通过非正规的计划过程已经形成。"如果罗辛哈的房主想要扩建自己的房屋,他们仍会与邻居协商,如果有人反对,他们通常不会继续下去"。[200]

本土设计和使用——尽管可能会违反专业规划原则和市政法规,违反共享空间和私人使用空间之间要进行合理划界的主流社会惯例——将现有空间、材料和服务的功能发挥到极致,并就适当的布局和活动传递出松散的社区共识。20世纪80年代对印度城市印多尔的研究使人们注意到的发展情况是,"房屋扩建的……复杂层次结构,房屋前面的空间名义上是公共领域的一部分,但通过使用和各种物理改造就具有了私人性质"。[201]

研究人员还指出,"在现有的贫民窟和无规划的住区中,树木显然是由居民栽种、维护和保护的",充当了社区的指路标,并代替"作为正常城市结构一部分的拱廊、门廊和有盖的户外空间"来提供阴凉。[202]

通过这些常规做法,本地设计的选择具有随时间推移而逐步改善的潜能,随着不结实的小屋被改造成更耐用的住所,居民集体建造当地的景观,填平湿地,修筑大大小小的道路,建设和清理排水沟。居民们还进行合作,以便获得更可靠的供水和电力,打造公众集会和体育活动场所,建立学校和宗教场所。在此过程中,"这些住区起到了推动社会和经济变革的作用"。[203]艾伦·吉尔伯特评论道:"在拉丁美洲,自助住房……有助于增加住房存量。最初的棚屋竟很快变成一所坚固的房子。渐渐地,街区通了水电,道路铺好了,公交车开始运营,学校也建好了……服务的改善使大片的棚户区变成有模有样的城郊。"[204]

德怀尔指出,在各个发展中国家,"每一个自发住区都有一个特点,那就是主动性;许多住区还展现了很大一部分城市贫民动用自己积累的钱财一点点地购买建筑材料的能力,令人印象深刻的建筑本领,以及在建筑上所付出的简简单单、令人印象深刻的人力资源"。[205]

这种筹划利用超越了基本的生存需求和以家庭为中心的渐进式改善：例如，在里约热内卢的维迪加尔（Vidigal）贫民窟，社区将一个垃圾场变成了公共花园：

> 如今，这个花园成了一个欣欣向荣的社区中心，居民们可以在这里聚会庆祝、锻炼、学习和创造。当地的艺术家为这里的景观贡献了充满活力的壁画和雕塑，将花园垃圾堆中的金属、木头和碎塑料片回收利用，创作出丰富多彩的作品。

维迪加尔例证了种种抱负、本领和坚韧不拔的成就，正是这些造就了"小宫殿"，维系了稳定的社区。但在维迪加尔，"公园的未来……仍不明朗，因为该地区快速的中产阶级化似有可能把这个社区变成酒店和商店"。[206] 类似的愿望、本领和成就显见于亚穆纳普什塔，显见于"第六区"。这时，拆房工作队来了。

第七章

建设新社区？

　　联合国曾表示，1990 年，"差不多有一半的发展中国家的城市人口居住在贫民窟"。这相当于 6.89 亿人。[1] 然而，在 20 世纪后期，有迹象表明，各国政府、开发机构和私人开发商可能终会开始与发展中国家的低收入社区展开有效合作，改造贫民窟的"小宫殿"，并改善其居民的生计。分别始于 20 世纪 60 年代与 70 年代的印度与拉丁美洲的城市社区发展项目被批评为尝试太少的试验，并因贫民窟清除而黯然失色。20 世纪 70 年代末，印度于紧急状态期间在各城市开展的大规模驱逐支持了这一断定。然而，在 20 世纪 80 年代和 90 年代，在联合国和世界银行的协助下，在各级政府、国际开发机构和非政府组织的支持下，在地方社区组织的合作下，城市贫困社区自助改造项目迅速扩大到整个发展中国家。这一趋势似乎与以前贫民窟战争中所缺乏的东西有共同之处：尊重当地住房和邻里设计，对"城市非正规性"的更广泛优势和愿望的敏感性，以及倡导社区参与设计和实施自助项目。1996 年，也即联合国于温哥华召开第一次人居大会后二十年，联合国又在伊斯坦布尔召开第二次人居会议（简称人居二会议），这次大会明确表达了这些价值观，发表了一项名为《伊斯坦布尔宣言》的国际行动计划。

　　据说，当地的参与是落实这些新可能性的基础，而且得到支持的新目标是改造而不是严厉清除"贫民窟"。通过确保低收入社区参与贫民窟改造项目，似乎可以克服早先英国的改造办法，以及印度和拉丁美洲城市社区发展计划的局限性。一个典型的例子还是来自印度。印度的《城市贫民窟环境改善方案》始于20世纪70年代，于80年代随着低收入住房的改造而不是重新开发和搬迁而扩充，并逐渐纳入中央政府的五年规划中。印度规划委员会在其发布的第六个五年计划（1980—1985）中提出，"建议今后放弃试图在城市大规模搬迁贫民窟的策略。这种搬迁会给受影响的人带来巨大困难，使他们无法方便地上班和使用其他生活设施。同时，无论住房基金的标准定得有多么低，这都会导致对现有住房基金的破坏。因此，大幅增加对改善贫民窟区环境的投资是很重要的。低成本的卫生和排水系统是我们城市贫民窟亟须获得的关键投资"。[2]

1986年，在联合国儿童基金会、邦政府和中央政府的资助下，印度出台了《城市基本服务方案》（后来称《城市贫困人口基本服务方案》），旨在与地方社区合作，提供环境改善（卫生设施及给排水设施）和特别针对妇女和儿童的社区发展倡议：医疗保健和健康教育、营养、计划生育、托儿所、学前教育和职业培训。

印度各大城市竞相实施国家规划。在20世纪80年代至90年代，海德拉巴的开拓性社区发展项目在联合国儿童基金会和后来的英国政府的资助下得以扩大，并因"出于贫民窟居民的切身需要、希望和期盼而广受称赞"。[3]海德拉巴的环境改善包括自助住房、道路升级改造、排水、供水、社区厕所、街道照明、公园和游乐场。受到强调的是，"在这些建设活动中鼓励自助。几乎所有贫民窟居民只要晚上有时间就参与建设他们的房子"。[4]社区发展和生计活动包括医疗保健、营养、教育、就业培训（如缝纫机修理、打字和速记、机动三轮车驾驶），以及娱乐活动。海德拉巴计划还为当地妇女安排贷款，用以购买缝纫机，赚取家庭收入。在马德拉斯，都市发展局在世界银行的共同资助下，于1977年发起了一个类似的贫民窟自助改造计划。这种协作持续了十年，使马德拉斯成为"少数几个试图加强社区参与其低收入住房政策的印度城市之一"。[5] 接着，世界银行又将合作扩展到泰米尔纳德邦的各个城市。在马德拉斯（1996 年改名为金奈），联合国新的可持续城市计划从 1995 年起继续为城市较贫穷地区的环境改善提供支持。1993 年由荷兰政府共同资助的班加罗尔城市扶贫方案同样强调社区参与贫民窟的改善。

社区参与"贫民窟改造"也开始在整个发展中国家的城市社区发展方案中受到重视。印度尼西亚甘邦贫民窟改善计划始于 20 世纪 60 年代末，从 20 世纪 70 年代中期开始得到世界银行的支持。据估计，到本世纪初，该计划已在印度尼西亚的 800 个城市实施，使近 3000 万人受益。[6] 斯里兰卡的百万住房计划始于 20 世纪 80 年代中期。联合国对这些举措表示欢迎，认为它们代表了一种新的"自下而上、权力下放和基础广泛的合作参与城市环境管理的办法"。[7] 拉丁美洲特别引起人们的关注。国际发展机构在 20 世纪 80 年代至 90 年代参与支持了拉丁美洲的社区自助发展项目，例如巴西贝洛奥里藏特市（得到德国和意大利的资金支持）和圣保罗瓜拉皮兰加区（得到世界银行的支持）的贫民窟改造活动，以及于 20 世纪 90 年代中期开始，由美洲开发银行提供资金的里约热内卢拜罗的大规模"从贫民窟到邻里"项目。

与地方社区共同进行的这些努力在很大程度上受到非政府组织和社区组织激增的刺激。1996 年，联合国人居中心宣称，在与项目官员协商时，非政府组织已成为"支持公民组织的重要中介机构"。[8] 这些非政府组织中最有成效的有马尼拉的城市贫民协会、卡拉奇的城市资源中心、孟买的促进地区资源中心协会和里约热内卢的巴西保护生命运动。它们都产生于反对以前强行驱逐"贫民窟"政策的运动。例如，孟买的促进地区资源中心协会由社会工作者于 1984 年在孟买成立，并与印度全国贫民窟居民联盟和妇女团结组织合作，反对清除孟买的贫民窟，还为达拉维的未来提出了另一项"人民计划"。这是一场草根运动，它挑战官方的重新开发计划，举办厕所节和住房展览，使"穷人，特别是其中的妇女，能够讨论适合自己需要的住房设计"。[9]

正如达拉维的人民计划所表明的那样，地方参与新的社区发展政策的基础是社区协会和联合会，这些协会和联合会的出现使地方意见具有更大的影响力。津巴布韦无家可归者联合会的一位女发言人解释说："我们的想法很简单——我们虽然是贫民窟居民，但我们并不绝望。我们希望政府改变那些让穷人难以在城镇体面生活的政策。"[10]社区组织要求有权"作为合作伙伴而不是受益者参与发展活动"。[11]它们维护迄今被忽视的底层意见，即建设"小宫殿"和确保底层民众赖以生存的生机。它们代表从达拉维到基贝拉的街区中的社区组织，组织关于"住房梦想和设计"的讨论会，开展帮助居民实现梦想的储蓄计划。[12]在大城市、全国性和国际性联合会的支持下，地方组织的努力得到加强。前者大城市的好例子有圣保罗和里约热内卢的贫民窟联合会（后者于1957年举行了第一届大会）。全国性的好例子有菲律宾无家可归者联合会，该联合会成立于20世纪90年代中期，其目的是协调储蓄计划并创造"一个人人都能使用的庞大的公共知识库"。[13]1996年，广大发展中国家的社区组织和非政府组织发起了"棚屋/贫民窟居民国际"活动。

然而，20世纪后期关于贫民窟自助改造的言论背后还有另一个关键影响——发达国家正在兴起的新自由主义公共政策方向，其于1989年被称为"华盛顿共识"。该共识概括了设在华盛顿特区的一些组织（如世界银行、货币基金组织和联合国的一些部门）正在倡导的发展政策。新自由主义试图通过减少政府作用、释放地方创业才智和促进全球市场的自由运作来振兴社区。为了克服20世纪80年代拉丁美洲经济危机，许多拉美国家政府推行新自由主义政策，以此换取国际资金支持。新自由主义还影响了20世纪80年代末和90年代印度全国住房政策的制定，该政策强调社区自助，私营部门参与，以及减少国家责任。世界银行对世界各地贫民窟改造项目的支持在20世纪80年代中期后越来越多地反映了新自由主义原则。1991年，世界银行在审查了其所有援助方案之后，与联合国开发计划署合作制定了一项明确的新发展战略，强调利用社区自助改造去响应非政府组织、国际援助机构和私营企业的活动。在整个发展中国家，新自由主义者建议政府的"进行结构调整，已逐渐导致政策表述上强调贫民窟居民本身在改善其生活条件方面的关键作用"。[14]

20 世纪 80 年代至 90 年代，随着"贫民窟"改造的新政策势头增强，巴基斯坦的规划者宣布，经过对自身工作方法的反复思考，如今"采取与成功的非正规部门相同的方法"[15]。新自由主义者喜欢这种对"创业活力源泉"的支持，它似乎正在发展中国家城市低收入地区的非正规经济中得到培育。[16]特纳对发展中国家政府以前的公共住房方案的批评尤其吸引了国际开发银行和联合国。他们的工作人员选择性地阅读特纳的著作，使得他们越来越青睐参与"贫民窟"改造的主张，而不是大规模的清除和安置。特纳的影响在帕特里克·麦考斯兰为筹备 1983 年联合国人居委员会赫尔辛基会议而对发展中国家的住房方案进行的审查中可见一斑。麦考斯兰是一位著名的法律学者和发展中国家人居和土地改革问题顾问，他敦促住房政策要以行动参与为中心：利用城市大多数人的创造力，尽可能在他们选择的地方打造自己的生活环境和建设自己的家园。这意味着本地服务和寮屋改造计划比建造大规模的公共住房计划更可取。[17]

在 1987 年无家可归者国际住房年的筹备工作中，联合国人居中心对特纳的游说做出了回应，同样建议该住房年活动要"提出并展示新的办法，以直接支持目前无家可归者的努力，确保他们拥有自己的房子"。[18]

评论者赞扬了特纳早期的工作中所强调的拉丁美洲自助倡议，并语重心长地说，这些倡议为所有发展中国家提供了蓝图：改造引发了连锁反应。非正规居住区的居民开始感觉自己像普通的城市居民。他们有了地址，邮递员上门了，他们收到了水电费账单。这种常态增强了人们的自尊心，增强了人们对物质和社会环境的归属感。它还明显激发了居民对社区的经济投资。[19]

一个新自由主义的乌托邦似乎在召唤，"普通公民"之间拥有共同价值观，这使得通过市场机制和政府分配政策实现收入分配的公平成为可能。换句话说，"市场效率和公平可以并驾齐驱"。[20]

世界银行在联合国人居中心找到了愿意实施这一愿景的全球伙伴。联合国人居中心是在联合国人居二会议召开后于温哥华成立的，但最初难以确定一个明确的目标和行动计划，一直到十余年后的20世纪90年代，才决心设法"扩大"其活动。[21]1999年12月，这两个组织在柏林举行会议，成立了城市联盟，其全称为"全球城市及其发展伙伴主要联盟"。[22]联盟成员最初由国际援助机构组成。不久，欧洲、北美和日本政府，联合国其他机构和亚洲开发银行也加入进来。城市联盟制订了一项名为"无贫民窟城市"的贫民窟改造行动计划，旨在"到2020年改善一亿贫民窟居民的生活"。[23]南非（代表了一个城市贫困增长速度比世界上其他任何地区都快的区域）总统纳尔逊·曼德拉成为该联盟的赞助人，而城市贫困似乎最为根深蒂固的印度被用作该联盟的第一个案例研究。"无贫民窟城市"成为该联盟目前的标志，其最大的胜利是在世纪之交将其2020年目标纳入联合国千年发展目标。

城市联盟概括了"贫民窟"改造的新自由主义思想。首先，它倡导全市乃至全国范围的改造项目，而不是无关的社区专项计划。其次，它支持私营企业"进入"，以便为这些计划筹措资金，这往往导致整个地区的重新设计和重建，而不是对其进行巧妙改进。第三，它建议城市政府在与私营企业开发商的合作中重新发挥其作用。第四，它赞同特纳关于"扶贫"的战略建议，欢迎当地社区、社区组织和非政府组织成为"贫民窟改造项目的积极合作伙伴"。[24]最后，它承认这些社区所抓住的更广泛的生计问题和目标："如今，新兴的改善贫民窟居民生活的战略在很大程度上试图避免只针对贫民窟中城市贫困的项目，转而更多地支持解决贫穷根源的办法，以及让生活贫困者及其代表组织参与的办法。"[25]

城市联盟的"无贫民窟城市"行动计划与其发起人联合国人居中心的新战略方针（2002年升级为人居署方案）特别吻合。到21世纪初，人居署的业务运营已扩展到61个发展中国家的150多座城市。

这一看似很新的贫民窟改造办法新在言辞，而非新在其基本要素上。尽管有关于帮助贫困社区自助的说法，但私人开发商和政府当局的清理项目继续大规模进行。此外，推行改造和重建项目的方式只为社区提供了有限的参与机会。据估计，在1983年的五个月期间，印度孟买有将近一万个"未经批准的棚屋"被拆除。当民粹主义者马拉蒂（Marath）和印度右翼党派湿婆军党于1985年首次赢得市政府的控制权时，启动了一项名为"贫民窟拆毁行动"的严厉的清除方案。[26] 20世纪90年代，为了与孟买争夺印度最现代化城市头衔，班加罗尔加紧清除"贫民窟"。[27] 20世纪70年代，维贝曾警告说，尽管"贫民窟"改造战略正在取得有益的环境影响，"但总的来说，贫民窟居民仍然被认为是无组织的，受'贫民窟心态'等拖累"。[28] 然而，在贫民窟改造活动又进行了二十年后，德里的一位规划学教授仍然认为，"贫民窟居民需要组织起来，以便解决他们的问题"。[29] 这种家长式作风典型地代表了"贫民窟"的重新设计。例如，海德拉巴备受赞誉的社区发展规划最初是基于一种传统的规划假设，即必须以基于"直线"的有序布局取代贫民窟的混乱。[30] 20世纪90年代中期，在审查海德拉巴的方案时，对它几乎没有做出什么变化；该方案因"将无规划的危险贫民区转变为有规划的聚居地"而受到赞扬，而且因此"启发了社区"，"使至今无望的贫民窟居民获得了改善生活的希望和信心"。[31] 同样，1985年开始与世界银行合作的孟买城市发展项目被称赞为"公共机构在促进自助住房方面的第一次重大尝试"。然而，持怀疑态度的人质疑其核心目标究竟是社区自助还是商业重建："在大多数情况下，贫民窟居民对重建进程几乎没有控制权。一旦他们同意离开贫民窟，允许拆除他们的旧住房，投资者就会主导决策。"[32]

同样，在拉丁美洲，一些观察人士说，20世纪70年代末开始的贝洛奥里藏特备受赞誉的贫民窟改造项目没有给其居民留下深刻印象。在贝洛奥里藏特所谓的创新方案中，"规划过程中使用的分类和构想仍完全基于技术方面，而不是基于居民的知识和经验"。这造成一种社区参与的表象："人们这样可以参与决策，但不能改变其规则。"[33]

社区积极分子开始反对说，尽管提倡社区参与，但贫民窟改造其实是假的。印度全国贫民窟居民联合会发言人阿普塔姆告诫说："如果穷人不对自己的生活负责，那么从非政府组织到世界银行的每个人都不会对他们负责。让别人告诉你怎么生活，怎么吃饭，怎么穿衣，等等，甚至告诉你怎么用厕所。这太荒谬了！我是成年人了，为什么要让别人控制我的生活呢？"阿普塔姆反对说，世界银行的社区发展项目之所以失败，是因为它们并没有真正让项目所在社区参与进来。相反，专家们浪费了多年的时间"'研究'印度文化、印度价值观，甚至印度的如厕方式。告诉我，一个来自墨西哥或伦敦的顾问怎么能知道这些事情呢？"。[34]

一些观察人士回应了来自基层的批评，指责政客为了赢得选票操纵改造和重建项目。还有人批评自封的社区领袖"更多的是出于为个人利益带来机会，而不是出于对贫民窟居民享有真正的代表权的关切"，[35]或质疑当地组织的代表性究竟有多广泛。还有一些人怀疑那些声称赋予地方社区权力的非政府组织的动机和包容性。当杰里米·西布鲁克回到孟买，去看看他以前亲眼见证开始的改造计划进展如何时，他发现穿过改造区的一条道路正在修建，导致数百个棚屋遭到拆毁。居民们感到困惑和沮丧，使他们产生安全感的改造项目如今被证实是一种幻想。[36]1994年，对印度城市贫民窟环境改造项目的审查得出的结论是，虽然有五分之三的受访者对他们的生活环境有所改善表示认可，但实际上就所做的改善只征求了不到十分之一的受访者的意见。[37]在评价这一令人失望的数据时，印度社会发展理事会前主任罗伊（Roy）说："似乎还存在一种过去有过的看法，那就是贫民窟是一个城市的耻辱。毫无疑问，骄傲的市政官员……以他们的贫民窟为耻。

我们的这些来自上流社会和上层种姓的学者很少有人能舒服地坐在朱吉（Jhuggi）的床上。"[38]

珀尔曼回到里约热内卢时，也同样感到失望。以该市于1995年开始的最受欢迎的拜罗贫民窟改造项目为例："在很大程度上，我看到居民们对已做出的改善没有一种主人翁感。"珀尔曼若有所思地认为，"即使是最用心良苦的、最有经验的专业人士及非营利组织负责人或社区领导者也不能代表居民发言，除非居民在这一过程和结果中拥有有影响力的声音，否则他们将仍然是'客户'，而不是'参与者'"。[39]

珀尔曼的经历在各个发展中国家都得到了呼应，因为有关社区参与和赋权的热情洋溢的言论，到处都与特纳的核心主张"居者有其屋"相矛盾。[40] 2001年，城市减贫专家大卫·萨特思韦特（David Satterthwaite）在回顾了特纳自20世纪60年代首次试图影响贫民窟改造活动以来的所有改造活动后，得出结论："40多年来，政府和国际机构支持的许多住房和城市项目的范围和成功都是有限的，最重要的因素可能是对城市贫困群体的想法、所在地、设计、资源调动、筹资和管理，以及评估方面的影响缺乏考虑……有关城市发展的话题（及该话题中有关城市减贫的讨论）都由专业人士主导，而他们都是非政府组织、政府部门和国际机构的人员。"[41]

2003年，联合国人居署署长安娜·塔巴伊朱卡（Anna Tibaijuka）承认，发展中国家的贫民窟改造在20世纪70年代势头增强，在20世纪80年代达到顶峰，但在20世纪90年代却变得"软弱无力和不连贯"。[42]她认为，提供住房和减贫的新办法不仅需要重申社区对贫民窟改造中环境方面的参与，而且要认真对待贫困社区更广泛的生计需要。

在20世纪的最后几年，有令人鼓舞的迹象表明，自20世纪70年代以来对"贫民窟战争"和"贫民窟改造"的批评日益增多，这一点可能最终会得到重视。我们似乎可以设计出一种新办法，最终摆脱旧的贫民窟心态，并通过真正尊重和有效利用当地自助活动来抵消全球贫困的加速城市化。决定性的突破似乎是1996年在伊斯坦布尔举行的联合国人居中心第二次会议。在为这次会议做准备的过程中，联合国人居中心发布了一份全球城市发展趋势评估报告，提醒与会者，"认为大多数低收入群体生活在'贫民窟'或'贫民窟和棚户区'中的假想是极其简单和不准确的"。[43] 会议结束时发布的《伊斯坦布尔宣言》似乎显示了从过去的错误中吸取了教训，责成与会国家和国际组织确保人人拥有适当的住房，使人类居住区更加安全、健康、宜居、公平、可持续和富有效能。这次会议同时提出了一项详细的"人居议程"来充实这些愿望，并提出一项实施这些愿望的补充性"全球行动计划"。这些决议随后得到了联合国大会的支持。[44] 在人居二会议后的任何一份政策文件中，均没有出现"贫民窟"一词。

第二次人居会议所代表的渐进式反思在 21 世纪之初得到确认并扩大。2000 年 9 月，历史上规模最大的一次全球首脑会议通过了《千年首脑会议宣言》，各国承诺致力于建立新的全球伙伴关系，以减少贫穷，改善健康，促进和平、人权、两性平等和环境可持续发展。[45]

这次全球首脑会议宣布了 8 个千年发展目标（以及 18 个具体目标），旨在使宣言中关于"一个更加和平、繁荣和公正的世界"的愿景能够得到迅速又有效的落实。[46] 其中首要的也是最重要的目标是消除极端贫穷和饥饿，与之相关的一个目标是到 2015 年将全世界每日收入低于 1 美元的人口比例减半。[47] 似乎是为了补充这些承诺，宣言还承诺到 2020 年，"按照'无贫民窟城市'倡议的建议，使至少 1 亿贫民窟居民的生活得到重大改善"。[48] 该愿景在"千年发展目标 2"中有详细说明。

目前还不清楚是谁的主意将新自由主义城市联盟 1999 年的"无贫民窟城市"行动计划纳入新世纪改革议程，以实现一个更加公正的世界。该联盟在庆祝其成就时指出，"'无贫民窟城市'行动计划已得到国际政治最高层的支持"。[49] 显而易见的是，通过将"贫民窟"一词及其内在含义纳入千年宣言，联合国退出了人居二会议后获得支持的改革议程，转向又一个世纪的渐进式社会改革。联合国人居中心是领头羊。于 2000 年 9 月与《千年首脑会议宣言》发布的同时被任命为该中心负责人的塔巴伊朱卡强烈呼吁改造该中心，出台一个有联合国核心资金支持的全面方案。该方案于 2001 年底商定，联合国大会于 2002 年 1 月正式批准该方案，将联合国人居中心改名为联合国人居规划署（联合国人居署）。塔巴伊朱卡宣布："联合国人居署将成为联合国系统内执行《宣言》关于贫民窟的目标，以及全球监测实现这一目标的进展情况的协调中心。"[50] 联合国人居署 2003 年发布的报告《贫民窟的挑战》重申了城市联盟的行动计划，并宣布人类住区方案的目的是"实现'无贫民窟城市'的目标"。[51]

因此，就在两个世纪以来贫民窟的虚假描述似乎可能最终失去吸引力的时候，联合国却给予了它们新的合法性。联合国人居署 2008 年发布的《和谐城市》面对即将来临的"城市世纪"时——因为世界上首次有一半以上的人口被归类为居住在城市地区——警告说，"生活在发展中国家城市的每三个人中就有一个生活在贫民窟中"。[52] 联合国人居署使用"科学"的方法和不严谨的概括来传播信息。一方面，它引入了 2002 年 10 月在内罗毕举行的一次联合国专家组会议制订的"一个贫民窟的新近公认的操作性定义"。[53] 这种定义过去常常通过地图、图表和统计表对贫民窟（而不是对社会实际贫困的具体情况）进行所谓的不容置疑的衡量。布斯在 19 世纪末和 20 世纪初首创的方法就这样在一个世纪后又回归了。另一方面，为了支持其关于贫民窟迅速扩张的耸人听闻的说法，联合国人居署决定可以将"贫民窟"和"非正规住区"这两个词互换使用。[54] 此后，人居署和城市联盟大力支持"贫民窟"再开发项目，将其作为实现千年发展目标中减贫目标的最佳机制，主张"将贫民窟改造广泛视作实现这一目标的最积极和最有效的方法"。[55] 从全球来说，新自由主义城市重建计划压倒了建设更好社区的愿望。

一场新的贫民窟斗争开始了。正如四分之三世纪前贫民窟斗士当初所做的那样，联合国人居署的《贫民窟的挑战》竭力主张消除贫穷需要"对贫民窟展开进攻"。[56] 尽管人们谈论的仍然是社区参与，与社区组织和非政府组织建立伙伴关系，以及对贫民窟内的空间和社会秩序的承认犹豫不决，但千年发展目标的"无贫民窟城市"倡议却为在城市贫困区采取强有力的干预措施提供了新的动力，而这些干预措施损害了世界上最贫困人口的生计。

第八章

影子城市

　　2007年，世界各地的广播公司和专栏作家宣布，有史以来首次有一半人口生活在小镇和城市。时任联合国秘书长潘基文说，这个人口统计学的转折点标志着一个"城市世纪"的开始，联合国人居署宣布，"整个人类已下定决心要成为一个占主导地位的城市物种"。[1]联合国人居署署长安娜·塔巴伊朱卡也注意到一个并行不悖的明显趋势，声称2007年"贫民窟"居民的人数已超过10亿，即六分之一的世界人口。她警告说，随着贫民窟在全球蔓延，将出现一场悬而未决的全球危机。[2]她说此话时，实则呼应了迈克·戴维斯在前一年的惊人观点，即人类正在创造一个"贫民窟星球"。[3]

　　城市化因其驱动经济增长和创新而广受欢迎，但它也凸显了全球资本流动的"奇怪逻辑"，[4]以及自20世纪末以来新自由主义全球化趋势的累积性不良影响，而这个趋势与世界银行和国际货币基金组织的发展政策有关。联合国在2003年告诫说，尽管新的城市世纪可能带来预期中的现代化效益，"但过去20年中全球化加速发展的经济和政治环境大多是在经济范式——新自由主义——的重大变化的指导下形成的。这与国家的退却有关，与贸易、市场和金融系统的自由化和城市服务的私有化有关。在全球范围内，这些新自由主义政策重新形成了一种类似于19世纪重商主义时期的国际制度，当时经济繁荣和萧条轮

　　　　　　　　　　　　贫民窟：全球不公的历史

番交替，西方城市的贫民窟处于最糟糕的状态，殖民主义在全球占据了主导地位"。[5]

2007 年至 2009 年的全球金融危机可以"被视为历次金融危机的顶点。自 20 世纪 70 年代至 80 年代初最后一次资本主义大危机以来，金融危机变得更加频繁和深入"。[6] 就像 19 世纪令人担忧的经济和城市转型期一样，作为回应，国家权力再次被使用，"使利润私有化，使风险社会化"。[7] 因此，19 世纪英国社会两极分化的城市现象再现于当今世界各地。

自 1973 年资本主义世界经济危机以来，人们强烈感受到了发达国家财政状况变化不断累积的一些不良影响。例如，随着工业向发展中国家转移，"城市边缘化"加剧，[8] 经济全球化的最终影响及伴随经济全球化而来的人口转移摧毁了底特律、纽约和波士顿的城市街区。据估计，在美国第二大城市洛杉矶，多达三分之一的房主对其房屋的保有权是非正式或无保障的，这种现象一般只发生在发展中国家的棚户区。[9] 在英格兰北部，泰恩赛德（Tyneside）工业区的制造业就业人数在 1979—1997 年几乎减少了一半。由于社区暴力不断升级和社会崩溃，城市边缘化呈现出暴力的形式。这也体现在 20 世纪末席卷贫困社区的骚乱，如 1990 年的里昂、1992 年的布里斯托尔、英国中部地区和洛杉矶。21 世纪初，这种骚乱又在 2005 年和 2007 年的巴黎和法国其他城市的另一波动乱中扩大了规模。2011 年，伦敦、布里斯托尔、诺丁汉、伯明翰、利物浦和曼彻斯特再次爆发大规模骚乱。英国首相戴维·卡梅伦（David Cameron）称这场骚乱是"社会破碎"的征兆。[10]

然而，评论者主要还是促使人们注意他们所说的发展中国家的城市化贫困。千年发展目标所述的改善至少 1 亿贫民窟居民生活的目标正是要战胜这一令人震惊的趋势，而联合国人居署、城市联盟和世界开发银行试图通过另一场"贫民窟"改造和重建运动来实现这一目标。一些评论家公开反对这场新的贫民窟战争，其中最著名的一位是罗伯特·纽沃思。2005年,他出版了《影子城市:十亿贫居者,一个新的城市世界》一书。纽沃思走访了里约热内卢、内罗毕、孟买和伊斯坦布尔的非正规住区中的贫民窟,而且他与特纳一样,称赞那些地方的居民在建设和打造房子和社区,以及谋生方面的活力和自力更生精神。虽然他对联合国人居署的"不可否认的良好愿望"表示尊重,但他认为,"在人居署想要代表的那些人所住的地方,该机构几乎毫无意义"。纽沃思建议:"人居署可能要重新考虑其工作重点所在。真正的挑战不是根除这些社区,而是不再把它们看作贫民窟——也就是说,不再看作可怕、恐怖和罪恶的——要试着把它们看作可以改善的社区。"[11]

一个日益城市化的世界

到21世纪初,全世界有一半以上的人口已成为城市居民,而推动城市增长的正是发展中国家。全世界几乎所有大的城市群如今均位于亚洲和拉丁美洲:东京是其中最大的城市群,其次是德里、上海、墨西哥城、孟买、圣保罗、大阪、北京、纽约—纽瓦克,以及开罗。雅加达、首尔、马尼拉、卡拉奇及拉各斯也相差不远。这种城市变化是在全球贫穷虽然逐渐缓解却根深蒂固的背景下发生的。显然,发展中国家的城市化、现代化和经济增长并不能轻易地减少贫困。新的城市世纪并没有给人类带来幸福的新曙光。2008年,世界银行的分析师重新评估了自1982年以来的全球贫困趋势,将每日收入1.25美元作为国际贫困线。他们的结论是,发展中国家生活在这一贫困线以下的人数已从1982年的19亿下降到2005年的14亿,不过他们也指出,这意味着发展中国家有四分之一的人口仍生活在极端贫困中。[12]尽管已进入城市世纪,但总人口中大约有四分之三生活在农村地区。[13]然而,自20世纪90年代末以来,观察人士越来越多地谈到"城市化贫困"。[14]21世纪初,联合国人居署一再宣称:"全世界有多达10亿人生活在城市贫民窟中,这个数字为世界人口的六分之一,而且还在上升。"[15]这其实是在肤浅地追求轰动效应。然而，自20世纪末以来，社会不平等——资源在特定人口中的分配不均——无疑加剧了。虽然1997—1998年的金融危机加剧了亚洲的不平等，2008—2009年的全球金融危机加剧了全世界的不平等，但日益加剧的全球不平等的长期持续通常归咎于城市。

人们普遍承认，日益加剧的社会不平等也是发达国家城市的一个特征。一种普遍的共识是，美国和英国的城市"正变得日益多样化、碎片化和两极分化"。[16]乐施会在2013年认为，英国的"不平等正在迅速达到自查尔斯·狄更斯时代以来前所未有的水平"。[17]20世纪80年代以来，伴随着新自由主义政策对公共支出的持续削减，英国经济结构的大力调整正在创造"'两个类别的'劳动者，其中有数百万人只能从事低收入的兼职工作，从事低技能工作的人与那些从事更稳定、更讲技能、更需管理经验与更专业工作的人之间的差距更大了"。[18]

这种差距在苏格兰中部、英国北部、英格兰中部和威尔士南部的前制造业中心城市尤为明显。类似的趋势在美国也很明显。1990年，詹姆斯·J. 弗洛里奥（James J. Florio）在民主党竞选活动的支持下成为新泽西（New Jersey）州州长，当时民主党竞选团队警告说，经济结构调整将产生"两个新泽西"。卡姆登（Camden）市例证了弗洛里奥所思考的社会问题："这座位于特拉华河河畔的曾经强大的工业城市遭受重创，变得衰竭和破败，如今除了极度贫困的街区外，几乎什么也没有留下。"[19]据说，大约20年后，自由世界的首都华盛顿将包括"两个华盛顿特区，一个是白宫和国会所在的华盛顿特区……另一个是很少耳闻或见到的特区，它的街区属于美国最贫困的街区"。[20]联合国估计，华盛顿特区、纽约和洛杉矶等美国大城市的不平等比例与内罗毕和布宜诺斯艾利斯的不平等比例相当。[21]

这个比较很能说明问题。发展中国家的城市是即将来临的城市世纪的新兴力量，其社会不平等现象非常明显。在这里，正规的商业和政府中心，以及精英们的住宅区与非正规商业和吸纳了大部分增长人口的非正规住区形成了极其鲜明的对比。例如，在内罗毕，生活在非正规住区的人口从 1971 年的 10 万增加到 1995 年的 100 多万。在大都市马尼拉（通常称之为大马尼拉），估计到 21 世纪初，其总人口的 35%，即约 400 万人生活在非正规住区。在印度，在那些经济学家看来非常成功地融入了全球市场的城市周围，非正规住区构成"退化的边缘"。[22] 另一方面，印度的"富豪们"积累了价值万亿美元的资产。举个例子，印度首富穆克什·安巴尼（Mukesh Ambani）在孟买建造了一栋价值 10 亿美元的大楼。该大楼高达 27 层，拥有直升机停机坪、电影院和 600 多名员工。[23] 这栋奢华大楼可俯瞰达拉维。

1997—2006 年担任联合国秘书长的科菲·安南（Kofi Annan）在 2001 年希望人们关注全球化所带来的利益分配不均现象："城市展现出一些最鲜明的对比：无家可归者住在纸箱里，旁边就是一些公司的摩天大楼，这些公司的预算超过许多国家的公司；劳动力市场提供的工资与城市土地市场决定的住房成本之间的差距越来越大；巨大的消耗与威胁环境和人类健康的巨大的垃圾山并存；还有至今还存在的无形的隔离模式，其中心是小块的富人区，其外围是大片贫困的飞地。"[24]

然而，与这些沉重的话语夹在一起的，是有关发展中国家展露曙光的城市世纪的希望的信息。在 21 世纪初，人们前所未有地认识到，尽管城市不平等根深蒂固，但贫困社区仍展现出运转的连贯性，而且强烈主张"在这个世界上拥有一个家、一个住所、一个位置"的权利。[25] 联合国《2001 年全球人居报告》断言："低收入住房的最大投资者是贫民自己。由于经济条件的限制，许多城市贫民先在城市中找到土地，然后投资建房，洽谈服务，获取土地保有权，一般就是这个顺序。这与住房开发的正规程序正好相反。"[26]

这种新认识只在某些方面回应了关于动员社区内基层民众的要求，即保障他们的基本人权、合适的住房、有保障的生计和在决策中的有效话语权。南非城镇反抗最终导致了 1994 年的全国民主选举和宪法的重新起草，并让这些要求得到国际上的承认，重新唤醒人们对法国哲学家亨利·列费弗尔在 1968 年欧洲爆发的大规模抗议中所称的民众的"城市权"的兴趣。2005 年，来自内罗毕马萨雷（Mathare）区的当地电影制片人成立"贫民窟电视"，拍摄记录"由铁皮棚屋、涂鸦的啤酒店、摇摇晃晃的市场摊位和露天下水道所组成的弯弯曲曲的迷宫，而那迷宫就是他们的家"。[27] 如今，互联网可让贫困社区的代言人直接向世界表达他们对城市的权利主张。2012 年，马萨雷当地的年轻人使用视频网站在名为"马萨雷贫民窟之旅"的视频中展现他们的社区。[28] 名为"巴西里约热内卢罗辛哈的贫民窟生活"的博客自 2009 年以来一直由一名在其祖国巴西和美国"享受生活的普通人"打理着。[29] 基层民众关于城市权利的主张得到联合国人权委员会的正式承认，该人权委员会于 1993 年认定，"强迫迁离的做法严重侵犯了人权，特别是适当的住房权"。2004 年，该委员会重申了这一原则，后来所有关于社区发展的国际会议都支持这一原则。[30] 纳尔逊·曼德拉（Nelson Mandela）在 2006 年敦促说，"战胜贫穷不是要摆出慈善的姿态。这是正义之举。这是对基本人权的保护"。[31]

在很大程度上，正是外界的呼吁促使国际社会认识到发展中国家影子城市内的积极活力和逐渐增多的改善。约翰·特纳在 20 世纪末对自助住房和社区发展的支持极大地影响了国际住房策略。自 20 世纪 80 年代和 90 年代以来，秘鲁经济学家埃尔南多·德索托（Hernando de Soto）也制定了这些策略，认为新自由主义可以通过支持发展中国家的非正规经济部门来减少全球贫困。小型企业得到鼓励，而且小额住房贷款放贷机构和抵押贷款公司、政府和国际开发机构应更多地支持低收入社区的救助计划。2006 年，穆罕默德·尤努斯因他的乡村银行（Grameen Bank）向地球上生活最困难者发放小额贷款，从而帮助数百万人脱贫而获得诺贝尔和平奖。自从该银行于 1983 年在孟加拉国成立以来，已向贫困者提供了 57 亿美元的贷款；2006 年，其在孟加拉国有 650 万借款者，其中 97% 为妇女。[32] 在整个发展中国家，欢迎非正规企业已成司空见惯的事，"通过利用个人或集体储蓄和自助行动改善其住房和当地生活环境，社区和单个家庭正迈步向前"。[33] 如今，联合国人居署、世界银行和城市联盟支持与棚户/贫民窟居民国际组织等合作，将其作为成功开展基于社区的城市发展项目的根本前提条件。世界银行称赞这一新方案为"包容性城市主义"。[34]

现在有种说法是，这些伙伴关系是必要的，因为地方自助活动通过利用城市住民的积极力量来转变影子城市。2002 年，英国广播公司（BBC）在对"非洲最大的贫民窟"基贝拉的报道中，讲述了其中一位居民，也就是在内罗毕大学学习商务的 22 岁的伊丽莎白·万布伊（Elizabeth Wambui）的故事："老师们在谈论基贝拉时，就像它是一片肮脏的丛林，好像没有一个聪明人会住在那里一样。他们很势利。是的，它不干净，但仍然能满足我们生活的基本需求。"她的父母多年前（1987 年）在贫民窟建了一个砖房。多年来，他们在附近还建造木屋供出租。他们还有一家商店，有一条半英里长的自来水水管，他们将它连接到城市的主管道上。院子里的水龙头很能赚钱……这家人最近给房子通上了电。账单寄往城里的一个邮箱。"想象一下邮递员来到基贝拉。"伊丽莎白笑着说。[35]

英国广播公司在里约热内卢的贫民窟发现了类似的情景："最近的报告显示，65% 的贫民窟居民是巴西新中产阶级的一部分。尽管这些人的收入较低，但其中许多社区与人们时常描述的贫民窟相去甚远。"[36]

英国广播公司对里约热内卢和基贝拉的报道呼应了当时盛行的新自由主义的热情，希望在发展中国家的影子城市中找到创业精神和自助的证据。然而，他们对贫民窟的提及，也暗示了 21 世纪贫民窟的虚假宣传在多大程度上使人们继续难以理解非正规经济部门的生计和住房供给，也难以对发展中国家的城市化趋势进行分析。不可否认的是，"贫民窟带动的增长体现了发展中国家城市化的程度"。[37] 据说，21 世纪发展中国家大约一半的城市发展"与贫民窟的形成紧密相连"，这一趋势尤其体现在撒哈拉沙漠以南非洲地区的城市化进程中。[38] 据估计，西非最大的城市拉各斯有 70% 的人口（估计有 1500 万至 2000 万人）生活在"贫民窟"。在撒哈拉沙漠以南非洲地区的另一个"令人震惊的城市"内罗毕，约有 60% 的居民生活在"贫民窟"，这已成为很平常的事。在常被认为是世界上城市化程度最高、社会最不平等的拉丁美洲，决策者们极为关注贫民窟、棚户区和寮屋住区。[39] 英国《卫报》（The Guardian）在 2005 年评论说，在里约热内卢，"近 20% 的人口，即 100 万人，如今生活在大约 750 个贫民窟中"。英国广播公司在 2007 年也同样认为，"有 100 多万人生活在该市不断蔓延的贫民窟中"。[40] 巴西政府在 2009 年承认，"巴西各大城市贫民窟的规模和景象令人印象深刻：1200 多万巴西人是贫民窟居民"。[41] 然而，人们普遍认为，长期存在的贫民窟问题在亚洲根深蒂固。据说，印度首都新德里有超过 40% 的人生活在"贫民窟"。印度的商业中心孟买被称为"世界贫民窟之都"，其庞大人口中差不多有 60% 住在"贫民窟"。[42] 据说，印度大城市贫民窟和棚户区的激增已成为决策者、政府官员和学者讨论的中心主题。[43] 2005 年，在推出贾瓦哈拉尔·尼赫鲁国家城市复兴计划时，印度总理曼莫汉·辛格（Manmohan Singh）宣称："快速的城市化不仅超越了基础设施的发展，而且还带来可怕的负面影响——贫民窟不断蔓延，无家可归者人数不断增多，城市贫困不断加深，犯罪率不断上升，以及污染与生态破坏持续不断。"[44]

对贫民窟的成见掩盖了人们对日益加剧的城市不平等的合理担忧，这在很大程度上是两方面相互矛盾的结果。一方面是善意的千年发展目标，另一方面则是联合国希望根据其"实现'无贫民窟城市'"这一虚假愿望来实现减少全球贫困的目标。[45] 联合国人居署一直在一心一意地致力于完成这个目标。1996 年，在伊斯坦布尔举行的联合国人居会议使联合国的主张有所改变，当时进步人士对有关贫民窟的成见被扔进历史的垃圾堆而欢欣鼓舞。这一改变在联合国人居署的一份报告中显而易见。科菲·安南在该报告序言中宣称，有差不多 10 亿人生活在"贫民窟",而且这一耸人听闻的基准数字后来被联合国反复提及,直至在 2007 年达到设想的惊人数字。[46] 次年,当联合国人居署发布关于世界城市健康状况的《和谐城市》报告时,有关贫民窟的虚假宣传已完全主宰了联合国的思想。贫民窟现已成为评估城市幸福的一个核心和理应可衡量的因素;可以通过地图、图表和精确的百分比来清楚说明。但结果却让人沮丧。首先,全球"城市贫民窟的蔓延"意味着"发展中国家城市的每三个人中就有一个人生活在贫民窟"。[47] 其次,这些城市贫民窟状况的恶化意味着,在人类历史上第一次,贫民窟问题不再能主要被限定在孤立的街区或片区,而是蔓延到"所有'贫民窟城市'"。[48] 联合国警告说,整个发展中国家的"贫民窟人口正在迅速增长",原因在于"城市化的速度超过了贫民窟改造的速度"。[49]

联合国及其合作者重申了以前的有关贫民窟的虚假宣传,那就是在这些新出现的贫民窟城市中,居民是不可抵抗的力量所运用的棋子:"贫民窟是政策失败、治理不善、腐败、监管不当、土地市场功能失调、金融体系反应迟钝和缺乏基本的政治意愿的产物。"[50]

20 世纪末,地方自助的拥护者可能会退缩。更让人担忧的是,联合国还重新加入了旧有的有关贫民窟乃邪恶之地的虚假宣传,警告说"贫民窟有可能成为骚乱和暴力抗议的地方"。[51] 这一警告在很大程度上利用了发展中国家的新闻报道和研究。2007—2008 年,世界媒体报道说,由于总统选举存在争议,马萨雷、基贝拉和内罗毕的"贫民窟"发生了广泛的种族暴力事件。从新闻报道看,由于犯罪团伙之间的争斗,拉丁美洲城市中最贫穷的地区似乎正被分割开来,警方和安全部队赢得了对运往北美和欧洲的利润丰厚的毒品供应链的控制权。

拉丁美洲城市"贫民窟暴力"的升级被称为"21 世纪初这种住区生活的典型特征"。[52] 在尼加拉瓜首都马那瓜,毒品交易改变了当地帮派:"本来团结一致的社会群体变得极具掠夺性,对当地街区居民进行恶意攻击,而不是向他们提供支持。"[53] 资深研究员珀尔曼认为,自

20世纪80年代中期以来，里约热内卢贫民窟的犯罪团伙为控制日益增多的毒品交易而展开的争斗，"削弱了将社区维系在一起的信任和团结"："我1968—1969年住贫民窟时，我感到安全并受到保护，而从精英到出租车司机再到左派学生，每个人都愚蠢地以为这些住区是危险的。社区确实贫穷，但人们都团结起来要求改善城市服务，努力工作，过得开心，拥有希望。他们互相照顾，日常生活有一种平静轻松的节奏。当我在1999年回去时，基础设施和便利设施都得到了很大改善。可是曾经的希望之地，现在却充满恐惧和不确定性。人们担心在帮派之间的毒品争斗交火中被杀，担心他们的孩子放学后不能活着回来，担心流弹会杀死他们在走廊上玩耍的孩子。他们感到比以往任何时候都更加被边缘化。"[54]

珀尔曼认为，"里约贫民的边缘化是如此极端，以至于要把他们排除在人类范畴之外"。[55]这说明她改变了自己在"缉毒战争"前的经典著作《边缘性的神话》（1976）中的看法。似乎不仅贫民窟社区在瓦解；城市本身也因富人和中产阶级撤退到"安全港"而两极分化，留下警察"遏制拉丁美洲城市贫民窟和棚户区的暴力，以便让城市精英生活在舒适和'极好的隔离'中"。[56]

有关贫民窟混乱的成见在世界各地蔓延开来。据说发展中国家贫民窟所特有的"地狱般的生活"常常与所谓的现代化和正规化趋势并驾齐驱。[57]《雅加达环球报》在2010年评论说："雅加达或印尼其他大城市的任何中产阶级居民不可能不注意到他们中间存在的贫民窟。即使在像安科（Ancol）这样的高档住区，价值百万美元的住房也与棚屋并存，这种两面性表明了大多数发展中国家的情况。"[58]

这些贫民窟中有少数贫民窟的名字已名扬全世界。达拉维是亚洲最大的贫民窟，这个名字被用来概括"亚洲贫民窟的可怕"。[59]里约热内卢的罗辛哈被视为"整个南美洲最大的贫民窟"，[60]肯尼亚的基贝拉被称为"非洲最大、最穷的贫民窟"。[61]据说，"内罗毕至少有一半的人口生活在基贝拉及其附近的其他贫民窟，它们像肮脏的秘密一样藏身于铁路路基和垃圾场旁边"。[62] 在描述这些地方时，查尔斯·狄更斯的"排斥的吸引力"的观念在 21 世纪仍有强大的生命力。正如查尔斯·肯尼（Charles Kenny）所说，"城市贫困本身令人厌恶：露天下水道的恶臭，阴燃垃圾堆的呛人烟雾，裹挟着五颜六色的化学残渣的恶臭饮水池。相比之下，这使得农村的贫困看起来几乎如田园诗般美好"。[63]

这些地方的名声引发了新一轮的贫民窟旅游热潮。[64]2007 年，联合国秘书长潘基文在联合国人居署负责人的带领下穿过基贝拉。如今，视频网站使任何能上互联网的人都可以访问基贝拉和其他代表性的"贫民窟"。[65] 对于这些虚拟现实，我们还可以通过《城市化》（2011）等纪录片以及凯瑟琳·布奥（Katherine Boo）的《永远美丽的背后：孟买地下城市中的生命、死亡和希望》（2012）等书籍深入体验。自 20 世纪 90 年代初以来，开普敦、约翰内斯堡和里约热内卢开展的有组织的"贫民窟"面对面旅游也受到了国际游客的欢迎，并在 21 世纪初在其他许多发展中国家的城市开始流行起来。新一代的贫民窟居民"把肮脏和贫穷，以及暴力和犯罪与棚户区或贫民窟联系在一起"。[66] 正如达拉维的一名旅游经营者解释的："基本上，当你谈到'贫民窟'时，它都给人一种负面的形象：那里的人贫穷，无所事事，犯罪率高，孩子们不上学，如此等等。"[67]

一些旅游经营者试图挑战这些成见，支持社区发展项目。在委内瑞拉，"蜂拥而至的背包客、艺术家、学者和政客"游览了加拉加斯的 La Planicie 地区和其他"贫民窟"，目睹了总统乌戈·查韦斯（Hugo Chávez）领导的社会主义革命（1999—2013）的积极影响。[68]孟买的一家旅行社同样想要证明，"非正规住区的生活并不完全是贫穷、悲惨和苦难的。相反，居民们展现出应对不稳定的生活和工作条件的创造性。其目的是要表明，所谓的贫民住区并没有笼罩着冷漠、先天缺乏远见与被社会经济所摒弃。尽管那里的生活艰苦，但需要关注的是居民们的积极的发展劲头、成功和正常状态"。[69]

在面对根深蒂固的有关贫民窟的成见时，这些愿望都不见踪影。21世纪初，"贫民窟"在全世界引起的反感与它在19世纪初在英国首次引发的反感大体相同。与现在一样，那时人们的反应充斥着焦虑、蔑视、无法容忍、利己主义和家长般的同情。如今的情况与那时一样，这些复杂的反应制约并限制了公共和私营部门以联合国的"无贫民窟城市"的名义对贫困城市社区采取干预行动。

让贫民窟成为历史

自2005年以来，旨在"让贫困成为历史"的全球反贫困运动一直在努力补充联合国的千年发展目标。这反映了一种广泛的共识，即可以协助发展中国家实施投资和规划战略，"实现可持续发展"，这将提高作为"世界经济引擎"的城市的效率。[70]预计这样做会"让世界贫困人口减少一半，数十亿人可以享受到全球经济发展的成果，数以千万人的生命可以得到挽救"。[71]贫民窟被认为是对实现这些愿望的重大挑战。因此，进步人士和新自由主义者普遍下定决心，要"让贫民窟成为历史"。[72]有鉴于此，联合国人居署、世界银行及其联合创建的城市联盟（其总部在2013年前设在世界银行所在的华盛顿特区）采取的支持方式就是基于20世纪后期在发展中国家试行过的参与性社区发展模式，即"贫民窟改造"。这些组织与城市、地区和国家政府、非政府组织、社区组织建立了伙伴关系，以便实施"无贫民窟城市"方案。项目官员不仅谈到环境改善，而且谈到扩大生计和妇女权利。可是，先前以贫民窟为中心的改革努力的缺陷再次变得十分明显。"改造"被纳入了由市场驱动的城市重建规划，并加强了具有社会破坏性的"贫民窟清除"方案。

千年发展目标的"无贫民窟城市"倡议的效果，就是要通过住区环境改造和社区发展行动来强有力地重申"贫民窟改善"这一旧的、至今已被玷污的目标。21世纪的有关"贫民窟"的三个组织——联合国人居署、世界银行和城市联盟均提倡"将贫民窟改造……作为实现这一目标的最积极有效的方式"。[73] 预计，这些组织的"贫民窟"改造新运动的最终结果会"有益于贫穷者"，因为这种新运动将"贫民窟"居民吸收为"贫民窟改造项目的积极合作伙伴"。[74] 贫困社区的能量和策略似乎终于得到承认。城市联盟在其第一份年度报告中呼应了特纳的观点，指出，"在正规机构未能为城市贫民提供服务时，城市贫民……在自我动员和组织方面展现了强大的韧性和创造力，越来越将自己确定为……发展的积极参与者"。[75]

为了"向贫民窟居民学习"，城市联盟与棚户/贫民窟居民国际组织建立了伙伴关系。[76] 2000年底，双方一致同意开展新办法的试点，并在四年后正式实施。它被称为"肯尼亚贫民窟改造项目"，以联合国人居署总部所在地的内罗毕为中心。联合国人居署解释说，"肯尼亚首都内罗毕拥有一些世界上最密集、最不卫生和最不安全的贫民窟。该市近一半人口生活在100多个贫民窟和寮屋住区"。[77] 由于基贝拉被认为是"肯尼亚最麻烦的和名声最坏的贫民窟"，因此被选为项目的首个试点。[78] 项目由联合国人居署、世界银行、城市联盟和肯尼亚政府共同出资，目的是将当地社区团体和私营企业作为"这项计划中的平等伙伴"纳入。项目力求提供用水和卫生等基本的基础设施。与这些改善措施同时进行的是针对"能力建设"和"改善生计"的举措。[79] 项目资助了社区培训课程，并鼓励储蓄计划和合作建房努力，理由是"参与合作储蓄计划会使社区在努力实现共同目标方面团结一致，从而促进社会融合和凝聚力"。[80] 2004年，联合国人居署更广泛地运用类似原则，在其组织架构内设立了一个"贫民窟改造推进部门"，以协助加纳、坦桑尼亚、印度尼西亚和斯里兰卡的其他"贫民窟"改造试点项目。世界银行也同时开展工作，其所取得的成果在巴西尤其显著，巴西成为为了城市发展而向世界银行借款最多的国家。它们有名的合作之一是在累西腓市开展的贫民窟改造项目。该项目于2003年得到世界银行、州和市政府的同意，并于2007年启动。[81] 它是世界银行在拉丁美洲最大的贫民窟改造项目，与早先的贝洛奥里藏特项目、圣保罗的瓜拉皮兰加（Guarapiranga）项目，以及里约热内卢的拜罗项目规模相当。

所有这些试点项目有一个共同的认识，即改造工程需要超越环境改造，要解决造成歧视和贫困的根本原因。联合国人居署强调支持人们获取谋生手段："过去许多应对城市贫民窟问题的措施都是基于一种错误的认知，即提供改善的住房和相关服务（通过贫民窟改造），以及消除贫民窟就能解决贫民窟问题。基于这种想法的解决办法未能解决贫民窟形成的根本原因，其中最重要的是贫困。联合国人居署因此强调，今后需要制定政策，使城市非正规部门的活动能够繁荣发展，从而支持城市贫民获取谋生手段。"[82]

同样，亚洲开发银行于1999年发布了一项减贫战略，旨在指导其资金分配，随后对该战略进行了修订，以便与千年发展目标保持一致，从而使该战略明确基于"扶贫、可持续经济增长、包容性社会发展和善治这三个相辅相成的支柱"。[83]在千年发展目标所追求的广泛的社会正义目标的影响下，"贫民窟"改造项目也开始认真对待性别歧视、虐待和妇女的基本权利问题。由于这场新的更友好的贫民窟战争，潘基文得以在2012年胜利宣布，"居住在贫民窟中的2亿多人的生活条件已得到改善——是2020年目标人数的两倍"。[84]

在这些讨论的背后，为支持千年发展目标而开展的新一轮"贫民窟"改造项目很快就出现了明显的问题。一些观察人士指出，尽管试点项目大张旗鼓地启动，但"很少能形成能够扭转贫民窟住区增长的大规模长期方案"。[85]联合国承认，尽管生活在发展中国家城市的贫困人口比例有所下降，但"贫民窟"的实际居民人数从2000年的7.92亿增加到2014年的8.8亿以上。[86]更具根本性的是，"改造"项目往往没有有效地配合当地的自助项目，而是将外部准备好的重建计划施加于当地社区。尽管对扶贫的目标和行动有新的说法，但与贫民窟思想相关的家长式作风一直持续到21世纪。在被联合国人居署认为是"让贫民窟成为历史"的最佳范例的肯尼亚，大赦国际（Amnesty International）认为，"政府根本没有……向居住在非正规住区和贫民窟的人征求过意见"。[87]

这些不一致之处在巴西累西腓项目的计划中非常明显。项目官员将居民视为"必须接受教育的儿童"，而不是视为需要关注和帮助的有所作为的自助行动者。[88] 因此，累西腓的改造"与贫民窟居民的现实生活几乎没有关系"。[89] 居民们很快就对改造进程"产生合理的怀疑"，并认识到他们的"意见……被完全忽视"："民众对官员们提倡的参与，常常称之为'耍把戏'，这意味着欺骗，在日常讲话中，指用动听的字眼或纯粹的欺骗来说服别人。"[90]

所谓的参与式计划实际上只是一种单向"告知民众的渠道并将干预合法化，而不是一种将目标人群的利益和意见综合考虑的手段"。[91] 居民为最大限度地增加谋生机会而设计的邻里空间安排的本地做法遭到完全忽视。不但更合适的房产被取代了，而且"人们被告知他们应该如何维护自己的新房子，应该如何保护环境和树木，应该如何进行垃圾分类，拥有哪些机构可以处理他们的问题，应该如何养育他们的孩子，以及该做什么来改善他们的生活。换句话说，他们被告知自己的权利，尤其是作为体面公民的责任。在该项目中，帮助贫民的目的是将他们从边缘的犯罪主体转变为合法的自助公民"。[92]

据说，即使在法律上更充分承认基层民众权利的玻利维亚，"贫民窟"改造的参与式计划实际上也"几乎不存在"。[93] 在整个拉丁美洲，贫困社区要么以愤怒回应，要么无动于衷，而项目官员则轻蔑地说，尽管进行了改造，但"他们还将贫民窟留在脑子里"。[94]

在所有发展中国家，类似的结果也是显而易见的。还有一个曲折情况：在19世纪和20世纪，对贫困社区进行的"贫民窟"干预是以"简单的威权方式"实施的，而在21世纪，在千年发展目标的鼓舞下，"贫民窟居民亲自参加谈判并推动偏向精英的重建干预措施"。[95] 例如，2001年，棚屋/贫民窟居民国际组织与世界银行、联合国人居署与城

　　　　　　　　贫民窟：全球不公的历史

市联盟合作，发起了三个城市项目，将由"贫民窟居民自己"在德班（Durban）、马尼拉和孟买实施。[96]

"贫民窟"改造项目未兑现承诺，这让许多居民醒悟过来，而在街区改造的全面重新设计中，考虑的只是政客和私人投资者的优先事项，而不是当地社区的优先事项，这种形势促进了贫民窟居民的觉醒。例如，2004年赢得国家权力的印度国大党领导的联盟宣布了《印度施政最低纲领》（*India's Common Minimum Programme*），该纲领承诺，"将停止强行驱逐和拆除贫民窟"，但这只是承诺要保证"让城市贫困者在其居住地附近获得住房"。[97]地方环境改善工程和社区发展计划往往被视为提供的"只是……一个临时解决方案"。[98]它们为随后的"原地贫民窟改造项目"铺平了道路，在这种情况下，居民被转移到收容营，而在部分原有社区之上建起了多层公寓楼，其余部分则开放用于娱乐和其他活动，"包括发展商业"。[99]孟买就是这种做法的例子。[100]德里有名的艺人街（Kathputli Colony）的重建计划也同样建议"铲平它的3000个房子，建造一座54层的带有购物中心和豪华公寓的摩天大楼"。居民们宣布，"我们将与推土机搏斗"。[101]当肯尼亚贫民窟改造项目于2004年在基贝拉开始实施时，约有2.5万居民在建造新住房时暂时搬迁，居民们抱怨说，没有人充分征求他们的意见。[102]在巴西，累西腓在2007年拆除其第一个"贫民窟"街区，以便为新住房让路，"这次拆除让居民们情绪波动很大。许多人坐在他们房子被拆掉的地方哭泣。有些人则经常回到这个地方，回到他们以前棚屋所在的地方"。[103]

尽管居民们经常表示愤怒和绝望，但政府和主流社会却对改造和重建感到欣慰。大多数人认为"贫民窟"难看，令人难堪，是暴力和犯罪的危险中心。巴西累西腓贫民窟改造项目的目的是要成为其他贫民窟的先行者，而在2014年国际足联世界杯和2016年里约热内卢奥运会之前，会移除这些贫民窟，或者让这个国家的最糟糕的贫民窟"颜值提升"。[104]在筹办奥运会期间，估计迁移了17万贫民窟居民。[105]

早前，里约热内卢在筹办 2007 年泛美运动会时，进行了一连串的贫民窟清除。当局曾考虑在贫民窟周围修建一堵高墙，将它们与国际游客隔离开来。在巴西即将举办足球世界杯和奥运会之际，全世界的目光都看向巴西。巴西精英阶层和日益壮大的中产阶级决定，"贫民窟"不应损害巴西作为新兴世界强国的声誉。2010 年，里约热内卢市长发布了一项十年计划，计划"清理和清除里约热内卢的贫民窟，作为 2016 年奥运会之前一项重大重建计划的一部分"。[106]2011 年，在市政府官员抱怨谷歌地图"过于突显贫民窟"后，谷歌回应称，"本公司从未打算'诋毁里约'"，并会更改其地图标记。[107] 随着里约努力为足球世界杯和奥运会做好准备，环境改善计划越来越接近于彻底清除贫民窟。不可避免的结果是"非自愿重新安置"。[108]

白丽莱茜·玛丽亚·达尼芙（Berenice Maria da Neve）的心中充满悲伤与愤怒。当我们站在里约市郊一条繁忙的高速公路旁时，她恼火地指着一堆瓦砾说：

> 瞧那个，我以前的房子就在那儿。我和我的孩子们和孙子们住在那里。
>
> 可他们来了，把它推倒——他们毁掉了一切，我的桌子、沙发，甚至我放衣服的衣橱。

白丽莱茜的不幸，是因为她当时住在 2016 年里约奥运会之前要推倒的一个贫民窟，彼时巴西在大力改善该国的基础设施。

她是——或者更确切地说，曾经是——生活在非法建造的贫民窟或棚户区的数百万人之一。她靠向建筑工地上的工人出售食物来维持不稳定的生活。

在她生活了八年的小社区里，为了给一条新改造的高速公路让路，大约有 1000 人已经亲历了房屋被拆毁。政府说，这是他们为主办 2016 年奥运会所做的准备工作的一部分。[109]

另一个转折是，针对贫民窟的秘密战争开始与打击毒品交易的公开战争重叠。2007年，当军队进入贫民窟打击贩毒团伙时，里约州州长宣布该州"与犯罪交战"。[110]2010年，为了"在2014年足球世界杯和2016年奥运会之前让城市变得更加安全"，安全部队对里约的贩毒据点发动了又一次"打击"，"2600名警察和军人在装甲车和直升机的配合下，进入阿莱莫贫民窟群落"。[111]此后，安全部队被部署到里约的贫困地区承担维和任务。[112]2011年，国际新闻再次报道，"巴西安全部队已经占领了里约最大的贫民窟，这是2014年足球世界杯和2016年奥运会举办前进行的一次重大打击行动的一部分。由于事先宣布了本次行动，所以未费一枪一弹，800名左右的警察和特种兵就进入了曼盖拉（Mangueira）棚户区。这个贫民窟靠近里约著名的马拉卡纳（Maracana）体育场，那里将举行足球世界杯决赛。黎明前的行动使用了装甲车和直升机"。[113]

这一年晚些时候，贫民窟战争转到名声败坏的罗辛哈："3000多名武装人员在黎明前对巴西最大的棚户区发起打击，将全副武装的帮派成员从里约罗辛哈贫民窟赶了出去，这是2016年奥运会举办城市展开持续清理行动的一部分。上周六凌晨4时左右，载人装甲车隆隆地开进了这个巨大的建在山坡上的贫民窟。配有狙击手的防弹直升机在红砖房上空盘旋，搜寻持枪歹徒。"[114]

贫民窟令人尴尬在全球范围内得到广泛认同。当曼谷在2003年主办一年一度的亚太经济合作组织（APEC）首脑会议时，主办方为国际代表竖起了一个长达半公里的巨大的欢迎标语，遮住了其背后的泰田（Thai Tien）贫民窟。[115][116]在2010年新德里英联邦运动会之前，政府宣布"在靠近首都主干道沿线的主要排水沟和贫民窟群落附近竖起巨大的竹制屏障，以使这座城市在英联邦运动会期间更加体面"。[117]相较2010年南非足球世界杯前的准备工作，新德里的这些准备工作较为温和。南非从2005年开始大力推行"无贫民窟议程"，以便在世界杯开赛前消除城市中难看的东西。最明显的例子是开普敦的N2国道"住房项目"。该项目位于从机场到市中心的代号为 N2 的高速公路旁，本质上是一个在棚户区居民抗议的情况下进行的贫民窟清除项目。正如一位批评者所说，"城市政府越来越多地为了'游客阶层'改造他们的地方，居民的需求已不见踪影"。[118]

虽然开普敦的 N2 国道项目是在贫民窟改造的幌子下进行的，并承诺为棚户区居民重新安排住房，但 21 世纪初见证了 20 世纪那种在贫民窟战争中毫不悔改地清除贫民窟的浪潮。2004 年，棚户／贫民窟居民国际协会主席乔肯·亚普谭抱怨说，"我们谈到停止拆除，但是有太多城市的贫民窟全都在拆除。在阿克拉和非洲其他许多地方，贫民窟正在被夷为平地。一些已签署千年发展目标的国家还在继续拆除贫民窟。'无贫民窟城市'被一些城市当局理解为贫民窟应被拆除，贫民窟居民应被送往远离城市的地方，应被赶出他们所居住的地方"。[119]

有人恰如其分地说，如今"强行驱逐和非自愿重新安置个人、家庭和社区是世界上最普遍的侵犯人权行为"。[120]

新一轮的贫民窟清除浪潮部分是由于政府的基础设施项目，如公路和铁路建设以及电力供应工程。2004 年，为了给公路辅道让出地方，基贝拉约有 2000 人被驱逐，没有任何补偿或重新安置。[121] 2000 年，由于铁路当局恢复拆除工作，孟买有几千户家庭在一夜之间被赶走。[122]据估计，2007 年，由于要扩建该市繁忙的机场，多达 40 万寮屋居民遭迁移。正如一名妇女抱怨说："我们搬来时，这里还是沼泽。我们用碎石和水泥建造它，使它成为一个安全的地方。现在他们想收回土地，为什么他们不在这地方还不好的那些年收回去呢？"[123]

其他清除是政府明确的贫民窟清除计划的直接结果。2005 年，津巴布韦开展了一项名为"城市净化行动"的贫民窟清除运动，导致约 70 万人失去家园。21 世纪初，当时由印度人民党主政的德里政府也实施了"大规模的推土机干预行动……清除贫民窟和污染工业"。具有讽刺意味的是，德里当时的城市发展部长是贾格莫汉·马尔霍特拉，在 1975—1977 年的紧急事件中，正是他代表甘地夫人和桑贾伊·甘地在德里发起了大规模的贫民窟清除行动。[124] 在21世纪的头十年里，孟买也经历了一波政府下令的"贫民窟"清除浪潮，在此期间，市政警察每隔几个月就会接到要去拆除棚户区和非正规市场的指令。[125] 2005年初，政府在一次贫民窟清除行动中摧毁了3万多所房屋。2007年，州政府"发布广告……邀请印度和外国的开发商将达拉维贫民窟的铁皮棚屋和迷宫般的露天排水沟铲为平地"。[126] 通常，法律制度支持这些清除行动。2000年，印度最高法院批准拆除德里的"贫民窟"，而德里和孟买的高等法院的裁决支持收回"贫民窟"，以清除铁路沿线的侵占地。2012年，坎帕拉的居民对市政当局动用警察进行清除提出抗议，却遭到法庭驳回。

私营企业的重建伴随着政府的清除计划，通常这两者是同时进行的。2005年的一天晚上，为了支持一项私营企业的重建计划，政府的推土机毫无征兆地抵达内罗毕的深海（Deep Sea）棚户区，拆毁了约850户家庭的房屋。私人开发商试图通过将城市边缘土地转化为可销售的房产来获利。这一趋势在德里也很明显。2007年，在防暴警察的支援下，推土机试图清理尚卡尔（Shankar）花园棚户区。一位名叫普加（Puja）的居民这样概述当时的情况："大人物并不关心我们，我们在这里待了多年，他们只是想抛弃我们，让德里看起来更漂亮。"据活动人士说，普加的经历是首都重建的典型情况，因为"棚屋和棚户区已从首都的边缘消失，为购物中心和电影院让出了地盘"。[127] 与此同时，在孟买，当它试图与上海竞争全球金融中心的地位时，"它的房地产开发热潮加快了步伐，寮屋居民占用的土地似乎越来越值钱。达拉维是孟买最著名的贫民窟之一，估值为20亿美元。由于掩盖土地掠夺的环境和社会原因，清理土地的压力与日俱增。由国家支持的财政力量推动强行清除贫民窟，在某些情况下，是通过暴力夺取了整整一代人居住的土地。由于土地几乎是没有成本地获得，通过房地产活动进行的资本积累繁荣兴旺"。[128]

小说家阿拉温德·阿迪加（Aravind Adiga）最近在《楼里的最后

一个人》（*Last Man in Tower*）一书中强调了这些紧张状态。[129] 珀尔曼在里约清除贫民窟的新行动中发现了类似的趋势："我原以为这个问题早就不存在了，但很明显，当决策者看到贫民窟土地可被用来进行土地投资和资本积累（通常是以环境保护为借口）时，这个问题就会不时地死灰复燃。"[130]

中产阶级对贫民窟居民长期鄙视，这增强了政府和私营企业的重建项目，以及法庭对这些项目的支持。印度的贫民窟居民受到责备，说他们"对土地的非法占有阻碍了亟须的现代化"。[131] 同样的情况也发生在巴西。里约的中产阶级要求清理贫民窟占据的地块供自己使用。[132] 正如一名巴西城市规划师所说，"穷人正被进一步赶出城市，以便为不断发展的中产阶级让路，使他们能够花高价购买在以往贫民窟旧址上建造的豪华新房产"。[133] 里约贫民窟联合会的一位发言人划出了战线并宣称："我们不会让他们进入我们用血汗建造的贫民窟，毁掉我们想方设法取得的一切。"[134] 在印度，同样的战线已经划定："（孟买的）开发商图谋将贫民窟夷为平地，从商业项目中获得巨大利益，但贫民窟居民有其他想法。"[135] 然而，另一场贫民窟战争即将来临。

原地转圈

这些 21 世纪的贫民窟战争又有了新的转折。在联合国千年发展目标的鼓舞下，贫民窟战争完全针对发展中国家，但最热衷于维持这些战争并观察其结果的是发达国家。然而，自 20 世纪后期以来，尽管发达国家紧盯着外国贫民窟，它们城市中的社会不平等也在不断加剧，即使在分析自身的这一令人不安的趋势时不再使用"贫民窟"一词。此外，发达国家对其城市贫困地区通过重建改变面貌的做法，与发展中国家在 21 世纪的贫民窟战争有许多共同之处。

约瑟夫·斯蒂格利茨称美国是世界上最不平等的发达国家。他根据世界银行的措施估计，2011 年生活在赤贫中的美国人有 150 万，

是 1996 年的两倍。[136] 英国的坎特伯雷大主教城市优先地区委员会
（Archbishop of Canterbury's Commission on Urban Priority Areas） 在
1985 年请人们注意"日益加剧的不平等和社会解体的挑战"。[137] 随后
在英国后撒切尔时代的社会评论也同样令人失望："无家可归、贫穷、
教育和道德水准下降、违法犯罪不断增加、暴力动乱不时发生、土地
荒废和房屋摇摇欲坠：任何或所有这些现象损害了 20 世纪 90 年代中
期英国城市的大部分地区。"[138]

偶尔，在描述发达国家的不平等和疏离时，"贫民窟"一词仍会为
之增添色彩。20 世纪 50 年代和 60 年代，英国为安置"贫民窟"居民而
建造的公共住房被嘲笑为"建筑师设计和政府打造的现代贫民窟"。[139]
保守派报纸评论员布鲁斯·安德森（Bruce Anderson）指责这些"水
槽"房产为"住满懒汉和荡妇的贫民窟"。[140] 20 世纪 90 年代末，自由
派记者尼克·戴维斯（Nick Davies）呼应一个多世纪前梅休、西姆斯
和梅尔恩斯使用的表达，将他访问贫困社区的经历比喻为"某位维多
利亚时代的探险家穿越遥远的丛林"。[141] 戴维斯对利兹市中心海德公园
（Hyde Park）区的描述，让人联想起近一个世纪前詹姆斯·卡明·沃
尔特斯对伯明翰的描述："贫穷损害了这个社区……它损害了生活在那
里的人的身心，损害了他们的健康，伤害了他们的自尊，传播了绝望、
悲伤、孤独和焦虑，引起沮丧、愤怒、犯罪、酗酒和毒品滥用，腐蚀
了日常生活的方方面面，以至于像海德公园这样的地方几乎不再作为
一个社区存在，而是变成了一个陌生人的聚集地；在这样的环境中，
不管人们有没有彼此帮助，所感受到的只有疏离。"[142]

戴维斯评论说："这就仿佛我越过了一个看不见的边界，开辟了一
条通往一个不同国家的道路。"[143] 然而，发达国家很少用这样的语言来
描述自己国内的社会事务。相反，它被用来描述发展中国家的城市化。
一种自鸣得意的共识认为，无论当代发达国家的国内不平等如何糟糕，
都不能与"曾经生活在维多利亚时代的英国街道上，以及继续生活在
加尔各答街道上的人的极度物质匮乏的状态"相比。[144] 澳大利亚阿德

莱德市一直被评为世界上"最宜居的城市",可是在2011—2012年,人们曾一度担忧这座城市成为"贫民窟存在的证据":"触发这些担忧的并不是本地的社会贫困群体,而是被什么也不顾的房东塞进狭小的出租公寓的那些人,那些人就是来自发展中国家的国际学生。"[145]

自20世纪80年代以来,英国、美国和法国的城市一再发生的骚乱,以及伦敦(2005)、巴黎(2015)和布鲁塞尔(2016)发生的恐怖袭击,都引起人们关注日益加剧的基于社会阶层、族裔和宗教的差异所造成的紧张状况。在发达国家的城市中,"日益增多的遭抛弃和剥夺的小型地块"正在产生这些紧张状况。[146]这反过来又导致出现"对种族、族裔、身份、隔离和社会和谐问题进行深思和反思的紧张时期"。[147]然而,这些突发事件不再明确地归咎于贫民窟,而是更宽松地归咎于城市中不断增多的"下层阶级"。[148]由英国政府任命的调查2001年英国城市骚乱起因的独立调查组主席泰德·坎特尔(Ted Cantle)说:"调查组成员对我们的城镇和城市两极分化的程度尤为震惊。"[149]有时,这些突发事件是由于曾经占主导地位的重工业和维持这些工业的社区由于全球经济结构调整而"迅速并近乎瞬间衰退"造成的。[150]有时,它们与新自由主义为促进市场的自由运作而放弃国家行动有关。有时,它们与城市内部的中产阶级化有关,即崩溃中的工人阶级城市社区发生"中产阶级的殖民"。[151]但是,所有这些讨论都被来自发展中国家的耸人听闻的贫民窟新闻报道掩盖了,这些新闻报道涉及拉丁美洲贫民窟中与毒品有关的暴力,以及南亚和撒哈拉以南非洲地区贫民窟的社区流血事件。

然而,在发达国家,贫民窟的虚假宣传确实继续在暗中影响着国内的城市发展道路。即使"贫民窟"一词在很大程度上已在其他地方重新使用,但它在公众的认知里已根深蒂固,仍在继续左右着人们的选择。自20世纪80年代以来,"复兴"和"重建"计划通常是通过国家和私人开发商之间的利润驱动的伙伴关系进行的,其结果是重建城市,其规模比得上20世纪早期显见的贫民窟战争期间的规模。在美

　　　　　贫民窟:全球不公的历史

国，从亚特兰大到巴尔的摩，再到克利夫兰，甚至洛杉矶，破旧的城市中心地区均改头换面。一座又一座城市涌现出豪华酒店、摩天大楼和经过改造的商业区。然而，传统的城市问题——犯罪、无家可归、依赖福利和失业——依然存在。新的问题——艾滋病、社会分裂和枪支泛滥——出现了。[152]

在2007—2008年，全球金融危机爆发前，数十亿美元的公共和私人投资涌入纽约、巴尔的摩和波士顿等城市的市区重建中，导致数十万居民流离失所，其中大多数是非洲裔美国人。[153]联邦政府的"希望六"（HOPE VI）复兴计划始于1993年，已造成市中心街区面貌急剧变化，因为公共住房当局拆除了"破旧的公共住房"，建造了新的混合使用的开发房产。[154]在加拿大，温哥华"坚韧的"南部市中心区的重建造成大量人口迁移。[155]在撒切尔夫人执政时的英国，通常被称为"以房地产为导向的重建"通过城市开发公司引导公共和私营部门投资。这些城市开发公司重新设计了伦敦的码头区（最后一个码头于1981年关闭），并在伯明翰、曼彻斯特和利物浦的"废弃"地区实施重大的复兴项目。[156]接替撒切尔夫人的约翰·梅杰（John Major）领导的保守党政府从1990—1997年继续推行这种办法。为了回应人们批评重建项目优先考虑经济回报而不是社会福利，而且没有充分注意本地需求和参与，政府一再保证，要将利益"惠及"贫困社区（这是一个世纪前已经使用的虚假宣传）。在欧洲大陆，尽管自20世纪90年代以来人们越来越关注全球经济结构调整对社会的不良影响，欧盟出台大量关于社会排斥和凝聚力的政策文件，以及认为城市复兴需要采取"自下而上的方法"，但在新的世纪，人们仍然认为，"专业知识和政治知识仍趋于占据主导地位"。因此，尽管"欧盟各国的各级政府都在呼吁扩大公民参与，但仍需真正接受这种方法"。[157]

正是在19世纪初开始出现贫民窟的虚假宣传的英国，这一宣传在21世纪初卷土重来。自相矛盾的是，这并不是保守党的以房地产驱动的复兴运动的结果，而是1997年取代保守党的政府开始的表面上进步的改革政策的结果，即首相布莱尔（Blair）领导下的新工党的政策。戈登·布朗（Gordon Brown）在 2007 年接替布莱尔的首相之职后继续实行新工党的城市计划。

新工党上台时承认经济结构调整和社会两极分化所造成的城市问题，批评以前鼓励社区参与城市复兴的努力不足。布莱尔于 1997 年设立了社会排斥部，以制订新的政策议程。《让英国团结起来：街区复兴国家战略》（1998）为更大胆的政策方针确立了标准。同年，政府成立了一个由理查德·罗杰斯（Richard Rogers）勋爵领导的城市工作组，重新评估英国"城市衰落"的更广泛原因及解决办法。其最终报告《迈向城市复兴》（1999）为政府随后的白皮书《我们的城镇和城市：未来——实现城市复兴》（2000）奠定了基础。新工党对政策的重新评估体现在 2001 年和 2002 年宣布的新方案中，准备利用"开拓者"或"探路者"计划作为试行政策来开启复兴之路。[158] 支持这些倡议的布莱尔宣布："当我们开始就职时，我们接管的是一个有数百个街区被失业、教育失败和犯罪弄得伤痕累累的国家。他们与我们大多数人认为理所当然的繁荣和机会越来越脱节。社区正在崩溃。公共服务失败。人们已经开始不抱希望。"[159]

布莱尔的言论中隐藏了一股暗流：在新工党谈论进步的改革计划的背后，旧的贫民窟的虚假宣传挥之不去。政府的政策文件和报告找不到"贫民窟"的字眼；取而代之的是"贫困街区""受剥夺的地区"和"需求低下或不受欢迎的街区"。[160] 据推测，这些地方"陷入了加速衰退的恶性循环，导致街区遭到遗弃"，这是人口下降和经济衰退的结果，但也是"犯罪和反社会行为、住房条件差……以及贫困"的结果。[161] 在英国，有人认为城市衰退的这些惊人症状集中在北部和中部地区。因此，正是在这里，试验性的"探路者"项目开始了，还特别受到约翰·普雷斯科特（John Prescott，1997—2007 年任副首相）的支持。"探路者"寻求通过"打击犯罪、反社会行为和毒品以及赋予社区权力"来复兴这些地方。[162] 居民必须要成为积极和负责任的公民，必

贫民窟：全球不公的历史

须赋予地方可持续发展的功能。

新工党实现城市复兴的战略首先是"街区管理探路者计划"。该计划于 2001 年在选定的"贫困社区"中实施，旨在改善当地服务和生计。该方案旨在通过任命街区管理人员和支助人员负责制订和执行社区管理计划，并通过出版街区通讯、举办街区娱乐日、设立"公开论坛"和确定"街头代表"等方式就地方问题提出报告，从而改善地方服务和生计。[163]

毫无疑问，该计划的用意是好的，但它展现出的自上而下的家长式作风，与发展中国家自 20 世纪 50 年代以来社区发展项目的家长式作风类似，也与 19 世纪以来英国自己的改造贫民窟努力中的家长式作风类似。

2002 年新工党宣布的第二项战略是"住房市场复兴探路者计划"，这是一项雄心勃勃的为期 15 年的计划，最初是将 5 亿英镑投入英格兰北部和中部住房严重"需求低"和"废弃"的 9 个"探路者"地区：利物浦和更广阔的默西塞德地区，曼彻斯特——索尔福德，纽卡斯尔——盖茨黑德，南约克郡，东兰开夏郡，奥尔德姆——罗奇代尔，北斯塔福德，伯明翰——桑德韦尔和亨伯赛德。2005 年又增加了 3 个"探路者"地区，资金翻了一番。其目标是振兴那些因经济重组而付出社会成本最大的社区。住房市场的"低需求"——反映在极低的房价、高空置率及在极端情况下放弃房屋混合保有权的社区——被认为用来确定哪些社区风险巨大。[164] 2005 年，普雷斯科特宣布，北部和中部地区有 85 万户住房面临"低需求"的风险。[165] "住房市场复兴探路者计划"力求在这些城市危机地区"改善住房的质量"。[166] 该计划将英国社会科学研究的最新成果付诸实践。伯明翰大学城市和地区研究中心估计，英国约有 150 万套住房处于危险之中。谢菲尔德·哈勒姆大学的伊恩·科尔（Ian Cole）教授领导的一个研究小组报告说，英国有近 50 万套公共住房"因需求低而遭到破坏"，同等数量的私人住宅也"岌岌可危"。[167]

颇具矛盾的是，新工党的底线与保守党在20世纪80年代和90年代的复兴计划不谋而合，都是"鼓励私营部门对贫困地区的关注"。"住房市场复兴探路者计划"旨在鼓励私营部门对贫困地区的关注，并在市场活动的缺乏导致许多家庭陷入困境和内向投资受阻的地区促进市场增长。[168]

鼓励市场增长意味着为城市土地找到有利可图的新用途，创造新的"混合"社区。在这样的社区，可选择以前的居民与富裕的新来者一起融入文化认同。

因此，"探路者"项目与英国其他大型公私重建项目有许多共同之处，比如苏格兰克莱德河（Clyde River）滨水区重建项目。在2014年英联邦运动会之前，与该项目发生重合的有格拉斯哥市东区"问题"街区的重建工作，以及伦敦正在进行的码头区重建工作。然而，正如坎特伯雷大主教在2006年的《忠实城市》报告中所警告的（就如该报告在1985年重新评估先前的调查结果一样），"从伦敦塔到泰晤士河水闸及更远的地方，均可见码头区重建后的河畔几乎没有什么地方留给公共空间：在应是公共空间的地方，它似乎既没有得到足够的投资建设，也没有设计什么来满足当地新社区的需要。这似乎证明了一种复兴模式，即强大的商业力量如果不能产生经济回报，就会把当地民众的需求弃之不顾"。[169]

尽管新工党宣称要实现新的复兴，但在21世纪初期，新工党延续了历史上对自上而下的"贫民窟"改善的利益均沾方法的依赖。这一做法在一个世纪前就曾被尝试过，并在20世纪90年代被保守党重新引入。正如《忠实城市》报告所观察到的："重建事业仍采用'利益均沾'模式，这种模式的前提是假设贫困地区中产阶级化，假设崭新的公共和私人建筑将改变贫困者的命运。但这种假设很少得到检验。"[170]

人们常说，"探路者"计划及与其同样的项目"可被视为'国家经营'的中产阶级化"。[171]

尽管有人谈到新的城市复兴的包容性，但英国的"探路者"计划与其他城市的重建项目显然没有利用当地社区的知识和愿望。《忠实城市》写道："许多人向我们表达实实在在的愤怒。他们认为，公民复兴的核心承诺——公民在街区和城市治理方面拥有影响力和某些权力——已经破灭。"[172]

在利物浦，市政官员支持以社区为导向的重建声明被认为"极具误导性"。一位居民代表回忆说："我试图把邻居们说的话说出来，但他们不想知道。"[173] 在成为"住房市场复兴探路者计划"重点地区的纽卡斯尔西区，当地居民抱怨说，"他们被问询搞得要死……但什么都没发生"。[174] 从来没有发生过什么，也就是说，从来没有好事发生。

"探路者"计划承诺改善住房和社区。然而，它很少提供新的住房，也很少改善地方服务，却摧毁了许多可存续的社区。旧的贫民窟刻板印象如今似乎是发展中国家的一大奇观，是造成这一惨败的罪魁祸首。尽管新工党从未提及贫民窟或新的贫民窟战争，却被实行"探路者"计划的地区的反对者经常提及。"探路者"计划"将拆除工作重新列入城市政策议程"。[175] 从"探路者"计划开始实行的2002—2008年，当局大约翻新了4万所房子，但只建造了1000所新房，拆除了1万所"明显非宜居"的房屋。[176] 居民团体试图挽救他们的社区，向法院抗议。一场名为"为我们的家园而战"的全国运动警告说："英国正处于20世纪60年代清除贫民窟以来最大规模拆除的边缘。"[177] 批评者一致认为，"探路者"计划是"自20世纪50年代和60年代贫民窟清除以来最大的拆除计划"，一些观察人士将其与20世纪30年代第一次坚定的贫民窟战争相提并论。[178] 索尔福德市的一位当地妇女反对说，"我们这里不是贫民窟，我们不是坏人，我们应该过上更好的生活"。[179] 在默西塞德郡的布特尔（Bootle）清除区，房子的窗户上贴着海报，上面写着"不要再有推土机"。[180] 在纽卡斯尔，苏格兰邻里居民协会的成员回忆说，"当他们开着推土机进来时，我们在街上排成队，报之以嘘声"。[181] 在奥尔德姆，窗口的海报上写着"投票给工党？再也不会了！"。[182] 一名抗议者指着被木板封禁的有待拆除开发成高档住宅的维多利亚式露台房屋说："这太恶心了。这是社会清洗。"[183]

抗议者拥有强大的盟友。《星期日泰晤士报》评论了其中的矛盾所在，"想要重建……社区……你必须首先摧毁它的房子，驱散民众……数以千计的房子……正排队等候推土机，这一令人痛苦的情景仿佛用慢动作重演了 20 世纪 60 年代的摧毁社区的贫民窟清除行动"。[184]

乔纳森·格兰西（Jonathan Glancey）在《卫报》上撰文道："政府在 2002 年出台的"住房市场复兴探路者计划"语义模糊且令人生厌。在北方城市的部分地区，已经有无数的房子被封……它们应是，也可能是极体面的街道上的极体面的房子。可是，它们已被当作破烂一样廉价卖掉了。这是以牺牲当地人的利益为代价，以为开发商赚取最大利润。"[185]

主流的文化遗产保护组织，如拯救英国遗产委员会和英国遗产委员会，对大量维多利亚时代和爱德华时代的露台房屋被摧毁感到愤慨。研究人员报告说，虽然居民意识到"住房条件差，交通不发达，购物不方便，缺乏配套设施，人口状况不断变化以及存在犯罪和反社会行为，但有相当大比例的家庭对自己的家和街区感到满意"。[186]

建筑师、住房专家和城市规划者谴责使用强制征购令将"应该住人"的坚固住房封禁或拆除。[187] 伊恩·科尔曾对北部和中部地区住房问题的扩大发出过警告。2012 年，他又警告说，消除对一个地方的依恋或许会起作用，低收入工人阶级街区的社会生活"尽管会因工业化和经济结构调整造成损失，但未必是无趣的，每况愈下的"。他思忖，"居民"的看法可能会给决策者在处理事情上提供不同的考量角度和理解，但他们对一个地方的"共有记忆"往往得不到重视或遭到忽视。[188]

社会正义活动人士指出，现在招致政府责难的房子是居民们挽救、购买和翻新的，而且所提供的强制征收价远低于新房的价格。居民们纷纷抱怨说，当宣布实行"探路者"计划的地区时，当地官员承诺他们将"改善生活水平，但他们却把我们赶到街上。他们没给我们一分钱，好让我们能在好地方买房子"。[189] 人们普遍认为，被清除地区"是有意挑选出来的"，以便将其原始收购价与其以后进行清除开发后的市场价之间的差额利润最大化。[190] 安娜·明顿（Anna Minton）在其批判性著作《地面控制：21 世纪城市中的恐惧与幸福》（*Ground Control：Fear and Happiness in the 21st Century City*，2009）中，希望人们注意一位利物浦出租车司机的话（当她乘车去查看"探路者"计划的效果时）："他们做的事太可怕了。他们在推倒所有的房子，这样有人就能从中赚钱。他们拆散了这些房子里非常幸福的邻居。"[191]

工党在 2010 年英国大选中落败，取而代之的是首相戴维·卡梅伦领导下的保守党政府以及与之结盟的自由民主党（LDP）。同年，"住房市场复兴探路者计划"中止了。随后的一份评估报告得出的结论是，尽管投入 50 亿英镑，但"探路者"项目"却常常受到当地社区的憎恨，造成的问题与其解决的问题一样多。这种自上而下的做法并没有奏效，往往导致一些地区遭到破坏。大规模的拆除和清除项目停止了，一些家庭却被抛弃在废弃的街道上。对政府痴迷拆除而不是翻新、透明度的缺乏、开发商的巨额利润，以及维多利亚时代古迹的拆毁这些问题，公众展开了广泛的议论"。[192]

这是一个非常糟糕的评估，而这些错误的后果在"探路者"计划结束后仍在继续，因为在英格兰北部和中部的城市，成千上万的居民被"困在街道上，周围皆是遭拆毁或用木板封禁的房子"。[193] 这是 21 世纪痴迷影子城市的又一个可悲的后果。

千年发展目标的结束日期是 2015 年。在提请人们关注这一全球里程碑事件时，联合国宣布"这个世界有机会在其成功和推进力的基础上再接再厉"，并对以下情况表示满意，"在过去 15 年中，贫民窟居民的生活有了很大改善。从 2000—2014 年，逾 3.2 亿人获得了改善的用水、改善的卫生设施、耐久的住房或不那么拥挤的住房条件，这意味着千年发展目标基本上超额完成。发展中国家和地区居住在贫民窟中的城市人口比例从 2000 年的约 39% 下降到 2014 年的 30%"。[194]

当然，我们应该欣然接受住房、卫生和供水方面的改善，但如果没有从贫民窟本身出发找出问题和解决办法，还能取得多少进展呢？这个问题可以进一步延伸，不仅适用于千年发展目标的 15 年，还适用于以前贫民窟的虚假宣传盛行的两个世纪。联合国在展望千年发展目标，呼吁制定"大胆的新议程……以将世界变得更加美好"的同时，也在思索，"2015 年，全球社区正处在历史的十字路口"。[195] 是的，确实如此，但要选择一条最佳的前进道路，就需要从历史中吸取教训，将贫民窟的虚假宣传抛到脑后。

结束语

　　2006 年，德里南部。我们花钱请了一位导游，拍摄建成于 14 世纪中叶的红色库塔布塔（Qutab Minar）。当我们驱车离开这个世界遗产时，我的朋友却把车停在繁忙的道路旁边。他知道我对"贫民窟"有着浓厚兴趣，这里有个寮屋小定居点可去探访一下。经过朋友与居民们的商谈，他们同意，我只需付一点钱，就可四处走走，拍拍照。周围到处都是碎石，但棚屋和生活区都打扫得比较干净。居住者鲜艳的衣着与裸露的灰褐色结实地面形成鲜明对比。孩子们围在身边，要更多的钱。他们的语气像是要赖皮，但我的朋友却察觉出了危险。"回车上去，"他喊道，"快！"我们砰的一声关上车门，加速离开。我感到害怕，继而羞愧感袭上心头。

　　我与所有低收入邻居结下了友谊，我的职业生涯就是在研究"贫民窟"，但我没有形成持久的邻里关系。这在一定程度上是因为我是一名史学工作者，我最了解的许多人和地方都属于过去，但这也是由于盛行的贫民窟谎言对我的感知产生了潜在影响。我在德里的怀疑和惊慌是可耻的，因为那样做没有明确的理由，不过尚可理解，那是"贫民窟"这个词给人负面联想的产物。我有意识地摒弃这些联想，却又在不知不觉中使它们永存。

　　工程师、城市规划师、加尔各答改善信托基金会首任主席 E. P. 理查兹同样努力去理解弱势社区，因为他的态度也被贫民窟刻板印象所扭曲。他在 1914 年这样说道："从人道主义的角度看，在贫民窟度过一生，繁衍后代，是最大的罪恶。我们都知道，生活在贫民窟里会逐渐降低男人、女人和儿童的整体道德水平和身体素质，阻止和破坏他们的幸福，并在他们中间滋生不满、反叛、混乱、堕落、苦难、疾病、痛苦和死亡。当然，众所周知，疾病、犯罪、放纵与精神错乱都与生活在贫民窟有着绝对直接的联系。一个产生贫民窟的城市是在损害整个社区和种族。"[1]

"贫民窟"这个词扭曲了现实。每当我们使用该词形容贫困社区并试图改善它们时，我们就通过自己的指导原则和行动使这种扭曲持续化。正如赫伯特·甘斯所说，"贫民窟"这个词是一个评价性的概念，而不是一个分析性的概念。[2] 贫民窟只不过是我们想象和谎言的产物；事实上，根本不存在"贫民窟社区""贫民窟城市"和"具有贫民窟心态的居民"。我们造出"贫民窟"这个词是为了解释现代资本主义城市的丑陋特征、逻辑不协调和社会不平等。罗伯特·纽沃思谈到发展中国家的"影子城市"时说，"贫民窟是没有生活在贫民窟的人所恐惧的一切事物的化身"。[3] 社会学家洛伊克·瓦昆特（Loic Wacquant）在研究发达国家城市中的"进步的边缘"地区时，也发现了类似的反应，而且他认为："感知极大地助长了编造暴力、邪恶和社会解体的温床。"他发现："无论这些地区是否真的破旧和危险……最终并没有什么要紧，但当它得到广泛分享和传播时，这种认知偏见就足以引发有害的社会后果。"[4]

贫民窟谎言产生于经济、政治和社会中的权力关系。正如城市规划学者彼得·马尔库塞（Peter Marcuse）所主张的，"每个社会利用社会控制机制来维持其基本的权力结构和社会资源分配的安排"。[5] 然而，令人不安的是，让贫民窟谎言延续下去，不仅是精英们造成的，也是我们审视他人和地方并从自身立场出发所表现出来的所有人的自私自利和自满造成的："我们遵守规则，我们住在漂亮坚固的房子里，我们有道路和路灯。我们的孩子行为良好，有学上。我们有固定工作。另一半的他们生活在肮脏的环境中。他们衣衫褴褛的孩子缠着我们要钱，给当地造成破坏。他们患有疾病，身上有虱子。所有的罪犯都住在那些地方。他们的屋子黑暗又危险。很难弄明白用'他们'与'我们'来认知彼此究竟有多么强大和自我强化。"[6]"贫民窟"一词既不能描述也不能解释城市社会不平等现象，而且它阻碍渐进式改革。正如发展中国家的草根活动家提醒，"'贫民窟'一词通常带有贬义，可能暗示一个定居点需要迁移，或者可以合法地驱逐其居民"。[7]

我们通过从历史中吸取教训，通过关注两个世纪以来贫民窟刻板印象的影响来把握这些情况。如果不这样做，我们就会继续重复往日的错误，我们就会原地踏步。在贫民窟谎言最初出现的英国，最近的"住房市场复兴探路者计划"显然没有吸取历史教训。联合国针对发展中国家的雄心勃勃的"无贫民窟城市"规划亦是如此。其主要倡导者联合国人居署附和了最初英国使用的监管用语"非宜居"，其构成了19世纪首次对"贫民窟"进行无用干预的基础。[8]

我的一位朋友兼同事在看了我写的结论后说："它的结尾有点悲观——没有改革议程，只是一个一般性的希望，希望过去的错误可以帮助我们在未来做得更好。但前面所有的内容表明，我们不会从过去吸取教训，不是因为我们不知道发生了什么，而是因为我们不想知道。"

这种批评是公正的，可是我不敢说太多。许多贫民窟辩论家信心满满地提议进行干预和改革，但狭隘的自信削弱了他们。我所希冀做的就是鼓励辩论，从而考问朋友的"不想行动是因为不想了解"的信条。

在今天的城市中，有些丑陋的地方和行为破坏了易受伤害的人们的生活。我们需要通过干预来帮助他们。巴尔的摩或布里斯托尔的低收入社区的居民如此，里约热内卢、雅加达的甘邦、孟买和拉各斯的贫民窟的居民也同样如此。

然而，任何干预措施都必须与城市最贫困地区居民为改善自身生活而久已做出的努力相辅相成。如今，进步人士和新自由主义者一致认为，好事正在"贫民窟"中发生："从各方面考虑，贫民窟的进步是一种诲人行善的力量。如果领导者不再将贫民窟视为一个需要清除的问题，而是开始将其视为需要服务的群体，提供可靠的土地所有权、安全的环境、铺好的道路、给排水管道、学校和诊所，那么它可能成为更强大的发展驱动力。"[9]

一种正在形成的共识是，如果期望为了城市贫民利益的政府干预起作用，我们就应"摒弃长期以来对贫民窟的偏见"。[10] 各国政府、评论人士、智库和援助机构现在均表示，在今天的影子城市中，非正规住房业和非正规经济的畅通运作可以产生积极的社会效应。人们甚至进一步认识到，在这样的定居点，切实可行的社区生活可能兴旺起来。正如阿卜杜马利奇·西莫内敦促道："如果我们只关注痛苦，而不关注深刻思考、权衡和参与，我们就能避免使这些情况变得更糟吗？如果我们不愿意在这些居民建立的世界里找到活路，不愿意去发现，那么就算他们有多么不健康、暴力和平庸，难道我们就不会破坏我们努力使城市更适合所有人居住的基础吗？"[11]

但是，如果我们要避免停滞不前，这些都是不够的。即使是敏锐而富有同情心的观察家，比如卡尔帕纳·夏尔马（Kalpana Sharma）在她对孟买社会不平等的描述中，仍然将贫困社区称为"贫民窟"。[12] 是时候采取合乎逻辑的下一步行动了，把它完全从我们的词语中去掉，而不是试图去改造一个本质上丑陋和贸然下定论的词。是时候关注城市贫民的想法和成就了。贫民窟谎言已在全世界持续了200余年，因为贫困社区的本身情况和日常活动没有得到注意、尊重和有效地配合。我们必须摒弃贫民窟刻板印象，因为它阻碍社会改革方案，谋求证明以牺牲整个社区为代价而让少数人受益的城市重建项目的合理性。

结束贫民窟战争并不意味着我们放弃更新和改善我们的城市。在新的"城市世纪"，无数的城市都是充满活力和不断发展的实体。虽然它们的市政景观往往展现出悠久的历史，但它们与其说是历史的博物馆，倒不如说是现在有效的居住地。不断更新其机体组织可以保持城市活力，增进居民福祉。许多社区受到地形的限制，交通或污染行业的制约，生活质量受到分配面积的大小、脆弱的所有权，以及现有住房的年限、设计和质量的影响。重建这些地方，为其居民提供新住房，可能是造福于民——如果有更广泛的社会计划补充的话。自20世纪30年代以来，英国有大量的历史证据表明，市中心居民为搬迁到新住宅而欢欣鼓舞，一如最近的拉丁美洲和南亚。但也有证据表明，有些接受重新安置的居民对这一改变感到后悔，被摧毁的房屋和社区本可以得到顺利翻新。社区更新一定要立足于组成城市的社区的意见，绝不能强加给它们。不能重复亨盖特、波士顿西区、"第六区"、亚穆纳普什塔或累西腓等地居民的遭遇。因此，城市更新的结果取决于维持更新进程的主导思想。社区改善项目必须以公共利益而不是私人利润来衡量。项目必须要由公正的专业人士设计和实施。而且，最重要的是，正如甘斯所坚称的，项目设计和实施必须认识到，有效的居住环境是由居住者塑造的。只有当规划者和居住者共同制订出一致认可的目标、策略和责任时，才能很好地开展对这种环境的塑造。到目前为止，在这些方面，言辞多于成就。贫民窟刻板印象和其暗示的变革前景，阻碍了必要的共识的达成。

对于改善贫困社区而不是将其斥为贫民窟，本书没有明确提出下一步的具体改革议程。然而，本书确实试图影响那些行动者和支持他们的更广泛的社区。笔者是史学研究者，不是未来学家。我从历史角度来揭露贫民窟一词的欺骗性，希望对过去错误的认知能帮助我们所有人做出更好的选择，在新的城市世纪建设一个更公平、更包容的世界。

注 释

序

1 United Nations Millennium Declaration, *United Nations General Assembly* 55/2 (18 September 2000), clauses 11 and 19.
2 United Nations, *The Millennium Development Goals Report 2012* (New York, 2012), p. 3.
3 Goal 11.1 in United Nations, *Transforming Our World: The 2030 Agenda for Sustainable Development*, www.sustainabledevelopment.un.org, accessed 6 June 2016.
4 *Oxford English Dictionary Online*, www.oed.com, accessed 30 May 2016.
5 See for example David Harvey, *Rebel Cities* (New York, 2012), *The Enigma of Capital* (London, 2010), *A Brief History of Neoliberalism* (Oxford, 2005), *Social Justice and the City* (1973); and Joseph Stiglitz, *The Great Divide: Unequal Societies and What We Can Do About Them* (London, 2015), *The Price of Inequality* (New York, 2012), *Making Globalization Work* (London, 2006), *Globalization and Its Discontents* (London, 2002), Mike Davis, *Planet of Slums* (London, 2006).
6 See my initial statement of this argument in Alan Mayne, *The Imagined Slum: Newspaper Representation in Three Cities, 1870–1914* (Leicester, 1993).
7 Michael Harrington, *The Other America: Poverty in the United States*, revd edn (New York, 1971), pp. 148–9.
8 Peter Marris, 'The Meaning of Slums and Patterns of Change', *International Journal of Urban and Regional Research*, III/1–4 (1979), p. 420.
9 United Nations Human Settlements Programme, *The Challenge of Slums: Global Report on Human Settlements 2003* (London, 2003), p. 9.
10 United Nations Development Programme, *UNDP Support to the Implementation of Sustainable Development Goal 1*, p. 8, www.undp.org, accessed 6 June 2016.
11 Quoted in Seth Koven, *Slumming: Sexual and Social Politics in Victorian London* (Princeton, NJ, 2004), p. 194.
12 Vandana Desai, *Community Participation and Slum Housing: A Study of Bombay* (New Delhi, 1995), p. 252.
13 Michael Dewit, 'Slum Perceptions and Cognitions', in *Living in India's Slums: A Case Study of Bangalore*, ed. Hans Schenk (New Delhi, 2001), p. 107.

贫民窟：全球不公的历史

14 S. Devadas Pillai, 'Slums and Squatters', in *Slums and Urbanization*, ed. A. R. Desai and S. Devadas Pillai (Bombay, 1990), p. 165.

15 Liverpool Shelter Neighbourhood Action Project (SNAP), *Another Chance for Cities: SNAP69/72* (London, 1972), p. 101.

16 Lou Antolihao, *Culture of Improvisation: Informal Settlements and Slum Upgrading in a Metro Manila Locality* (Quezon City, 2004), p. 79; Janice Perlman, *Favela: Four Decades of Living on the Edge in Rio de Janeiro* (Oxford, 2010), p. 23.

17 Robert Roberts, *The Classic Slum: Salford Life in the First Quarter of the Century*, first published 1971 (London, 1990), p. 49.

18 See the list of White's publications at the 'London Historian Jerry White' website www.jerrywhite.co.uk.

19 James Symonds, 'The Poverty Trap? Abject and Object Perspectives on the Lives of Slum Dogs and Other Down-and-outs', in York Archaeological Trust, 'Poverty in Depth: New International Perspectives' Symposium pre-event 'Discussion Pieces' (York, 2009).

20 Pillai, 'Slums and Squatters', p. 164, emphasis original.

21 ABS-CBN News, 'Next Travel Stop: Indonesia's Slums', 7 June 2009.

第一章

1 Charles Abrams, *The Language of Cities: A Glossary of Terms* (New York, 1971), p. 286. See Marie Huchzermeyer, 'Troubling Continuities: Use and Utility of the Term "Slum"', in *The Routledge Handbook on Cities of the Global South*, ed. Susan Parnell and Sophie Oldfield (London, 2014), p. 86.

2 Herbert B. Ames, *The City below the Hill*, first published 1897 (Toronto, 1972), p. 6.

3 'Developed' and 'developing' world are themselves problematic terms, which I shall nevertheless use in preference to the still more problematic terms 'first', 'second', 'third' (and 'fourth') worlds.

4 Drew D. Gray, *London's Shadows: The Dark Side of the Victorian City* (London, 2010), p. 1.

5 S. Martin Gaskell, ed., *Slums* (Leicester, 1990), p. 2.

6 Jawaharlal Nehru, *An Autobiography*, first published 1936 (New Delhi, 2004), p. 609.

7 *The Freedom Charter*, 26 June 1955, www.anc.org.za. Marie Huchzermeyer, *Cities with 'Slums': From Informal Settlement Eradication to a Right to the City in Africa* (Claremont, South Africa, 2011), p. 170.

8 United Nations Human Settlements Programme, *2007 Annual Report* (Nairobi, 2008), p. 30.

9 David Harvey, 'The Right to the City', *New Left Review*, LIII (2008), p. 33.

10 Center for Habitat Studies and Development, *Mozambique, Cities without Slums. Analysis of the Situation and Proposal of Intervention Strategies* (Maputo, 2006), p. 6.

11 Alan Gilbert, 'Extreme Thinking about Slums and Slum Dwellers: A Critique', *SAIS Review*, XXIX/1 (2009), p. 37.

12 Xing Quan Zhang, 'Chinese Housing Policy 1949–1978: The Development of a Welfare System', *Planning Perspectives*, XII/4 (1997), p. 434.

13 B. Chatterjee and Zakia Khan, eds, *Report of the Seminar on Slum Clearance* (Bombay, 1958), pp. v–vi.
14 Ministry of Housing and Poverty Alleviation, *India: Urban Poverty Report 2009* (New Delhi, 2009), p. xv.
15 Ben C. Arimah, *Slums as Expressions of Social Exclusion: Explaining the Prevalence of Slums in African Countries* (Nairobi, 2011), p. 1.
16 Dennis Rodgers, Jo Beall and Ravi Kanbur, 'Re-thinking the Latin American City', in *Latin American Urban Development into the 21st Century: Towards a Renewed Perspective on the City*, ed. Dennis Rodgers, Jo Beall and Ravi Kanbur (Basingstoke, 2012), pp. 10, 16.
17 United Nations Human Settlements Programme, *Harmonious Cities: State of the World's Cities 2008/2009* (London, 2008), p. iii.
18 Gaskell, *Slums*, p. 1.
19 Barry M. Doyle, 'Mapping Slums in a Historic City: Representing Working Class Communities in Edwardian Norwich', *Planning Perspectives*, xvi/1 (2001), p. 51.
20 See, however, Seth Koven, *Slumming: Sexual and Social Politics in Victorian London* (Princeton, NJ, 2004).
21 David Sibley, *Geographies of Exclusion: Society and Difference in the West* (London, 1995), p. 57.
22 Tyler Anbinder, *Five Points: The 19th-century New York City Neighborhood That Invented Tap Dance, Stole Elections, and Became the World's Most Notorious Slum* (New York, 2001).
23 Gareth Stedman Jones, *Outcast London: A Study in the Relationship between Classes in Victorian Society* (Oxford, 1971); Richard Dennis, *English Industrial Cities of the Nineteenth Century: A Social Geography* (Cambridge, 1984).
24 Anthony S. Wohl, *The Eternal Slum: Housing and Social Policy in Victorian London* (London, 1977).
25 David Englander, *Landlord and Tenant in Urban Britain, 1838–1918* (Oxford, 1983), p. x.
26 J. A. Yelling, *Slums and Slum Clearance in Victorian London* (London, 1986), p. 1.
27 J. A. Yelling, *Slums and Redevelopment: Policy and Practice in England, 1918–45, with Particular Reference to London* (London, 1992), p. 2; Yelling, *Slums and Slum Clearance*, pp. 1–2.
28 Yelling, *Slums and Redevelopment*, p. 2.
29 Sam Bass Warner, Jr, 'The Management of Multiple Urban Images', in *The Pursuit of Urban History*, ed. Derek Fraser and Anthony Sutcliffe (London, 1983), pp. 383–94.
30 C. J. Dennis, *The Moods of Ginger Mick* (Sydney, 1916), p. 69; C. J. Dennis, *The Songs of A Sentimental Bloke* (Sydney, 1916), p. 40.
31 See for example Ellen Ross, *Slum Travelers: Ladies and London Poverty, 1860–1920* (Berkeley, CA, 2007); Koven, *Slumming*, pp. 228–81.
32 Herbert J. Gans, *The Urban Villagers: Group and Class in the Life of Italian-Americans*, updated and expanded edition (New York, 1982), p. xiii.
33 Robert M. Dowling, *Slumming in New York: From the Waterfront to Mythic Harlem* (Urbana, IL, 2007), p. 4.

贫民窟：全球不公的历史

34 Peter Stallybrass and Allon White, *The Politics and Poetics of Transgression* (Ithaca, NY, 1986), p. 139.

35 See Fabian Frenzel, *Slumming It: The Tourist Valorization of Urban Poverty* (London, 2016).

36 Gregory David Roberts, *Shantaram: A Novel* (Sydney, 2003). A sequel, *The Mountain Shadow* (London, 2015), has recently been published.

37 'Walking Thru Kibera', Kibera Slum Foundation, www.kslum.org, accessed 19 November 2006.

38 'Journey through the Slums of Singapore', www.princessemilyng. blogspot.com.au, 19 May 2007.

39 John Stanley James, 'Sydney Common Lodging Houses' (1878), in *The Vagabond Papers*, ed. Michael Cannon (Melbourne, 1983), p. 47.

40 Victor Mallet, 'A Tour of Mumbai's Slums', *Financial Times*, www. ft.com, 6 February 2009.

41 Eric Weiner, 'Slum Visits: Tourism or Voyeurism?', *New York Times*, www.nytimes.com, 9 March 2008.

42 ABS-CBN News, 'Next Travel Stop: Indonesia's Slums', www.abs-cbnnews.com, 7 June 2009.

43 *Sydney Morning Herald*, 'Singapore's Slum Deal', www.smh.com.au, 8 April 2007.

44 Julia Meschkank, 'Investigations into Slum Tourism in Mumbai: Poverty Tourism and the Tensions between Different Constructions of Reality', *GeoJournal*, LXXVI/1 (February 2011), p. 48.

45 Amnesty International, 'Indonesia – Tourists in the Slums', in *Slum Stories: Human Rights Live Here*, www.slumstories.org, August 2008.

46 Stuart Grudgings, 'Best View in Rio? Pushing Limits of Slum Tourism', *The Independent*, www.independent.co.uk, 23 October 2011.

47 See the 'CaringSharing' link on Roberts's website, www.shantaram.com.

48 Riddhi Shah, 'Sun, Sand and Slums: With Slum Tourism Becoming the Latest Exotica, India's Poverty-ridden Underbelly is getting Dollar-rich Visitors', *India Today*, 9 October 2006, p. 76.

49 Bethe Dufresne, 'The Ethics and Economics of Slum Tours', *Commonweal*, CXXXVII/ 22 (2010), pp. 9–11.

50 Graeme Davison, 'Introduction', in *The Outcasts of Melbourne: Essays in Social History*, ed. Graeme Davison, David Dunstan and Chris McConville (Sydney, 1985), p. 3.

51 *The Times*, 10 January 1928, p. 11, 'London Housing'.

52 Charles Abrams, *Man's Struggle for Shelter in an Urbanizing World* (Cambridge, MA, 1964), p. 4.

53 United Nations Human Settlements Programme, *The Challenge of Slums: Global Report on Human Settlements 2003* (London, 2003), p. 84.

54 Ibid., p. 10.

55 United Nations Human Settlements Programme and Cities Alliance, *Analytical Perspective of Pro-poor Slum Upgrading Frameworks* (Nairobi, 2006), p. 1.

56 Mike Davis, *Planet of Slums* (London, 2006), p. 22.

57 Richard Martin and Ashna Mathema, *Development Poverty and Politics: Putting Communities in the Driver's Seat* (New York, 2010), p. 15.

58 United Nations Human Settlements Programme, *Harmonious Cities*, p. 106.
59 United Nations Development Programme, *Sustainable Development Goals: UNDP Support to the Implementation of Sustainable Development Goal 1, Poverty Reduction*, p. 3, www.undp.org, accessed 9 June 2016.
60 Charles J. Stokes, 'A Theory of Slums', *Land Economics*, XXXVIII/3 (1962), p. 189.
61 S. Devadas Pillai, 'Slums and Squatters', in *Slums and Urbanization*, ed. A. R. Desai and S. Devadas Pillai (Bombay, 1990), p. 164.
62 United Nations Human Settlements Programme, *Challenge of Slums*, p. vi.
63 See Susan Parnell and Sophie Oldfield, eds, *The Routledge Handbook on Cities of the Global South* (London, 2014).
64 Ibid., p. 9.
65 Ashish Bose, 'Urbanization and Slums', in *Urbanization and Slums*, ed. Prodipto Roy and Shangon Das Gupta (New Delhi, 1995), pp. 19, 23.
66 S. Ramanathan, 'Foreword', in Raj Nandy, *Squatters: Human Resource Dimension. The Case of Faridabad – A 'Ringtown' of National Capital Region* (New Delhi, 1987), p. v.
67 A. R. Desai and S. D. Pillai, *A Profile of an Indian Slum* (Bombay, 1972), pp. 2, 6.
68 Mridula Bhatnagar, *Urban Slums and Poverty* (Jaipur, 2010), p. vii; Bela Bhattacharya, *Slums and Pavement Dwellers of Calcutta Metropolis* (Calcutta, 1997), p. 1; R. N. Thakur and M. S. Dhadave, *Slum and Social System* (New Delhi, 1987), p. 7.
69 P. R. Nayak in *Report of the Seminar on Slum Clearance*, ed. B. Chatterjee and Zakia Khan (Bombay, 1958), pp. 17 (emphasis added), 35, 18, 38.
70 P. R. Nayak, 'Director's Report', ibid., pp. 165, 167.
71 A. R. Desai and S. Devadas Pillai, eds, *Slums and Urbanization*, 2nd edn (Bombay, 1990), p. 125. Nayak's definition appears on pp. 136–7.
72 Ibid., pp. 5–6.
73 Shveta Mathur and Sakshi Chadha, 'Creating Inclusive Cities for Poverty Reduction', in *Poverty and Deprivation in Urban India*, ed. Sabir Ali (New Delhi, 2007), p. 187.
74 Amitabh Kundu, 'Keynote Address', ibid., p. 23.
75 Vyjayanthi Rao, 'Slum as Theory: The South/Asian City and Globalization', *International Journal of Urban and Regional Research*, XXX/1 (2006), pp. 225–32; Ananya Roy, 'Slumdog Cities: Rethinking Subaltern Urbanism', *International Journal of Urban and Regional Research*, XXXV/2 (2011), pp. 223–38; Pushpa Arabindoo, 'Rhetoric of the "Slum"', *City: Analysis of Urban Trends, Culture, Theory, Policy, Action*, XV/6 (2011), pp. 636–46.
76 S. L. Goel and S. S. Dhaliwal, *Slum Improvement through Participatory Urban-based Community Structures* (New Delhi, 2004), pp. 29, 62.
77 M.K.A. Siddiqui and Y. Hossain, *Life in the Slums of Calcutta: A Study of Parsi Bagan Bustee* (New Delhi, 2002), p. 49.
78 Anupurna Rathor, *Slum Dwellers: Curse on Development* (New Delhi, 2003), p. 36.
79 D. Ravindra Prasad and A. Malla Reddy, *Environmental Improvement of Urban Slums: The Indian Experience* (Hyderabad, 1994), pp. 2–3.

贫民窟：全球不公的历史

80 Arti Mishra, *Women in Slums: Impact of Environmental Pollution* (New Delhi, 2004), p. 159.
81 Noor Mohammad, *Slum Culture and Deviant Behaviour* (Delhi, 1983), pp. 1, 51.
82 Mridula Bhatnagar, *Urban Slums and Poverty*, p. 37. See also the similar findings in Sudesh Nangia and Sukhadeo Thorat, *Slum in a Metropolis: The Living Environment* (New Delhi, 2000), p. 18.
83 Amitabh Kundu, 'Foreword', in WaterAid India, *Profiling 'Informal City' of Delhi: Policies, Norms, Institutions and Scope for Intervention* (New Delhi, 2005), p. v.
84 IRIN: Humanitarian News and Analysis, 'Indonesia: Jakarta's Slums Struggle with Sanitation', www.irinnews.org, 16 April 2010.
85 Christine Bodewes, *Parish Transformation in Urban Slums: Voices of Kibera, Kenya* (Nairobi, 2005), p. 9.
86 United Nations Human Settlements Programme, *Challenge of Slums*, p. 9.
87 AbdouMaliq Simone, *City Life from Jakarta to Dakar: Movements at the Crossroads* (New York, 2010), p. 17.
88 David Patrick and William Geddie, eds, *The Illustrated Chambers's Encyclopaedia: A Dictionary of Universal Knowledge* (London, 1924), vol. IX, p. 450 and vol. v, pp. 816–21.
89 C. Govindan Nair, 'Causation and Definition of Slums', in Chatterjee and Khan, *Report of the Seminar on Slum Clearance*, pp. 74–5.
90 Janice Perlman, *Favela: Four Decades of Living on the Edge in Rio de Janeiro* (Oxford, 2010), pp. 36–7.
91 'Slum', n.2, *Oxford English Dictionary Online*, www.oed.com, accessed 4 September 2013.
92 Desai and Pillai, *Profile of an Indian Slum*, p. 2.
93 Government of India, *Report of the Committee on Slum Statistics/Census*, Ministry of Housing and Urban Poverty Alleviation (New Delhi, 2010), p. 2.
94 C. Chandramouli, *Housing Stock, Amenities & Assets in Slums – Census 2011*, Registrar General and Census Commissioner, Census of India, 2011, PowerPoint presentation available at www.censusindia.gov.in.
95 Cities Alliance, *Cities without Slums Action Plan*, www.citiesalliance.org, 1999, p. 6.
96 United Nations Human Settlements Programme, *Challenge of Slums*, p. 12.
97 United Nations Human Settlements Programme, *Harmonious Cities*, pp. 92, 90.
98 Ibid., p. 106.
99 Ibid., p. 92.
100 United Nations Human Settlements Programme, *Challenge of Slums*, p. 12.
101 *The Hindu*, 21 May 2009, p. 1, '"Slumdog" Fame Rubina's Home Demolished'.
102 Simone, *City Life from Jakarta to Dakar*, p. 26.
103 Kundu, 'Keynote Address', p. 20.
104 Joseph Stiglitz, *Making Globalization Work* (New York, 2006), p. 9.
105 Alan Mayne, 'Tall Tales but True? New York's "Five Points" Slum', *Journal of Urban History*, XXXIII/2 (2007), p. 322.

106 Peter Stallybrass and Allon White, *The Politics and Poetics of Transgression* (Ithaca, NY, 1986), pp. 3, 5.
107 Pillai, 'Slums and Squatters', p. 165.

第二章

1 Adna F. Weber, *The Growth of Cities in the Nineteenth Century: A Study in Statistics* (Ithaca, NY, 1967), p. 1.
2 Lewis Mumford, *The Culture of Cities* (London, 1938), p. 161.
3 *The Times*, 24 February 1934, p. 17, 'Disgrace of the Slums'.
4 Marie Huchzermeyer, 'Troubling Continuities: Use and Utility of the Term "Slum"', in *The Routledge Handbook on Cities of the Global South*, ed. Susan Parnell and Sophie Oldfield (London, 2014), p. 86.
5 Winifred Foley, *A Child in the Forest*, first published 1974 (London, 1977), pp. 14, 16.
6 Le Corbusier, *When the Cathedrals were White* (1944), quoted in *New York: An Illustrated Anthology*, comp. Michael Marqusee (London, 1988), p. 16.
7 David M. Scobey, *Empire City: The Making and Meaning of the New York City Landscape* (Philadelphia, 2002), p. 10.
8 P. D. Smith, *City: A Guidebook for the Urban Age* (London, 2012), p. xi.
9 Eric E. Lampard, 'The Urbanizing World', in *The Victorian City: Images and Realities*, ed. H. J. Dyos and Michael Wolff (London, 1973), vol. 1, p. 9.
10 Guther Barth, *Instant Cities: Urbanization and the Rise of San Francisco and Denver* (New York, 1975).
11 Maury Klein and Harvey A. Kantor, *Prisoners of Progress: American Industrial Cities 1850–1920* (New York, 1976), p. xii.
12 F. B. Smith, *The People's Health, 1830–1910* (Canberra, 1979), p. 223.
13 H. J. Dyos, 'The Slums of Victorian London', *Victorian Studies*, XI/1 (September 1967), p. 27.
14 Stephen V. Ward, *Planning and Urban Change*, 2nd edn (London, 2004), p. 12.
15 Vance Palmer, 'Thirty Years, and a New England', *Herald*, 13 July 1935.
16 Michael Harrington, *The Other America: Poverty in the United States*, revd edn (New York, 1971), p. 21.
17 Herbert B. Ames, *The City below the Hill*, first published 1897 (Toronto, 1972), p. 114.
18 Dyos, 'The Slums of Victorian London', p. 27.
19 J. Cuming Walters, *Further Scenes in Slum-land* (Birmingham, 1901), p. 4.
20 *Report of the National Advisory Commission on Civil Disorders* (New York, 1968), pp. 245–6.
21 Anne Stevenson, Elaine Martin and Judith O'Neill, *High Living: A Study of Family Life in Flats* (Melbourne, 1967), p. 10.
22 *San Francisco Chronicle*, 3 July 1900, p. 6, editorial: 'Rebuilding Chinatown'.
23 E. P. Hennock, *Fit and Proper Persons: Ideal and Reality in Nineteenth-century Urban Government* (London, 1973).
24 Francis H. McLean, Robert E. Todd and Frank B. Sanborn, *The Report of the Lawrence Survey* (Lawrence, MA, 1912), p. III.

贫民窟：全球不公的历史

25 Liverpool Shelter Neighbourhood Action Project (SNAP), *Another Chance for Cities: SNAP69/72* (London, 1972), p. 9.
26 Hugh Wilson and Lewis Womersley, Roger Tym and Associates, Jamieson Mackay and Partners, *Change or Decay: Final Report of the Liverpool Inner Area Study* (London, 1977), p. 1.
27 Harrington, *The Other America*, pp. 1–2.
28 John Stubbs, *The Hidden People: Poverty in Australia* (Melbourne, 1966), p. 1.
29 B. Seebohm Rowntree, *Poverty: A Study of Town Life* (London, 1902), p. vii.
30 Ibid., p. 5.
31 Robert A. Beauregard, *Voices of Decline: The Postwar Fate of U.S. Cities* (New York, 2003), p. 57.
32 Anthony S. Wohl, ed., *The Bitter Cry of Outcast London, with Leading Articles from the Pall Mall Gazette of October 1883 and Articles by Lord Salisbury Joseph Chamberlain and Foster Crozier* (Leicester, 1970), p. 55.
33 Robert A. Woods, 'The Social Awakening in London', in *The Poor in Great Cities: Their Problems and What is Being Done to Solve Them* (London, 1896), p. 4.
34 *Sydney Morning Herald*, 22 March 1884, 14 January 1884, quoted in A.J.C. Mayne, *Fever, Squalor and Vice: Sanitation and Social Policy in Victorian Sydney* (Brisbane, 1982), p. 130.
35 *The Congregationalist*, XII (November 1883), quoted in Wohl, *The Bitter Cry*, p. 35.
36 Dyos, 'The Slums of Victorian London', p. 27.
37 'Flash' and 'Cant', in *The Oxford Companion to the English Language*, ed. Tom McArthur (Oxford, 1992), pp. 406, 188. See also 'Slang', pp. 940–3; 'Vulgar', p. 1098.
38 Ibid., p. 942.
39 See Francis Grose, *Dictionary of the Vulgar Tongue: A Dictionary of Buckish Slang, University Wit, and Pickpocket Eloquence* (London, 1811); James Hardy Vaux, 'A Vocabulary of the Flash Language', in *Memoirs of James Hardy Vaux* (London, 1819), vol. II; Jon Bee, *Slang: A Dictionary of the Turf, the Ring, the Chase, the Pit, of Bon-Ton, and the Varieties of Life* (London, 1823); John Camden Hotten, *A Dictionary of Modern Slang, Cant, and Vulgar Words* (London, 1859); *Oxford English Dictionary Online*, 'slum, n.', 'slum, v.', www.oed.com, accessed 16 September 2013.
40 Vaux, 'A Vocabulary of the Flash Language', pp. 187, 200, 206. Although the 'Vocabulary' was first circulated in 1812, it was not published until 1819.
41 See 'slum' and 'slumber' in Eric Partridge, *Origins: A Short Etymological Dictionary of Modern English*, 4th edn (London, 1966), p. 3092.
42 J. Cuming Walters, *Scenes in Slum-land* (Birmingham, 1901), p. 5; Mearns, in Wohl, *The Bitter Cry*, p. 62.
43 H. J. Dyos and D. A. Reeder, 'Slums and Suburbs', in *The Victorian City: Images and Realities*, ed. H. J. Dyos and Michael Wolff (London, 1973), vol. I, p. 362.
44 W. G. Hoskins, *The Making of the English Landscape* (London, 1955), pp. 172–3.

45 Quoted in Dyos, 'The Slums of Victorian London', p. 8.
46 Bernard Blackmantle (Charles Molloy Westmacott), *The English Spy: An Original Work, Characteristic, Satirical and Humorous, Comprising Scenes and Sketches in Every Rank of Society* (London, 1825), vol. II, p. 29. Project Gutenberg eBook, www.gutenberg.org, accessed 18 September 2013.
47 *Argus*, 11 February 1857, quoted by Graeme Davison and David Dunstan, '"This Moral Pandemonium": Images of Low Life', in *The Outcasts of Melbourne: Essays in Social History*, ed. Graeme Davison, David Dunstan and Chris McConville (Sydney, 1985), p. 30.
48 Wiseman, quoted in Anthony S. Wohl, *The Eternal Slum: Housing and Social Policy in Victorian London* (London, 1977), p. 5.
49 Webster's Dictionary, quoted in F. Oswald Barnett, *The Unsuspected Slums* (Melbourne, 1933), p. 8.
50 Barnett, *The Unsuspected Slums*, p. 8.
51 Howard Marshall, *Slum* (London, 1933), p. 12.
52 W. T. Stead, 'Is it Not Time?', *Pall Mall Gazette*, 16 October 1883, quoted in Wohl, *The Bitter Cry*, p. 81. See Gertrude Himmelfarb, *The Idea of Poverty: England in the Early Industrial Age* (New York, 1984), p. 307.
53 *Voice* (New York), 7 March 1889, quoted in *Oxford English Dictionary Online*, 'slummer, n. 2', www.oed.com, accessed 17 September 2013.
54 *The Times*, 13 December 1933, p. 7, 'Bishop of London and the Speculative Builder'.
55 *Boston Journal*, 1 October 1884, quoted in *Oxford English Dictionary Online*, 'slum v. 4a', www.oed.com, accessed 13 October 2013. Joseph Hatton, *Reminiscences of J. L. Toole* (London, 1889), quoted ibid., 'slummer, n. 1', accessed 17 September 2013.
56 Mrs Cecil Chesterton, *I Lived in a Slum* (London, 1936), p. 11.
57 John Forster, *The Life of Charles Dickens* (Boston, MA, 1875), vol. I, p. 39 (first published 1872–4).
58 See Dickens, 'The City of the Absent', first published in *All the Year Round* in 1863, and incorporated as chapter 23 in *The Uncommercial Traveller* (London, 1866, 1875).
59 Rosemary O'Day and David Englander, *Mr Charles Booth's Inquiry: Life and Labour of the People in London Reconsidered* (London, 1993), p. 194.
60 Victor Turner, *On the Edge of the Bush: Anthropology as Experience*, ed. Edith L. B. Turner (Tuscon, AZ, 1985), p. 184.
61 Robert H. Wiebe, *The Search for Order, 1877–1920* (New York, 1967), p. xiv.
62 The *Sun* newspaper, 1849, quoted in Himmelfarb, *The Idea of Poverty*, p. 351.
63 This phrase was repeatedly used during the 1930s by British minister of health Sir Edward Hilton Young. See, for example, *The Times*, 11 December 1933, p. 7, 'Sir Hilton Young on the Slums'.
64 Ames, *City below the Hill*, p. 7.
65 Walters, *Scenes in Slum-land*, p. 15.
66 Keith Gandal, *The Virtues of the Vicious: Jacob Riis, Stephen Crane, and the Spectacle of the Slum* (New York, 1997), p. 8.

67 Cited in Wohl, *The Bitter Cry*, p. 58.
68 *Time*, 29 August 1977, 'The American Underclass', p. 18, www.content. time.com, accessed 20 November 2013.
69 John Freeman, *Lights and Shadows of Melbourne Life* (London, 1888), p. 15.
70 *The Times*, 7 September 1928, p. 14, 'Sanitary Inspectors' Conference'.
71 Marshall, *Slum*, p. 8.
72 George R. Sims, *How the Poor Live* (London, 1883), p. 1.
73 Walters, *Scenes in Slum-land*, p. 3.
74 Barnett, *The Unsuspected Slums*, p. 18.
75 *Time*, 'The American Underclass', p. 18.
76 Walters, *Further Scenes in Slum-land*, p. 20.
77 Walters, *Scenes in Slum-land*, p. 18.
78 Marshall, *Slum*, p. 36.
79 Jeremy Harrison, ed., *Reprieve for Slums: A Shelter Report* (London, 1972), p. 3.
80 Sims, *How the Poor Live*, p. 55.
81 Ibid., p. 57.
82 Wohl, *The Bitter Cry*, p. 61.
83 B. S. Townroe, *Britain Rebuilding: The Slum and Overcrowding Campaigns* (London, 1936), p. 138.
84 Housing Management Sub-Committee of the Central Housing Advisory Committee, *Moving from the Slums: Seventh Report of the Housing Management Sub-Committee of the Central Housing Advisory Committee* (London, 1956), p. 13.
85 *New Society*, 18 November 1976, quoted in *Oxford English Dictionary Online*, 'sink, n.2g', www.oed.com, accessed 17 November 2013.
86 Walter Besant, 'A Riverside Parish', in *The Poor in Great Cities*, p. 273.
87 Walters, *Further Scenes in Slum-land*, p. 25. Walters, *Scenes in Slum-land*, p. 1.
88 Barnett, *The Unsuspected Slums*, p. 25.
89 *Time*, 'The American Underclass', p. 18.
90 Ramsay Mailler, *The Slums Are Still with Us* (Melbourne, 1944), p. 10.
91 Walters, *Scenes in Slum-land*, p. 18.
92 *Time*, 'The American Underclass', p. 18.
93 Barnett, *The Unsuspected Slums*, p. 25; F. Oswald Barnett and W. O. Burt, *Housing the Australian Nation* (Melbourne, 1942), p. 42; *The Times*, 5 December 1931, p. 7, 'Persistence of Slum Habits'.
94 *Argus*, 14 May 1910, p. 18, 'Melbourne's Slum Tangle'.
95 F. B. Boyce, *Fourscore Years and Seven: The Memoirs of Archdeacon Boyce, for over Sixty Years a Clergyman of the Church of England in New South Wales* (Sydney, 1934), p. 97.
96 Walters, *Scenes in Slum-land*, p. 3.
97 *Evening News* (Sydney), 16 March 1887, in Alan Mayne, *Representing the Slum: Popular Journalism in a Late Nineteenth Century City* (Melbourne, 1990), p. 176.
98 T. Brennan, *Reshaping a City* (Glasgow, 1959), p. 139.
99 Harrison, *Reprieve for Slums*, p. 15.

注　释

100 Walters, *Scenes in Slum-land*, p. 6. Jacob A. Riis, *How the Other Half Lives: Studies among the Tenements of New York* (New York, 1890), p. 138.
101 *Argus*, 11 May 1910, p. 13, 'Melbourne's Slum-Tangle'.
102 *Time*, 'The American Underclass', p. 18.
103 Barnett, *The Unsuspected Slums*, p. 9.
104 Sims, *How the Poor Live*, pp. 25, 27.
105 Wohl, *The Bitter Cry*, p. 73.
106 *The Times*, 14 June 1932, p. 11, 'Overcrowding in London'.
107 Statement by Sons of the American Revolution, in *Reports of the United States Immigration Commission* (Washington, DC, 1911), vol. XLI, p. 7.
108 Robert Hunter, *Poverty* (New York, 1904), p. 262.
109 William T. Elsing, 'Life in New York Tenement-Houses as Seen by a City Missionary', originally published in *Scribner's Magazine*, June 1892, and reprinted in Woods, *The Poor in Great Cities*, p. 56.
110 Howard B. Grose, *Aliens or Americans?* (New York, 1906), p. 198.
111 Ibid., p. 196.
112 Hunter, *Poverty*, p. 265.
113 Robert E. Park and Herbert A. Miller, *Old World Traits Transplanted*, first published 1921 (New York, 1969), pp. 234, 61.
114 Charles B. Davenport, *Heredity in Relation to Eugenics* (New York, 1911), pp. 214, 219.
115 William C. Oates, House of Representatives, 19 February 1891, in *Congressional Record: Containing the Proceedings and Debates of the Fifty-First Congress, Second Session* (Washington, DC, 1891), vol. XXII, p. 2948.
116 *Annual Report of the Surgeon-General of the Public Health Service of the United States for the Fiscal Year 1921* (Washington, DC, 1921), p. 162.
117 Henry Cabot Lodge, House of Representatives, 19 February 1891, in *Congressional Record*, pp. 2956, 2958.
118 *Sun* (Melbourne), 12 October 1955, 16 October 1955, quoted in Alan Mayne, 'A Just War: The Language of Slum Representation in Twentieth-Century Australia', *Journal of Urban History*, XX/1 (1995), p. 86.
119 Woods, 'Social Awakening in London', p. 3.
120 Bill Luckin, 'Revisiting the Idea of Degeneration in Urban Britain, 1830–1900', *Urban History*, XXX/2 (2006), p. 243.
121 Hunter, *Poverty*, pp. 312, 313, 314.
122 Ibid., p. 315.
123 John Sandes, 'The Ambassador's "Double": What he thought of Australia', in *Australia To-Day*, 1 November 1912, p. 71.
124 E. J. Holloway, 'Foreword', in Barnett and Burt, *Housing the Australian Nation*, p. 3.
125 Jacob A. Riis, *The Battle with the Slum* (New York, 1902), p. 1.
126 *Annual Report of the Surgeon-General of the Public Health and Marine-Hospital Service of the United States for the Fiscal Year 1904* (Washington, DC, 1904), p. 199.
127 'A Day with the Slum Sisters', *War Cry*, 3 August 1907, p. 3.
128 Christopher Addison, *The Betrayal of the Slums* (London, 1922), pp. 10, 80.
129 R.M., *The Congested Areas of our City: Their Dangers, and a Suggested Outline for their Relief* (Melbourne, 1936), p. 7.

130 Donald J. Wilding, 'Report on Slum Conditions' (Melbourne, 1947), p. 2.

131 Ibid., p. 3.

132 Esther Romeyn, *Street Scenes: Staging the Self in Immigrant New York, 1880–1924* (Minneapolis, 2008), p. xix.

133 *Herald*, 6 July 1908, p. 2, 'Abolish the Slums'; *Argus*, 12 May 1910, p. 7, 'Melbourne's Slum Tangle'; *Punch*, 16 March 1922, p. 42, 'The Unseen Side of Melbourne'.

134 U.S. Commissioner of Immigration to Commissioner-General, 2 May 1899, enclosure in Commissioner-General of Immigration, Report on Japanese Immigration, 14 May 1900, in *House Documents*, 56-1, No. 686, p. 20.

135 *Argus* (Melbourne), 12 May 1910, p. 7.

136 *Call*, 1 June 1900, p. 6, 'Chinatown and the Chances'. Ibid., 1 July 1900, p. 11, 'Widen Streets of Chinatown and Purge Place of its Evils'.

137 Enclosure in Surgeon A. H. Glennan to Surgeon General Walter Wyman, 15 May 1903, in *House Documents*, 58-2, No. 338, p. 259.

138 *Call*, 1 June 1900, p. 6, 'Chinatown and the Chances'.

139 *Examiner*, 4 July 1900, p. 9, 'Health Board has Report on Plague'. *Chronicle*, 20 January 1903, p. 9, 'Chinese will Reward Murder'.

140 Ibid., 7 August 1904, p. 5, 'How White Women Doctors are Called in by the Wealthy to Cure Ills of Chinatown'.

141 *Examiner*, 18 January 1900, p. 2, 'Oriental Vengeance like a Tiger Asleep in Chinatown'.

142 *Sunday Examiner Magazine*, 18 March 1900, 'Why Chinese Murderers Escape; Showing Chinatown's Loopholes for Highbinders'.

143 Ibid.

144 *Argus*, 26 November 1912, p. 5, 'Alleged Chinese Opium Den'; ibid., 10 August 1911, p. 7, 'Trip to Chinatown'.

145 *Chronicle*, 16 December 1903, p. 9, 'Raid Highbinder Den; Capture Hatchet Men'.

146 Wilson et al., *Change or Decay*, p. 92.

147 Riis, *How the Other Half Lives*, p. 115.

148 Louis Wirth, 'The Ghetto' (first published 1927), in Louis Wirth, *On Cities and Social Life: Selected Papers* (Chicago, IL, 1964), p. 95.

149 David Ward, 'The Ethnic Ghetto in the United States: Past and Present', *Transactions of the Institute of British Geographers*, n.s., VII (1982), p. 271.

150 The quotation used as this section's title comes from Central Housing Advisory Committee, *Moving from the Slums*, p. 2.

151 Stubbs, *The Hidden People*, p. 2.

152 Wohl, *The Bitter Cry*, p. 61.

153 Chesterton, *I Lived in a Slum*, p. 86.

154 Barry M. Doyle, 'Mapping Slums in a Historic City: Representing Working Class Communities in Edwardian Norwich', *Planning Perspectives*, XVI/1 (2001), p. 50.

155 David Ward, *Poverty, Ethnicity, and the American City, 1840–1925: Changing Conceptions of the Slum and the Ghetto* (Cambridge, 1989), p. 40.

156 John S. Williams in the Senate, 5 August 1882, *Congressional Record:*

Containing the Proceedings and Debates of the Forty-seventh Congress, First Session (Washington, DC, 1882), p. 6951.

157 Call, 6 September 1896, p. 24, 'San Francisco's Barriers Against Oriental Plagues. The Best Equipped Quarantine Station in the World'.

158 U.S. Senate, 28 June 1832, in Gales & Seaton's Register of Debates in Congress, 22-1 (1832), pp. 1128-9.

159 Sims, How the Poor Live, p. 54.

160 B. S. Townroe, The Slum Problem (London, 1930), pp. 28-9.

161 B. Seebohm Rowntree, Poverty and Progress: A Second Social Survey of York (London, 1941), p. 446.

162 SNAP, Another Chance for Cities, 1972, p. 19.

163 Citizens' Association of New York, Report upon the Sanitary Conditions of the City (1865), quoted in Scobey, Empire City, p. 149.

164 The phrase was used in Honoré Frégier's Des Classes dangereuses de la population dans les grandes villes (Paris, 1840); 'dangerous class' was used in the authorized 1888 English translation of Karl Marx and Friedrich Engels, The Communist Manifesto (London, 1848).

165 Freeman, Lights and Shadows of Melbourne Life, p. 14.

166 Robert M. Dowling, Slumming in New York: From the Waterfront to Mythic Harlem (Urbana, IL, 2007), p. 32.

167 Gareth Stedman Jones, Outcast London: A Study in the Relationship between Classes in Victorian Society (Oxford, 1971).

168 The Times, 14 March 1928, p. 13, 'Mr Lloyd George on Slums of Kensington'.

169 Ibid., 29 October 1928, p. 16, 'Churches and Slum Clearance'.

170 Richard M. Brown, 'Historical Patterns of Violence in America', in Violence in America: Historical and Comparative Perspectives, ed. Hugh D. Graham and Ted R. Gurr (New York, 1969), p. 53.

171 Stanley Buder, Pullman: An Experiment in Industrial Order and Community Planning 1880–1930 (New York, 1967), p. 192.

172 Report of the National Advisory Commission on Civil Disorders (New York, 1968), p. 203.

173 Michael Carriere, 'Chicago, the South Side Planning Board, and the Search for (Further) Order: Toward an Intellectual Lineage of Urban Renewal in Postwar America', Journal of Urban History, XXXIX/3 (2012), p. 413.

174 F. Oswald Barnett and A. G. Pearson, The Poverty of the People of Australia (Melbourne, 1944), pp. 7–8.

175 Ibid., p. 2.

176 Rowntree, Poverty and Progress, p. 276.

177 B. Seebohm Rowntree and G. R. Lavers, Poverty and the Welfare State. A Third Social Survey of York dealing only with Economic Questions (London, 1951), p. 32.

178 Charles J. Stokes, 'A Theory of Slums', Land Economics, XXXVIII/3 (1962), pp. 187–97.

179 Gerald D. Suttles, The Social Order of the Slum: Ethnicity and Territory in the Inner City (Chicago, IL, 1968), p. 25.

180 O'Day and Englander, Mr Charles Booth's Inquiry, p. 37.

181 R. Unwin, Town Planning in Practice: An Introduction to the Art of

贫民窟：全球不公的历史

Designing Cities and Suburbs (London, 1909), p. 271. Veiller quoted
in Robert M. Fogelson, *Downtown: Its Rise and Fall, 1880–1950* (New
Haven, CT, 2001), p. 328.

182 E. W. Russell, *The Slum Abolition Movement in Victoria, 1933–1937*
(Melbourne, 1972), p. 35.

183 Ibid., p. 24.

184 Joseph Kirkland, 'Among the Poor of Chicago', in *The Poor in Great
Cities*, pp. 215–6.

185 Seth Koven, *Slumming: Sexual and Social Politics in Victorian London*
(Princeton, NJ, 2004), p. 236.

186 Tucker, 16 March 1932, quoted in John Handfield, *Friends and Brothers:
A Life of Gerard Kennedy Tucker, Founder of the Brotherhood of St.
Laurence and Community Aid Abroad* (Melbourne, 1980), p. 95.

187 Tucker, *How It Began and How It Goes On* (1943), quoted ibid., p. 93.

188 Alexander Einar Pratt, *Letting in the Light: Faith, Fact and Fun in
Melbourne's Poorer Parts* (Melbourne, 1933), p. 9.

189 Woods, 'The Social Awakening in London', p. 8. 'A Day with the Slum
Sisters', *War Cry*, 3 August 1907, p. 3.

190 Marshall, *Slum*, p. 19.

191 *The Times*, 10 October 1933, p. 15, 'Slum Clearance'.

192 Ward, *Poverty, Ethnicity, and the American City*, p. 67.

193 Wohl, *The Eternal Slum*, p. 255. See Mark Swenarton, *Homes Fit for
Heroes: The Politics and Architecture of Early State Housing in Britain*
(London, 1981).

194 Catherine Bauer, *Modern Housing* (Boston, MA, 1934), p. 266.

195 P. Booth and M. Huxley, '1909 and All That: Reflections on the
Housing, Town Planning, Etc. Act 1909', *Planning Perspectives*, XXVII/2
(2012), p. 273.

196 *The Poor in Great Cities*, p. viii. Housing Investigation and Slum
Abolition Board, *First (Progress) Report: Slum Reclamation. Housing
for the Lower-Paid Worker* (Melbourne, 1937), p. 45.

197 Addison, *Betrayal of the Slums*.

198 Barnett and Pearson, *Poverty of the People*, pp. 5–6.

199 F. Oswald Barnett, 'The Economics of the Slums', M. Comm. thesis,
University of Melbourne, 1931, p. 85.

200 Russell, *Slum Abolition Movement in Victoria*, p. 28.

201 Townroe, *Britain Rebuilding*, p. 139.

202 Walters, *Scenes in Slum-land*, pp. 18, 15.

203 Stokes, 'A Theory of Slums', p. 194.

204 David A. Kirby, *Slum Housing and Residential Renewal: The Case
in Urban Britain* (London, 1979), pp. 6, 40.

205 Gandal, *The Virtues of the Vicious*, p. 74.

206 Romeyn, *Street Scenes*, p. 55.

207 *Manchester City News*, 'Mr. J. Cuming Walters', no date [December
1931], newspaper cuttings, Birmingham Central Library.

208 *Chronicle*, 16 August 1903, Sunday Supplement p. 5, 'Chinese Boy is
Running an Undertaking Establishment to keep Himself in School'.
Ibid., 21 April 1901, p. 12, 'Government Lays Strong Hand on Chinese
Slave Trade'.

209 Paula Rabinowitz, 'Margaret Bourke-White's Red Coat; or, Slumming in the 1930s', in *Radical Revisions: Rereading 1930s Culture*, ed. Bill Mullen and Sherry Lee Linkon (Urbana, IL, 1996), p. 198.

210 Romeyn, *Street Scenes*, p. 129.

211 Timothy J. Gilfoyle, *City of Eros: New York City, Prostitution, and the Commercialization of Sex, 1790–1920* (New York, 1992), p. 144.

212 Ibid., p. 183.

213 Pratt, *Letting in the Light*, p. 15.

214 R.M., *Congested Areas of our City*, p. 1.

215 *Examiner*, 22 March 1900, p. 7, 'To Stop Vulgar Shows in Chinatown'.

216 Walters, *Scenes in Slum-land*, p. 24.

217 Montague Grover, 'Big Lon. and Little Lon: Sinister Streets of Other Days', *The Bulletin*, 7 June 1933, p. 36.

218 *Chronicle*, 4 April 1903, p. 16, 'Ask Removal Of Chinatown'.

219 Ibid., 23 January 1903, p. 9, 'Chinese Observe Ancient Custom'.

220 Maren Stange, 'Jacob Riis and Urban Visual Culture: The Lantern Slide Exhibition as Entertainment and Ideology', *Journal of Urban History*, xv/3 (1989), p. 275.

221 Suttles, *The Social Order of the Slum*, p. 24.

222 Simon Pepper, *Housing Improvement: Goals and Strategy* (London, 1971), p. 90.

223 Ronald F. Henderson, Alison Harcourt and R.J.A. Harper, *People in Poverty: A Melbourne Survey* (Melbourne, 1970).

224 Ward, *Planning and Urban Change*, p. 184.

225 Henderson, Harcourt and Harper, *People in Poverty*, p. 139.

226 *Report of the National Advisory Commission on Civil Disorders*, p. 606.

227 Stubbs, *The Hidden People*, p. 128.

228 P. J. Hollingworth, *The Powerless Poor: A Comprehensive Guide to Poverty in Australia* (Melbourne, 1972), p. 145.

229 *Report of the National Advisory Commission on Civil Disorders*, pp. 410, 398.

230 Harrington, *The Other America*, p. xv.

231 Ida Susser and Jane Schneider, 'Wounded Cities: Destruction and Reconstruction in a Globalized World', in *Wounded Cities: Destruction and Reconstruction in a Globalized World*, ed. Jane Schneider and Ida Susser (Oxford, 2003), p. 6.

第三章

1 *The Times*, 13 December 1933, p. 7, 'Parliament'.

2 See Jacob A. Riis, *A Ten Years' War: An Account of the Battle with the Slum in New York* (Boston, MA, 1900); *The Battle with the Slum* (New York, 1902).

3 Michael S. Gibson and Michael J. Langstaff, *An Introduction to Urban Renewal* (London, 1982), p. 11. See also John English, Ruth Madigan and Peter Norman, *Slum Clearance: The Social and Administrative Context in England and Wales* (London, 1976), p. 44; John Burnett, *A Social History of Housing, 1815–1970* (London, 1980), p. 279.

4 William J. Collins and Katherine L. Shester, *Slum Clearance and Urban*

Renewal in the United States (Cambridge, MA, 2011), p. 4.

5 Herbert J. Gans, *The Urban Villagers: Group and Class in the Life of Italian-Americans*, updated and expanded edition (New York, 1982), p. 386.

6 *The Times*, 20 January 1925, p. 9, 'A Gigantic Evil'.

7 United States Housing Authority, *The United States Housing Act of 1937, as Amended* (Washington DC, 1939), section 2 (3), p. 2.

8 Anthony S. Wohl, *Endangered Lives: Public Health in Victorian Britain* (London, 1983), p. 145.

9 Donald J. Wilding, 'Report on Slum Conditions' (Melbourne, 1947), p. 1.

10 *Birmingham Daily Post*, 13 March 1913, quoted in Alan Mayne, *The Imagined Slum: Newspaper Representation in Three Cities, 1870–1914* (Leicester, 1993), p. 92.

11 Catherine Bauer, *Modern Housing* (Boston, MA, 1934), p. xxxv.

12 Unhealthy Areas Committee, *Second and Final Report of the Committee appointed by the Minister of Health to Consider and Advise on the Principles to be Followed in Dealing with Unhealthy Areas* (London, 1921), p. 7.

13 Marian Bowley, *Housing and the State, 1919–1944* (London, 1945), p. 135.

14 Burnett, *A Social History of Housing*, p. 237.

15 Bowley, *Housing and the State*, p. 140. See Dougall Meston, *The Housing Act, 1935, with an Introduction, Notes and Index* (London, 1935).

16 J. A. Yelling, 'The Origins of British Redevelopment Areas', *Planning Perspectives*, III/3 (1988), p. 282.

17 See for example Carl Brown, 'MPs Debate Homes Fit for Habitation Bill', in INSIDE HOUSING, 19 October 2015, www.insidehousing.co.uk, accessed 30 June 2016.

18 Memorandum, 'Houses Unfit for Human Habitation', 25 October 1912, Town Clerk's Office, 12/6587.

19 F. Oswald Barnett and W. O. Burt, *Housing the Australian Nation* (Melbourne, 1942), p. 27.

20 Housing Commission of Victoria (HCV), *The Enemy within Our Gates* (Melbourne, 1966), n.p.

21 Mabel L. Walker, *Urban Blight and Slums* (Cambridge, MA, 1938), p. 3.

22 Jane Jacobs, *The Death and Life of Great American Cities: The Failure of Town Planning*, first published 1961 (Harmondsworth, 1965), p. 289.

23 Bauer, *Modern Housing*, p. 243.

24 Walker, *Urban Blight and Slums*, p. vii.

25 Ralph da Costa Nunez and Ethan G. Sribnick, *Family Poverty and Homelessness in New York City: The Poor Among Us* (New York, 2015), p. 154.

26 Lewis Mumford, *The Culture of Cities* (London, 1938), pp. 8, 245–8.

27 Robert A. Beauregard, *Voices of Decline: The Postwar Fate of U.S. Cities* (New York, 2003), p. 59.

28 Ibid., p. 73.

29 Housing Investigation and Slum Abolition Board, *First (Progress) Report: Slum Reclamation. Housing for the Lower-paid Worker* (Melbourne, 1937), pp. 3, 9. M. W. Peacock, 'Melbourne's Workers Need Homes!', *Australian Quarterly*, XII/4 (1940), p. 105.

30 Ramsay Mailler, *The Slums Are Still with Us* (Melbourne, 1944), p. 7.
31 Walter Bunning, *Homes in the Sun: The Past, Present and Future of Australian Housing* (Sydney, 1945), p. 8.
32 John R. Gold, 'A SPUR to Action?: The Society for the Promotion of Urban Renewal, "anti-scatter" and the Crisis of City Reconstruction, 1957–1963', *Planning Perspectives*, XXVII/2 (2012), pp. 199–223.
33 Robert M. Fogelson, *Downtown: Its Rise and Fall, 1880–1950* (New Haven, CT, 2001), p. 377.
34 Robert A. Caro, *The Power Broker: Robert Moses and the Fall of New York* (New York, 1974), p. 777.
35 David Harvey, 'The Right to the City', *New Left Review*, LIII (2008), p. 27.
36 Jon C. Teaford, *The Rough Road to Renaissance: Urban Revitalization in America, 1940–1985* (Baltimore, 1990), p. 112.
37 Jim Yelling, 'The Development of Residential Urban Renewal Policies in England: Planning for Modernization in the 1960s', *Planning Perspectives*, XIV/1 (1999), p. 3.
38 Douglas S. Robertson, 'Pulling in Opposite Directions: The Failure of Post War Planning to Regenerate Glasgow', *Planning Perspectives*, XIII/1 (1998), p. 54.
39 *The Times*, 25 November 1932, p. 7, 'House of Lords'.
40 Ministry of Housing and Local Government Welsh Office, *Old Houses into New Homes* (London, 1968), p. 1.
41 English, Madigan and Norman, *Slum Clearance*, p. 9.
42 David A. Kirby, *Slum Housing and Residential Renewal: The Case in Urban Britain* (London, 1979), p. 15.
43 Housing Investigation and Slum Abolition Board, *First (Progress) Report*, p. 17.
44 Carlton Association, *Housing Survival in Carlton* (Carlton, 1969), n.p.
45 *The Times*, 24 January 1934, p. 7, 'Local Authorities' Programmes'.
46 Herbert Gans, *People and Plans: Essays on Urban Problems and Solutions* (New York, 1968), p. 210.
47 Central Housing Advisory Committee Sub-committee on Standards of Housing Fitness, *Our Older Homes: A Call for Action* (London, 1966), p. 8.
48 Ministry of Housing and Local Government Welsh Office, *Old Houses into New Homes*, p. 9.
49 Carlton Association, *Housing Survival in Carlton*.
50 Liverpool Shelter Neighbourhood Action Project (SNAP), *Another Chance for Cities: SNAP69/72* (London, 1972), p. 35.
51 *The Times*, 6 October 1933, p. 13, 'Attacking the Slums'; p. 7, 'Slum Clearance'.
52 Bowley, *Housing and the State*, p. 152.
53 Neville Chamberlain, chairman's interim report (March 1920) in Unhealthy Areas Committee, *Second and Final Report*, p. 6.
54 *The Times*, 16 December 1932, p. 6, 'The Housing Bill'.
55 Manchester and District Regional Survey Society, *Social Studies of a Manchester City Ward. No. 3: Housing Needs of Ancoats in Relation to the Greenwood Act* (Manchester, 1930), p. 4.

56 R.P.P. Rowe, 'A Work of Slum Reclamation', in *The Times*, 8 April 1931, p. 11.

57 *The Times*, 25 November 1932, p. 7, 'House of Lords'.

58 Rowe, 'A Work of Slum Reclamation', p. 11.

59 *The Times* leader, 8 April 1931, p. 11, 'Good Landlords for Bad'.

60 Unhealthy Areas Committee, *Second and Final Report*, pp. 8, 9.

61 *The Times*, 10 October 1933, p. 15.

62 See Simon Pepper, *Housing Improvement: Goals and Strategy* (London, 1971), p. 16; Gibson and Langstaff, *An Introduction to Urban Renewal*, pp. 11, 51.

63 Wilding, 'Report on Slum Conditions', p. 15.

64 Gans, *People and Plans*, p. 222.

65 *The Times* leader, 27 November 1933, p. 15, 'Housing the Poorest'.

66 HCV, *State Housing* (Melbourne, 1965), p. 7.

67 Patricia L. Garside, '"Unhealthy Areas": Town Planning, Eugenics and the Slums', *Planning Perspectives*, III (1988), p. 30.

68 *The Times* 13 January 1932, p. 9.

69 Ibid., 31 October 1933, p. 11, 'Slum Dweller's Questions'.

70 *The Great Crusade* was the title of a 1936 promotional film; see Stephen V. Ward, *Planning and Urban Change*, 2nd edn (London, 2004), p. 60. 'A Good War' is the title of chapter 3 in B. S. Townroe, *Britain Rebuilding: The Slum and Overcrowding Campaigns* (London, 1936).

71 See for example *Age* (Melbourne), 8 October 1912, 'Anti-slum Crusade'.

72 *British Parliamentary Debates*, vol. CCLXXII, 5th series, 7 July 1933, p. 650.

73 *The Times*, 16 December 1932, p. 6, 'The Housing Bill'.

74 Harrington, *The Other America: Poverty in the United States*, revd edn (New York, 1971), pp. 163, 166.

75 Samuel Zipp, *Manhattan Projects: The Rise and Fall of Urban Renewal in Cold War New York* (Oxford, 2010), p. 5.

76 Norman Dennis, *Public Participation and Planners' Blight* (London, 1972), pp. 240, 241.

77 David Adams, 'Everyday Experiences of the Modern City: Remembering the Post-war Reconstruction of Birmingham', *Planning Perspectives*, XXVI/2 (2011), p. 244.

78 Beauregard, *Voices of Decline*, pp. 111–2.

79 Howard Marshall, *Slum* (London, 1933), p. 166. *The Times* editorial leader, 19 September 1928, p. 15, 'Housing Facts and Fallacies'; editorial, 18 May 1933, p. 15, 'The Campaign against Slums'.

80 Ibid., 5 October 1933, p. 7, 'Labour and Housing'; 31 October 1933, p. 11, 'Slum Dweller's Questions'.

81 Townroe, *Britain Rebuilding*, p. 36. Townroe had used the same passage in his earlier book *The Slum Problem* (London, 1930), p. 208(b).

82 Lindsay Thompson, December 1966, in HCV, *The Enemy within Our Gates*.

83 Townroe, *The Slum Problem*, pp. 1, 3.

84 *The Times*, 21 June 1928, p. 8, 'Slum Clearance'; Pepper, *Housing Improvement*, p. 102.

85 *The Times* leader, 8 April 1931, p. 11, 'Good Landlords for Bad'.

86 Kirby, *Slum Housing and Residential Renewal*, p. 65.

87 Nunez and Sribnick, *Family Poverty and Homelessness*, p. 126.
88 *The Times*, 20 November 1931, p. 7, 'New Homes for Old'; 8 December 1931, p. 11, 'New Homes for Old'.
89 *Herald*, 13 August 1936, quoted in E. W. Russell, *The Slum Abolition Movement in Victoria, 1933–37* (Melbourne, 1972), p. 8.
90 *The Medical Officer*, 15 April 1933, 'Slum Clearance', in Town Clerk's correspondence files, 33/3960.
91 Harrington, *The Other America*, p. 5.
92 Caro, *The Power Broker*, pp. 19, 20. See John T. Metzger, 'Rebuilding Harlem: Public Housing and Urban Renewal, 1920–1960', *Planning Perspectives*, IX/3 (1994), p. 276.
93 David Harvey, *The Urban Experience* (Oxford, 1989), pp. 192–3
94 *The Times*, 8 February 1933, p. 7, 'Slum Clearance'; 6 October 1933, p. 7, 'Slum Clearance'.
95 Bowley, *Housing and the State*, p. 152.
96 Gibson and Langstaff, *An Introduction to Urban Renewal*, p. 24.
97 John Handfield, *Friends and Brothers: A Life of Gerard Kennedy Tucker, Founder of the Brotherhood of St. Laurence and Community Aid Abroad* (Melbourne, 1980), p. 101.
98 HCV, *The Enemy within Our Gates*.
99 See Rachel Weber, 'Extracting Value from the City: Neoliberalism and Urban Redevelopment', in *Spaces of Neoliberalism: Urban Restructuring in North America and Western Europe* (Oxford, 2002), ed. Neil Brenner and Nik Theodore, pp. 172–93.
100 *New York Times*, 26 May 1957, quoted in Caro, *The Power Broker*, p. 1009.
101 See Ella Howard, *Homeless: Poverty and Place in Urban America* (Philadelphia, PA, 2013).
102 Christopher Klemek, *The Transatlantic Collapse of Urban Renewal: Postwar Urbanism from New York to Berlin* (Chicago, IL, 2011), pp. 40, 47.
103 Final Report of the Commonwealth Housing Commission, 1944, quoted in Anne Stevenson, Elaine Martin and Judith O'Neill, *High Living: A Study of Family Life in Flats* (Melbourne, 1967), p. 14.
104 Brotherhood of St Laurence, *What's Wrong with Victoria's Housing Programme?* (Melbourne, 1954), p. 7.
105 See Kaye Hargreaves, ed., *'This House Not For Sale': Conflicts between the Housing Commission and Residents of Slum Reclamation Areas* (Melbourne, 1976).
106 Housing Management Sub-Committee of the Central Housing Advisory Committee, *Moving from the Slums: Seventh Report of the Housing Management Sub-Committee of the Central Housing Advisory Committee* (London, 1956), p. 1.
107 Macmillan in the House of Commons, November 1953, quoted in Kirby, *Slum Housing and Residential Renewal*, p. 72.
108 Andrew Tallon, *Urban Regeneration in the UK*, 2nd edn (Abingdon, 2013), p. 35.
109 *Birmingham Evening Mail*, quoted in Adams, 'Everyday Experiences of the Modern City', p. 244.

110 Graham Towers, *Building Democracy: Community Architecture in the Inner Cities* (London, 1995), p. 227

111 Quoted in Pepper, *Housing Improvement*, p. 103.

112 Rob Atkinson, 'Narratives of Policy: The Construction of Urban Problems and Urban Policy in the Official Discourse of British Government 1969–1998', *Critical Social Policy*, xx/2 (2000), p. 217.

113 Lord Melchett, in *The Times*, 21 June 1928, p. 8, 'Slum Clearance'.

114 John H. Reeves, *Housing the Forgotten Tenth: An Investigation of the 'Problem Tenant'* (Melbourne, 1944), p. 9.

115 Carlton Association, *Housing Survival in Carlton*.

116 Hilda Jennings, *Societies in the Making: A Study of Development and Redevelopment within a County Borough* (London, 1962), pp. 81–2.

117 Ibid., p. 96.

118 Gans, *People and Plans*, p. 219.

119 Ministry of Housing and Local Government Welsh Office, *Old Houses into New Homes*, p. 10.

120 Carlton Association, *Housing Survival in Carlton*.

121 Gans, *People and Plans*, p. 212.

122 English, Madigan and Norman, *Slum Clearance*, p. 177.

123 Jennings, *Societies in the Making*, pp. 84–5.

124 English, Madigan and Norman, *Slum Clearance*, p. 172.

125 Norman Dennis, *People and Planning: The Sociology of Housing in Sunderland* (London, 1970), pp. 177, 196–7.

126 English, Madigan and Norman, *Slum Clearance*, p. 178.

127 Val Wilson, *Rich in All but Money: Life in Hungate 1900–1938*, revd edn (York, 2007), p. 150.

128 Fogelson, *Downtown: Its Rise and Fall*, p. 331.

129 Townroe, *The Slum Problem*, pp. 3–4.

130 J. Cuming Walters, *Further Scenes in Slum-land* (Birmingham, 1901), p. 12.

131 *The Times*, 5 December 1931, p. 7, 'Persistence of Slum Habits'.

132 Unhealthy Areas Committee, *Second and Final Report*, p. 9.

133 Ward, *Planning and Urban Change*, p. 140.

134 Gans, *People and Plans*, p. 204.

135 English, Madigan and Norman, *Slum Clearance*, p. 186.

136 Unhealthy Areas Committee, *Second and Final Report*, p. 9.

137 H. A. Hill, *The Complete Law of Housing, including the Housing Act, 1925, the Housing Act, 1930* (London, 1931), p. lii.

138 English, Madigan and Norman, *Slum Clearance*, p. 76.

139 Gans, *People and Plans*, pp. 220, 214.

140 Harrington, *The Other America*, p. 148.

141 HCV, *State Housing*, p. 7.

142 *Architects' Journal*, quoted in Simon Pepper and Peter Richmond, 'Stepney and the Politics of High-rise Housing: Limehouse Fields to John Scurr House, 1925–1937', *The London Journal*, xxxiv/1 (2009), p. 41.

143 Housing Management Sub-Committee, *Moving from the Slums*, p. 7.

144 *The Times*, 12 February 1934, p. 14, 'Slum Clearance in London'.

145 Ibid., 26 July 1928, p. 10, 'Block Dwellings'; 21 June 1928, p. 8, 'Slum Clearance'.

146 Ibid., 16 November 1931, p. 9, 'L.C.C. and Peckham Tenants'.
147 Jennings, *Societies in the Making*, pp. 99, 154–5.
148 Housing Management Sub-Committee, *Moving from the Slums*, p. 3.
149 *The Times*, 16 December 1932, p. 6, 'The Housing Bill'.
150 Michael Young and Peter Willmott, *Family and Kinship in East London* (London, 1957), p. 86.
151 English, Madigan and Norman, *Slum Clearance*, p. 119.
152 Manchester University Settlement, *Ancoats: A Study of a Clearance Area. Report of a Survey made in 1937–1938* (Manchester, 1945), p. 4.
153 Young and Willmott, *Family and Kinship in East London*, p. 85.
154 Gans, *People and Plans*, p. 215. See Gans, *The Urban Villagers*.
155 Dennis, *People and Planning*, p. 213.
156 Sidney Jacobs, *The Right to a Decent House* (London, 1976), p. 25.
157 George R. Sims, *How the Poor Live* (London, 1883), p. 128.
158 Caro, *The Power Broker*, pp. 893, 970.
159 Gans, *People and Plans*, p. 212.
160 Jennings, *Societies in the Making*, p. 89.
161 Hilda Jennings, *University Settlement Bristol: Sixty Years of Change 1911–1971* (Bristol, 1971), p. 48.
162 Towers, *Building Democracy*, p. 227
163 Dennis, *Public Participation and Planners' Blight*, p. 53.
164 Ibid., p. 79.
165 Gibson and Langstaff, *An Introduction to Urban Renewal*, p. 222.
166 Pepper, *Housing Improvement*, p. 87.
167 A. Stones, 'Stop Slum Clearance – Now', in *Built Environment*, 1972, quoted in Gibson and Langstaff, *An Introduction to Urban Renewal*, p. 47.
168 Hugh Wilson and Lewis Womersley, Roger Tym and Associates, Jamieson Mackay and Partners, *Change or Decay: Final Report of the Liverpool Inner Area Study* (London, 1977), p. 47.
169 Caro, *The Power Broker*, pp. 865, 859.
170 Ibid., p. 520.
171 *Daily Telegraph*, 15 January 1884, 'Inspection and Condemnation of Rookeries', quoted in Alan Mayne, *Representing the Slum: Popular Journalism in a Late Nineteenth Century City* (Melbourne, 1990), p. 165.
172 Dennis, *Public Participation and Planners' Blight*, pp. 147–8.
173 *The Times* editorial leader, 18 April 1933, p. 11, 'The Slums'.
174 Caro, *The Power Broker*, pp. 850–84.
175 Zipp, *Manhattan Project*, p. 204. Metzger, 'Rebuilding Harlem', pp. 276–7.
176 Gerald D. Suttles, *The Social Order of the Slum: Ethnicity and Territory in the Inner City* (Chicago, IL, 1968), p. 22.
177 Klemek, *The Transatlantic Collapse of Urban Renewal*, pp. 170–3.
178 Laura Madokoro, 'Chinatown and Monster Homes: The Splintered Chinese Diaspora in Vancouver', *Urban History Review*, XXXIX/2 (2011), p. 18.
179 See Renate Howe, ed., *New Houses for Old: Fifty Years of Public Housing in Victoria 1938–1988* (Melbourne, 1988), pp. 155–6.
180 Zipp, *Manhattan Project*, p. 358. See Caro, *The Power Broker*, p. 1044.

181 Gans, *People and Plans*, p. 204.
182 See Wilson et al., *Change or Decay*, pp. 136–7.
183 See Peter Shapley, 'Planning, Housing and Participation in Britain, 1968–1976', *Planning Perspectives*, XXVI/1 (2011), pp. 75–90.
184 Gibson and Langstaff, *An Introduction to Urban Renewal*, pp. 204–45.
185 Zula Nittim, 'The Coalition of Resident Action Groups', in *Twentieth Century Sydney: Studies in Urban and Social History*, ed. Jill Roe (Sydney, 1980), pp. 231–47.
186 Gans, *People and Plans*, pp. 36–7.
187 Chris Wallace-Crabbe, 'A Mental Carlton', undated typescript in author's possession.
188 *Oxford English Dictionary Online*, 'gentrification, n.', www.oed.com, accessed 26 May 2014. Wallace-Crabbe, 'A Mental Carlton'.
189 See Klemek, *The Transatlantic Collapse of Urban Renewal*, pp. 145–60.
190 Ibid., pp. 219–24.
191 See Madokoro, 'Chinatown and Monster Homes'.
192 *Age* (Melbourne), 4 July 1969, 'Old Houses – New Powers'.
193 Hargreaves, *'This House Not For Sale'*, p. 7.
194 Carlton Association, *Housing Survival in Carlton*.
195 Hargreaves, *'This House Not For Sale'*, pp. 37, 57.
196 *Age* (Melbourne), 17 August 1973, 'Hamer Didn't Let It Happen'.
197 Hargreaves, *'This House Not For Sale'*, p. 12.
198 Gibson and Langstaff, *An Introduction to Urban Renewal*, p. 101.
199 Jacobs, *The Death and Life of Great American Cities*, p. 285.
200 *Age* (Melbourne) editorial, 12 June 1969, 'When is a Slum?'
201 See David Lowenthal, *The Heritage Crusade and the Spoils of History* (Cambridge, 1998).
202 Pepper, *Housing Improvement*, p. 101.
203 J. B. Cullingworth, *Housing in Transition: A Case Study in the City of Lancaster 1958–1962* (London, 1963), pp. 119–20.
204 Kirby, *Slum Housing and Residential Renewal*, p. 74.
205 Ward, *Planning and Urban Change*, p. 147. Kirby, *Slum Housing and Residential Renewal*, p. 75.
206 R. Crosland, 'Government Change Gear in their Housing Policy', *Building Societies Gazette*, February 1976, quoted in Kirby, *Slum Housing and Residential Renewal*, p. 77.
207 Klemek, *The Transatlantic Collapse of Urban Renewal*, p. 203.

第四章

1 'Third World', n. (and adj.); 'Developing World', n., *Oxford English Dictionary Online*, www.oed.com, accessed 17 July 2014.
2 'Orient', n. and adj.; 'Orientalism', n., ibid. See Edward W. Said, *Orientalism* (London, 1978).
3 'Report on the Question of the Housing of the Population of Hongkong', 14 May 1902, in *Hong Kong Government Gazette Extraordinary*, 10 June 1902, p. 997.
4 H. V. Lanchester, *Town Planning in Madras: A Review of the Conditions*

and Requirements of City Improvement and Development in the Madras Presidency (London, 1918), p. 6.

5 Alan Smart, *The Shek Kip Mei Myth: Squatters, Fires and Colonial Rule in Hong Kong, 1950–1963* (Hong Kong, 2006), p. 46.

6 *Hong Kong Legislative Council*, 13 October 1938, p. 119.

7 Teo Siew Eng and Lily Kong, 'Public Housing in Singapore: Interpreting "Quality" in the 1990s', *Urban Studies*, XXXIV/3 (1997), p. 441.

8 Indian Plague Commission, *Report of the Indian Plague Commission with Appendices and Summary* (London, 1901), vol. V, p. 362.

9 Indian Plague Commission, *Minutes of Evidence taken by the Indian Plague Commission with Appendices* (London, 1900), vol. II, pp. 449–50.

10 E. P. Richards, *Report on the Condition, Improvement and Town Planning of the City of Calcutta and Contiguous Areas* (Ware, Hertfordshire, 1914), pp. 229, 231.

11 A. R. Burnett-Hurst, *Labour and Housing in Bombay: A Study in the Economic Conditions of the Wage-earning Classes in Bombay* (Westminster, 1925), p. 31. Indian Plague Commission, *Report of the Indian Plague Commission*, vol. V, appendix III, p. 449. Corporation of Madras, *Annual Report of the Health Officer of the City of Madras for the Year 1925* (Madras, 1926), p. 31.

12 Annual Report of the Medical Officer of Health for 1937, in *Report on the Administration of the Delhi Municipality for the Year 1937–1938*, vol. II, p. 64.

13 Sir Bhalchandra Krishna, *Overcrowding in Bombay and the Problem of Housing the Poor and Working Classes* (Bombay, 1904), p. 7.

14 J. M. Linton Bogle, *Town Planning in India* (Bombay, 1929), p. 7.

15 Richards, *Report on the Condition, Improvement and Town Planning of the City of Calcutta*, pp. 229, 238.

16 Prashant Kidambi, *The Making of an Indian Metropolis: Colonial Governance and Public Culture in Bombay, 1890–1920* (Aldershot, 2007), pp. 203–33.

17 Corporation of Madras, *Annual Report of the Health Officer of the City of Madras for the Year 1917* (Madras, 1918), p. 2.

18 Corporation of Madras, *Annual Report of the Health Officer of the City of Madras for the Year 1922* (Madras, 1923), p. 3. Corporation of Madras, *Annual Report of the Health Officer of the City of Madras for the Year 1925* (Madras, 1926), p. 32.

19 Corporation of Madras, *Annual Report of the Health Officer of the City of Madras for the Year 1926* (Madras, 1927), pp. 2, 3. Corporation of Madras, *Annual Report of the Health Officer of the City of Madras for the Year 1928* (Madras, 1929), p. ii.

20 Krishna, *Overcrowding in Bombay*, pp. 20, 10, 11.

21 Ibid., p. 23.

22 Chunilal Bose, *Health of Calcutta* (Calcutta, 1928), p. 4.

23 Jawaharlal Nehru, *An Autobiography*, first published 1936 (New Delhi, 2004), p. 29.

24 Ibid., p. 151.

25 Jawaharlal Nehru, *The Discovery of India*, first published 1946 (New Delhi, 2004), p. 391.

贫民窟：全球不公的历史

26 Tommy Koh, 'The Singapore of my Dreams', *Southeast Asian Affairs* (2009), p. 305.

27 Kidambi, *The Making of an Indian Metropolis*, p. 211.

28 Nehru, *An Autobiography*, p. 151

29 Dr Arthur Geddes, quoted in Bharat Sevak Samaj, *Slums of Old Delhi: Report of the Socio-economic Survey of the Slum Dwellers of Old Delhi City* (Delhi, 1958), appendix 1, pp. 217–8.

30 Stephen Legg, *Spaces of Colonialism: Delhi's Urban Governmentalities* (Oxford, 2007), p. 43.

31 Vincent I. Ogu, 'Evolutionary Dynamics of Urban Land Use Planning and Environmental Sustainability in Nigeria', *Planning Perspectives*, XIV/4, p. 351.

32 Andrew Byerley, 'Displacements in the Name of (Re)development: The Contested Rise and Contested Demise of Colonial "African" Housing Estates in Kampala and Jinja', *Planning Perspectives*, XXIV/4 (2013), p. 550.

33 Nehru, *An Autobiography*, p. 452.

34 Kidambi, *The Making of an Indian Metropolis*, pp. 236–7.

35 Robert Home, *Of Planting and Planning: The Making of British Colonial Cities*, 2nd edn (London, 2013), p. 57. See also Robert Home, 'Shaping Cities of the Global South: Legal Histories of Planning and Colonialism', in *The Routledge Handbook on Cities of the Global South*, ed. Susan Parnell and Sophie Oldfield (London, 2014), pp. 75–85.

36 Marie Huchzermeyer, *Tenement Cities: From 19th Century Berlin to 21st Century Nairobi* (Trenton, NJ, 2011), p. 130.

37 Bogle, *Town Planning in India*, p. 6.

38 Corporation of Madras, *Annual Report of the Health Officer of the City of Madras for the Year 1918* (Madras, 1919), p. 1.

39 Bombay Plague Committee, *Report of the Bombay Plague Committee* (Bombay, 1898), p. 130.

40 Burnett-Hurst, *Labour and Housing in Bombay*, p. 5. See David Arnold, *Colonizing the Body: State Medicine and Epidemic Disease in Nineteenth-century India* (Berkeley, CA, 1993), pp. 200–39.

41 Patrick Geddes, *Town Planning towards City Development: A Report to the Durbar of Indore. Part I* (Indore, 1918), p. 14.

42 Bombay Plague Committee, *Report*, p. 67. W. L. Harvey, *Report of the Municipal Commissioner on the Plague in Bombay for the Year Ending 31st May 1899* (Bombay, 1899), p. 25. W. L. Harvey, *Report of the Municipal Commissioner on the Plague in Bombay for the Year Ending 31st May 1900* (Bombay, 1901), p. 16.

43 'Memorandum by Mr. W. H. Owen', in *Report of the Housing Commission 1935* (Hong Kong, 1938), p. 272.

44 Patrick Geddes, 'Report on the Towns in the Madras Presidency' (1915), in *Patrick Geddes in India*, ed. Jacqueline Tyrwhitt (London, 1947), p. 72. Geddes, *Town Planning towards City Development. Part I*, p. 14.

45 Burnett-Hurst, *Labour and Housing in Bombay*, p. 31.

46 Lanchester, *Town Planning in Madras*, p. vii.

47 J. P. Orr, *Social Reform and Slum Reform: Part I – General. A Lecture delivered by J. P. Orr, Esq., c.s.i., i.c.s., to the Social Services League,*

Bombay, in the Servants of India Society's Hall, Bombay, on 3rd September 1917 (Bombay, 1917), p. 1.

48 Margaret Jones, 'Tuberculosis, Housing and the Colonial State: Hong Kong, 1900–1950', *Modern Asian Studies*, xxxvii/3 (2003), p. 681.

49 Indian Plague Commission, *Minutes of Evidence taken by the Indian Plague Commission*, question 1090, p. 47.

50 C. A. Bentley, *Diploma in Public Health Manual* (Calcutta, 1921), pp. 158–9, 164–5.

51 Indian Plague Commission, *Minutes of Evidence taken by the Indian Plague Commission*, question 975, p. 44.

52 Ibid., question 908, p. 41; question 26,667, p. 364.

53 T. Frederick Pearse, *Report on Plague in Calcutta for the Year Ending 30th June 1904* (Calcutta, 1905), pp. 1, 8.

54 Indian Plague Commission, *Report of the Indian Plague Commission*, vol. v, p. 491.

55 Patrick Geddes, *Reports on Re-planning of Six Towns in Bombay Presidency 1915* (Bombay, 1965), p. 20.

56 Bombay Plague Committee, *Report*, p. 70.

57 Krishna, *Overcrowding in Bombay*, pp. 24, 35.

58 Lanchester, *Town Planning in Madras*, p. 57.

59 H. M. Crake, *Report on Plague in Calcutta for the Year Ending 30th June 1910* (Calcutta, 1910), n.p.

60 Richards, *Report on the Condition, Improvement and Town Planning of the City of Calcutta*, pp. xv, 2–4. Calcutta Improvement Trust, *The Calcutta Improvement Act, 1911 and Allied Matters* (Calcutta, 1974), p. 18.

61 Corporation of Madras, *Annual Report of the Health Officer for the Year 1922* (Madras, 1923), p. 3. *Annual Report of the Director of Town-planning for the Year 1937–38* (Madras, 1939), p. 14.

62 Delhi Improvement Trust, *Administration Report of the Delhi Improvement Trust for Years 1937–1939* (New Delhi, 1940), p. 4.

63 Ibid., p. 2.

64 'Annual Report of the Medical Officer of Health for 1937', in Delhi Municipality, *Report on the Administration of the Delhi Municipality for the Year 1937–1938* (Delhi, 1938), vol. i, p. 65. See the body of work since the mid-2000s by Stephen Legg (University of Nottingham) on colonial Delhi.

65 Geddes, *Town Planning towards City Development, Part i*, p. 15.

66 Patrick Geddes, *Town Planning towards City Development: A Report to the Durbar of Indore. Part ii* (Indore, 1918), pp. 103–4.

67 City of Bombay Improvement Trust, *Administration Report for the Year Ending 31st March 1906* (Bombay, 1906), p. ii.

68 Report of the Health Officer, 1903–4, quoted in Kidambi, *The Making of an Indian Metropolis*, p. 89.

69 J. P. Orr, *Social Reform and Slum Reform. Part ii: Bombay Past and Present* (Bombay, 1917), p. 23.

70 Calcutta Improvement Trust, *The Calcutta Improvement Act*, p. 29.

71 Calcutta Improvement Trust, *Annual Report of the Calcutta Improvement Trust for the Year 1913–14* (Calcutta, 1914), p. 7.

72 Calcutta Improvement Trust, *Annual Report of the Calcutta Improvement Trust for the Year 1912–13* (Calcutta, 1913), p. 11.

73 Calcutta Improvement Trust, *Annual Report of the Calcutta Improvement Trust for the Year 1917–18* (Calcutta, 1918), p. 22.

74 City of Bombay Improvement Trust, *Administration Report for the Year Ending 31st March 1899* (Bombay, 1899), p. 5. City of Bombay Improvement Trust, *Administration Report for the Year Ending 31st March 1900* (Bombay, 1900), p. 5.

75 City of Bombay Improvement Trust, *Administration Report for the Year Ending 31st March 1902* (Bombay, 1902), pp. 3, 5. City of Bombay Improvement Trust, *Administration Report for the Year Ending 31st March 1903* (Bombay, 1903), p. xiv.

76 City of Bombay Improvement Trust, *Administration Report for the Year Ending 31st March 1900* (Bombay, 1900), p. 3.

77 City of Bombay Improvement Trust, *Administration Report for the Year Ending 31st March 1918* (Bombay, 1918), p. 114.

78 City of Bombay Improvement Trust, *Administration Report for the Year Ending 31st March 1917* (Bombay, 1917), p. 1.

79 City of Bombay Improvement Trust, *Administration Report for the Year Ending 31st March 1912* (Bombay, 1912), p. 33.

80 Orr, *Social Reform and Slum Reform. Part II*, p. 23.

81 Burnett-Hurst, *Labour and Housing in Bombay*, p. 31.

82 Richards, *Report on the Condition, Improvement and Town Planning of the City of Calcutta*, pp. 257, 301.

83 Ibid., p. 262.

84 Ibid., p. 263.

85 Ibid., p. 282.

86 Bogle, *Town Planning in India*, pp. 75–6.

87 Delhi Improvement Trust, *Administration Report*, 1937–1939, p. 23. See Legg, *Spaces of Colonialism*, ch. 4.

88 Calcutta Improvement Trust, *Annual Report on the Operations of the Calcutta Improvement Trust for the Year 1947–48* (Calcutta, 1948), p. 7.

89 Delhi Municipality, *Report on the Administration of the Delhi Municipality for the Year 1938–39* (Delhi, 1939), vol. 1, pp. 24, 25.

90 Government of Bombay, *Report of the Town Planning and Valuation Department for the Period from 1st April 1936 to 31st March 1938* (Bombay, 1938), p. 2.

91 Brenda S. A. Yeoh, *Contesting Space in Colonial Singapore: Power Relations and the Urban Built Environment* (Singapore, 2003), p. 152.

92 Ibid., p. 162.

93 Singapore Improvement Trust, 1932, quoted ibid., p. 164.

94 Singapore Improvement Trust, 1948, quoted in Loh Kah Seng, 'Dangerous Migrants and the Informal Mobile City of Postwar Singapore', *Mobilities*, v/2 (2010), p. 201.

95 Smart, *The Shek Kip Mei Myth*, p. 61.

96 Hong Kong Legislative Council, *Official Report of Proceedings*, 30 September 1964, p. 356. See Alan Smart, *Making Room: Squatter Clearance in Hong Kong* (Hong Kong, 1992).

97 Hong Kong Legislative Council, *Official Report of Proceedings*, 30 September 1964, p. 356.

98 C. Y. Jim, 'Urban Renewal and Environmental Planning in Hong Kong', *The Environmentalist*, xiv/3 (1994), p. 179.

99 Ibid., p. 171.

100 Byerley, 'Displacements in the Name of (Re)development', pp. 3–8

101 Godwin Arku, 'The Economics of Housing Programmes in Ghana, 1929–66', *Planning Perspectives*, xxiv/3 (2009), p. 286.

102 United Nations Economic and Social Council, 'The Ghana Roof Loan Scheme', typescript, 10 January 1969, p. 3, in UN Economic Commission for Africa, www.repository.uneca.org.

第五章

1 Jawaharlal Nehru, 'Foreword', in Bharat Sevak Samaj, *Slums of Old Delhi: Report of the Socio-economic Survey of the Slum Dwellers of Old Delhi City* (Delhi, 1958), p. 7.

2 Ben C. Arimah (UN-Habitat), 'Slums as Expressions of Social Exclusion: Explaining the Prevalence of Slums in African Countries', p. 4, www.oecd.org, accessed 27 June 2014. United Nations Human Settlements Programme, *The Challenge of Slums: Global Report on Human Settlements 2003* (London, 2003), p. 129.

3 G. Arku, 'The Economics of Housing Programmes in Ghana, 1929–66', *Planning Perspectives*, xxiv/3 (2009), pp. 281–300.

4 Andrew Byerley, 'Displacements in the Name of (Re)development: The Contested Rise and Contested Demise of Colonial "African" Housing Estates in Kampala and Jinja', *Planning Perspectives*, xxiv/4 (2013), p. 10.

5 Amnesty International, Kenya, *The Unseen Majority: Nairobi's Two Million Slum-dwellers* (London, 2009), p. 7.

6 Lim Yew Hock in 1958, quoted in Loh Kah Seng, 'Dangerous Migrants and the Informal Mobile City of Postwar Singapore', *Mobilities*, v/2 (2010), p. 197.

7 Lee Kuan Yew in the 1968 *Singapore Year Book*, quoted in Yue-man Yeung, *National Development Policy and Urban Transformation in Singapore: A Study of Public Housing and the Marketing System* (Chicago, IL, 1973), p. 173.

8 Johnny Liang Heng Wong, 'Creating a Sustainable Living Environment for Public Housing in Singapore', in *Climate Change and Sustainable Urban Development in Africa and Asia*, ed. B. Yuen and A. Kumssa (London, 2011), p. 119.

9 Sim Lou Lee, Lim Lan Yuan and Tay Kah Poh, 'Shelter for All: Singapore's Strategy for Full Home Ownership by the Year 2000', *Habitat International*, xvii/1 (1993), p. 96.

10 Loh Kah Seng, 'Conflict and Change at the Margins: Emergency Kampong Clearance and the Making of Modern Singapore', *Asian Studies Review*, xxxiii/2 (2009), p. 140.

11 Lee, Yuan and Poh, 'Shelter for All', p. 86.

12 See Peter Lloyd, 'Poverty: Attitudes and Policies of Dominant Groups', in *Slums of Hope? Shanty Towns of the Third World* (Manchester, 1979), pp. 41–68.

13 Indian Planning Commission, *Sixth Five Year Plan, 1980–85* (New Delhi, 1981), p. 389.

14 Loh Kah Seng, '*Kampong*, Fire, Nation: Towards a Social History of Postwar Singapore', *Journal of Southeast Asian Studies*, XL/3 (2009), p. 624.

15 Housing and Development Board, *Annual Report*, 1963, quoted in Seng, 'Conflict and Change at the Margins', p. 152.

16 David Arnold, *Police Power and Colonial Rule: Madras, 1859–1947* (Delhi, 1986), p. 33.

17 Ministry of Works, Housing and Supply, *Slum Clearance Scheme: Grant of Loans and Subsidies to State Governments for Slum Clearance/ Improvement Projects* (1957), p. 9, GOI Ministry of Home Affairs, Delhi Section. National Archives of India, 14/11/58 – Delhi.

18 Seng, 'Conflict and Change at the Margins', p. 140.

19 Arimah, 'Slums as Expressions of Social Exclusion', p. 14.

20 Byerley, 'Displacements in the Name of (Re)development', p. 12.

21 P. R. Nayak in *Report of the Seminar on Slum Clearance*, ed. B. Chatterjee and Zakia Khan (Bombay, 1958), p. 17.

22 V.S.C. Bonarjee, 'Some Problems and Solutions on Town Planning in India', reprinted in *The Calcutta Improvement Act, 1911 and Allied Matters*, ed. Calcutta Improvement Trust (Calcutta, 1974), p. 7.

23 Charles Abrams, *Man's Struggle for Shelter in an Urbanizing World* (Cambridge, MA, 1964), p. 119.

24 Ministry of Health memorandum, 16 March 1959, in Ministry of Home Affairs, Seminar on 'Urbanisation in India – Urban Trends and Problems in a Developing Country', National Archives of India, 25/42/59 – Delhi.

25 Deputy Secretary A. V. Venkatasubban, Ministry of Home Affairs, 'Master Plan, Urbanisation and Housing Problems of Delhi', 16 May 1959, National Archives of India, 32/24/59 – Delhi.

26 A. R. Desai and S. D. Pillai, *A Profile of an Indian Slum* (Bombay, 1972), pp. 29–30.

27 S. B. Bhasme, *Report of the Commission of Inquiry on the Worli and Naigaum B.D.D. Chawls Disturbances, Bombay* (Bombay, 1976), p. 324.

28 Tamil Nadu Slum Clearance Board, *Socio-economic Survey of Madras Slums* (Madras, 1975), pp. 37, 41.

29 Indian Planning Commission, *First Five Year Plan* (Delhi, 1953), p. 233.

30 Working Group on Housing and Urban Development for the Third Five Year Plan, Paper No. III, 'Regional Planning' (1959), p. 3, in Ministry of Home Affairs, 'Master Plan, Urbanisation and Housing Problems of Delhi', National Archives of India, 32/24/59 – Delhi.

31 M.K.A. Siddiqui, 'Life in the Slums of Calcutta: Some Aspects', *Economic and Political Weekly*, IV/50 (1969), p. 1917.

32 William J. Cousins and Catherine Goyder, *Changing Slum Communities: Urban Community Development in Hyderabad* (New Delhi, 1979), p. 6.

33 Vandana Desai, *Community Participation and Slum Housing: A Study of Bombay* (New Delhi, 1995), p. 139.

34 Tamil Nadu Slum Clearance Board, *Socio-economic Survey of Madras Slums* (Madras, 1975), p. 13.

35 Indian Planning Commission, *First Five Year Plan*, p. 247.
36 Memorandum, 24 October 1958, Ministry of Home Affairs, National Archives of India, 15/46/58 – Delhi.
37 Calcutta Improvement Trust, *Annual Report on the Operations of the Calcutta Improvement Trust for the Year 1951–1952* (Calcutta, 1952), p. 25.
38 Meeting of Standing Committee of the Congress Party on Rehabilitation, 8 September 1959, Ministry of Home Affairs, National Archives of India, 32/40/59 – Delhi.
39 S. Mullick (Joint Secretary, Ministry of Health) to Hari Sharma (Joint Secretary, Ministry of Home Affairs), 16 May 1957, Ministry of Home Affairs, National Archives of India, 27/17/57 – Delhi.
40 Memorandum by A. P. Nathan, 24 October 1958, Ministry of Home Affairs, National Archives of India, 15/46/58–Delhi.
41 Bharat Sevak Samaj, *Slums of Old Delhi*, p. 8.
42 DDA to Ministry of Home Affairs, 11 February 1959, p. 21, Ministry of Home Affairs, National Archives of India, 33/1/59 – Delhi.
43 Ministry of Home Affairs, *Report of Fact Finding Committee: Slum Clearance Demolitions, etc, and Firing in Turkman Gate During the Emergency, June 25, 1975–March 21, 1977* (New Delhi, 1977), p. 27.
44 Chief Commissioner Delhi to Secretary Ministry of Health, 9 February 1957, Ministry of Home Affairs, National Archives of India, 27/17/57 – Delhi.
45 Prime Minister's Principal Private Secretary to Chief Commissioner Delhi, 7 February 1957, p. 5, Ministry of Home Affairs, National Archives of India, 27/17/57 – Delhi.
46 Notes, 21 March 1957, pp. 1–2, Ministry of Home Affairs, National Archives of India, 27/17/57 – Delhi.
47 Meeting of the Delhi Advisory Committee, 20 July 1959, Ministry of Home Affairs, National Archives of India, 33/1/59 – Delhi.
48 Prime Minister's Principal Private Secretary to Chief Commissioner Delhi, 7 February 1957, Ministry of Home Affairs, National Archives of India, 27/17/57 – Delhi.
49 Nehru, 'Foreword', p. 7.
50 'A Pilot Project for Social and Economic Welfare Work in the Slums of Delhi by Bharat Sewak Samaj, Delhi Pradesh' (1956), p. 1, Ministry of Home Affairs, National Archives of India, 8/69/57 – Delhi.
51 Ibid., p. 2.
52 Bharat Sevak Samaj, *Slums of Old Delhi*, p. 1.
53 Secret Cabinet Meeting, 6 August 1957, in 'Decision taken by the Ad Hoc Committee of the Cabinet at its meeting held on 24.5.1957 regarding (i) Unauthorized occupation of land and (ii) Slum Clearance', Appendix III, Ministry of Home Affairs, National Archives of India, 27/17/57 – Delhi.
54 See Brij Krishna Chandiwala (President, Bharat Sevak Samaj) to G. B. Plant (Minister of Home Affairs), 14 April 1957, Ministry of Home Affairs, National Archives of India, 8/69/57 – Delhi; Bharat Sevak Samaj, *Slums of Old Delhi*, appendix 1, 'An Approach to the Problem of Slums in Delhi', pp. 215–22.

贫民窟：全球不公的历史

55 Secret minutes of a Cabinet meeting, 9 April 1957, Ministry of Home Affairs, National Archives of India, 27/4/57 – Delhi.

56 Nehru, 'Foreword', p. 8.

57 G. Mukharji (chairman, Delhi Improvement Trust), 'Note on the Slum Problem in Delhi', appendix II, Ministry of Home Affairs, National Archives of India, 27/17/57 – Delhi.

58 H. C. Arora, ed., *The Slum Areas (Improvement and Clearance) Act, 1956 as Amended up to Date* (Delhi, 1974), p. 1.

59 Ibid., pp. 4, 8–9.

60 P. R. Nayak in Chatterjee and Khan, *Report of the Seminar on Slum Clearance*, p. 35.

61 M. K. Moitra, 'Environmental Improvement of Slums: The Calcutta Experience', *Building and Environment*, XXVI/3 (1991), p. 253.

62 Arjun Appadurai, 'Deep Democracy: Urban Governmentality and the Horizon of Politics', *Environment and Urbanization*, XIII/2 (2001), p. 27.

63 Indian Planning Commission, *Second Five Year Plan* (New Delhi, 1956), p. 561.

64 Quoted in Ministry of Home Affairs, *Report of Fact Finding Committee*, p. 31.

65 Ibid.

66 Marshall B. Clinard, *Slums and Community Development: Experiments in Self-help* (New York, 1966), p. viii.

67 Ibid., pp. 3, 11.

68 Chatterjee and Khan, *Report of the Seminar on Slum Clearance*, p. 30.

69 A. R. Desai and S. D. Pillai, *A Profile of an Indian Slum* (Bombay, 1972), pp. 2, 19, 18.

70 K. N. Venkatarayappa, *Slums: A Study in Urban Problem* (New Delhi, 1972), pp. 4, 15.

71 Ibid., p. 50.

72 Noor Mohammad, *Slum Culture and Deviant Behaviour* (Delhi, 1983), pp. 1, 3.

73 Ibid., p. 134.

74 P. P. Shrivastav, '"City for the Citizen" or "Citizen for the City": The Search for an Appropriate Strategy for Slums and Housing for the Urban Poor in Developing Countries – The Case of Delhi', *Habitat International*, VI/1 (1982), p. 201.

75 Arjun Appadurai, 'Spectral Housing and Urban Cleansing: Notes on Millennial Mumbai', *Public Culture*, XII/3 (2000), pp. 631, 629.

76 Indian Planning Commission, *First Five Year Plan*, p. 235.

77 Indian Planning Commission, *Second Five Year Plan*, p. 561.

78 Liza Weinstein, 'Demolition and Dispossession: Toward an Understanding of State Violence in Millennial Mumbai', *Studies in Comparative International Development*, XLVIII (2013), p. 296.

79 Tamil Nadu Slum Clearance Board, *Socio-economic Survey of Madras Slums* (Madras, 1975), p. 6.

80 S. Mullick (joint secretary, Ministry of Health), 'Note on Unauthorised Occupation of Open Lands in the Urban Areas of Delhi', appendix I, Ministry of Home Affairs, National Archives of India, 27/17/57 – Delhi.

81 Mukharji, 'Note on the Slum Problem in Delhi'.

82 Partha Chatterjee, *The Politics of the Governed: Reflections on Popular Politics in Most of the World* (New York, 2004), p. 54.

83 Indian Planning Commission, *Third Five Year Plan* (New Delhi, 1961), pp. 46, 73.

84 Shrivastav, '"City for the Citizen" or "Citizen for the City"', p. 201.

85 B. K. Shivalingappa, 'Slum Clearance in Bangalore: Problems and Programmes', in Indian Institute of Public Administration, *Slum Clearance and Improvement* (New Delhi, 1979), p. 114.

86 'Note on Slum Clearance Schemes of the Delhi Development Authority', pp. 22–3, attachment in G. Mukharji (now vice chairman, Delhi Development Authority) to the Ministry of Home Affairs, 11 February 1959, Ministry of Home Affairs, National Archives of India, 33/1/59 – Delhi.

87 Ibid., p. 26.

88 Nehru, 'Foreword', p. 8.

89 Indian Planning Commission, *Second Five Year Plan*, p. 561.

90 Indian Planning Commission, *Third Five Year Plan*, p. 688.

91 Indian Planning Commission, *Fourth Five Year Plan, 1969–74* (New Delhi, 1970), p. 402.

92 Indian Planning Commission, *Sixth Five Year Plan*, p. 392.

93 Nehru, 'Foreword', p. 8.

94 'An Approach to the Problem of Slums in Delhi', in Bharat Sevak Samaj, *Slums of Old Delhi*, appendix 1, p. 219.

95 'Pilot Project for Social and Economic Welfare Work', p. 1.

96 Memorandum by P. R. Nayak, 22 March 1958, in 'Urban Community Development Schemes in Delhi', Ministry of Home Affairs, National Archives of India, 23/17/58 – Delhi.

97 Clinard, *Slums and Community Development*, p. 146.

98 Ibid., p. 172.

99 Cousins and Goyder, *Changing Slum Communities*, p. 14.

100 Clinard, *Slums and Community Development*, pp. 146, 155, 156.

101 Cousins and Goyder, *Changing Slum Communities*, pp. 14, 15, 20.

102 A. Malla Reddy, *Slum Improvement: The Hyderabad Experience* (Delhi, 1996), p. 21.

103 Venkatarayappa, *Slums*, pp. 89–90.

104 Clinard, *Slums and Community Development*, p. 269.

105 Desai, *Community Participation and Slum Housing*, pp. 67, 68.

106 Paul D. Wiebe, *Social Life in an Indian Slum* (Delhi, 1975), pp. 7, 4.

107 A. N. Krishnamurthy and Solomon J. Benjamin, 'The Indian Experience of Community Participation: Public Projects and the Grassroots', in *Slum Upgradation: Emerging Issue and Policy Implications*, ed. R. L. Sehgal (New Delhi, 1998), p. 404.

108 Deva Raj, 'Slums and the Urban Community', in Indian Institute of Public Administration, *Slum Clearance and Improvement*, p. 9.

109 M. B. Achwal, 'Environmental Improvement in Slums', ibid., p. 51.

110 Mohit Bhattacharya, 'Policy on Slums', ibid., pp. 32, 33.

111 Hans Schenk, 'Slums and Government Authorities: The Karnataka State Slum Clearance Board', in *Living in India's Slums: A Case Study of Bangalore*, ed. Hans Schenk (New Delhi, 2001), p. 271.

112 Ministry of Home Affairs, *Report of Fact Finding Committee*, pp. 48, 55.
113 Quoted in Margaret Antony and G. Maheswaran, *Social Segregation and Slums: The Plight of Dalits in the Slums of Delhi* (New Delhi, 2001), p. 34.
114 Weinstein, 'Demolition and Dispossession', p. 298.
115 Interview by Rasna Warah with Jockin Arputham, 2002, originally published by UN-Habitat as 'If You Want to Mobilize People, Go to the Public Toilets', and reproduced in 'Squatter Cities and Slums: Where the Sidewalks End', Worldwatch Institute, www.worldwatch.org, accessed 27 November 2015.
116 S. Devada Pillai, 'Slums and Squatters', in *Slums and Urbanization*, ed. A. R. Desai and S. Devadas Pillai, 2nd edn (Bombay, 1990), p. 159.
117 Vandana Desai, 'Dharavi, the Largest Slum in Asia: Development of Low-income Housing in India', *Habitat International*, XII/2 (1988), p. 73.
118 Janice Perlman, *Favela: Four Decades of Living on the Edge in Rio de Janeiro* (Oxford, 2010), pp. 27, 53.
119 Janice E. Perlman, *The Myth of Marginality: Urban Poverty and Politics in Rio de Janeiro* (Berkeley, 1976), p. 246.
120 Jose Arthur Rios, 'Social Transformation and Urbanization: The Case of Rio de Janeiro', *Urban Anthropology*, III/1 (1974), p. 97.
121 Perlman, *Favela*, p. 12.
122 Celine d'Cruz and Patience Mudimu, 'Community Savings that Mobilize Federations, Build Women's Leadership and Support Slum Upgrading', *Environment and Urbanization*, XXV/1 (2013), p. 33.
123 *Vancouver Declaration on Human Settlements*, Part III, clause 6, www.unhabitat.org, accessed 12 October 2005.
124 Ibid., Part III, clause 8.

第六章

1 Ruzbeh N. Bharucha, *Yamuna Gently Weeps: A Journey into the Yamuna Pushta Slum Demolitions* (New Delhi, 2006), p. 43.
2 Janice Perlman, *Favela: Four Decades of Living on the Edge in Rio de Janeiro* (Oxford, 2010), p. 79.
3 Manchester and District Regional Survey Society, *Social Studies of a Manchester City Ward. No. 3: Housing Needs of Ancoats in Relation to the Greenwood Act* (Manchester, 1930), p. 10.
4 Hilda Jennings, *University Settlement Bristol: Sixty Years of Change 1911–1971* (Bristol, 1971), p. 44.
5 Sidney Jacobs, *The Right to a Decent House* (London, 1976), p. 25.
6 See the documentary film by Lindy Wilson, *Last Supper in Horstley Street* (1983).
7 Patrick McAuslan, *Urban Land and Shelter for the Poor* (London, 1985), p. 117.
8 Raj Nandy, *Squatters: Human Resource Dimension. The Case of Faridabad – A 'Ringtown' of National Capital Region* (New Delhi, 1987), p. 50.
9 United Nations Human Settlements Programme, *An Urbanizing World: Global Report on Human Settlements, 1996* (Oxford, 1996), p. 245.
10 Ibid., p. xxviii.

11 Charles Abrams, *Man's Struggle for Shelter in an Urbanizing World* (Cambridge, MA, 1964), p. 5.

12 Jeremy Seabrook, *Life and Labour in a Bombay Slum* (London, 1987), p. 152.

13 Quoted in Van Wilson, *Rich in All but Money: Life in Hungate, 1900–1938*, revd edn (York, 2007), p. 26.

14 *Herald*, 3 June 1957, quoted in Alan Mayne, 'A Just War: The Language of Slum Representation in Twentieth-century Australia', *Journal of Urban History*, XX/1 (1995), p. 101.

15 AbdouMaliq Simone, *City Life from Jakarta to Dakar: Movements at the Crossroads* (New York, 2010), p. 34.

16 Richard Martin and Ashna Mathema, *Development Poverty and Politics: Putting Communities in the Driver's Seat* (New York, 2010), p. 28.

17 James Holston, *Insurgent Citizenship: Disjunctions of Democracy and Modernity in Brazil* (Princeton, NJ, 2008).

18 See Shaohua Chen and Martin Ravallion, *The Developing World is Poorer than We Thought, but No Less Successful in the Fight against Poverty* (World Bank, 2008), available at www.openknowledge.worldbank.org.

19 Nagamma Shilpiri, quoted in Jonas Bendiksen, *The Places We Live* (New York, 2008), n.p.

20 Michael Young and Peter Willmott, *Family and Kinship in East London* (London, 1957), p. 8.

21 Liverpool Shelter Neighbourhood Action Project (SNAP), *Another Chance for Cities: SNAP69/72* (London, 1972), p. 73.

22 Rosita Mertens, *Forced Relocation of Slum Dwellers in Bangalore, India: Slum Dwellers, Landlords and the Government* (Amsterdam, 1996), p. 57.

23 Sudesh Nangia and Sukhadeo Thorat, *Slum in a Metropolis: The Living Environment* (New Delhi, 2000), p. 107.

24 D. Ravindra Prasad and A. Malla Reddy, *Environmental Improvement of Urban Slums: The Indian Experience* (Hyderabad, 1994), pp. 43, 51.

25 Tulshi Kumar Das, *Culture of Slum Dwellers: A Study of a Slum in Dhaka* (Dhaka, 2003), p. 96.

26 Jerry White, *Campbell Bunk: The Worst Street in North London between the Wars* (London, 2003), p. 49.

27 Joseph E. Stiglitz, *The Price of Inequality* (New York, 2012), p. 103. See also Alok Jha, 'Poverty Saps Capacity for Tough Tasks', *Guardian Weekly*, 6 September 2013, p. 12.

28 White, *Campbell Bunk*, p. 69.

29 Simone, *City Life from Jakarta to Dakar*, p. 83.

30 Asok Sen, *Life and Labour in a Squatters' Colony* (Calcutta, 1992), pp. 125–6.

31 Manchester and District Regional Survey Society, *Social Studies of a Manchester City Ward*, p. 10.

32 Ajay K. Mehra, *The Politics of Urban Development: A Study of Old Delhi* (New Delhi, 1991), p. 99.

33 H. U. Bijlani and Prodipto Roy, eds, *Slum Habitat: Hyderabad Slum Improvement Project* (New Delhi, 1991), p. 62.

34 Mark Jacobson and Jonas Bendiksen, 'Dharavi: Mumbai's Shadow City', *National Geographic Magazine*, CCXI/5 (2007), p. 87.

35 Interview by Rasna Warah with Jockin Arputham, 2002, originally published by UN-Habitat as 'If You Want to Mobilize People, Go to the Public Toilets', and reproduced in 'Squatter Cities and Slums: Where the Sidewalks End', Worldwatch Institute, www.worldwatch.org, accessed 27 November 2015.

36 Arjun Appadurai, 'Spectral Housing and Urban Cleansing: Notes on Millennial Mumbai', *Public Culture*, XII/3 (2000), p. 636.

37 R. L. Sehgal, ed., *Slum Upgradation: Emerging Issue and Policy Implications* (New Delhi, 1998), p. 1.

38 Owen M. Lynch, 'Political Mobilisation and Ethnicity among Adi-Dravidas in a Bombay Slum', *Economic and Political Weekly*, IX/39 (1974), p. 186.

39 White, *Campbell Bunk*, p. xvi.

40 Henri Lefebvre, *The Production of Space* (Oxford, 1991), pp. 362, 370.

41 R. K. Gerrand, 'City Has Grown Up Around Cottage', *Herald*, 25 July 1951.

42 Lefebvre, *The Production of Space*, pp. 373–4.

43 John F. C. Turner, 'An Introductory Perspective', in *Building Community: A Third World Case Book*, ed. Bertha Turner (London, 1988), p. 13.

44 Ibid., p. 13. Turner, 'Housing as a Verb', in *Freedom to Build: Dweller Control of the Housing Process*, ed. John F. C. Turner and Robert Fichter (New York, 1972), pp. 152, 162.

45 White, *Campbell Bunk*, p. xvi.

46 Mridula Bhatnagar, *Urban Slums and Poverty* (Jaipur, 2010), p. 37.

47 Hans Schenk, 'Living in Bangalor's Slums', in *Living in India's Slums: A Case Study of Bangalore*, ed. Hans Schenk (New Delhi, 2001), p. 27.

48 Barry M. Doyle, 'Mapping Slums in a Historic City: Representing Working Class Communities in Edwardian Norwich', *Planning Perspectives*, XVI/1 (2001), p. 47.

49 *Birmingham Daily Post*, 31 October 1905, p. 11, 'Municipal Elections'.

50 Oscar Arias, 'Foreword', in Ivo Imparato and Jeff Ruster, *Slum Upgrading and Participation: Lessons from Latin America* (Washington DC, 2003), p. vii.

51 D. P. Pattanayak, 'Foreword', in K. S. Rajyashree, *An Ethnolinguistic Survey of Dharavi: A Slum in Bombay* (Mysore, 1986), n.p.

52 Marie Huchzermeyer, *Cities with 'Slums': From Informal Settlement Eradication to a Right to the City in Africa* (Claremont, South Africa, 2011), p. 75.

53 Jaya Shrivastava, quoted in Bharucha, *Yamuna Gently Weeps*, p. 207.

54 Quoted in Michael Carriere, 'Chicago, the South Side Planning Board, and the Search for (Further) Order: Toward an Intellectual Lineage of Urban Renewal in Postwar America', *Journal of Urban History*, XXXIX/3 (2012), p. 412.

55 Hugh Wilson and Lewis Womersley, Roger Tym and Associates, Jamieson Mackay and Partners, *Change or Decay: Final Report of the Liverpool Inner Area Study* (London, 1977), p. 43.

56 Christine Bodewes, *Parish Transformation in Urban Slums: Voices of Kibera, Kenya* (Nairobi, 2005), p. 56.

57 Marwa A. Khalifa, 'Redefining Slums in Egypt: Unplanned versus
Unsafe Areas', *Habitat International*, xxxv (2011), p. 40.
58 Loh Kah Seng, 'Dangerous Migrants and the Informal Mobile City
of Postwar Singapore', *Mobilities*, v/2 (2010), p. 209.
59 D. J. Dwyer, *People and Housing in Third World Cities: Perspectives
on the Problem of Spontaneous Settlements* (London, 1979), p. 94.
60 Ibid., pp. 201, 204.
61 Charles J. Stokes, 'A Theory of Slums', *Land Economics*, xxxviii/3 (1962),
p. 188.
62 Imparato and Ruster, *Slum Upgrading and Participation*, p. 37.
63 United Nations Human Settlements Programme, *Housing and Urban
Development in Ghana, with Special Reference to Low-income Housing*
(Nairobi, 2004), p. 22.
64 Director's Report in *Report of the Seminar on Slum Clearance*,
ed. B. Chatterjee and Zakia Khan (Bombay, 1958), p. 165.
65 Biswaroop Das, 'Slum Dwellers in Indian Cities: The Case of Surat
in Western India', *qeh Working Papers* (Oxford, 1998), p. 3.
66 Pratibha Joshi, 'Slum Improvements in Greater Bombay', in Indian
Institute of Public Administration, *Slum Clearance and Improvement*
(New Delhi, 1979), p. 69.
67 Marshall B. Clinard, *Slums and Community Development: Experiments
in Self-help* (New York, 1966), p. 141.
68 K. N. Venkatarayappa, *Slums: A Study in Urban Problem* (New Delhi,
1972), p. 12.
69 L. R. Singh, *Slums of Allahabad: A Socio-economic Profile* (Allahabad,
1984), Preface, n.p.
70 Noor Mohammad, *Slum Culture and Deviant Behaviour* (Delhi, 1983),
pp. 41, 43.
71 Ashok K. Gupta, *Slums in New Industrial Towns: A Study of Durg-Bhilai
in Madhya Pradesh* (Delhi, 1993), p. 106.
72 Sudha Kaldate, *Slums and Housing Problems* (Jaipur, 1989), p. 63.
73 M.K.A. Siddiqui and Y. Hossain, *Life in the Slums of Calcutta: A Study
of Parsi Bagan Bustee* (New Delhi, 2002), p. 49.
74 Vandana Desai, 'Dharavi, the Largest Slum in Asia: Development of
Low-income Housing in India', *Habitat International*, xii/2 (1988),
p. 69.
75 A. Malla Reddy, *Slum Improvement: The Hyderabad Experience* (Delhi,
1996), pp. 157, 152.
76 Bodewes, *Parish Transformation in Urban Slums*, p. 9.
77 Father Joe Maier, *Welcome to the Bangkok Slaughterhouse: The Battle for
Human Dignity in Bangkok's Bleakest Slums* (Singapore, 2005), pp. 25, 122.
78 Andrew H. Malcolm, 'Crack, Bane of Inner City, is now Gripping
Suburbs', *New York Times*, 1 October 1989, p. 1. See also 'The Crack
Legacy', *Washington Post*, 10 September 1989, pp. a1, 22–3.
79 'Dinkins Speech: Retaking the City', ibid., 23 August 1989, p. b4.
80 'The Case for Ed Koch – and His Duty', editorial leader, ibid.,
3 September 1989, p. e12.
81 Bharat Sevak Samaj, 5 May 1956, 'An Approach to the Problem of
Slums in Delhi', in Bharat Sevak Samaj, *Slums of Old Delhi: Report of*

the Socio-economic Survey of the Slum Dwellers of Old Delhi City (Delhi, 1958), appendix 1, p. 217.

82 B. H. Mehta, 'Social Aspects of the Slum Problem', in *Report of the Seminar on Slum Clearance*, ed. Chatterjee and Khan, p. 81.

83 Director's Report, ibid., p. 167.

84 Satish Sinha, *Slum Eradication and Urban Renewal: Patna* (New Delhi, 1985), p. 3. Venkatarayappa, *Slums*, p. 50.

85 Ibid., p. 73.

86 Girish K. Mistra, 'Municipal Services in Slums of Nyderabad: An Evaluation', in *Slum Upgradation*, ed. Sehgal, p. 317.

87 Bhatnagar, *Urban Slums*, p. 115.

88 Michael Dewit, 'Slum Perceptions and Cognitions', in *Living in India's Slums*, ed. Schenk, pp. 100–1.

89 Bhatnagar, *Urban Slums*, p. 159.

90 Mitu Sengupta, 'Hollow Message', *Frontline*, xxvi/6 (14–27 March 2009), available at www.frontline.in.

91 Ibid.

92 *The Hindu*, 23 February 2009, p. 1, 'Slumdog Surefire Favourite'.

93 George Abraham, 'A Billion Stories Now', *The Hindu Magazine*, 25 January 2009, available at www.thehindu.com/thehindu/mag.

94 Gethin Chamberlain, 'Mumbai's Beating Heart', *Guardian Weekly*, 9 January 2009, pp. 25–6.

95 Bendiksen, *The Places We Live*.

96 'Charles Abrams: A Biography', Charles Abrams: Papers and Files, Department of Manuscripts and University Archives, Cornell University, 1975, available at www.rmc.library.cornell.edu.

97 David A. Kirby, *Slum Housing and Residential Renewal: The Case in Urban Britain* (London, 1979), p. 9.

98 Norman Dennis, *People and Planning: The Sociology of Housing in Sunderland* (London, 1970), p. 296.

99 Bodewes, *Parish Transformation in Urban Slums*, p. 53.

100 B. K. Shivalingappa, 'Slum Clearance in Bangalore: Problems and Programmes', in Indian Institute of Public Administration, *Slum Clearance and Improvement*, pp. 118–9.

101 Calcutta Improvement Trust, *Annual Report on the Operations of the Calcutta Improvement Trust for the Year 1925–26* (Calcutta, 1926), pp. 18–9.

102 Maier, *Welcome to the Bangkok Slaughterhouse*, p. 106.

103 Huchzermeyer, *Cities with 'Slums'*, pp. 82–3.

104 Asok Sen, *Life and Labour in a Squatters' Colony*, p. 123, emphasis added.

105 Gerald D. Suttles, *The Social Order of the Slum: Ethnicity and Territory in the Inner City* (Chicago, IL, 1968), pp. 3, 8.

106 Clinard, *Slums and Community Development*, p. 309.

107 Janice E. Perlman, *The Myth of Marginality: Urban Poverty and Politics in Rio de Janeiro* (Berkeley, CA, 1976), pp. 1, 13.

108 Huchzermeyer, *Cities with 'Slums'*, p. 26.

109 See M. J. Daunton, *House and Home in the Victorian City: Working-class Housing, 1850–1914* (London, 1983), pp. 263–85.

110 Jerry White, *Rothschild Buildings: Life in an East End Tenement Block, 1887–1920* (London, 1980), pp. 36, 38–9, 44.

111 See Alan Mayne and Tim Murray, eds, *The Archaeology of Urban Landscapes: Explorations in Slumland* (Cambridge, 2001).

112 Manchester University Settlement, *Ancoats: A Study of a Clearance Area. Report of a Survey Made in 1937–1938* (Manchester, 1945), p. 14.

113 Manchester and District Regional Survey Society, *Social Studies of a Manchester City Ward*, p. 10.

114 Manchester University Settlement, *Ancoats*, p. 14.

115 Hilda Jennings, *Societies in the Making: A Study of Development and Redevelopment within a County Borough* (London, 1962), p. 171.

116 Liverpool Shelter Neighbourhood Action Project, *Another Chance for Cities*, p. 53.

117 Wilson et al., *Change or Decay*, p. 46.

118 Jacobs, *The Right to a Decent House*, p. 22.

119 Bendiksen, *The Places We Live.*

120 Robert Neuwirth, *Shadow Cities: A Billion Squatters, a New Urban World* (New York, 2005), p. 83.

121 Simone, *City Life from Jakarta to Dakar*, p. 225.

122 K. Ranga Rao and M.S.A. Rao, *Cities and Slums: A Study of a Squatters' Settlement in the City of Vijayawada* (New Delhi, 1984), p. 100.

123 Vandana Desai, *Community Participation and Slum Housing: A Study of Bombay* (New Delhi, 1995), p. 179.

124 Neuwirth, *Shadow Cities*, p. 111.

125 Venkatarayappa, *Slums*, p. 7.

126 B. Mema and Shagufta Jamal, *Environmental Perception of Slum Dwellers* (New Delhi, 2004), pp. 60, 63.

127 Charles Kenny, 'In Praise of Slums: Why Millions of People Choose to Live in Urban Squalor', *Foreign Policy*, 13 August 2012, p. 29.

128 Bendiksen, *The Places We Live.*

129 Jacobs, *The Right to a Decent House*, p. 24.

130 Suttles, *The Social Order of the Slum*, p. 75.

131 Wilson et al., *Change or Decay*, p. 46.

132 Rajyashree, *An Ethnolinguistic Survey of Dharavi*, p. 28.

133 Bendiksen, *The Places We Live.*

134 Manchester University Settlement, *Ancoats*, p. 14.

135 Alan Gilbert, 'Love in the Time of Enhanced Capital Flows: Reflections on the Links between Liberalization and Informality', in *Urban Informality: Transnational Perspectives from the Middle East, Latin America, and South Asia*, ed. Ananya Roy and Nezar AlSayyad (Lanham, MD, 2004), p. 36.

136 See Florian Urban, 'La Perla – 100 Years of Informal Architecture in San Juan, Puerto Rico', *Planning Perspectives*, XXX/4 (2015), pp. 495–536.

137 Rudolf C. Heredia, *Settlements and Shelter: Alternative Housing for the Urban Poor in Bombay* (New Delhi, 1986), p. 31. See Eugenie L. Birch, Shahana Chattaraj and Susan M. Wachter, eds, *Slums: How Informal Real Estate Markets Work* (Philadelphia, PA, 2016).

138 Turner, quoted in Alan Gilbert, 'On the Absence of Ghettos in Latin American Cities', in *The Ghetto: Contemporary Global Issues and Controversies*, ed. Ray Hutchinson and Bruce D. Haynes (Boulder, CO, 2012), p. 204. John F. C. Turner, *Housing by People: Towards Autonomy*

贫民窟：全球不公的历史

in Building Environments (London, 1976), p. 52. John F. C. Turner, 'The Reeducation of a Professional', in *Freedom to Build*, ed. Turner and Fichter, p. 145.

139 Bendiksen, *The Places We Live*.

140 Jose Arthur Rios, 'Social Transformation and Urbanization: The Case of Rio de Janeiro', *Urban Anthropology*, III/I (1974), p. 96.

141 Perlman, *The Myth of Marginality*, p. 13.

142 Neuwirth, *Shadow Cities*, pp. 36, 42, 55.

143 Martijn Koster and Monique Nuijten, 'From Preamble to Post-project Frustrations: The Shaping of a Slum Upgrading Project in Recife, Brazil', *Antipode*, XLIV/I (2011), p. 178.

144 Quoted in Seabrook, *Life and Labour in a Bombay Slum*, p. 152.

145 Sen, *Life and Labour in a Squatters' Colony*, p. 31.

146 Seabrook, *Life and Labour in a Bombay Slum*, p. 15.

147 Amnesty International, Kenya, *The Unseen Majority: Nairobi's Two Million Slum-Dwellers* (London, 2009), p. 8.

148 Geddes, 'Report on the Towns in the Madras Presidency' (1915), in *Patrick Geddes in India*, ed. Jaqueline Tyrwhitt (London, 1947), p. 64.

149 Anna Tibaijuka, 'Introduction', in United Nations Human Settlements Programme, *The Challenge of Slums: Global Report on Human Settlements 2003* (London, 2003), p. vi.

150 Alan R. Johnson, *Leadership in a Slum: A Bangkok Case Study* (Oxford, 2009), p. 46.

151 Paul D. Wiebe, *Social Life in an Indian Slum* (Delhi, 1975), p. 100.

152 Anna Davin, *Growing Up Poor: Home, School and Street in London, 1870–1914* (London, 1996), pp. 34–5.

153 Manchester University Settlement, *Ancoats*, p. 13.

154 Seabrook, *Life and Labour in a Bombay Slum*, p. 68.

155 Jacobson and Bendiksen, 'Dharavi: Mumbai's Shadow City', pp. 68–93.

156 Dan McDougall, 'Success in a Slum', reprinted in the *Guardian Weekly*, 16 March 2007, p. 29. See Shahana Chattaraj, 'Property Markets without Property Rights: Dharavi's Informal Real Estate Market', in *Slums*, ed. Birch, Chattaraj and Wachter, pp. 94–106.

157 Sengupta, 'Hollow Message'.

158 Das, 'Slum Dwellers in Indian Cities', p. 36.

159 Bodewes, *Parish Transformation in Urban Slums*, p. 66.

160 See Gilbert, 'On the Absence of Ghettos in Latin American Cities', pp. 191–224.

161 Heredia, *Settlements and Shelter*, p. 22.

162 Bharucha, *Yamuna Gently Weeps*, p. 14.

163 Manchester University Settlement, *Ancoats*, p. 13.

164 Young and Willmott, *Family and Kinship in East London*, p. 81. See Jennings, *Societies in the Making*, p. 50.

165 White, *Rothschild Buildings*, pp. 70, 101.

166 Arthur William Jephson, *My Work in London* (London, 1910), quoted in Davin, *Growing Up Poor*, p. 35.

167 Suttles, *The Social Order of the Slum*, p. 3.

168 Herbert J. Gans, *People and Plans: Essays on Urban Social Problems and Solutions* (New York, 1968), p. 213.

169 Young and Willmott, *Family and Kinship in East London*, p. 85.
170 Jennings, *Societies in the Making*, pp. 48, 57, 63.
171 Karen Evans, '"It's all right 'round here if you're a local": Community in the Inner City', in *Contested Communities: Experiences, Struggles, Policies*, ed. Paul Hoggett (Bristol, 1997), p. 45.
172 M.K.A. Siddiqui, 'Life in the Slums of Calcutta: Some Aspects', *Economic and Political Weekly*, IV/50 (1969), p. 1917.
173 Sanjay K. Roy, 'Life in Calcutta Slums', in *Urbanization and Slums*, ed. Prodipto Roy and Shangon Das Gupta (New Delhi, 1995), p. 99.
174 Wiebe, *Social Life in an Indian Slum*, p. 154
175 Ibid., pp. 166, 156.
176 Margaret Antony and G. Maheswaran, *Social Segregation and Slums: The Plight of Dalits in the Slums of Delhi* (New Delhi, 2001), p. 40.
177 Rajyashree, *An Ethnolinguistic Survey of Dharavi*, p. 70.
178 Rob Crilly, 'Life is Good in My Nairobi Slum, Says Barack Obama's Younger Brother', *The Times*, 22 August 2008.
179 Maier, *Welcome to the Bangkok Slaughterhouse*, p. 23.
180 Bendiksen, *The Places We Live*.
181 Dennis Rodgers, 'Slum Wars of the 21st Century: The New Geography of Conflict in Central America', *Crisis States Working Papers*, series 2, paper 7 (February 2007), p. 10.
182 S. Devadas Pillai, 'Slums and Squatters', in *Slums and Urbanization*, ed. A. R. Desai and S. Devadas Pillai, 2nd edn (Bombay, 1990), p. 165.
183 United Nations Human Settlements Programme, *An Urbanizing World*, p. 419.
184 Bharucha, *Yamuna Gently Weeps*, p. 17.
185 Gans, *People and Plans*, pp. 4–11.
186 John F. C. Turner, 'An Introductory Perspective', in Turner, *Building Community*, p. 13.
187 Ashok Ranjan Basu, *Urban Squatter Housing in Third World* (Delhi, 1988), p. 251.
188 Ibid., p. 232.
189 McAuslan, *Urban Land and Shelter for the Poor*, p. 11.
190 Interview by Rasna Warah with Jockin Arputham.
191 Geddes, 'Report on the Towns in the Madras Presidency, 1915: Madura', in Tyrwhitt, *Patrick Geddes in India*, p. 53.
192 Geddes, 'Town Planning in Balrampur: A Report to the Honourable the Maharaja Bahadur, 1917', ibid., p. 84. Geddes, 'Report on the Towns in the Madras Presidency, 1915', ibid., p. 61.
193 See Jane Jacobs, *The Death and Life of Great American Cities: The Failure of Town Planning*, first published 1961 (Harmondsworth, 1965); Sam Bass Warner, Jr, *The Urban Wilderness: A History of the American City* (New York, 1972).
194 Dwyer, *People and Housing in Third World Cities*, pp. 93, 95.
195 Amos Rapoport, 'Spontaneous Settlements as Vernacular Design', in *Spontaneous Shelter: International Perspectives and Prospects*, ed. Carl V. Patton (Philadelphia, PA, 1988), p. 52.
196 Ibid., pp. 51–2, 72.
197 Ibid., p. 61.

198 Ibid., pp. 69–70.
199 Perlman, *The Myth of Marginality*, p. 196. See also Janice E. Perlman, 'The Formalization of Informal Real Estate Transactions in Rio's Favelas', in *Slums*, ed. Birch, Chattaraj and Wachter, pp. 58–82.
200 Neuwirth, *Shadow Cities*, p. 57.
201 Witold Rybczynski and Vikram Bhatt, 'Understanding Slums: The Use of Public Space', in *Slum Upgradation*, ed. Sehgal, p. 132.
202 Ibid., p. 136, emphasis added.
203 T. K. Majumdar, 'The Problem of Squatter Settlements: A Sociological Perspective', in Indian Institute of Public Administration, *Slum Clearance and Improvement*, p. 20.
204 Alan Gilbert, 'Land, Housing, and Infrastructure in Latin America's Cities', in *The Mega-city in Latin America*, ed. Alan Gilbert (Tokyo, 1996), p. 78.
205 Dwyer, *People and Housing in Third World Cities*, p. 250.
206 '20-year-old Rubbish Dump Turned into a Lush Garden', www.1millionwomen.com.au, accessed 24 July 2016.

第七章

1 United Nations, *The Millennium Development Goals Report 2009* (New York, 2009), p. 47. United Nations, *The Millennium Development Goals Report 2015* (New York, 2015), p. 60.
2 Indian Planning Commission, *Sixth Five Year Plan 1980–1985* (New Delhi, 1981), p. 392.
3 Raina Naidu and Kusnal Deb, 'Slum Improvement: A Study of Hyderabad', in *Slum Upgradation: Emerging Issue and Policy Implications*, ed. R. L. Sehgal (New Delhi, 1998), p. 260.
4 Ibid., p. 263.
5 Joop W. de Wit, *Poverty, Policy and Politics in Madras Slums: Dynamics of Survival, Gender and Leadership* (New Delhi, 1996), p. 120.
6 PM Global Infrastructure Inc, *Assessment of the UN-Habitat Slum Upgrading Facility. Final Report* (2006), p. 16, available at unhabitat.org.
7 United Nations Human Settlements Programme and United Nations Environment Programme, *Sustainable Cities Programme, 1990–2000: A Decade of United Nations Support for Broad-based Participatory Management of Urban Development* (Nairobi, 2001), p. 3.
8 United Nations Human Settlements Programme, *An Urbanizing World: Global Report on Human Settlements, 1996* (Oxford, 1996), p. 428.
9 Arjun Appadurai, 'Deep Democracy: Urban Governmentality and the Horizon of Politics', *Environment and Urbanization*, XIII/2 (2001), p. 36.
10 Celine d'Cruz and Patience Mudimu, 'Community Savings that Mobilize Federations, Build Women's Leadership and Support Slum Upgrading', *Environment and Urbanization*, XXV/1 (2013), p. 32.
11 Ibid., p. 33.
12 Kamukam Ettyang, 'Empowering the Urban Poor to Realize the Right to Housing: Community-Led Slum Upgrading in Huruma-Nairobi', in *Slum Upgrading Programmes in Nairobi: Challenges in Implementation*, ed. Rosa Flores Fernandez (Nairobi, 2011), p. 153.

13 Vincentian Missionaries Social Development Foundation Incorporated (VMSDFI), Manila, 'Meet the Philippines Homeless People's Federation', *Environment and Urbanization*, XIII/2 (2001), p. 76.
14 Hans Schenk, 'Living in Bangalor's Slums', in *Living in India's Slums: A Case Study of Bangalore*, ed. Hans Schenk (New Delhi, 2001), p. 26.
15 Tasneem A. Siddiqui, 'Foreword', in *Shelter for the Shelterless: The Story of Khuda ki Basti*, ed. Aquila Ismail (Karachi, 2002), p. 10.
16 Cities Alliance, *Cities Without Slums Action Plan*, 1999, p. 2, available at www.citiesalliance.org.
17 Patrick McAuslan, *Urban Land and Shelter for the Poor* (London, 1985), p. 119.
18 'Address by the Executive Director of the United Nations Centre for Human Settlements (Habitat) on the State of Human Settlements', in Report of the Commission on Human Settlements on the Work of its Sixth Session (New York, 1983), p. 43, available at www.unhabitat.org.
19 Ivo Imparato and Jeff Ruster, *Slum Upgrading and Participation: Lessons from Latin America* (Washington, DC, 2003), pp. 340–1.
20 United Nations Human Settlements Programme, *Harmonious Cities: State of the World's Cities 2008/2009* (London, 2008), p. 58.
21 United Nations Economic and Social Council, *In-depth Evaluation of the United Nations Human Settlements (UN-Habitat) Programme* (2005), p. 30, available at www.unhabitat.org.
22 Cities Alliance, *Cities Without Slums Action Plan*, p. 6.
23 Ibid., p. 1.
24 United Nations Human Settlements Programme, *Harmonious Cities*, p. 209.
25 United Nations Human Settlements Programme, *The Challenge of Slums: Global Report on Human Settlements 2003* (London, 2003), p. 136.
26 R. N. Sharma and A. Narender, 'Policies and Strategies for Slum Improvement and Renewal: The Bombay Experience', in *Urban Explosion of Mumbai: Restructuring of Growth*, ed. M. D. David (Mumbai, 1996), p. 204. Vinit Mukhija, *Squatters as Developers? Slum Redevelopment in Mumbai* (Aldershot, 2003), p. 27.
27 See Rosita Mertens, *Forced Relocation of Slum Dwellers in Bangalore, India: Slum Dwellers, Landlords and the Government* (Amsterdam, 1996).
28 Paul D. Wiebe, *Social Life in an Indian Slum* (Delhi, 1975), p. 165.
29 T. M. Vinod Kumar, 'Slums: Present Status and Strategies for Improvement', in *Urbanization and Slums*, ed. Prodipto Roy and Shangon Das Gupta (New Delhi, 1995), p. 340.
30 William J. Cousins and Catherine Goyder, *Changing Slum Communities: Urban Community Development in Hyderabad* (New Delhi, 1979), p. 87.
31 A. Malla Reddy, *Slum Improvement: The Hyderabad Experience* (Delhi, 1996), pp. 152, 147, 155.
32 Vidyadhar K. Phatak, 'Shelter Strategy for Bombay', in David, *Urban Explosion of Mumbai*, p. 194. Mukhija, *Squatters as Developers*, p. 141.
33 Silke Kapp and Ana Paula Baltazar, 'The Paradox of Participation: A Case Study on Urban Planning in Favelas and a Plea for Autonomy', *Bulletin of Latin American Research*, XXXI/2 (2012), pp. 169, 160.
34 Rasna Warah with Jockin Arputham, 2002, originally published by

UN-Habitat as 'If You Want to Mobilize People, Go to the Public Toilets', and reproduced in 'Squatter Cities and Slums: Where the Sidewalks End', Worldwatch Institute, www.worldwatch.org, accessed 27 November 2015.

35 Vandana Desai, *Community Participation and Slum Housing: A Study of Bombay* (New Delhi, 1995), p. 225.

36 Jeremy Seabrook, *Life and Labour in a Bombay Slum* (London, 1987), p. 82.

37 See D. Ravindra Prasad and A. Malla Reddy, *Environmental Improvement of Urban Slums: The Indian Experience* (Hyderabad, 1994); Sehgal, *Slum Upgradation*, pp. 1–32

38 Prodipto Roy, 'Urbanization and Slum Improvement: A Middle Range Theory', in *Urbanization and Slums*, ed. Roy and Gupta, p. 347.

39 Janice Perlman, *Favela: Four Decades of Living on the Edge in Rio de Janeiro* (Oxford, 2010), pp. 280, 282.

40 John F. C. Turner, 'Issues and Conclusions', in *Building Community: A Third World Case Book*, ed. Bertha Turner (London, 1988), p. 180.

41 David Satterthwaite, 'From Professionally Driven to People-Driven Poverty Reduction: Reflections on the Role of Shack/Slum Dwellers International', *Environment and Urbanization*, XIII/2 (2001), p. 135.

42 United Nations Human Settlements Programme, *The Challenge of Slums*, p. vi.

43 United Nations Human Settlements Programme, *An Urbanizing World*, p. 205.

44 *Istanbul Declaration on Human Settlements*, clause 1, UN General Assembly resolutions 51/177 (16 December 1996) and 53/242 (28 July 1999). See also *The Habitat Agenda Goals and Principles, Commitments and the Global Plan of Action*, available at www.unhabitat.org.

45 UN Millennium Project, *Investing in Development: A Practical Plan to Achieve the Millennium Development Goals* (London, 2005), pp. 2–3.

46 *United Nations Millennium Declaration*, UN General Assembly, 55/2 (18 September 2000), clause 1.

47 Ibid., clause 19.1. See the full list of Millennium Goals and Targets in UN Millennium Project, *Investing in Development*, pp. xviii–xix.

48 *United Nations Millennium Declaration*, clause 19.6.

49 Cities Alliance, *2001 Annual Report*, p. 11; Cities Alliance, *2002 Annual Report*, p. 2, available at www.citiesalliance.org. See Marie Huchzermeyer, 'Troubling Continuities: Use and Utility of the Term "Slum"', in *The Routledge Handbook on Cities of the Global South*, ed. Susan Parnell and Sophie Oldfield (London, 2014), p. 93.

50 United Nations Human Settlements Programme, *The Challenge of Slums*, p. vii.

51 Ibid., p. 189.

52 United Nations Human Settlements Programme, *Harmonious Cities*, p. 90.

53 United Nations Human Settlements Programme, *The Challenge of Slums*, pp. xxv, 12.

54 UN-Habitat and Cities Alliance, *Analytical Perspective of Pro-poor Slum Upgrading Frameworks* (Nairobi, 2006), p. 1.

55 Ibid., p. 2.
56 United Nations Human Settlements Programme, *The Challenge of Slums*, p. 167.

第八章

1 Ban Ki-moon, 'Foreword', in United Nations Human Settlements Programme, *Harmonious Cities: State of the World's Cities 2008/2009* (London, 2008), p. v. United Nations Human Settlements Programme, *2007 Annual Report* (Nairobi, 2008), p. 8.
2 'A Message from the Executive Director', ibid., p. 5.
3 Mike Davis, *Planet of Slums* (London, 2006).
4 David Harvey, *The Enigma of Capital and the Crises of Capitalism* (London, 2010), p. vi.
5 United Nations Human Settlements Programme, *The Challenge of Slums: Global Report on Human Settlements* (London, 2003), p. 2.
6 Harvey, *Enigma of Capital*, p. 6.
7 Ibid., p. 10.
8 See Loic Wacquant, *Urban Outcasts: A Comparative Sociology of Advanced Marginality* (Cambridge, 2008).
9 Fay and Anna Wellenstein, 'Keeping a Roof over One's Head: Improving Access to Safe and Decent Shelter', in *The Urban Poor in Latin America*, ed. Marianne Fay (Washington, DC, 2005), p. 92.
10 Lynne Hancock and Gerry Mooney, '"Welfare Ghettos" and the "Broken Society": Territorial Stigmatization in the Contemporary UK', *Housing, Theory and Society*, XXX/1 (2013), p. 47.
11 Robert Neuwirth, *Shadow Cities: A Billion Squatters, a New Urban World* (New York, 2005), pp. 242, 249.
12 Shaohua Chen and Martin Ravallion, 'The Developing World Is Poorer than We Thought, but No Less Successful in the Fight against Poverty', World Bank Policy Research Working Paper 4703 (August 2008).
13 Martin Ravallion, Shaohua Chen and Prem Sangraula, *New Evidence on the Urbanization of Global Poverty* (World Bank, 2007), available at www.openknowledge.worldbank.org.
14 The term was first popularized by Gerard Piel, 'The Urbanization of Poverty Worldwide', *Challenge*, XL/1 (1997), pp. 58–68.
15 UN-Habitat Slum Upgrading Facility, *Guarantees for Slum Upgrading: Lessons on How to Use Guarantees to Address Risk and Access Commercial Loans for Slum Upgrading* (Nairobi, 2009), p. 1.
16 Harris Beider, 'Conclusion', in *Neighbourhood Renewal and Housing Markets: Community Engagement in the U.S. and UK*, ed. Harris Beider (Oxford, 2008), p. 331.
17 Philip Inman, 'Oxfam says Gains of Wealthiest are Hindering Fight to End Inequality', *Guardian Weekly*, 25 January 2013, p. 11.
18 Toby Helm, 'Part-time and Temporary Jobs Condemn Millions to Low Pay', ibid., 6 September 2013, p. 15.
19 Peter Kerr, 'Suburbs and a Blighted City Foresee a Future in Common', *New York Times*, 7 September 1989, pp. A1, B2.
20 Ewen MacAskill, 'Washington Divided by Cuts', ibid., 5 August 2011, p. 1.

贫民窟：全球不公的历史

21 United Nations Human Settlements Programme, *Harmonious Cities*, p. 65.
22 Amitabh Kundu, Keynote Address in *Poverty and Deprivation in Urban India*, ed. Sabir Ali (New Delhi, 2007), p. 20.
23 Jason Burke, 'India's Super-rich see their Wealth Soar', *Guardian Weekly*, 1 August 2014, p. 10.
24 Kofi Annan, 'Foreword', in United Nations Centre for Human Settlements, *Cities in a Globalizing World: Global Report on Human Settlements 2001* (London, 2001), p. v.
25 Neuwirth, *Shadow Cities*, p. 22.
26 United Nations Centre for Human Settlements, *Cities in a Globalizing World*, p. 79.
27 Stephanie McCummen, 'Slumming it in Kenya's Back Streets, *Guardian Weekly*, 4 April 2008, p. 28.
28 'Tour of Mathare Slum', www.youtube.com, 10 March 2012.
29 *Life in Favela of Rocinha, Rio de Janeiro, Brazil*, www.lifeinrocinha. blogspot.com, accessed 30 November 2015. See also the BBC's portrait of Rocinha through the eyes of six of its residents: BBC News, 'Favela Life: Rio's City within a City', 9 June 2014, www.bbc.com.
30 'Forced Evictions', Office of the High Commissioner for Human Rights, www.ohchr.org, accessed 30 November 2015. See UN-Habitat and UN Commission on Human Rights, *Forced Evictions* (New York and Geneva, 2014).
31 Nelson Mandela, 'While Poverty Persists, there is no Freedom', *Guardian Weekly*, 10 November 2006, p. 17.
32 Randeep Ramesh, 'Banker to Poor wins Nobel Peace Prize', *Guardian Weekly*, 20 October 2006, p. 5.
33 Roy Brockman and GHK International, *Slum Upgrading Facility: Mid-term Review* (2009), www.unhabitat.org, accessed 3 June 2011.
34 UN-Habitat, *Conference Report: Making Slums History – A Global Challenge for 2020* (2012), p. 7, www.unhabitat.org, accessed 8 August 2013.
35 Andrew Harding, 'Nairobi Slum Life: Escaping Kibera', BBC News, 15 October 2002, www.news.bbc.co.uk.
36 BBC News, 'Favela Life: Rio's City within a City'.
37 Xavier de Souza Briggs, *Democracy as Problem Solving: Civic Capacity in Communities across the Globe* (Cambridge, MA, 2008), p. 53.
38 United Nations Human Settlements Programme, *Harmonious Cities*, p. 19.
39 See Dennis Rodgers, Jo Beall and Ravi Kanbur, 'Re-thinking the Latin American City', in *Latin American Urban Development into the 21st Century: Towards a Renewed Perspective on the City*, ed. Dennis Rodgers, Jo Beall and Ravi Kanbur (Basingstoke, 2012), pp. 3–33.
40 Tom Phillips, 'Blood, Sweat and Fears in the Favelas of Rio', *Guardian*, 29 October 2005, www.gu.com. BBC News, 'Inside Rio's Violent Favelas', 4 July 2007, www.news.bbc.co.uk.
41 Cities Alliance, *2009 Annual Report*, p. 59, available at www.citiesalliance.org.
42 Briggs, *Democracy as Problem Solving*, p. 90.

43 R. N. Sharma and A. Narender, 'Policies and Strategies for Slum Improvement and Renewal: The Bombay Experience', in *Urban Explosion of Mumbai: Restructuring of Growth*, ed. M. D. David (Mumbai, 1996), p. 199.

44 Jawaharlal Nehru National Urban Renewal Mission, *Recommendations and Summary of the Workshop Proceedings on 'Jawaharlal Nehru National Urban Renewal Mission: Issues and Opportunities', held on Friday 22nd September 2006 at Chidambaram Conference Hall, SICCI, Esplanade, Chennai*, p. 2, www.unhabitat.org, accessed 17 April 2008.

45 United Nations Human Settlements Programme, *The Challenge of Slums*, p. 189.

46 Kofi Annan, 'Foreword', ibid., p. v.

47 United Nations Human Settlements Programme, *UN-HABITAT Global Activities Report 2013: Our Presence and Partnerships* (Nairobi, 2013), p. xii. United Nations Human Settlements Programme, *Harmonious Cities*, p. 90.

48 Ibid., pp. 106, 113.

49 United Nations, *The Millennium Development Goals Report 2013* (New York, 2013), p. 50. United Nations, *The Millennium Development Goals Report 2011* (New York, 2011), p. 57.

50 United Nations Human Settlements Programme, *The Challenge of Slums*, p. xxxii.

51 United Nations Human Settlements Programme, *Harmonious Cities*, p. 57.

52 Dennis Rodgers, 'Slum Wars of the 21st Century: The New Geography of Conflict in Central America', *Crisis States Working Papers*, series 2, paper 7 (February 2007), p. 10. Rodgers, Beall and Kanbur, 'Re-thinking the Latin American City', p. 15.

53 Rodgers, 'Slum Wars of the 21st Century', p. 12.

54 Janice Perlman, 'Megacity's Violence and its Consequences in Rio de Janeiro', in *Megacities: The Politics of Urban Exclusion and Violence in the Global South*, ed. Kees Koonings and Dirk Kruijt (London, 2009), p. 53. Janice Perlman, *Favela: Four Decades of Living on the Edge in Rio de Janeiro* (Oxford, 2010), pp. xxi–xxii.

55 Ibid., p. 316.

56 Rodgers, Beall and Kanbur, 'Re-thinking the Latin American City', p. 16.

57 Prakash Louis, 'Preface', in Margaret Antony and G. Maheswaran, *Social Segregation and Slums: The Plight of Dalits in the Slums of Delhi* (New Delhi, 2001), p. 4.

58 *Jakarta Globe*, 19 March 2010, 'Clearing Indonesia's Slums through Education', available at www.jakartaglobe.beritasatu.com.

59 Cities Alliance, *2006 Annual Report*, p. 28, available at www.citiesalliance.org.

60 Austin Zeiderman, 'The Fetish and the Favela: Notes on Tourism and the Commodification of Place in Rio de Janeiro, Brazil', 27 March 2006, Breslauer Symposium, University of California at Berkeley, http://eprints.cdlib.org, accessed 30 November 2015.

61 Andrew Harding, 'Nairobi Slum Life: Into Kibera', BBC News, 4 October 2002, www.news.bbc.co.uk.

62 Andrew Harding, 'Nairobi Slum Life: Kibera's Children', BBC News, 10 October 2002, www.news.bbc.co.uk.

63 Charles Kenny, 'In Praise of Slums: Why Millions of People Choose to Live in Urban Squalor', *Foreign Policy*, 13 August 2012, p. 29.

64 See Fabian Frenzel, *Slumming It: The Tourist Valorization of Urban Poverty* (London, 2016).

65 Kibera Slum Foundation, *Walking Thru Kibera* (2006), www.youtube. com, accessed 1 November 2011.

66 Manfred Rolfes, 'Poverty Tourism: Theoretical Reflections and Empirical Findings Regarding an Extraordinary Form of Tourism', *GeoJournal*, LXXV (2010), p. 422.

67 Julia Meschkank, 'Investigations into Slum Tourism in Mumbai: Poverty Tourism and the Tensions between Different Constructions of Reality', *GeoJournal*, LXXVI (2011), p. 56.

68 Rory Carroll, 'Welcome to Chávez-land', *Guardian Weekly*, 26 January 2007, p. 18.

69 Rolfes, 'Poverty Tourism', p. 439.

70 Cities Alliance, *2012 Annual Report*, p. 3; Cities Alliance, *2006 Annual Report*, p. 3, both available at www.citiesalliance.org.

71 UN Millennium Project, *Investing in Development*, p. 1.

72 See UN-Habitat, *Conference Report: Making Slums History.*

73 UN-Habitat and Cities Alliance, *Analytical Perspective of Pro-poor Slum Upgrading Frameworks* (Nairobi, 2006), p. 2.

74 United Nations Human Settlements Programme, *Harmonious Cities*, p. 209.

75 Cities Alliance, *2001 Annual Report*, p. 4, available at www.citiesalliance. org.

76 Ibid., p. 20.

77 UN-Habitat, *Kenya Slum Upgrading Project (KENSUP)*, (2010), www.unhabitat.org, accessed 1 September 2011.

78 Cities Alliance, *2004 Annual Report*, p. 21, available at www.citiesalliance.org.

79 UN-Habitat, *UN-HABITAT and the Kenya Slum Upgrading Programme* (Nairobi, 2007), pp. 13, 3.

80 Ibid., p. 19.

81 See the accumulating body of work on Recife by University of Wageningen researcher Monique Nuijten.

82 Anna Tibaijuka, 'Introduction', in United Nations Human Settlements Programme, *The Challenge of Slums*, p. vi.

83 Asian Development Bank, In Brief: 'ADB's Poverty Reduction Strategy' (2008), www.adb.org, accessed 17 December 2009. See ADB, *Poverty and Environment Fund* (2003), accessed 7 October 2005.

84 Ban Ki-moon, 'Foreword', in United Nations, *The Millennium Development Goals Report 2012* (New York, 2012), p. 3.

85 United Nations Economic and Social Council, *In-depth Evaluation of the United Nations Human Settlements (UN-Habitat) Programme* (2005), p. 28, available at www.unhabitat.org.

86 United Nations, *The Millennium Development Goals Report 2015* (New York, 2015), p. 60.

87 Amnesty International, Kenya, *The Unseen Majority: Nairobi's Two Million Slum-Dwellers* (London, 2009), p. 13.

88 Monique Nuijten, 'The Perversity of the "Citizenship Game": Slum-upgrading in the Urban Periphery of Recife, Brazil', *Critique of Anthropology*, XXXIII/I (2013), p. 16.

89 Martijn Koster and Monique Nuijten, 'From Preamble to Post-project Frustrations: The Shaping of a Slum Upgrading Project in Recife, Brazil', *Antipode*, XLIV/I (2012), p. 177.

90 Koster and Nuijten, 'From Preamble to Post-project Frustrations', pp. 182, 184.

91 Ibid., p. 192.

92 Nuijten, 'The Perversity of the "Citizenship Game"', p. 16.

93 Ivo Imparato and Jeff Ruster, *Slum Upgrading and Participation: Lessons from Latin America* (Washington, DC, 2003), p. 308.

94 Ibid., p. 391.

95 Sapana Doshi, 'The Politics of Persuasion: Gendered Slum Citizenship in Neoliberal Mumbai', in *Urbanizing Citizenship: Contested Spaces in Indian Cities*, ed. Renu Desai and Romola Sanyal (New Delhi, 2012), p. 82.

96 UN-Habitat and Cities Alliance, *Analytical Perspective of Pro-poor Slum Upgrading Framework*, p. ii.

97 A. K. Jain, 'Slum Housing as a Tool of Poverty Reduction', in Ali, *Poverty and Deprivation in Urban India*, p. 447.

98 Gita Dewan Verma, *Slumming India: A Chronicle of Slums and Their Saviours* (New Delhi, 2002), p. 15.

99 *The Hindu*, 23 February 2009, p. 3, 'Rehabilitation Project Launched'.

100 See Vinit Mukhija, 'Rehousing Mumbai: Formalizing Slum Land Markets through Redevelopment', in *Slums: How Informal Real Estate Markets Work*, ed. Eugenie Birch, Shahana Chattaraj and Susan M. Wachter, pp. 125–39.

101 Jason Burke, 'Street Artists Fight to Save Delhi Slum', *Guardian Weekly*, 11 April 2014, p. 29.

102 Amnesty International, Kenya, *The Unseen Majority*, pp. 22–9.

103 Koster and Nuijten, 'From Preamble to Post-project Frustrations', p. 188.

104 Tom Phillips, 'Urbanism for the Masses', *Guardian Weekly*, 31 December 2010, p. 28.

105 Simon Jenkins, 'Slum or Utopia?', ibid., 30 May 2014, pp. 26–9. See Damian McIver, 'Rio 2016: Popular Favela Reduced to 20 Concrete Houses for Olympics, Residents Say', Australian Broadcasting Commission, 8 August 2016, www.abc.net.au; USA TODAY, 'Residents Lose Homes to Make Way for Rio Olympics', 29 June 2016, www.usatoday.com.

106 BBC News, 'Rio Plans to Clear Slums Ahead of 2016 Olympic Games', 28 July 2010 and 5 March 2012, www.bbc.com.

107 Ibid., 'Google to Amend Rio Maps over Brazil Favela Complaints', 26 April 2011.

108 Cities Alliance, *2012 Annual Report*, p. 15.

109 BBC News, 'Rio Olympics: Favela Poor Evicted as City Spruced Up', 1 July 2011, www.bbc.com.

110 Robert Gay, 'From Popular Movements to Drug Gangs to Militias: An Anatomy of Violence in Rio de Janeiro', in *Megacities*, ed. Koonings and Kruijt, p. 29.

111 BBC News, 'Brazilian Forces Seize Rio Drug Trafficker Stronghold', 28 November 2010, www.bbc.com. See Tom Phillips, 'Police "Conquer" Gang-controlled Rio Slum', *Guardian Weekly*, 3 December 2010, p. 6.

112 BBC News, 'Brazil Army to Take Up "Peacekeeping" in Rio Slums', 5 December 2010, www.bbc.com.

113 Ibid., 'Brazil Police Occupy Rio Favela in World Cup Operation', 20 June 2011.

114 Tom Phillips, 'Rio Favela Stormed in Olympic Clean-up', *Guardian Weekly*, 18 November 2011, p. 14.

115 Alan R. Johnson, *Leadership in a Slum: A Bangkok Case Study* (Oxford, 2009), p. 37.

116 Simon Romero, 'Slum Dwellers are Defying Brazil's Grand Design for Olympics', *New York Times*, 5 March 2012, A1.

117 *The Hindu*, 6 September 2009, p. 4: 'Delhi Govt. Accused of Betraying Slum Dwellers'.

118 Caroline Newton, 'The Reverse Side of the Medal: About the 2010 FIFA World Cup and the Beautification of the N2 in Cape Town', *Urban Forum*, XX (2009), p. 98. See Marie Huchzermeyer, *Cities with 'Slums': From Informal Settlement Eradication to a Right to the City in Africa* (Claremont, South Africa, 2011), pp. 121ff.

119 'Statement from Mr Jockin Arputham, President of Shack/Slum Dwellers International, at the opening plenary of the Second World Urban Forum, Barcelona September 2004', p. 1, www.unhabitat.org, accessed 2 September 2005.

120 Michael Hooper and Leonard Ortolano, 'Confronting Urban Displacement: Social Movement Participation and Post-eviction Resettlement Success in Dar es Salaam, Tanzania', *Journal of Planning Education and Research*, XXXII/3 (2012), p. 278.

121 Amnesty International, Kenya, *The Unseen Majority*, pp. 18–9.

122 Kalpana Sharma, *Rediscovering Dharavi: Stories from Asia's Largest Slum* (New Delhi, 2000), pp. 194–7.

123 Anupama Katakam, 'Ground Realities', *Frontline*, XXIV/12 (16–29 June 2007), available at www.frontline.in.

124 Verma, *Slumming India*, p. 46.

125 See Liza Weinstein, 'Demolition and Dispossession: Toward an Understanding of State Violence in Millennial Mumbai', *Studies in Comparative International Development*, XLVIII (2013), pp. 285–307.

126 'India Tycoon Builds Tower Block Home', *Guardian Weekly*, 8 June 2007, p. 8.

127 Randeep Ramesh, 'Delhi Poor Swept Aside by Tide of "Progress"', ibid., 2 February 2007, p. 5.

128 David Harvey, 'The Right to the City', *New Left Review*, LIII (2008), p. 35.

129 Aravind Adiga, *Last Man in Tower* (London, 2011).

130 Perlman, *Favela*, p. xxiii.

131 BBC News, 'In Pictures: Life in Dharavi' (2008), www. news.bbc.co.uk, accessed 13 October 2015.

132 Phillips, 'Blood, Sweat and Fears'.

133 BBC News, 'Rio Olympics: Favela Poor Evicted as City Spruced Up'.

134 Phillips, 'Blood, Sweat and Fears'.

135 Nishika Patel, 'Battle over Mumbai's Slums', *The Guardian*, 11 March 2011, www.the.guardian.com.

136 Joseph E. Stiglitz, *The Price of Inequality* (New York, 2012), pp. 16, 21–2.

137 Report of the Archbishop of Canterbury's Commission on Urban Priority Areas, *Faith in the City: A Call for Action by Church and Nation* (London, 1985), p. 5.

138 Graham Towers, *Building Democracy: Community Architecture in the Inner Cities* (London, 1995), p. xiii.

139 Commission on Urban Priority Areas, *Faith in the City*, p. 20.

140 Bruce Anderson in *The Spectator*, August 1996, quoted in Nick Davies, *Dark Heart: The Shocking Truth about Hidden Britain* (London, 1998), pp. 303–4.

141 Ibid., p. viii.

142 Ibid., pp. 114–5.

143 Ibid., p. vii.

144 Ibid., p. 113.

145 *The Advertiser*, 'Slum Busters', 13 March 2012, p. 1; *Sunday Mail*, 'City Slum Lords', 18 December 2011, p. 1.

146 David Harvey, *The Urban Experience* (Oxford, 1989), p. 40.

147 David Robinson, 'Living Parallel Lives? Housing, Residential Segregation and Community Cohesion in England', in *Neighbourhood Renewal & Housing Markets*, ed. Beider, p. 164.

148 See Anna Haworth and Tony Manzi, 'Managing the "Underclass": Interpreting the Moral Discourse of Housing Management', *Urban Studies*, XXXVI/1 (1999), pp. 153–65.

149 Home Office, *Community Cohesion: A Report of the Independent Review Team* (London, 2001), p. 9.

150 Katy Bennett, Huw Beynon and Ray Hudson, *Coalfields Regeneration: Dealing with the Consequences of Industrial Decline* (Bristol, 2000), p. 1.

151 Chris Hamnett, 'Gentrification and the Middle-class Remaking of Inner London, 1961–2001', *Urban Studies*, XL/12 (2003), p. 2416.

152 'America's Cities: Doomed to Burn?', *The Economist*, 9 May 1992, p. 21.

153 Derek S. Hyra, 'Conceptualizing the New Urban Renewal: Comparing the Past to the Present', *Urban Affairs Review*, XLVIII/4 (2012), pp. 498–527.

154 Susan J. Popkin, 'Race and Public Housing Transformation in the United States', in *Neighbourhood Renewal & Housing Markets*, ed. Beider, p. 138.

155 Mark Davidson and Loretta Lees, 'New-build Gentrification: Its Histories, Trajectories, and Critical Geographies', *Population, Space and Place*, XVI (2010), p. 397.

156 Keith Shaw and Fred Robinson, 'UK Regeneration Policies in the Early Twenty-First Century: Continuity or Change?' *Town Planning Review*, LXXXI/2 (2010), p. 125.

157 Rob Atkinson, 'The Emerging "Urban Agenda" and the European Spatial Development Perspective: Towards an EU Urban Policy?',

贫民窟：全球不公的历史

European Planning Studies, IX/3 (2001), p. 395. Atkinson, 'The White Paper on European Governance: Implications for Urban Policy', *European Planning Studies*, X/6 (2002), p. 787.

158 Paul Chatterton and David Bradley, 'Bringing Britain Together? The Limitations of Area-based Regeneration Policies in Addressing Deprivation', *Local Economy*, XV/2 (2000), p. 100.

159 Tony Blair, 'Foreword', in Social Exclusion Unit, *A New Commitment to Neighbourhood Renewal: National Strategy Action Plan* (London, 2001), p. 4.

160 See ibid., p. 7; also Department of the Environment, Transport and the Regions, *Our Towns and Cities: The Future – Delivering an Urban Renaissance* (London, 2000).

161 Hilary Armstrong, minister for local government and the regions, 'Foreword', in Department for Communities and Local Government, *Unpopular Housing: Report of Policy Action Team* VII (1999), www.communities.gov.uk, accessed 30 June 2011.

162 Neighbourhood Renewal Unit, *National Evaluation of the Neighbourhood Management Pathfinder Programme* (London, 2006), p. 6.

163 Neighbourhood Renewal Unit, *Neighbourhood Management Pathfinder Programme: Interim Evaluation First Annual Report 2002/03* (Wetherby, West Yorkshire, 2003), n.p.

164 Department for Communities and Local Government, *Key Messages and Evidence on the Housing Market Renewal Pathfinder Programme 2003–2009* (London, 2009), p. 8.

165 John Prescott, 'Foreword', in Office of the Deputy Prime Minister, *Sustainable Communities: Homes for All* (London, 2005), p. 2.

166 Department for Communities and Local Government, *Key Messages and Evidence*, p. 4.

167 *The Guardian*, 6 January 2000, 'North's Sink Estates are "Beyond Saving"', www.theguardian.com.

168 Rowland Atkinson, *Does Gentrification Help or Harm Urban Neighbourhoods? An Assessment of the Evidence-base in the Context of the New Urban Agenda*, Centre for Neighbourhood Research Paper 5 (Bristol, 2002), p. 19.

169 Commission on Urban Life and Faith, *Faithful Cities: A Call for Celebration, Vision and Justice* (London, 2006), p. 64.

170 Ibid., p. 47.

171 Shaw and Robinson, 'UK Regeneration Policies in the Early Twenty-first Century', p. 139.

172 Commission on Urban Life and Faith, *Faithful Cities*, p. 52.

173 David Webb, '"Problem Neighbourhoods" in a Part-linear, Part-network Regime: Problems with, and Possible Responses to, the Housing Market Renewal Leviathan', PhD thesis, Newcastle University, 2010, pp. 194, 197.

174 Andrea Armstrong, 'Creating Sustainable Communities in "NewcastleGateshead"', PhD thesis, Durham University, 2010, p. 154.

175 Ibid., p. 71

176 Town and Country Planning Association, *Housing Market Renewal* (London, 2006), n.p. House of Commons Committee of Public

Accounts, *Housing Market Renewal: Pathfinders* (London, 2008), pp. 5, 7. Department for Communities and Local Government, *Key Messages and Evidence*, p. 4.

177 'Fight For Our Homes', www.fightforourhomes.com, accessed 9 February 2010. This protest forum began *c.* 2005 and no longer exists.

178 Anna Minton, *Ground Control: Fear and Happiness in the Twenty-first-century City* (London, 2009), p. 83. Adam Wilkinson, *Pathfinder* (London, 2006), pp. 9, 73.

179 Department for Communities and Local Government, *Unpopular Housing*.

180 Wilkinson, *Pathfinder*, p. 28.

181 Armstrong, 'Creating Sustainable Communities', p. 250

182 Anna Minton, 'Razing the Roots', *The Guardian*, 17 June 2009, p. 2.

183 Quoted in Minton, *Ground Control*, p. 86.

184 Richard Girling, 'Save our Streets', *Sunday Times*, 19 September 2004.

185 Jonathan Glancey, 'The Lights Are On, but No One Is Home', *Guardian Weekly*, 21 August 2009, p. 41.

186 I. Cole and J. Flint, *Demolition, Relocation and Affordable Rehousing* (York, 2007), p. 13.

187 Minton, *Ground Control*, p. 83.

188 Ian Cole, 'Whose Place? Whose History? Contrasting Narratives and Experiences of Neighbourhood Change and Housing Renewal', *Housing, Theory and Society*, xxx/1 (2013), pp. 78, 80.

189 Webb, 'Problem Neighbourhoods', p. 234.

190 Wilkinson, *Pathfinder*, p. 10. See Minton, *Ground Control*, p. 90.

191 Minton, *Ground Control*, p. 89.

192 Wendy Wilson, *Housing Market Renewal Pathfinders*, House of Commons Library, 4 June 2013, p. 5, available online at www.parliament.uk.

193 *Guardian Weekly*, 26 November 2010, p. 12, 'End of Housing Renewal Traps the Poorest in Dead Streets'.

194 United Nations, *The Millennium Development Goals Report 2015*, pp. 9, 60.

195 Ibid., p. 9.

结束语

1 E. P. Richards, *Report on the Condition, Improvement and Town Planning of the City of Calcutta and Contiguous Areas* (Ware, Hertfordshire, 1914), p. 239.

2 Herbert J. Gans, *The Urban Villagers: Group and Class in the Life of Italian-Americans*, updated and expanded edition (New York, 1982), p. 350.

3 Robert Neuwirth, *Shadow Cities: A Billion Squatters, a New Urban World* (New York, 2005), p. 16.

4 Loïc Wacquant, *Urban Outcasts: A Comparative Sociology of Advanced Marginality* (Cambridge, 2008), pp. 1, 239.

5 Peter Marcuse, 'De-spacialization and Dilution of the Ghetto: Current Trends in the United States', in *The Ghetto: Contemporary Global Issues*

　　　　　　　　贫民窟：全球不公的历史

and Controversies, ed. Ray Hutchinson and Bruce D. Haynes (Boulder, CO, 2012), p. 36.

6 Richard Martin and Ashna Mathema, *Development Poverty and Politics: Putting Communities in the Driver's Seat* (New York, 2010), p. 19.

7 Celine d'Cruz and Patience Mudimu, 'Community Savings that Mobilize Federations, Build Women's Leadership and Support Slum Upgrading', *Environment and Urbanization*, xxv/1 (2013), p. 31.

8 United Nations Human Settlements Programme, *Harmonious Cities: State of the World's Cities 2008/2009* (London, 2008), p. xiii.

9 Charles Kenny, 'In Praise of Slums: Why Millions of People Choose to Live in Urban Squalor', *Foreign Policy*, 13 August 2012, p. 29.

10 S. Devadas Pillai, 'Slums and Squatters', in *Slums and Urbanization*, ed. A. R. Desai and S. Devadas Pillai, 2nd edn (Bombay, 1990), p. 164.

11 AbdouMaliq Simone, *City Life from Jakarta to Dakar: Movements at the Crossroads* (New York, 2010), p. 333.

12 Kalpana Sharma, *Rediscovering Dharavi: Stories from Asia's Largest Slum* (New Delhi, 2000), p. xvi.

参考资料

Abrams, Charles, *Man's Struggle for Shelter in an Urbanizing World* (Cambridge, MA, 1964)

Ali, Sabir, ed., *Poverty and Deprivation in Urban India* (New Delhi, 2007)

——, *Slums within Slums: A Study of Resettlement Colonies in Delhi* (New Delhi, 1990)

Arabindoo, Pushpa, 'Rhetoric of the "Slum": Rethinking Urban Poverty', *City: Analysis of Urban Trends, Culture, Theory, Policy, Action*, xv/6 (2011), pp. 636–46

Atkinson, Rob, 'Discourses of Partnership and Empowerment in Contemporary British Urban Regeneration', *Urban Studies*, xxxvi/1 (1999), pp. 59–72

Atkinson, Rowland, and Keith Kintrea, 'Disentangling Area Effects: Evidence from Deprived and Non-deprived Neighbourhoods', *Urban Studies*, xxxviii/12 (2001), pp. 2277–98

Basu, Ashok Ranjan, *Urban Squatter Housing in Third World* (Delhi, 1988)

Beauregard, Robert A., *Voices of Decline: The Postwar Fate of U.S. Cities* (New York, 2003)

Beider, Harris, ed., *Neighbourhood Renewal and Housing Markets: Community Engagement in the U.S. and UK* (Oxford, 2008)

Bendiksen, Jonas, *The Places We Live* (New York, 2008)

Bennett, Katy, Huw Beynon and Ray Hudson, *Coalfields Regeneration: Dealing with the Consequences of Industrial Decline* (Bristol, 2000)

Bharucha, Ruzbeh N., *Yamuna Gently Weeps: A Journey into the Yamuna Pushta Slum Demolitions* (New Delhi, 2006)

Bijlani, H. U. and Prodipto Roy, eds, *Slum Habitat: Hyderabad Slum Improvement Project* (New Delhi, 1991)

Birch, Eugenie L., Shahana Chattaraj and Susan M. Wachter, eds, *Slums: How Informal Real Estate Markets Work* (Philadelphia, PA, 2016)

Caro, Robert A., *The Power Broker: Robert Moses and the Fall of New York* (New York, 1974)

Clinard, Marshall B., *Slums and Community Development: Experiments in Self-help* (New York, 1966)

Cole, Ian, 'Whose Place? Whose History? Contrasting Narratives and

贫民窟：全球不公的历史

Experiences of Neighbourhood Change and Housing Renewal',
Housing, Theory and Society, xxx/1 (2013), pp. 65–83

Cousins, William J. and Catherine Goyder, *Changing Slum Communities: Urban Community Development in Hyderabad* (New Delhi, 1979)

Davin, Anna, *Growing Up Poor: Home, School and Street in London 1870–1914* (London, 1996)

Davis, Mike, *Planet of Slums* (London, 2006)

de Wit, Joop W., *Poverty, Policy and Politics in Madras Slums: Dynamics of Survival, Gender and Leadership* (New Delhi, 1996)

Dennis, Norman, *Public Participation and Planners' Blight* (London, 1972)

——, *People and Planning: The Sociology of Housing in Sunderland* (London, 1970)

Desai, A. R., and S. Devadas Pillai, *Slums and Urbanization*, 2nd edn (Bombay, 1990)

——, eds, *A Profile of an Indian Slum* (Bombay, 1972)

Desai, Renu, and Romola Sanyal, eds, *Urbanizing Citizenship: Contested Spaces in Indian Cities* (New Delhi, 2012)

Desai, Vandana, *Community Participation and Slum Housing: A Study of Bombay* (New Delhi, 1995)

Doshi, Sapana, 'The Politics of the Evicted: Redevelopment, Subjectivity, and Difference in Mumbai's Slum Frontier', *Antipode*, xlv/4 (2012), pp. 844–65

Dowling, Robert M., *Slumming in New York: From the Waterfront to Mythic Harlem* (Urbana, IL, 2007)

Drakakis-Smith, D. W., 'Urban Renewal in an Asian Context: A Case Study in Hong Kong', *Urban Studies*, xiii (1976), pp. 295–305

Dwyer, D. J., *People and Housing in Third World Cities: Perspectives on the Problem of Spontaneous Settlements* (London, 1979)

Dyos, H. J., 'The Slums of Victorian London', *Victorian Studies*, xi/1 (1967), pp. 5–40

—— and D. A. Reeder, 'Slums and Suburbs', in *The Victorian City: Images and Realities*, ed. H. J. Dyos and Michael Wolff (London, 1973), vol. I, pp. 359–86

English, John, Ruth Madigan and Peter Norman, *Slum Clearance: The Social and Administrative Context in England and Wales* (London, 1976)

Fay, Marianne, ed., *The Urban Poor in Latin America* (Washington, DC, 2005)

Fernandez, Rosa Flores, ed., *Slum Upgrading Programmes in Nairobi: Challenges in Implementation* (Nairobi, 2011)

Frenzel, Fabian, *Slumming It: The Tourist Valorization of Urban Poverty* (London, 2016)

Gandal, Keith, *The Virtues of the Vicious: Jacob Riis, Stephen Crane, and the Spectacle of the Slum* (New York, 1997)

Gans, Herbert J., *People and Plans: Essays on Urban Problems and Solutions* (New York, 1968)

——, *The Urban Villagers: Group and Class in the Life of Italian-Americans*, updated and expanded edition (New York, 1982)

Garside, Patricia, '"Unhealthy Areas": Town Planning, Eugenics and the Slums', *Planning Perspectives*, III (1988), pp. 24–46

Gaskell, S. Martin, ed., *Slums* (Leicester, 1990)

Gibson, Michael S., and Michael J. Langstaff, *An Introduction to Urban Renewal* (London, 1982)

Gilbert, Alan, 'Extreme Thinking about Slums and Slum Dwellers: A Critique', *SAIS Review*, XXIX/1 (2009), pp. 35–48

——, 'The Return of the Slum: Does Language Matter?', *International Journal of Urban and Regional Research*, XXXI/4 (2007), pp. 697–713

——, ed., *The Mega-city in Latin America* (Tokyo, 1996)

—— and Peter M. Ward, eds, *Housing, the State and the Poor: Policy and Practice in Three Latin American Cities* (Cambridge, 1985)

Goetz, Edward G., 'The Politics of Poverty Deconcentration and Housing Demolition', *Journal of Urban Affairs*, XXII/2 (2000), pp. 157–73

Hancock, Lynn, and Gerry Mooney, '"Welfare Ghettos" and the "Broken Society": Territorial Stigmatization in the Contemporary UK', *Housing, Theory and Society*, XXX/1 (2013), pp. 46–64

Hansen, Karen Tranberg, and Mariken Vaa, eds, *Reconsidering Informality: Perspectives from Urban Africa* (Uppsala, 2004)

Harvey, David, *Rebel Cities: From the Right to the City to the Urban Revolution* (London, 2013)

——, *The Enigma of Capital and the Crises of Capitalism* (London, 2010)

Heredia, Rudolf C., *Settlements and Shelter: Alternative Housing for the Urban Poor in Bombay* (New Delhi, 1986)

Hoban, Martin, and Peter Beresford, 'Regenerating Regeneration', *Community Development Journal*, XXXVI/4 (2001), pp. 312–20

Hoggett, Paul, ed., *Contested Communities: Experiences, Struggles, Policies* (Bristol, 1997)

Hollington, Michael, *Dickens and the Grotesque* (London, 1984)

Home, Robert, *Of Planting and Planning: The Making of British Colonial Cities*, 2nd edn (London, 2013)

Howard, Ella, *Homeless: Poverty and Place in Urban America* (Philadelphia, PA, 2013)

Huchzermeyer, Marie, *Cities with 'Slums': From Informal Settlement Eradication to a Right to the City in Africa* (Claremont, South Africa, 2011)

——, *Tenement Cities: From 19th Century Berlin to 21st Century Nairobi* (Trenton, NJ, 2011)

Hutchinson, Ray, and Bruce D. Haynes, eds, *The Ghetto: Contemporary Global Issues and Controversies* (Boulder, CO, 2012)

Hyra, Derek S., 'Conceptualizing the New Urban Renewal: Comparing the Past to the Present', *Urban Affairs Review*, XLVIII/4 (2012), pp. 498–527

Imparato, Ivo, and Jeff Ruster, *Slum Upgrading and Participation: Lessons from Latin America* (Washington, DC, 2003)

Indian Institute of Public Administration, *Slum Clearance and Improvement* (New Delhi, 1979)

Jacobs, Sidney, *The Right to a Decent House* (London, 1976)

Jim, C. Y., 'Urban Renewal and Environmental Planning in Hong Kong', *The Environmentalist*, XIV/3 (1994), pp. 163–81

Johnson, Alan R., *Leadership in a Slum: A Bangkok Case Study* (Oxford, 2009)

Jones, Gavin W., and Pravin Visaria, eds, *Urbanization in Large Developing Countries: China, Indonesia, Brazil and India* (Oxford, 1997)

贫民窟：全球不公的历史

Kidambi, Prashant, *The Making of an Indian Metropolis: Colonial Governance and Public Culture in Bombay, 1890–1920* (Aldershot, 2007)

Kirby, David A., *Slum Housing and Residential Renewal: The Case in Urban Britain* (London, 1979)

Klemek, Christopher, *The Transatlantic Collapse of Urban Renewal: Postwar Urbanism from New York to Berlin* (Chicago, IL, 2011)

Koonings, Kees, and Dirk Kruijt, eds, *Megacities: The Politics of Urban Exclusion and Violence in the Global South* (London, 2009)

Koven, Seth, *Slumming: Sexual and Social Politics in Victorian London* (Princeton, NJ, 2004)

Langford, Malcolm, Andy Sumner and Alicia Ely Yamin, eds, *The Millennium Development Goals and Human Rights: Past, Present and Future* (Cambridge, 2013)

Lloyd, Peter, *Slums of Hope? Shanty Towns of the Third World* (Harmondsworth, 1979)

McAuslan, Patrick, *Urban Land and Shelter for the Poor* (London, 1985)

MacLeod, Gordon, and Craig Johnstone, 'Stretching Urban Renaissance: Privatizing Space, Civilizing Place, Summoning "Community"', *International Journal of Urban and Regional Research*, XXXVI/1 (2012), pp. 1–28

Maeckelbergh, Marianne, 'Mobilizing to Stay Put: Housing Struggles in New York City', *International Journal of Urban and Regional Research*, XXXVI/4 (2012), pp. 655–73

Marris, Peter, 'The Meaning of Slums and Patterns of Change', *International Journal of Urban and Regional Research*, III/1–4 (1979), pp. 419–41

Martin, Richard, and Ashna Mathema, *Development Poverty and Politics: Putting Communities in the Driver's Seat* (New York, 2010)

Mayne, Alan, *The Imagined Slum: Newspaper Representation in Three Cities, 1870–1914* (Leicester, 1993)

—— and Tim Murray, eds, *The Archaeology of Urban Landscapes: Explorations in Slumland* (Cambridge, 2001)

Mehra, Ajay K., *The Politics of Urban Development: A Study of Old Delhi* (New Delhi, 1991)

Mertens, Rosita, *Forced Relocation of Slum Dwellers in Bangalore, India: Slum Dwellers, Landlords and the Government* (Amsterdam, 1996)

Minton, Anna, *Ground Control: Fear and Happiness in the Twenty-first-century City* (London, 2009)

Mukhija, Vinit, *Squatters as Developers? Slum Redevelopment in Mumbai* (Aldershot, 2003)

Narayan, Deepa, *Voices of the Poor: Can Anyone Hear Us?* (New York, 2000)

Neuwirth, Robert, *Shadow Cities: A Billion Squatters, a New Urban World* (New York, 2005)

Nevin, Brendan, 'Housing Market Renewal in Liverpool: Locating the Gentrification Debate in History, Context and Evidence', *Housing Studies*, XXV/5 (2010), pp. 715–33

Newman, Kathe, and Elvin K. Wyly, 'The Right to Stay Put, Revisited: Gentrification and Resistance to Displacement in New York City', *Urban Studies*, XLIII/1 (2006), pp. 23–57

Nijman, Jan, 'A Study of Space in Mumbai's Slums', *Tijdschrift voor Economische en Sociale Geografie*, CI/1 (2009), pp. 4–17

——, 'Against the Odds: Slum Rehabilitation in Neoliberal Mumbai', *Cities*, xxv (2008), pp. 73–85

Nuijten, Monique, 'The Perversity of the "Citizenship Game": Slum-upgrading in the Urban Periphery of Recife, Brazil', *Critique of Anthropology*, xxxiii/1 (2013), pp. 8–25

Parnell, Susan, and Sophie Oldfield, eds, *The Routledge Handbook on Cities of the Global South* (London, 2014)

Payne, Helen and Brian Littlechild, eds, *Ethical Practice and the Abuse of Power in Social Responsibility: Leave No Stone Unturned* (London, 2000)

Pepper, Simon, *Housing Improvement: Goals and Strategy* (London, 1971)

——, and Peter Richmond, 'Homes Unfit for Heroes: The Slum Problem in London and Neville Chamberlain's Unhealthy Areas Committee, 1919–21', *Town Planning Review*, lxxx/2 (2009), pp. 143–71

Perlman, Janice E., *Favela: Four Decades of Living on the Edge in Rio de Janeiro* (Oxford, 2010)

——, *The Myth of Marginality: Urban Poverty and Politics in Rio de Janeiro* (Berkeley, CA, 1976)

Pooley, C. G., 'Housing for the Poorest Poor: Slum-clearance and Rehousing in Liverpool, 1890–1918', *Journal of Historical Geography*, xi/1 (1985), pp. 70–88

Prasad, D. Ravindra, and A. Malla Reddy, *Environmental Improvement of Urban Slums: The Indian Experience* (Hyderabad, 1994)

Rao, Vyjayanthi, 'Slum as Theory: The South/Asian City and Globalization', *International Journal of Urban and Regional Research*, xxx/1 (2006), pp. 225–32

Reddy, A. Malla, *Slum Improvement: The Hyderabad Experience* (Delhi, 1996)

Rodgers, Dennis, 'Slum Wars of the 21st Century: The New Geography of Conflict in Central America', *Crisis States Working Papers*, series 2, paper 7 (February 2007)

——, Jo Beall and Ravi Kanbur, eds, *Latin American Urban Development into the 21st Century: Towards a Renewed Perspective on the City* (Basingstoke, 2012)

Romeyn, Esther, *Street Scenes: Staging the Self in Immigrant New York, 1880–1924* (Minneapolis, MN, 2008)

Ross, Ellen, *Slum Travelers: Ladies and London Poverty, 1860–1920* (Berkeley, CA, 2007)

Roy, Ananya, 'Slumdog Cities: Rethinking Subaltern Urbanism', *International Journal of Urban and Regional Research*, xxxv/2 (2011), pp. 223–38

—— and Nezar AlSayyad, eds, *Urban Informality: Transnational Perspectives from the Middle East, Latin America, and South Asia* (Lanham, MD, 2004)

Roy, Maitreyi Bardhan, *Calcutta Slums: Public Policy in Retrospect* (Calcutta, 1994)

Roy, Prodipto, and Shangon Das Gupta, eds, *Urbanization and Slums* (New Delhi, 1995)

Schenk, Hans, ed., *Living in India's Slums: A Case Study of Bangalore* (New Delhi, 2001)

Schneider, Jane, and Ida Susser, eds, *Wounded Cities: Destruction and Reconstruction in a Globalized World* (Oxford, 2003)

Seabrook, Jeremy, *Life and Labour in a Bombay Slum* (London, 1987)
Sehgal, R. L., ed., *Slum Upgradation: Emerging Issue and Policy Implications* (New Delhi, 1998)
Seng, Loh Kah, 'Conflict and Change at the Margins: Emergency Kampong Clearance and the Making of Modern Singapore', *Asian Studies Review*, xxxiii/2 (2009), pp. 139–59
Sharma, Kalpana, *Rediscovering Dharavi: Stories from Asia's Largest Slum* (New Delhi, 2000)
Sibley, David, *Geographies of Exclusion: Society and Difference in the West* (London, 1995)
Siddiqui, M.K.A., 'Life in the Slums of Calcutta; Some Aspects', *Economic and Political Weekly*, iv/50 (1969), pp. 1919–21
Simone, AbdouMaliq, *City Life from Jakarta to Dakar: Movements at the Crossroads* (New York, 2010)
Smart, Alan, *The Shek Kip Mei Myth: Squatters, Fires and Colonial Rule in Hong Kong, 1950–1963* (Hong Kong, 2006)
——, *Making Room: Squatter Clearance in Hong Kong* (Hong Kong, 1992)
Smith, P. J., 'Slum Clearance as an Instrument of Sanitary Reform: The Flawed Vision of Edinburgh's First Slum Clearance Scheme', *Planning Perspectives*, ix (1994), pp. 1–27
Stallybrass, Peter, and Allon White, *The Politics and Poetics of Transgression* (Ithaca, NY, 1986)
Stokes, Charles J., 'A Theory of Slums', *Land Economics*, xxxviii/3 (1962), pp. 187–97
Suttles, Gerald D., *The Social Order of the Slum: Ethnicity and Territory in the Inner City* (Chicago, IL, 1968)
Tagg, John, *Disciplinary Frame: Photographic Truths and the Capture of Meaning* (Minneapolis, MN, 2009)
Tallon, Andrew, *Urban Regeneration in the UK*, 2nd edn (Abingdon, 2013)
Teaford, Jon C., *The Rough Road to Renaissance: Urban Revitalization in America, 1940–1985* (Baltimore, MD, 1990)
Towers, Graham, *Building Democracy: Community Architecture in the Inner Cities* (London, 1995)
United Nations Human Settlements Programme, *Harmonious Cities: State of the World's Cities 2008/2009* (London, 2008)
——, *The Challenge of Slums: Global Report on Human Settlements 2003* (London, 2003)
——, *Cities in a Globalizing World: Global Report on Human Settlements 2001* (London, 2001)
——, *An Urbanizing World: Global Report on Human Settlements, 1996* (Oxford, 1996)
Verma, Gita Dewan, *Slumming India: A Chronicle of Slums and Their Saviours* (New Delhi, 2002)
Wacquant, Loic, *Urban Outcasts: A Comparative Sociology of Advanced Marginality* (Cambridge, 2008)
Walkowitz, Judith R., *City of Dreadful Delight: Narratives of Sexual Danger in Late-Victorian London* (Chicago, IL, 1992)
Ward, David, *Poverty, Ethnicity, and the American City, 1840–1925: Changing Conceptions of the Slum and the Ghetto* (Cambridge, 1989)

Ward, Stephen V., *Planning and Urban Change* (London, 2004)

Weinstein, Liza, 'Demolition and Dispossession: Toward an Understanding of State Violence in Millennial Mumbai', *Studies in Comparative International Development*, XLVIII (2013), pp. 285–307

Werlin, Herbert, 'The Slum Upgrading Myth', *Urban Studies*, XXXVI/9 (1999), pp. 1523–34

White, Jerry, *Campbell Bunk: The Worst Street in North London Between the Wars* (London, 2003)

——, *Rothschild Buildings: Life in an East End Tenement Block, 1887–1920* (London, 1980)

Wiebe, Paul D., *Social Life in an Indian Slum* (Delhi, 1975)

Wilkinson, Adam, *Pathfinder* (London, 2006)

Winkler, Tanja, 'Prolonging the Global Age of Gentrification: Johannesburg's Regeneration Policies', *Planning Theory*, VIII/4 (2009), pp. 362–81

Wise, Sarah, *The Blackest Streets: The Life and Death of a Victorian Slum* (London, 2009)

Wohl, Anthony S., ed., *The Eternal Slum: Housing and Social Policy in Victorian London* (London, 1977)

——, *The Bitter Cry of Outcast London, with Leading Articles from the Pall Mall Gazette of October 1883 and Articles by Lord Salisbury, Joseph Chamberlain and Foster Crozier* (Leicester, 1970)

Yadav, C. S., *Land Use in Big Cities: A Study of Delhi* (Delhi, 1979)

Yelling, J. A., *Slums and Redevelopment: Policy and Practice in England, 1918–45, with Particular Reference to London* (London, 1992)

——, 'The Origins of British Redevelopment Areas', *Planning Perspectives*, III (1988), pp. 282–96

——, *Slums and Slum Clearance in Victorian London* (London, 1986)

Yeoh, Brenda S. A., *Contesting Space in Colonial Singapore: Power Relations and the Urban Built Environment* (Singapore, 2003)

Young, Michael, and Peter Willmott, *Family and Kinship in East London* (London, 1957)

Zipp, Samuel, *Manhattan Projects: The Rise and Fall of Urban Renewal in Cold War New York* (Oxford, 2010)